ANGLICKO-SLOVENSKÝ
A
SLOVENSKO - ANGLICKÝ
VRECKOVÝ SLOVNÍK

3. vydanie 2010
Autor: © Mgr. Mária Gryczová
Vydalo: Jazykové vydavateľstvo Mikula s.r.o.
Autor obálky: © Ing. Marián Mikula, PhD

ISBN: **978-80-88814-71-9**

www.knihy-mikula.sk

ÚVOD

Tento anglicko-slovenský a slovensko-anglický vreckový slovník obsahuje približne 24 000 hesiel slovnej zásoby, s cieľom pomôcť používateľovi pri čítaní anglických textov, preklade textu z angličtiny do slovenčiny a naopak. Vreckový slovník zahŕňa všeobecnú slovnú zásobu vrátane hovorových a slangových výrazov. Pri výbere slovnej zásoby sme v slovensko-anglickej časti vychádzali z Krátkeho slovníka slovenského jazyka. V časti anglicko-slovenskej ako aj slovensko-anglickej sú heslá zoradené v abecednom poriadku. Frazeologické zvraty sú označené znakom &.
Nepravidelné slovesá znakom °.

Vreckový slovník je doplnený zoznamom použitých skratiek.

autor

január, 1998

SKRATKY

admin. - administratívny
akad. - akademický
Am. - amerikanizmus
anat. - anatómia
arch. - archaizmus
astron. - astronomický
bás. - básnický
bot. - botanika
cirk. - cirkevný
cit. - citoslovce
div. - divadelný
el. - elektrický
elektr. - elektrotechnický
ekon. - ekonomický
film. - filmový
fot. - fotografický
fyz. - fyzikálny
geogr. - geografický
geol. - geologický
geom. - geometrický
gram. - gramatický
hist. - historický
hovor. - hovorový
hud. - hudobný

chem. - chemický
jaz. - jazykový
kniž. - knižný
kresť. - kresťanský
kuch. - kuchársky
lek. - lekársky
lit. - literárny
mat. - matematický
med. - medicína
náb. - náboženstvo
neodb. - neodborný
než. - neživotný
nov. - novinársky
obch. - obchodný
odb. - odborný
opyt. - opytovací
p. - pozri
pejor. - pejoratívny
polit. - politický
polygr. - polygrafický
práv. - právnický
predl. - predložka
pren. - prenesene
prísl. - príslovka

skr. - skratka
slang. - slangový
spoj. - spojka
stav. - stavebný
šach. - šachový
šport. - športový
tal. - taliansky
techn. - technický
telef. - telefonický
tlač. - tlačový
účt. - účtovný
umel. - umelecký
voj. - vojenský
vulg. - vulgárny
zool. - zoológia

Gramatické skratky:

pl. - plural
sb. - somebody
sth. - something
o.s. - oneself
adj. - prídavné meno
adv. - príslovka
conj. - spojka
interj. - citoslovce
n. - podstatné meno
num. - číslovka
prep. - predložka
pron. - zámeno
v. - sloveso

A

a /ə, ei/ 1. pred
samohláskou an
neurčitý člen
2. jeden 3. za,
po *three times a day*
trikrát za deň

aback /ə'bæk/ adv. *be taken aback* byť prekvapený/vyvedený z rovnováhy

abandon /ə'bændən/ v.
1. opustiť 2. vzdať sa čoho 3. oddať sa čomu

abase /ə'beis/ v. poníži, pokoriť

abbey /'æbi/ n. 1. opátstvo 2. chrám

abbot /'æbət/ n. opát

abbreviate /ə'bri:vieit/ v. skrátiť

ABC /, ei bi: 'si:/ n. 1. abeceda 2. základy

abdicate /'æbdikeit/ v.
1. odstúpiť z *from*
2. vzdať sa, zriecť sa čoho

abdomen /'æbdəmən/ n. brucho lek.

abduct /əb'dakt/ v. uniesť

abduction /əb'dakšən/ n. únos

abhor /əb'hə:/ v. -rr- *abhorred, abhorring* nenávidieť

ability /ə'biləti/ n. -ie- schopnosť, zručnosť

able /'eibəl/ adj. 1. schopný *be able to do sth* môcť, byť schopný 2. vynikajúci

able-bodied /,eibəl 'bodid/ adj. fyzicky schopný

abnormal /æb'nɔ:məl/ adj. abnormálny, výnimočný

aboard /ə'bɔ:d/ prep. na palube/palubu, do/vo vlaku, v lietadle

abolish /ə'boliš/ v. zrušiť

abolition /ˌæbə'lišən/ n. zrušenie

abolitionist /ˌæbə'lišənəst/ n. prívrženec za zrušenie otroctva

aboriginal /ˌæbə'ridžənəl/ n. domorodec

abort /ə'bɔ:t/ v. 1. urobiť potrat 2. potratiť

abortion /ə'bɔ:šən/ n. 1. potrat 2. neúspech

abound /ə'baund/ v. existovať vo veľkom počte *abound with/in* oplývať

about /ə'baut/ prep. 1. o 2. pri

about adj. *be about to do sth* chystať sa niečo urobiť

about adv. okolo

above /ə'bav/ prep. 1. nad 2. viac ako *above all* predovšetkým

above adv. 1. hore, nahor 2. vyššie

abreast /ə'brest/ adv. vedľa seba *keep abreast of* držať krok s

abridge /ə'bridž/ v. skrátiť text

abroad /ə'brɔ:d/ adv. v zahraničí, do zahraničia,

abrupt /ə'brapt/ adj. 1.náhly, neočakávaný, 2. strmý, prudký

abscess /'æbses/ n. nádor

absence /'æbsəns/ n. 1. neprítomnosť, absencia 2. nedostatok čoho *of*

absent

absent /'æbsənt/ adj.
1. neprítomný
2. roztržitý 3. chýbajúci

absent /əb'sent/ v. *absent o.s. from* vyhýbať sa čomu

absent-minded /,æbsənt'maindəd/ adj. roztržitý

absolute /'æbsəlu:t/ adj. úplný, absolútny

absolutely /'æbsəlu:tli/ adv.
1. úplne, absolútne
2. určite hovor.

absorb /əb'so:b/ v.
1. pohltiť, absorbovať, vstrebať
2. zaujať myseľ

absorption /əb'so:pšən/ n. pohltenie, absorbovanie, vstrebanie

abstain /əb'stein/ v. zdržať sa čoho *from*

abstinence /'æbstənəns/ n. zdržanlivosť, abstinencia

abstract /'æbstrækt/ adj. 1. abstraktný 2. všeobecný

abstract n. výťah, konspekt, výpis z čoho, *in the abstract* vo všeobecnosti

absurd /əb'sə:d/ adj. nezmyselný, absurdný

abundance /ə'bandəns/ n. hojnosť, nadbytok čoho *of*

abundant /ə'bandənt/ adj. hojný, nadbytočný

abuse /ə'bju:z/ v.
1. nadávať, osočovať
2. zneužiť

abuse /ə'bju:s/ n.
1. nadávka, urážka
2. zneužitie

academic /,ækə'demik/ adj.

akademický, vysokoškolský
academic n. 1. vysokoškolský učiteľ 2. akademik
academy /ə'kædəmi/ -*ie*- n. akadémia, inštitúcia, škola
accede /ək'si:d/ v. 1. pristúpiť na, súhlasiť s *to* 2. nastúpiť do funkcie na *to* 3. pripojiť sa k *to*
accelerate /ək'seləreit/ v. 1. zrýchliť sa 2. urýchliť
accelerator /ək'seləreitə/ n. 1. plynový pedál 2. zrýchľovač
accent /'æksənt/ n. 1. prízvuk, akcent 2. dôraz na *on*
accept /ək'sept/ v. 1. prijať, akceptovať 2. uznať
acceptable /ək'septəbəl/ adj. 1. uspokojivý 2. prijateľný

acceptance /ək'septəns/ n. 1. prijatie 2. súhlas
access /'ækses/ n. prístup do, k *to*
accessible /ək'sesəbəl/ adj. prístupný, dostupný
accession / ək'sešən/ n. 1. nástup na, do *to* 2. prírastok
accessory /ək'sesəri/ -*ie*- n. 1. pl *accessories* módne doplnky 2. príslušenstvo auta ap. 3. spoluvinník, spolupáchateľ pri *to*
accident /'æksədənt/ n. 1. dopravná nehoda 2. náhoda *by accident* náhodou
accidental /, æksə'dentl/ adj. náhodný
accommodate /ə'komədeit/ v. 1. ubytovať 2. vyhovieť 3. prispôsobiť sa komu, čomu *to*

accommodation

accommodation
/ə,komə'deišən/ n.
ubytovanie

accompany
/ə'kampəni/ -ie-
v. 1. odprevadiť
2. sprevádzať

accomplice
/ə'kamples/ n.
spolupáchateľ

accomplish
/ə'kampliš/ v. 1.
dokončiť, dosiahnuť
2. vykonať

accomplishment
/ə'kamplišmənt/ n. 1.
pl *accomplishments*
znalosti, schopnosti
2. uskutočnenie

accord /ə'ko:d/ n.
súhlas, zhoda s *with*

accord v. 1. súhlasiť,
zhodovať sa s *with*
2. dať súhlas

accordance
/ə'ko:dəns/ n.
súhlas, zhoda, *in
accordance with*
v súlade s

according to /ə'ko:diŋ
tə/ podľa čoho

accordion /ə'ko:diən/
n. harmonika

account /ə'kaunt/ n. 1.
správa, opis čoho *of*
2. účet 3. zisk
4. odhad, *by all
account* podľa toho,
čo sa hovorí, *on all
accounts* v každom
prípade, *on no
account* v nijakom
prípade

account v. 1.
považovať za
2. vysvetliť čo *for*
3. byť zodpovedný
za *for*

accountancy
/ə'kauntənsi/ n.
účtovníctvo

accountant
/ə'kauntənt/ n.
účtovník

accumulate
/ə'kju:mjəleit/ v.
hromadiť /sa/,
naakumulovať /sa/

accumulator
/ə'kju:mjəleitə/ n.
akumulátor

accuracy /'ækjərəsi/ n.
presnosť

accurate /'ækjərət/
adj. presný

accusation
/,ækjə'zeišən/ n.
obvinenie

accuse /ə'kju:z/ v.
obviniť z *of*

accustom /ə'kastəm/
v. zvyknúť si na *to*

accustomed
/ə'kastəmd/ adj.
zvyčajný

ace /eis/ n. kartové eso

ace adj. vynikajúci človek

ache /eik/ v. 1. bolieť
2. túžiť niečo urobiť
to do sth

ache n. bolesť

achieve /ə'či:v/ v.
1. dosiahnuť 2. byť úspešný

achievement
/ə'či:vmənt/ n.
1. dosiahnutie
2. výkon

acid /'æsəd/ n.
kyselina

acid adj. kyslý

acknowledge
/ək'nolidž/ v.
1. uznať, pripustiť
2. potvrdiť príjem

acoustic /ə'ku:stik/
adj. 1. sluchový
2. akustický

acquaint /ə'kweint/ v.
be acquaint with
zoznámiť sa

acquaintance
/ə'kweintəns/ n.
1. zoznámenie
2. známy človek

acquire /ə'kwaiə/ v.
získať

acquit /ə'kwit/ -tt- v.
oslobodiť, zbaviť sa čoho *of*

acre /'eikə/ n. lán

acrid /'ækrəd/ adj.
štipľavý

across /ə'kros/ adv.
1. krížom

across

2. na druhú stranu, na druhej strane
across prep. cez
act / ækt/ v. 1.konať, pracovať 2. správať sa 3. hrať div.
act n. 1. čin, skutok 2. zákon 3. dejstvo div.
action /'ækšən/ n. 1.akcia 2. skutok, čin 3.pôsobenie 4. dej 5. boj, bitka voj. 6. súdny proces
active /'æktiv/ adj. 1.aktívny 2. činný
activity /æk'tivəti/ n. činnosť, aktivita
actor /'æktə/ n. herec
actress /'æktrəs/ n. herečka
actual /'ækčuəl/ adj. skutočný
actuality /,æktju'ælity/ n. skutočnosť
actually /'æktjuəli/ adv. 1. v skutočnosti 2. dokonca 3. vlastne

acute /ə'kju:t/ adj. 1. zmysel ostrý, jemný 2. bolesť prudká 3. akútny, naliehavý 4. ostrý uhol
AD /, ei'di:/ skr. Anno Domini *po Kristovi.*
adapt /ə'dæpt/ v. 1. prispôsobiť čomu *to* 2. upraviť pre *for*
adaptation /,ædæp'teišən/ n. úprava, adaptácia
add /æd/ v. 1. pridať k *to* 2. aj add up spočítať
addict /'ædikt/ n. narkoman, toxikoman
addition /ə'dišən/ n. 1. spočítavanie 2. dodatok k *to*
additional /ə'dišənəl/ adj. dodatočný, ďalší, *additional charge* príplatok
address /ə'dres/ n. adresa

adore

adore /ə'do:/ v.
1. zbožňovať 2. mať veľmi rád *hovor.*
adorn /ə'do:n/ v. ozdobiť čím *with*
adornment ə'do:nmənt/ n. ozdoba
adult /'ædalt/ n. dospelý človek
adulterate /ə'daltəreit/ v. falšovať, pančovať
adultery /ə'daltəri/ n. cudzoložstvo
advance /əd'va:ns/ v.
1. postúpiť vpred *on*
2. posunúť dopredu, preložiť na skôr
3. vyplatiť vopred, dať zálohu
advance n. 1. postup
2. pokrok 3. záloha, *in advance* vopred, dopredu
advanced /əd'va:nst/ adj. pokročilý
advantage /əd'va:ntidž/ n. výhoda pred *over*

advantageous /,ædvən'teidžəs/ adj. výhodný pre *to*
adventure /əd'venčə/ n. dobrodružstvo
adversary /'ædvəsəri/ n. *-ie-* protivník, nepriateľ
adverse /'ædvə:s/ adj. nepriaznivý, nepriateľský
adversity /əd'və:səti/ n. nešťastie
advertise /'ædvətaiz/ v. 1. reklamovať
2. inzerovať, hľadať na inzerát
advertisement /əd'və:təsmənt/ n.
1. reklama 2. inzerát
3. oznámenie
advice /əd'vais/ n. rada
advise /əd'vaiz/ v.
1. radiť 2. oznámiť čo *of*
adviser /əd'vaizə/ n. poradca
advocate /'ædvəkət/

address v 1. adresovať komu *to* 2. osloviť *address o.s.* zamerať sa na *to*

adhere /əd'hiə/ v. lepiť, držať *adhere to* dodržať čo

adherent /əd'hiərənt/ n. prívrženec, stúpenec

adjective /'ædžəktiv/ n. prídavné meno, adjektívum

adjourn /ə'džə:n/ v. 1. odročiť o *for*, na *untill*

adjust /ə'džast/ v. 2. prispôsobiť, upraviť čomu *to*

administration /əd,minə'streišən/ n. 1. správa, vedenie 2. vykonanie

administrative /əd'minəstrətiv/ adj. administratívny

admirable /'ædmərəbəl/ adj. obdivuhodný

admire /əd'maiə/ v. obdivovať

admission /əd'mišən/ n. 1. vstup, prijatie 2. vstupné 3. pripustenie, priznanie

admit /əd'mit/ -tt-v. 1. priznať 2. prijať do *into, to* 3. pripustiť, uznať

admittance /əd'mitəns/ n. vstup *no admittance* vstup zakázaný

admonish /əd'moniš/ v. napomenúť za *for*

ado /ə'du:/ n. okolky, zmätok

adolescent /,ædə'lesənt/ adj. dospievajúci, mladistvý

adopt /ə'dopt/ v. 1. osvojiť /si/, adoptovať /si/ 2. prijať, prevziať

adoption /ə'dopšən/ n. osvojenie, adopcia

adore

adore /ə'do:/ v.
1. zbožňovať 2. mať veľmi rád *hovor.*

adorn /ə'do:n/ v. ozdobiť čím *with*

adornment ə'do:nmənt/ n. ozdoba

adult /'ædəlt/ n. dospelý človek

adulterate /ə'daltəreit/ v. falšovať, pančovať

adultery /ə'daltəri/ n. cudzoložstvo

advance /əd'va:ns/ v.
1. postúpiť vpred *on*
2. posunúť dopredu, preložiť na skôr
3. vyplatiť vopred, dať zálohu

advance n. 1. postup 2. pokrok 3. záloha, *in advance* vopred, dopredu

advanced /əd'va:nst/ adj. pokročilý

advantage /əd'va:ntidž/ n. výhoda pred *over*

advantageous /,ædvən'teidžəs/ adj. výhodný pre *to*

adventure /əd'venčə/ n. dobrodružstvo

adversary /'ædvəsəri/ n. *-ie-* protivník, nepriateľ

adverse /'ædvə:s/ adj. nepriaznivý, nepriateľský

adversity /əd'və:səti/ n. nešťastie

advertise /'ædvətaiz/ v. 1. reklamovať 2. inzerovať, hľadať na inzerát

advertisement /əd'və:təsmənt/ n. 1. reklama 2. inzerát 3. oznámenie

advice / əd'vais/ n. rada

advise /əd'vaiz / v. 1. radiť 2. oznámiť čo *of*

adviser / əd'vaizə/ n. poradca

advocate /'ædvəkət/

African

... 1. advokát, právny zástupca 2. stúpenec, zástanca
advocate v. obhajovať, zastávať
aerial /'eəriəl/ n. anténa
aerial adj. vzdušný, letecký
aerobics /eə'rəubiks/ n. aerobik
aeroplane /'eərəplein/ n. lietadlo
afar /ə'fa:/ adv. v diaľke, ďaleko
affair /ə'feə/ n.
1. aféra
2. záležitosť, vec
affect /ə'fekt/ v.
1. postihnúť
2. pôsobiť, dojať
3. predstierať
4. obľubovať čo, mať záľubu v
affectation /,æfek'teišən/ n. pretvárka
affection /ə'fekšən/ n. náklonnosť, láska

affiliation /ə,fili'eišən/ n. 1. pričlenenie
2. členstvo
affirm /ə'fə:m/ v.
1. tvrdiť 2. vyhlásiť
afflict /ə'flikt/ v. postihnúť, trpieť čím *with*
affluence /'æfluəns/ n. hojnosť, nadbytok
afford /ə'fo:d/ v.
1. dovoliť si
2. poskytnúť
affront /ə'frant/ v. uraziť
affront n. urážka
afraid /ə'freid/ adj. vyľakaný, plný strachu pred *of*, o *for*, *be afraid* báť sa koho, čoho *of*, o *for*
afresh /ə'freš/ adv. znovu
Africa /'æfrikə/ n. Afrika
African /'æfrikən/ n. Afričan

African

African adj. africký
after /a:ftə/ prep. 1. po 2. za 3. napriek 4. podľa, *after all* nakoniec, predsa len, *day after day* deň čo deň, *one after another* za sebou
after conj. potom čo, keď
after adv. neskôr
aftercare /'a:ftəkeə/ n. domáce ošetrovanie
afternoon /,a:ftə'nu:n/ n. popoludnie
aftershave /'a:ftəšeiv/ n. voda po holení
afterwards /'a:ftəwədz/ adv. potom, neskôr
again /ə'gen/ adv. 1. opäť, znovu 2. viac, už
against /ə'genst/ prep. proti
age /eidž/ n. 1. vek 2. vyšší vek, staroba
age v. 1. starnúť 2. vyzrieť

agency /'eidžənsi/ n. 1. agentúra, kancelária 2. zastupiteľstvo
agent /'eidžənt/ n. 1. zástupca 2. činiteľ
aggression /ə'grešən/ n. útok, agresia
aggressive /ə'gresiv/ adj. 1. útočný, agresívny 2. podnikavý
agitate /'ædžəteit/ v. 1. rozrušiť, znepokojiť 2. agitovať za *for*
ago /ə'gəu/ adj. pred časovo, *long ago* dávno
agony /'ægəni/ -*ie*- n. agónia, muky
agrarian /ə'greəriən/ adj. poľnohospodársky
agree /ə'gri:/ v. 1. súhlasiť, zhodovať sa s *with* 2. dohodnúť sa na *about, on*

alarm clock

agreeable /ə'gri:əbəl/
adj. 1. príjemný
2. ochotný
agreement /ə'gri:mənt/
n. 1. zhoda 2.
dohoda, zmluva
agriculture /'ægri,kalčə/ n.
poľnohospodárstvo
ahead /ə'hed/ adv. 1.
vpredu 1. dopredu
aid /eid/ v. pomôcť
aid n. 1. pomoc 2.
pomôcka 3. podpora
aim /eim/ v. 1. mieriť,
cieliť na *at* 2. zamerať
sa na *at*, zamýšľať čo *at*
aim n. 1. cieľ
2. zámer, účel
air /eə/ n. 1. vzduch
2. ovzdušie 3. ária,
melódia, *on the air*
v rozhlase
air v. 1. vetrať
2. chváliť sa
airbase /'eəbeis/ n.
letecká základňa
aircraft /'eəkra:ft/ n.
lietadlo

aircrew /'eəkru:/ n.
posádka lietadla
airline /'eəlain/ pl.
airlines n. aerolínie,
letecká spoločnosť
airmail /'eəmeil/ n.
letecká pošta
airplane /'eəplein/
AmE n. lietadlo
airport /'eəpo:t/ n.
letisko
air raid /'eə reid/ n.
letecký útok, nálet
airway /'eəwei/ n. 1.
letecká linka 2. pl.
airways letecká
spoločnosť
airy /'eəri/ adj.
1. vzdušný
2. ľahkovážny
akin /ə'kin/ adj.
podobný čomu *to*
alarm /ə'la:m/ n.
poplach
alarm v. znepokojiť,
naľakať
alarm clock
/ə'la:m klok/ n.
budík

album

album /'ælbəm/ n.
album
alcohol /'ælkəhol/ n.
alkohol, lieh
ale /eil/ n. pivo
alert /ə'lə:t/ adj. 1.
ostražitý 2. čulý
alien /'eiliən/ adj.
1. cudzí 2. odlišný
od *to*
alien n. cudzinec
alight /ə'lait/ adj.
osvetlený
alike /ə'laik/ adj.
podobný, rovnaký
alike adv. rovnako,
tak isto
alive /ə'laiv/ adj.
1. živý, nažive
2. aktívny
all /o:l/ pron. 1. celý,
všetok 2. každý
all adv. celkom, úplne,
all about
predovšetkým, *after
all* koniec koncov
all n. všetko, všetci
allege /ə'ledž/ v.
tvrdiť

allegiance /ə'li:džəns/
n. oddanosť, vernosť
alliance /ə'laiəns/ n.
1. spojenectvo
s *with*, medzi
between 2. aliancia
allied /'ælaid/ adj.
1. spojený
2. spojenecký
3. príbuzný,
pridružený
allocate /'æləkeit/ v.
1. vyčleniť
2. prideliť
allow /ə'lau/ v.
1. dovoliť, povoliť
2. nechať 3. umožniť
4. pripustiť, uznať,
allow for počítať s,
vziať do úvahy čo
allowance /ə'lauəns/
n. 1. príspevok
príplatok,
2. AmE vreckové
3. zľava
all right /, o:l 'rait/
adv. 1. v poriadku
2. dobre 3. správne
4. určite

all right adj. 1. dobrý 2. vhodný

all-round /'o:l raund/ adj. všestranný

allude /ə'lu:d/ v. *allude to* robiť narážky na

allure /ə'ljuə/ v. lákať, vábiť

ally /'ælai/ *-ie-*n. spojenec

almost /'o:lməust/ adv. skoro, takmer

alms /a:mz/ n. almužna

alone /ə'ləun/ adj. 1. sám 2. jediný

along /ə'loŋ/ prep. po, pozdĺž

along adv. 1. ďalej, dopredu 2. spolu, so sebou, *along with* spolu s

aloud /ə'laud/ adv. nahlas, hlasno

alphabet /'ælfəbet/ n. abeceda

already /o:l'redi/ adv. už

alright /, ə:l'rait/ adj., adv. p. all right

also /'o:lsəu/ adv. tiež

altar /'o:ltə/ n. oltár

alter /'o:ltə/ v. 1. prešiť 2. zmeniť

alteration /,o:ltə'reišən/ n. 1. prešitie 2. zmena

alternate /o:l'tə:nət/ adj. 1. striedavý 2. každý druhý

alternate v. striedať /sa/, meniť /sa/ s *with*, medzi *between*

although /o:l'ðəu/ conj. hoci

altitude /'æltətju:d/ n. 1. nadmorská výška 2. pl. *alitudes* výšky

altogether /,o:ltə'geðə/ adv. 1. celkom, úplne 2. vcelku

always /'o:lwəz, 'o:lweiz/ adv. 1. vždy 2. navždy 3. stále

am /m, əm / v. som
am, AM /, ei 'em/ skr. *ante meridiem* ráno, dopoludnia
amass /ə'mæs/ v. hromadiť
amateur /'æmətə/ n. amatér, ochotník
amaze /ə'meiz/ v. udiviť, prekvapiť
amazement /ə'meizmənt/ n. úžas, prekvapenie
amazing /ə'meiziŋ/ adj. prekvapujúci
ambassador /æm'bæsədə/ n. veľvyslanec
ambition /æm'bišən/ n. ctižiadosť, ambícia
ambitious /æm'bišəs/ adj. ctižiadostivý, ambiciózny
ambulance /'æmbjələns/ n. sanitka
America /ə'merikə/ n. Amerika

American /ə'merəkən/ n. Američan
American adj. americký
amiable /'eimiəbəl/ adj. milý, prívetivý
amicable /'æmikəbəl/ adj. priateľský
amiss /ə'mis/ adj. zlý, nevhodný
amiss adv. zle, nevhodne
amity /'æməti/ n. priateľstvo
among /ə'maŋ/ prep. medzi
amount /ə'maunt/ n. 1. čiastka, suma 2. množstvo
ample /'æmpəl/ adj. 1. hojný, viac než postačujúci 2. priestorný, rozsiahly
amplify /'æmləfai/ -*ie*- v. 1. rozviesť myšlienku 2. zosilniť zvuk
amuse /ə'mju:z/ v. rozveseliť, pobaviť

amusement
/ə'mju:zmənt/ n. 1.
pobavenie 2. zábava
an /ən, æn/ neurčitý
člen *pred
samohláskou*
analogy /ə'nælədži/
-ie- n. obdoba,
analógia čoho *to*,
s *with*, medzi
between
analyse /'ænəlaiz/ v.
urobiť rozbor,
analyzovať
anarchy /'ænəki/ n. 1.
bezvládie 2.
anarchia 3. zmätok
anchor /'æŋkə/ n. 1.
kotva 2. opora
anchor v. 1. kotviť 2.
pripevniť, zaistiť
ancient /'einšənt/ adj.
1. staroveký
2. starodávny
3. staromódny
and /ənd, ænd/ conj.
1. a 2. *and so on*
a tak ďalej
angel /'eindžəl/ n. anjel

anger /'æŋgə/ n. hnev
anger v. hnevať
angle /'æŋgəl/ n.
1. uhol 2. roh 3.
hľadisko, stanovisko
Anglican /'æŋglikən/
n. anglikán
Anglican adj.
anglikánsky
angry /'æŋgri/ *-ie-*adj.
nahnevaný na koho
with, na čo *at*
anguish /'æŋgwiš/ n.
úzkosť, muky
animal /'ænəməl/ n.
1. živočích 2. zviera
animal adj.
1. živočíšny
2. zvierací
animosity
/,ænə'mosəti/ n.
nepriateľstvo
ankle /'æŋkəl/ n.
členok
annihilate /ə'naiəleit/
v. úplne zničiť
anniversary
/,ænə'və:səri/ *-ie-* n.
výročie

anounce /ə'nauns/ v.
1. oznámiť 2. hlásiť
v rozhlase
annoy /ə'noi/ v.
1. obťažovať 2. trápiť
annual /'ænjuəl/ adj.
1. každoročný
2. výročný 3. ročný
annuity /ə'nju:əti/ -ie-
n. ročná renta,
dôchodok, anuita,
ročná splátka
anomaly /ə'noməli/ -
ie- n. odchýlka,
anomália
anonymous
/ə'nonəməs/ adj.
neznámy,
anonymný
anorak /'ænəræk/ n.
vetrovka
another /ə'naðə/
determ. 1. ďalší,
ešte jeden
2. iný
answer /'a:nsə/ n.
1. odpoveď na *to*
2. reakcia na *to*
3. riešenie

answer v.
1. odpovedať
2. reagovať, *answer
for* zodpovedať za
answerable
/'a:nsərəbəl/ adj.
2. zodpovedný
komu *to*, za *for*
2. zodpovedateľný
ant /ænt/ n. mravec
Antarctic /æn'ta:ktik/
n. *the* Antarctic
Antarktída
Antarctic adj.
antarktický
antenna /æn'tenə/ n.
1. pl. *antennae*
/æn'teni:/ tykadlo
2. pl. *antennas* AmE
anténa
anthem /'ænθəm/ n.
1. hymnus, chorál
2. ďakovná
pieseň
anthill /'ænt,hil/ n.
mravenisko
antiaircraft
/,ænti'eəkra:ft/ adj.
protilietadlový

anticipate /æn'tisəpeit/
v. 1. očakávať
2. predvídať, tušiť
3. predbehnúť
antidote /'æntidəut/ n.
protijed, protilátka
antique /æn'ti:k/ adj.
1. starobylý,
starodávny
2. staroveký,
antický
antique n. starožitnosť
antler /'æntlə/ n.
paroh
anxiety /æŋ'zaiəti/
-ie- n. 1. úzkosť,
strach pre *for*,
o *about* 2. starosť
pre *to*
anxious /'æŋkšəs/ adj.
1. plný úzkosti,
strachu,
znepokojený o *for*
2. znepokojujúci
any /'eni/ determ.,
adv, pron.
1. akýkoľvek,
ktorýkoľvek,
hociktorý, každý
2. v otázke nejaký
3. po zápore žiadny,
nijaký
any adv. 1. v otázke
trochu 2. po zápore
nič
anybody /'eni, bodi/
pron. ktokoľvek,
nikto
anyhow /'enihau/ adv.
v každom prípade,
akokoľvek
anyone /'eniwan/
pron. ktokoľvek,
niekto, nikto
anything /'eniθiŋ/
pron. čokoľvek,
hocičo, nič
anyway /'eniwei/ adv.
akokoľvek
anywhere /'eniweə/
adv. 1. kdekoľvek,
niekde, niekam
2. nikde, nikam
apart /ə'pa:t/ adv.,
adj. 1. stranou,
bokom 2. oddelene,
apart from
nehľadiac na

apartment /əˈpɑːtmənt/ n. 1. AmE byt 2. izba

apartment house /əˈpɑːtmənt haus/ AmE n. nájomný dom, činžiak

ape /eip/ n. opica

apologize /əˈpɒlədʒaiz/ v. ospravedlniť sa komu *to*, za *for*

apology /əˈpɒlədʒi/ -*ie*-n. 1. ospravedlnenie za *for* 2. obhajoba čoho *for*

appal /əˈpɔːl/ -*ll*-v. vydesiť, zhroziť

apparatus /ˌæpəˈreitəs/ n. pl. *apparatus* 1. prístroj, zariadenie 2. aparát

apparent /əˈpærənt/ adj. 1. zjavný, očividný 2. zdanlivý

appeal /əˈpiːl/ n. 1. žiadosť, prosba, výzva, apel o *for*, na *to* 2. príťažlivosť 3. odvolanie

appeal v. 1. žiadať, obrátiť sa, apelovať koho *to*, o *for* 2. páčiť sa komu *to* 3. odvolať sa na *to*, proti *against*

appear /əˈpiə/ v. 1. objaviť sa 2. zdať sa

appearance /əˈpiərəns/ n. 1. objavenie sa 2. vzhľad 3. zdanie

appease /əˈpiːz/ v. upokojiť, zmierniť

appetite /ˈæpətait/ n. chuť do jedla

applaud /əˈplɔːd/ v. 1. tlieskať 2. súhlasiť, schvaľovať

applause /əˈplɔːz/ n. potlesk

apple /ˈæpəl/ n. jablko

appliance /əˈplaiəns/ n. zariadenie, prístroj, *domestic appliances* domáce spotrebiče

applicant /'æplikənt/
n. žiadateľ
application
/,æpli'keišən/ n.
1. žiadosť o *for*
2. použitie
apply /ə'plai/ v.
1. žiadať koho, čo *to*, o *for* 2. použiť
3. natrieť
appoint /ə'point/ v.
1. určiť, menovať
2. dohodnúť si, stanoviť si
appointment
/ə'pointmənt/ n.
1. dohodnuté stretnutie, schôdzka
2. určenie, menovanie
appreciate /ə'pri:šieit/
v. 1. oceniť
2. uvedomiť si
3. byť vďačný
4. stúpnuť na cene
apprehension
/,æpri'henšən/ n.
1. pochopenie, porozumenie
2. zatknutie
3. chápanie
apprentice /ə'prentəs/
n. učeň
approach /ə'prəuč/ v.
1. priblížiť sa
2. pristúpiť k
approach n.
1. priblíženie, príchod 2. prístup
appropriate
/ə'prəupriət/ adj.
vhodný pre *for*, na *to*
appropriate
/ə'prəuprieit/ v.
1. určiť, vyhradiť na *for* 2. privlastniť si
approval /'ə'pru:vəl/
n. 1. súhlas
2. schválenie, *on approval* na ukážku
approve /ə'pru:v/ v.
1. súhlasiť, schvaľovať /of s, čo/
2. schváliť
approximate
/ə'proksəmət/ adj.
približný

approximate

approximate
/ə'proksəmeit/ v.
približovať sa k *to*
apricot /'eiprəkot/ n.
marhuľa
April /'eiprəl/ n. apríl,
in A. v apríli
apt /æpt/ adj.
1. náchylný, majúci
sklon 2. vhodný
aquatic /ə'kwætik/
adj. vodný
Arab /'ærəb/ n.
1. Arab 2. kôň
Arabian /ə'reibiən/
adj. arabský
arable /'ærəbəl/ adj.
orný
arbitrary /'a:bətrəri/
adj. 1. svojvoľný,
despotický
2. ľubovoľný
arch /a:č/ n. 1. oblúk
2. klenba
arch v. klenúť sa,
ohnúť
archaeology
/,a:ki'olədži/ n.
archeológia

archbishop /,a:č'bišəp/
n. arcibiskup
archer /'a:čə/ n.
lukostrelec
archipelago
/,a:kə'peləgəu/ n. pl.
aj *archipelagos*
súostrovie
architecture
/'a:kətekčə/ n.
architektúra
archive /'a:kaiv/ n. pl.
archives archív
arctic /'a:ktik/ adj.
1. arktický, polárny
2. ľadový
Arctic /'a:ktik/ n. iba
the A. Arktída
arduous /'a:djuəs/ adj.
namáhavý
are /ə, a:/ v. si, sme,
ste, sú
area /'eəriə/ n.
1. obsah, plošná
výmera 2. plocha,
priestor
3. oblasť
argue /'a:gju:/ v.
1. hádať sa s *with*,

around

o *over/about*
2. argumentovať, obhajovať
3. dokazovať
argument /'a:gjəmənt/ n. 1. hádka, spor
2. dôvod, argument *za for*, proti *against*
arid /'ærəd/ adj. vyprahnutý, suchý
arise /ə'raiz/ *arose, arisen* v.
1. vzniknúť, objaviť sa 2. povstať
arisen /ə'rizən/ v. p. arise
arithmetic /'əriθmətik/ n. aritmetika
arm /a:m/ n. 1. rameno 2. *arms* náručie 3. operadlo 4. rukáv
arm v. vyzbrojiť čím *with*
armament /'a:məmənt/ n. 1. výzbroj
2. vojenská sila
3. zbrojenie

armchair /'a:mčeə/ n. kreslo
armed /a:md/ adj. ozbrojený čím *with, armed robbery* ozbrojené prepadnutie, *armed to the teeth* ozbrojený po zuby
armed forces /, a:md 'fo:siz/ n. iba *the* armed forces ozbrojené sily
armistice /'a:məstəs/ n. prímerie
armour /'a:mə/ n. brnenie, pancier
armoured /'a:məd/ adj. pancierový
arms /'a:mz/ n.
1. zbrane
2. erb
army /'a:mi/ /*-ie*-n. armáda
arose /ə'rəuz/ v. p. arise
around /ə'raund/ adv. 1. okolo, dookola
2. tu, nablízku

around prep. okolo, dookola
arouse /ə'rauz/ v. prebudiť záujem
arrange /ə'reindž/ v. 1. usporiadať, upraviť 2. dohodnúť sa s *with*, na *about*
arrangement /ə'reindžmənt/ n. 1. pl *arrangements* plány, prípravy 2. dohoda 3. aranžovanie
arrears /ə'riəz/ n. 1. nedoplatok 2. nedokončená práca
arrest /ə'rest/ v. 1. zatknúť 2. zastaviť 3. upútať pozornosť
arrest n. zatknutie, väzba
arrival /ə'raivəl/ n. príchod
arrive /ə'raiv/ v. 1. prísť 2. nastať
arrow /'ærəu/ n. 1. šíp 2. šípka
art /a:t/ n. umenie

artery /'a:təri/ n. *-ie* 1. tepna 2. dopravná tepna
article /'a:tikəl/ n. 1. predmet, kus, časť 2. článok 3. bod 4. člen *gram.*
artificial /,a:tə'fišəl/ adj. 1. umelý 2. neúprimný, predstieraný
artillery /a:'tiləri/ n. delostrelectvo
artist /'a:təst/ n. 1. umelec 2. artista
arts /'a:ts/ n. umenie, humanitné vedy
as /əz, æz/ adv. ako
as conj. 1. pri porovnaní ako 2. keď, zatiaľ čo 3. pretože 4. akokoľvek, aj keď, *as...as...* tak...ako...
ascend /ə'send/ v. stúpať
ascent /ə'sent/ n. výstup

ascertain /ˌæsə'tein/ v. zistiť

ascetic /ə'setik/ adj. asketický

ash /æʃ/ n. obyč. pl. *ashes* popol

ashamed /ə'ʃeimd/ adj. zahanbený pre *of*, *be ashamed of* hanbiť sa za

ashes /'æʃəz/ n. telesné pozostatky

ashore /ə'ʃoː/ adv. na breh, na brehu

ashtray /'æʃtrei/ n. popolník

Asia /'eiʃə/ n. Ázia

Asian /'eiʃən/ adj. ázijský

ask /aːsk/ v. 1. pýtať sa na *about* 2. žiadať, požadovať o čo *for* 3. pozvať

asleep /ə'sliːp/ adj. spiaci, *fall asleep* zaspať

aspect /'æspekt/ n. 1. ohľad, zreteľ 2. poloha, výhľad

asphalt /'æsfælt/ n. asfalt

aspiration /ˌæspə'reiʃən/ n. túžba, cieľ

aspire /ə'spaiə/ v. snažiť sa o *to, after*

ass /æs/ n. somár

assail /ə'seil/ v. napadnúť čím *with*

assassin /ə'sæsən/ n. vrah

assassinate /ə'sæsəneit/ v. zavraždiť

assault /ə'soːlt/ n. útok, prepadnutie na *on*

assemble /ə'sembəl/ v. 1. zhromaždiť /sa/ 2. zložiť, zmontovať

assembly /ə'sembli/ -*ie*-n. zhromaždenie

assent /ə'sent/ v. súhlasiť s *to*

assent n. súhlas

assert /ə'səːt/ v. tvrdiť, potvrdiť

assertive /ə'səːtiv/ adj. pozitívny, rozhodný

assess

assess /ə'ses/ v. 1. odhadnúť 2. oceniť
asset /'æset/ n. 1. aktívum *ekon.* 2. prínos, užitočná vec 3. pl. *assets* aktíva
assign /ə'sain/ v. 1. prideliť, určiť 2. stanoviť 3. previesť, postúpiť majetok, práva na, komu *to*
assignment /ə'sainmənt/ n. 1. úloha 2. prevod, postup majetku, práva
assimilate /ə'siməleit/ v. 1. vstrebať sa 2. prispôsobiť /sa/ 3. asimilovať /sa/
assist /ə'sist/ v. pomôcť v *in*, s *with*
assistant /ə'sistənt/ n. pomocník
associate /ə'səušieit/ v. 1. spojiť sa 2. asociovať
associate /ə'səušiət/ n. 1. spoločník, partner 2. mimoriadny člen

assorted /ə'so:təd/ adj. zmiešaný
assortment /ə'so:tmənt/ n. sortiment, kopa, zmes
assume /ə'sju:m/ v. 1. predpokladať 2. zmocniť sa, prevziať 3. prijať, nadobudnúť 4. predstierať
assure /ə'šuə/ v. 1. uistiť, sľúbiť čo *of* 2. zaistiť 3. poistiť na život
astonish /ə'stoniš/ v. udiviť, prekvapiť
astrology /ə'strolədži/ n. astrológia
astronaut /'æstrəno:t/ n. kozmonaut, astronaut
astronomy /ə'stronəmi/ n. astronómia
asylum /ə'sailəm/ n. 1. azyl, útočisko 2. ústav

at /ət, æt/ prep. 1. v, na u, pri *miestne*, 2. o, na, v, *časovo*, *at 10 o'clock* o desiatej

ate /et/ v. p. eat

athlete /'æθli:t/ n. atlét, športovec

athletics /æθ'letiks/ n. atletika

Atlantic /ət'læntik/ adj. atlantický, *the A. Ocean* atlantický oceán

atmosphere /'ætməsfiə/ n. atmosféra, ovzdušie

atom /'ætəm/ n. 1. atóm 2. kúsok, štipka *pren.*

atom bomb /'ætəm bom/ n. atómová bomba

atrocious /ə'trəušəs/ adj. 1. ukrutný 2. odporný, hnusný *hovor.*

attach /ə'tæč/ v. 1. pripojiť, prilepiť 2. zatknúť, skonfiškovať tovar

attaché /ə'tæšei/ n. pridelenec, atašé

attack /ə'tæk/ v. 1. napadnúť, útočiť 2. postihnúť

attack n. 1. útok na *on* 2. záchvat čoho *of*

attain /ə'tein/ v. dosiahnuť

attempt /ə'tempt/ v. pokúsiť sa

attempt n. pokus o *at*

attend /ə'tend/ v. 1. zúčastniť sa, navštevovať 2. obsluhovať, ošetrovať 3. dávať pozor na *on*

attendance /ə'tendəns/ n. 1. účasť, dochádzka 2. počet prítomných 3. obshuha, starostlivosť

attendant /ə'tendənt/ n. 1. sprievodca 2. zriadenec, dozorca

attendant

3. sluha, opatrovateľka
attendant adj.
1. sprievodný
2. obsluhujúci
attention /ə'tenšən/ n.
1. pozor 2. pozornosť, opatera, *pay attention to* venovať pozornosť komu, čomu
attentive /ə'tentiv/ adj.
1. pozorný
2. zdvorilý, láskavý
attitude /'ætətju:d/ n. postoj, stanovisko k *to*
attract /ə'trækt/ v. priťahovať, upútať, lákať
attraction /ə'trækšən/ n. 1. príťažlivosť, pôvab 2. atrakcia
attractive /ə'træktiv/ adj. príťažlivý, pôvabný
attribute /'ætrəbju:t/ n. vlastnosť
attribute /ə'tribju:t/ v. *attribute to* prisudzovať komu, čomu
auction /'o:kšən/ n. dražba, aukcia
audacious /o:'deišəs/ adj. 1. odvážny
2. trúfalý, drzý
audible /'o:dəbəl/ adj. počuteľný
audience /'o:diəns/ n.
1. publikum, diváci
2. audiencia
auditorium /ˌo:də'to:riəm/ n. hľadisko, sála
August /'o:gəst/ n. august, *in A.* v auguste
aunt /a:nt/ n. teta
austere /o:'stiə/ adj. 1. prísny, odriekavý, 2. jednoduchý, prostý
Australia /o'streiliə/ n. Austrália
Australian /o'streiliən/ n. Austrálčan
Australian adj. austrálsky

Austria /'ostriə/ n. Rakúsko

Austrian /'ostriən/ n. Rakúšan

Austrian adj. rakúsky

authentic /o:'θentik/ adj. 1. pôvodný, pravý 2. dôveryhodný

author /'o:θə/ n. 1. autor, spisovateľ 2. pôvodca

authoritative /o:'θorətətiv/ adj. 1. autoritatívny 2. úradný

authority /o:'θorəti/ n. -ie- 1. autorita, úradná moc 2. úrad, úrady 3. oprávnenie, právomoc

authorize /'o:θəraiz/ v. 1. schváliť 2. oprávniť, poveriť

autobiography /,o:təbai'ogrəfi/ n. autobiografia

autograph /'o:təgra:f/ n. autogram

automatic /,o:tə'mætik/ adj. automatický

autonomy /o:'tonəmi/ n. autonómia, samospráva

autumn /'o:təm/ n. jeseň, *in* a. na jeseň

auxiliary /o:g'ziljəri/ adj. pomocný, výpomocný

avail /ə'veil/ v. byť platné, pomôcť *avail o.s. of* využiť, použiť čo

available /ə'veiləbəl/ adj. dostupný, k dispozícii

avalanche /'ævəla:nš/ n. lavína

avenue /'ævənju:/ n. trieda, avenue

average /'ævəridž/ n. priemer *mat.*

average adj. priemerný

aversion /ə'və:šən/ n. odpor k *to*

avert /ə'və:t/ v. odvrátiť

avoid /ə'void/ v. vyhnúť sa, vyvarovať sa

await /ə'weit/ v. očakávať

awake /ə'weik/ *awoke/awaked, awoken* v. 1. zobudiť sa 2. uvedomiť si

award /ə'wo:d/ v. prisúdiť, udeliť

award n. cena, odmena

aware /ə'weə/ adj. vedomý si čoho *of*

away /ə'wei/ adv. 1. preč 2. ďaleko, vzdialený

awful /'o:fəl/ adj. hrozný, strašný

awoke /ə'wəuk/ v. p. awake

awoken /ə'wəukən/ v. p. awake

axe /æks/ n. sekera

axis /'æksəs/ n. os

B

babe /beib/ n. 1. bábätko 2. AmE kočka *hovor.*
baby /'beibi/ -*ie*- n. bábätko, dojča
baby-sitter /'beibi, sitə/ n. opatrovateľka detí
bachelor /'bæčələ/ n. 1. starý mládenec 2. bakalár *univerzitná hodnosť*
back /bæk/ n. 1. chrbát 2. zadná časť 3. operadlo 4. obranca
back adv. 1. späť, naspäť 2. vzadu, dozadu 3. časovo pred 4. spätne
back adj. 1. zadný 2. nezaplatený, oneskorený 3. starý
back v. 1. cúvať 2. podporiť 3. staviť na
backbone /'bækbəun/ n. chrbtica, chrbtová kosť
backbreaking /'bækbreikiŋ/ adj. vyčerpávajúci, namáhavý
background /'bækgraund/ n. pozadie, *in the background* v pozadí
backstroke /'bækstrəuk/ n. plavecký štýl *šport.*
backward /'bækwəd/ adj. 1. spätný 2. zaostalý
bacon /'beikən/ n. slanina

bad

bad /bæd/ *worse, worst* adj. 1. zlý 2. chorý 3. škodlivý 4. vážny 5. pokazený
bade /bæd/ v. p. bid
badge /bædž/ n. odznak
badger /'bædžə/ n. jazvec
badly /'bædli/ *worse, worst* adv. 1. zle 2. vážne, ťažko
badminton /'bædmintən/ n. bedminton
bag /bæg/ n. 1. vrece, vrecko 2. taška, kabela, kabelka
baggage /'bægidž/ n. 1. AmE batožina 2. vybavenie, výstroj
bail /beil/ n. kaucia, záruka
bail v. *bail out* 1. prepustiť na kauciu 2. prepustenie na kauciu, *release on bail* prepustiť na kauciu
bait /beit/ n. návnada
bake /beik/ v. 1. piecť /sa/ 2. páliť
baker /'beikə/ n. pekár, *at the baker's* v pekárni
bakery /'beikəri/ -*ie*-n. pekáreň
balance /'bæləns/ n. 1. rovnováha 2. vyrovnanosť 3. protiváha 4. váha 5. zostatok, *balance of accounts* uzávierka účtu, zostatok účtu, *keep the balance* udržať rovnováhu, *lost the balance* stratiť rovnováhu
balance v. 1. udržiavať rovnováhu 2. vyvážiť 3. urobiť uzávierku, *balance an account* vyrovnať účet 4. zvážiť
balance sheet /'bæləns ši:t/ n. súvaha, bilancia

balcony /'bælkəni/ n. -ie- balkón
bald /bo:ld/ adj. 1. plešatý 2. holý
bale /beil/ n. bal
ball / bo:l/ n. 1. lopta 2. klbko 3. bál, ples
ballad /'bæləd/ n. 1. balada 2. sentimentálna pieseň
ballast /'bæləst/ n. 1. záťaž 2. štrk
ballerina /,bælə'ri:nə/ n. baletka
ballet /'bælei/ n. balet
balloon /bə'lu:n/ n. balón, balónik
balloon v. nafúknuť ako balón
ballot /'bælət/ n. 1. hlasovací lístok 2. hlasovanie *tajné*
ballot v. tajne hlasovať, voliť
bamboo /,bæm'bu:/ n. bambus
ban /,bæn/ -nn- v. zakázať čo *from*

ban n. zákaz čoho *on*
banal /bə'na:l/ adj. banálny
banana /bə'na:nə/ n. banán
band /bænd/ n. 1. stuha, stužka 2. pás, pásik, prúžok
band n. 1. banda 2. skupina, kapela
band v. *band together* spolčiť sa, združiť sa
bandage /'bændidž/ n. obväz
bandit /'bændət/ n. lupič, bandita
bang /bæŋ/ v. udrieť, buchnúť, tresnúť
bang n. 1. rana 2. buchnutie 3. úder
banish /'bæniš/ v. 1. vyhostiť, vykázať z *from* 2. vyhnať, zahnať
banister /'bænəstə/ n. pl. *banisters* zábradlie na schodišti

banjo

banjo /'bændžəu/ n. bendžo

bank /bæŋk/ n. 1. banka 2. rezerva, zásoba 3. breh rieky 4. val, násyp

bank v. 1. uložiť do banky 2. mať účet v *with*

bank account /'bæŋk ə,kaunt/ n. bankové konto, účet v banke

bank book /'bæŋk buk/ n. vkladná knižka

bank note /'bæŋk nəut/ n. bankovka

banner /'bænə/ n. 1. transparent 2. štandarda

banquet/'bæŋkwət/ n. slávnostná hostina, banket

baptism /'bæptizəm/ n. krst

baptize /bæp'taiz/ v. krstiť

bar /ba:/ n. 1. tyč, tyčinka 2.závora 3. prekážka 4. bar

bar -rr- v. 1. zavrieť na závoru 2. zavrieť /sa/ kde 3. uzavrieť, zatarasiť 4. vylúčiť, zabrániť 5. zakázať

barber /'ba:bə/ n. holič pánsky, *barber's* holičstvo

bare /beə/ adj. 1. holý, nahý, bosý 2. čistý 3. prázdny

bare v. odhaliť, odokryť

barely /'beəli/ adv. 1. sotva, ťažko 1. biedne

bargain /'ba:gən/ n. dododa, zmluva

bargain v. 1. dohodnúť sa, vyjednávať, dohadovať sa s kým *with sb*, *bargain for* počítať s, očakávať čo

bark /ba:k/ v. brechať, štekať na *at*

bark n. 1. brechanie, štekanie, brechot, štekot 2. kôra stromu

barley /'ba:li/ n. jačmeň

barmaid /'ba:meid/ n. barmanka

barman /'ba:mən/ n. pl. *barmen* barman

barn /ba:n/ n. stodola

baron /'bærən/ n. 1. barón 2 magnát

baroness /'bærənəs/ n. barónka

baroque /bə'rok/ adj. barokový

baroque n. *the* b. barok

barracks /'bærəks/ n. kasárne

barrage /'bæra:ž/ n. 1. priehrada vodná 2. zátarasa 3. záplava otázok

barrel /'bærəl/ n. 1. sud, barel 2. hlaveň pištole

barren /'bærən/ adj. neplodný, sterilný, neúrodný

barricade /'bærəkeid/ n. barikáda

barrier /'bæriə/ n. ohrada, prekážka

barrister /'bærəstə/ n. obhajca, advokát, právny zástupca

barter /'ba:tə/ n. výmenný obchod

base /beis/ n. 1. základňa *voj.* 2. základ 3. úpätie 4. podstavec

base v. mať základňu, byť základňou, *base on/upon* založiť na, zakladať si na

basement /'beismənt/ n. suterén

bash /bæš/ v. 1. tresnúť čím 2. slovne útočiť na, napadnúť koho

bashful /'bæšfəl/ adj. nesmelý, plachý

basic

basic /'beisik/ adj.
 1. zásadný, hlavný
 2. základný
 3. počiatočný
basics /'beisiks/ n. základy
basin /'beisən/ n.
 1. kuchynská misa
 2. umývadlo
 3. nádrž, bazén
basis /'beisəs/ n. pl. *bases* /beisi:z/
 1. základ, báza
 2. hlavná súčasť
bask /ba:sk/ v. slniť sa, vyhrievať sa
basket /'ba:skət/ n. kôš, košík
basketball /'ba:skətbo:l/ n. basketbal
bass /beis/ n. 1. bas hlas, hud. tón
 2. basa *hud. nástroj*
bat /bæt/ n. netopier
batch /bæč/ n. jedna dávka čoho *of*
bath /ba:θ/ n. 1. vaňa
 2. kúpeľ
bath v. kúpať /sa/
bathe /'beið/ v.
 1. kúpať sa v rieke, mori 2. AmE kúpať sa vo vani
bathing costume /'beiθiŋ, kostju:m/ n. plavky dámske
bathing suit /'beiθiŋ su:t/ n. plavky dámske
bathrobe /'ba:θrəub/ n. 1. kúpací plášť
 2. AmE župan
bathroom /'ba:θrum/ n. 1. kúpeľňa 2. AmE toaleta, WC
bathtub /'ba:θtab/ n. AmE vaňa
baton /'bæton/ n. 1. taktovka 2. obušok
 3. štafetový kolík
batter /'bætə/ v. 1. rozbiť 2. tĺcť, búchať na *at/on*, o *against*
batter n. tekuté cesto, *pancake batter* palacinkové cesto

battery /'bætəri/ -*ie*- n.
1. elektr. batéria
2. sada, súprava

battle /'bætl/ n. bitka, boj, zápas

battle v. bojovať, zápasiť

battlefield /'bætlfi:ld/ n. bojisko

bawl /bo:l/ v. vykrikovať, revať

bay /bei/ n. záliv, zátoka

BC /, bi: 'si:/ skr. before Christ *pred Kr. Kristom*

be /bi, bi:/ v. 1. pomocné sloveso
2. byť, existovať

beach /bi:č/ n. pláž, pobrežie

beacon /'bi:kən/ n.
1. vatra 2. maják
3. svetelné znamenie pre chodcov

beak /bi:k/ n. zobák

beam /bi:m/ n.
1. trám, hrada 2. lúč
3. žiarivý úsmev, pohľad

beam v. 1. vysielať lúče 2. žiariť

bean /bi:n/ n. bôb, fazuľa

bear /beə/ n. medveď

bear *bore, borne* v.
1. nosiť, niesť
2. uniesť váhu
3. znášať

beard /biəd/ n. chlpy na brade

bearing /'beəriŋ/ n.
1. držanie tela, správanie, spôsoby
2. význam, vplyv
3. ložisko 4. smer

beast /bi:st/ n.
1. zviera 2. surovec, beštia

beat /bi:t/ *beat, beaten* v. 1. biť, tĺcť
2. poraziť

beat n. 1. úder, tep, pulz 2. tikot hodín
3. bubnovanie
4. tempo, takt
5. obchôdzka

beaten

beaten /ˈbiːtn/ v. p. beat
beaten adj. 1. tepaný 2. vychodený
beating /ˈbiːtiŋ/ n. 1. bitka 2. porážka
beautiful /ˈbjuːtəfəl/ adj. krásny
beauty /ˈbjuːti/ n. *-ie-* 1. krása 2. krásavica
beauty spot /ˈbjuːti spot/ n. znamienko krásy
beaver /ˈbiːvə/ n. 1. bobor 2. bobria kožušina
became /biˈkeim/ v. p. become
because /biˈkoz/ conj. pretože, *because of* pre, kvôli
become /biˈkʌm/ *became, become* v. 1. stať sa 2. hodiť sa, pristať
bed /bed/ n. 1. posteľ, lôžko 2. dno, riečisko 3. záhon *time for bed* čas ísť spať

bed *-dd-* v. vložiť, zasadiť, *bed down* uložiť sa na spánok
bedclothes /ˈbedkləuðz/ n. posteľná bielizeň
bedroom /ˈbedrum/ n. spálňa
bedspread /ˈbedspred/ n. prikrývka na posteľ
bedtime /ˈbedtaim/ n. čas na spanie
bee /biː/ n. včela
beech /biːč/ n. buk
beef /biːf/ n. 1. hovädzie mäso 2. svalstvo, svaly *hovor.*
beehive /ˈbiːhaiv/ n. úľ
been /biːn/ v. p. be
beer /biə/ n. pivo
beet /biːt/ n. *sugar beet* cukrová repa
beetle /ˈbiːtl/ n. chrobák
befall /biˈfoːl/ *befell, befallen* v. postihnúť, prihodiť sa

Belgium

befallen /bi'fo:lən/ v. p. befall
befell /bi'fel/ v. p. befall
before /bi'fo:/ prep. pred
before adv. 1. predtým, skôr 2. dopredu, vpredu
before conj. 1. /skôr/ ako 2. ako
beforehand /bi'fo:hænd/ adv. vopred, skôr
beg /beg/ -gg- v. 1. žobrať 2. prosiť, *I beg your pardon* prepáčte
began /bi'gæn/ v. p. begin
beggar /'begə/ n. žobrák
begin /bi'gin/ *began, begun* v. začať
beginning /bi'giniŋ/ n. začiatok, *from beginning to end* od začiatku do konca

begun /bi'gan/ v. p. begin
behave /bi'heiv/ v. 1. správať sa 2. fungovať, reagovať, *behave o.s.* správať sa slušne
behaviour /bi'heivjə/ n. správanie
beheld /bi'held/ v. p. behold
behind /bi'haind/ prep. za, spoza
behind adv. 1. vzadu 2. pozadu
behold /bi'həuld/ *beheld* v. zočiť, uvidieť
being /'bi:iŋ/ n. 1. bytie, existencia 2. bytosť, tvor 3. podstata
belated /bi'leitəd/ adj. oneskorený
belfry /'belfri/ -ie- n. zvonica
Belgium /beldžəm/ n. Belgicko

45

belief

belief /bəˈliːf/ v. 1. veriť v *in* 2. myslieť si, predpokladať
bell /bel/ n. 1. zvon, zvonček 2. zvonenie
bellow /ˈbeləʊ/ v. bučať
belly /ˈbeli/ *-ie-* n. brucho, žalúdok
belong /biˈlɒŋ/ v. patriť komu *to*
belongings /biˈlɒŋɪŋz/ n. náležitosť, majetok
below /biˈləʊ/ adv. 1. dolu 2. nižšie
below prep. pod
belt /belt/ n. 1. opasok, remeň 2. pás, pásmo, oblasť, zóna
bench /benč/ n. 1. lavica, lavička 2. sudcovská stolica
bend /bend/ *bent* v. 1. ohnúť, zohnúť 2. ohýbať
bend n. 1. zákruta 2. zohnutie

beneath /biˈniːθ/ adv. naspodu, dole
beneath prep. pod
beneficent /biˈnefəsənt/ adj. dobročinný, benefičný
beneficial /ˌbenəˈfišəl/ adj. užitočný, prospešný
benefit /ˈbenəfit/ n. 1. úžitok, osoh 2. podpora, príspevok, *unemployment benefit* podpora v nezamestnanosti
benefit v. 1. priniesť úžitok/osoh 2. mať úžitok/osoh z *from*
benevolent /bəˈnevələnt/ adj. zhovievavý, benevolentný
bent /bent/ v. p. bend
bent n. sklon, nadanie, dispozícia pre *for*
bequeath /biˈkwiːð/ v. odkázať, zanechať po smrti

bereave /bə'ri:v/ *bereaved, bereft* v. pripraviť, vziať, zbaviť koho, čoho *of*

berry /'beri/ *-ie-* n. 1. bobuľa 2. zrnko kávy

berth /bə:θ/ n. 1. prístavisko 2. lôžko

beside /bi'said/ prep. 1. pri 2. v porovnaní

besides /bi'saidz/ adv. okrem toho

besiege /bi'si:dž/ v. obliehať

best /best/ adj. p. good

best adv. p. well

best n. 1. to najlepšie 2. tí najlepší, *all the best* všetko najlepšie

best-seller /,best'selə/ n. 1. bestseller kniha 2. autor bestselleru

bet /bet/ n. 1. stávka na *on* 2. vklad vložený do stávky 3. tip

bet *-tt-* v. staviť /sa/ na *on*

betray /bi'trei/ v. 1. zradiť 2. prezradiť

betrayal /bi'treiəl/ n. zrada

betroth /bi'trəuð/ v. zasnúbiť s *to*

better /'betə/ adj. p. good, *no better than* skoro

better adv. p. well *you had/you'd better* radšej by si mal

better n. 1. to najlepšie 2. ten najlepší, *a change for the better* zmena k lepšiemu

between /bi'twi:n/ prep. medzi dvoma, *between you and me* medzi nami

beverage /'bevəridž/ adj. horúci alebo studený nápoj

bewail /bi'weil/ v. oplakávať, nariekať

beware

beware /bi'weə/ v. dať pozor na *of*
bewilder /bi'wildə/ v. zmiasť
bewitch /bi'wič/ v. 1. uhranúť 2. okúzliť, očariť
beyond /bi'jond/ adv. na druhej strane, na druhú stranu
beyond prep. 1. za 2. ďalej ako 3. nad 4. okrem
bias /'baiəs/ n. 1. zaujatosť 2. náklonnosť
Bible /'baibəl/ n. Biblia
bibliography /,bibli'ogrəfi/ -*ie*- n. životopis, bibliografia
bicycle /'baisikəl/ n. bicykel
bicycle v. bicyklovať sa
bid /bid/ -*dd*- bid v. ponúknuť v dražbe za *for*

bid -*dd*- bade/bid, bidden/ bid v. 1. popriať, zaželať 2. vyzvať 3. pozvať *to*
bidden /'bidn/ v. p. bid
big /big/ -*gg*- adj. 1. veľký 2. významný
bike /baik/ n. bicykel *hovor.*
bilberry /'bilbəri/ -*ie*- n. borievka
bile /bail/ n. žlč
bilious /'biliəs/ adj. žlčníkový
bill /bil/ n. 1. účet za *for* 2. návrh zákona 3. zobák
bill v. 1. účtovať, vystaviť faktúru 2. oznámiť plagátom
billiards /'biljədz/ n. biliard
billion /'biljən/ n. 1. AmE miliarda 2. bilión
bill of sale /,bil əv 'seil/ n. kúpna zmluva

bin /bin/ n.
1. zásobník na uhlie
2. nádoba

bind /baind/ bound v.
1. spútať 2. *bind up* obviazať, zaviazať /si/ koho 3. viazať
4. lemovať

binder /'baində/ n.
1. kníhár 2. viazací stroj 3. tmel

binding /'baindiŋ/ adj. záväzný

binoculars /bi'nokjələz/ n. ďalekohľad

biography /bai'ogrəfi/ -*ie*- n. životopis, biografia

biology /bai'olədži/ n. biológia

birch /bə:č/ n. breza

bird /bə:d/ n. vták

bird of prey /,bə:d əv 'prei/ n. dravý vták, dravec

birth /bə:θ/ n.
1. pôrod, narodenie
2. pôvod

birthday /'bə:θdei/ n. narodeniny

birthmark /'bə:θma:k/ n. materské znamienko

birthplace /'bə:θpleis/ n. rodisko

biscuit /'biskət/ n.
1. sušienka, keks, suchár, biskvit
2. AmE sladké pečivo

bishop /'bišəp/ n.
1. biskup 2. strelec *šach.*

bit /bit/ n. 1. kúsok
2. chvíľka

bit v. p. bite

bitch /bič/ n. suka

bite /bait/ bit, bitten v.
1. hrýzť 2. štípať

bite n. 1. sústo
2. zahryznutie
3. uhryznutie, uštipnutie

biting /'baitiŋ/ adj.
1. prenikavý, ostrý
2. uštipačný

bitten /'bitn/ v. p. bite

black

black /blæk/ adj.
1. čierny 2. tmavý, temný 3. špinavý
black n. 1. čierna farba 2. černoch
blackberry /'blækbəri/ -*ie*- n. černice
blackbird /'blækbə:d/ n. škorec
blackboard /'blækbo:d/ n. školská tabuľa
blacken /'blækən/ v. sčernieť, začierniť
blackmail /'blækmeil/ n. vydieranie
blackout /'blækaut/ n.
1. zatemnenie okien, výpadok prúdu
2. dočasná strata pamäti
black pepper /,blæk 'pepə/ n. čierne korenie
blacksmith /'blæk,smiθ/ n. kováč
blade /bleid/ n. čepeľ noža, meča

blame /bleim/ v.
1. viniť, dávať vinu z *for*, komu *on*
2. zvaliť vinu na *on*
blame n. vina za *for*
blanch /bla:nč/ v.
1. bieliť, čistiť
2. zblednúť, obelieť
blank /blæŋk/ adj. čistý, prázdny
blank n. 1. prázdne miesto 2. slepý náboj
blank cheque /,blæŋk 'ček/ n. bianko šek
blanket /'blæŋkət/ n.
1. prikrývka
2. pokrývka, deka
blast /bla:st/ n.
1. nápor, náraz
2. výbuch
3. zatrúbenie
blast v. 1. vyhodiť do vzduchu 2. zničiť, *blast off* odpáliť, odštartovať raketu
blaze /bleiz/ n.
1. šľahajúci plameň

blockade

2. požiar 3. jas, ligot, žiara
blaze v. 1. plápolať, šľahať 2. *blaze away* páliť, strieľať na *at* 3. vytrúbiť čo
bled /bled/ v. p. bleed
bleed /bli:d/ *bled* v. 1. krvácať 2. odobrať krv
blemish /'blemiš/ v. pokaziť, poškvrniť
blend /blend/ v. 1. miešať, mixovať 2. ladiť, harmonizovať s *with*
blend n. zmes, zmiešanina
blender /'blendə/ n. mixér
bless /bles/ *blessed/blest* v. požehnať
blessed /'blesəd/ adj. 1. požehnaný 2. darovaný *od Boha*
blest /blest/ v. p. bless
blessing /'blesiŋ/ n. požehnanie

blew /blu:/ v. p. blow
blind /blaind/ adj. 1. slepý 2. slepecký 3. nevyspytateľný
blind v. 1. oslepnúť 2. zaslepiť pred *to*
blink /bliŋk/ v. 1. žmurknúť, mrknúť 2. zatvárať oči pred *at*
blink n. žmurknutie, mrknutie
blinkers /'bliŋkəz/ n. smerovky
blister /'blistə/ n. pľuzgier
blizzard /'blizəd/ n. fujavica, metelica
block /blok/ n. 1. kváder, kocka 2. blok, *block of flats* činžiak 3. množstvo 4. prekážka, zátarasa
block v. 1. zatarasiť 2. blokovať
blockade /blo'keid/ n. blokáda

blockhead /'blokhed/ n. hlupák
block letters /,blok 'letəz/ n. paličkové písmo
blond /blond/ adj. svetlovlasý, plavovlasý
blonde /blond/ n. blondínka, plavovláska
blood /blad/ n. 1. krv 2. pokrvný príbuzný
blood group /'blad gru:p/ n. krvná skupina
blood poisoning /'blad, poizəniŋ/ n. otrava krvi
blood pressure /'blad ,prešə/ n. krvný tlak
bloody /'bladi / -ie- adj. 1. zakrvavený 2. krvavý 3. vražedný
bloom /blu:m/ n. 1. kvet 2. rozkvet
bloom v. 1. kvitnúť 2. prekvitať *pren.*
blossom /'blosəm/ n. 1.kvet ovocného stromu 2. kvitnutie
blossom v. kvitnúť
blot /blot/ n. machuľa, škvrna
blot -tt- v. 1. robiť machule 2. vysať pijavým papierom
blotting paper /'blotiŋ ,peipə/ n. pijak, pijavý papier
blouse /blauz/ n. blúzka
blow /bləu/ *blew, blown* v. 1. fúkať, viať 2. odfúknuť, povievať 3. vybiť poistku, *blow it!* aby to čert vzal, *blow out* sfúknuť, *blow up* vyhodiť/vyletieť do vzduchu
blow n. rana, úder
blown /bləun/ v. p. blow
blowout /'bləuaut/ n. prasknutie duše

blue /blu:/ adj.
  1. modrý
blues /blu:z/ n.
  1. blues 2. skľúčenosť
bluff /blaf/ v. klamať, predstierať
blunder /ˈblandə/ n.
  1. hrubá chyba 2. hlúposť
blunt /blant/ adj.
  1. tupý 2. hrubý, neotesaný
blunt v. otupiť
blush /blaš/ v. červenať sa
bluster /ˈblastə/ v.
  1. zúriť, vrieskať 2. burácať
boar /bo:/ n. 1. kanec 2. diviak
board /bo:d/ n.
  1. lata 2. tabuľa 3. strava 4. výbor, *board of directors* správna rada, *on board* na palube, vo vlaku, v autobuse

board v. 1.*board up* zadebniť 2. nastúpiť na palubu, do vlaku, autobusu
boarding card /ˈbo:diŋ ka:d/ n. palubná karta pri vstupe do lietadla
boarding school /ˈbo:diŋ sku:l/ n. internátna škola
boardroom /ˈbo:dru:m/ n. zasadačka správnej rady, vedenia
boast /bəust/ v.
  1. chváliť sa, chvastať sa čím *about/of* 2. honosiť sa
boat /bəut/ n. čln, loď, loďka
bob /bob/ -*bb*- v. poskakovať
bobsleigh /ˈbobslei/ n. šport. boby
body /ˈbodi/ -*ie*- n.
  1. telo 2. trup 3. hlavná časť, jadro

bodyguard

bodyguard /'bodiga:d/ n. osobný strážca
bog /bog/ n. močiar
boil /boil/ v. variť /sa/, vrieť
boiler /'boilə/ n. kotol
bold /bəuld/ adj.
1. odvážny, smelý
2. drzý
bolster /'bəulstə/ n. podhlavník
bolster v. *bolster up* podporiť, zväčšiť
bolt /bəult/ n.
1. skrutka 2. závora
3. šíp 4. útek, únik
bolt v. 1. splašiť sa, utiecť 2. *bolt down* hltať, zhltnúť
3. zavrieť na závoru
bomb /bom/ n. bomba
bomb v. bombardovať
bond /bond/ n. 1. puto
2. zväzok
3. obligácia
bond v. spojiť, viazať, držať na *to*
bone /bəun/ n. kosť

bonfire /'bonfaiə/ n. vatra
boo /bu:/ v. vypískať koho
book /buk/ n. 1. kniha
2. zošit, blok
book v. *book up* rezervovať /si/, objednať /si/, *book in* ubytovať sa hoteli
bookcase /'bukkeis/ n. knižnica, knihovnička
bookkeeping /'buk‚ki:piŋ/ n. účtovníctvo
booklet /'buklət/ n. brožúrka
bookseller /'buk‚selə/ n. kníhkupec
bookshop /'bukšop/ n. kníhkupectvo
boom /bu:m/ v.
1. dunieť, hučať
2. prosperovať, prekvitať
boom n. 1. dunenie
2. prosperita, rozkvet

54

boost /bu:st/ v.
1. zdvihnúť, vysadiť
2. zvýšiť 3. podporiť
4. presadiť

boost n. 1. zvýšenie, vzrast 2. podpora, pomoc

boot /bu:t/ n.
1. topánky *vysoké* 2. batožinový priestor

booth /bu:ð/ n. 1. stánok 2. búdka

bootlace /'bu:tleis/ n. šnúrka do topánky

booty /'bu:ti/ n. korisť

border /'bo:də/ n. 1. okraj, lem 2. hranica

border v. 1. hraničiť
2. olemovať čím

borderland /'bo:dəlænd/ n.
1. pohraničie
2. rozhranie

borderline /'bo:dəlain/ n. hraničná čiara, hranica

bore /bo:/ v. p. bear

bore adj., n. 1. nudný
2. nuda

bore v. nudiť sa

bore v. 1. vŕtať
2. pretláčať /sa/

born /bo:n/ v. p. bear

born adj. 1. narodený
2. rodený

borne /bo:n/ v. p. bear

borrow /'borəu/ v. požičať si od *from*

boss /bos/ n. šéf

both /bəuθ/ pron. obaja, obidvaja, jeden aj druhý *both ... and...* aj ... aj ...

bother /'boðə/ v. robiť /si/ starosti

bother n. starosti

bottle /'botl/ n.
1. fľaša 2. pohár kompótový

bottom /'botəm/ n.
1. dno 2. spodok, dolná časť 3. zadok

bought /bo:t/ v. p. buy

bounce /bauns/ v. 1. skákať 2. odraziť sa
3. vrútiť sa, vletieť

bounce n. 1. rana, buchnutie 2. odraz

bound

bound /baund/ v. p. bind
bound adj. 1. povinný, zaviazaný
bound n. skok, odraz
bound v. 1. skákať 2. odraziť sa
boundary /'baundəri/ -ie- n. hranica
bounty /'baunti/ n. pl. *bounties* dar, odmena
bouquet /bəu'kei/ n. kytica
bourgeois /'buəžwa:/ adj. buržoázny
burgeoisie /,buəžwa:'zi:/ n. buržoázia
boutique /bu:'ti:k/ n. butik
bow /bau/ v. 1. *bow down* klaňať sa 2. skloniť hlavu, kývnuť hlavou
bow n. 1.poklona 2.úklon
bow n. 1. luk 2. sláčik 3. mašľa

bowel /'bauəl/ n. pl. *bowels* črevá
bowl /bəul/ n. 1. misa, miska 2. váza, čaša
box /boks/ n. 1. krabica 2. kazeta, debna 3. búdka 4. lóža
box v. zabaliť do krabice
box v. boxovať
boxing /'boksiŋ/ n. box *šport.*
Boxing Day /'boksiŋ dei/ n. 2. sviatok vianočný
boy /boi/ n. chlapec
boyfriend /'boifrend/ n. priateľ, kamarát
boyhood /'boihud/ n. chlapčenské roky
bra /bra:/ n. podprsenka
brace /breis/ n. výstuž, podpera, opora
brace v. 1. podoprieť, vystužiť 2. pripraviť sa na *for*

bracelet /'breislət/ n. náramok
braces /breisəz/ n. traky
bracket /'brækət/ n.
1. konzola, podpera
2. zátvorka
3. skupina, trieda
braid /breid/ n. AmE vrkoč
brain /brein/ n.
1. mozog 2. pl. *brains* rozum
brainwave /'breinweiv/ n. náhla myšlienka, nápad
braise /breiz/ v. dusiť mäso
brake /breik/ n. brzda
brake v. brzdiť
bramble /'bræmbl/ n. černica
branch /bra:nč/ n.
1. vetva, konár
2. rameno rieky, odbočka cesty
3. pobočka, filiálka

brand /brænd/ v.
1. vypáliť znamenie
2. poznačiť koho
3. označiť za *as*
brandy /'brændi/ n. koňak
brass /bra:s/ n.
1. mosadz 2. drzosť *hovor.*
brassy /'bra:si/ adj. mosadzný
brave /breiv/ adj. odvážny, statočný
brave v. čeliť, vzdorovať čomu
brawl /bro:l/ n. hádka, zvada
brawn /bro:n/ n.
1. sval 2. sila *pren.*
brazen /'breizən/ adj. nehanebný, drzý
breach /bri:č/ n. 1. porušenie čoho *of*
2. roztržka 3. trhlina
bread /bred/ n. chlieb
breadth /bredθ/ n.
1. šírka 2. rozsah
break /breik/ *broke, broken* v. 1. rozbiť,

break

zlomiť, roztrhnúť
2. pokaziť 3. preraziť
4. prerušiť 5. prestať
fungovať 6. zničiť
7. porušiť, nedodržať
8. prekonať 9. zistiť,
break sb's heart
zlomiť komu srdce
ň, *break down*
zničiť, *break in*
násilím vniknúť,
break out vypuknúť
break n. 1. trhlina,
puklina, otvor
2. prerušenie,
prestávka 3. zlom,
zmena
breakdown
/'breikdaun/ n. 1.
porucha, prerušenie
2. zrútenie
breakfast /'brekfəst/ n.
raňajky, *have
breakfast* raňajkovať
breakout /'breikaut/ n.
útek z väzenia
breakthrough
/'breikθru:/ n.
vedecký objav

breast /brest/ n.
1. prsník 2. prsia
breaststroke /'brest
strəuk/ n. prsia
plavecký štýl
breath /breθ/ n.
1. dych 2. dýchanie
bred /bred/ v. p. breed
breed /bri:d/ *bred* v.
1. chovať, pestovať
2. plodiť
breed n. 1. plemeno,
rasa 2. druh, typ
breeding /'bri:diŋ/ n.
1. chov, pestovanie
2. výchova, spôsoby
breeze /bri:z/ n. vánok
brevity /'breviti/ n.
stručnosť
brewery /'bru:əri/ *-ie-*
n. pivovar
bribe /braib/ v.
podplatiť, dať úplatok
bribe n. úplatok
brick /brik/ n. tehla
bricklayer /'brik, leiə/
n. murár
bride /braid/ n.
nevesta

brittle

bridegroom
/ˈbraidgruːm/ n.
ženích
bridesmaid
/ˈbraidzmeid/ n.
družička
bridge /bridž/ n.
1. most 2. mostík *na lodi, športový, zubný*
bridge n. bridž
bridle /ˈbraidl/ n. uzda
brief /briːf/ adj.
1. krátky 2. stručný, *in brief* stručne
brief n. 1. krátka správa 2. nariadenie, predpis 3. súdny prípad
bright /brait/ adj.
1. jasný, svetlý
2. bledý 3. žiariaci, lesklý
brilliant /ˈbriljənt/ adj.
1. žiarivý, jasný
2. skvelý, vynikajúci
brim /brim/ n. okraj
bring /briŋ/ brought
v. 1. priniesť,
doniesť, 2. priviesť, viesť 3. vyniesť, *bring about* spôsobiť, *bring back* vrátiť, priniesť, *bring down* zostreliť, znížiť cenu, *bring in*
1. predložiť
2. predviesť, *bring off* zvládnuť čo, *bring on* spôsobiť, *bring out* vydať knihu, priniesť na trh, *bring up* vychovať
brink /briŋk/ n. kraj, pokraj čoho *of*
brisk /brisk/ adj. čulý, živý
bristle /ˈbrisəl/ n. štetina, chlp
British /ˈbritiš/ adj. britský
Britisher /ˈbritišə/ n. AmE Brit
Briton /ˈbritn/ n. Brit
brittle /ˈbritl/ adj. krehký

broach

broach /brəuč/ v.
1. začať hovoriť, zaviesť reč na 2. otvoriť, načať fľašu
broad /bro:d/ adj. 1. široký 2. rozsiahly 3. tolerantný
broadcast /'bro:dka:st/ n. vysielanie
broadcast v. 1. vysielať 2. rozšíriť
broaden /'bro:dn/ v. *broaden out* rozširovať /sa/
broke /brəuk/ v. p. break
broken /'brəukən/ v. p. break
broken adj. 1. rozbitý 2. pokazený, nefungujúci 3. prerušený
broker /'brəukə/ n. maklér
bronchitis /broŋ'kaitəs/ n. zápal priedušiek, bronchitída
bronze /bronz/ n. bronz, výrobok, medaila
brood /bru:d/ v. premýšľať, dumať nad *over*, o *about*
broom /bru:m/ n. metla
brother /'braðə/ n. brat
brother-in-law /'braðə in, lo:/ n. pl. *brothers-in-low/brother-in-laws* švagor
brought /bro:t/ v. p. bring
brow /brau/ n. obočie
brown /braun/ adj. hnedý
bruise /bru:z/ n. modrina, podliatina
brush /braš/ n. 1. kefa, kefka 2. štetec
brush v. 1. kefovať, vyčistiť kefkou 2. zamiesť metlou 3. natrieť štetcom, *brush up* osviežiť si vedomosti, zopakovať si

brute /bru:t/ n.
1. zviera 2. surovec, beštia
bubble /'babəl/ n. bublina
bubble v. 1. bublať, klokotať
bubble gum /'babəl gam/ n. žuvačka
buck /bak/ n. 1. samec jeleň, srnec, daniel, sob, cap 2. AmE dolár *hovor.*
bucket /'bakət/ n. vedro, vedierko
buckle /'bakəl/ n. spona, pracka
bud /bad/ n. puk, púčik
bud -*dd*- v. pučať
Buddhism /'budizəm/ n. budhizmus
budding /'badiŋ/ adj. budúci
budget /'badžət/ n. rozpočet
buffalo /'bafələu/ n. pl. *buffaloes/buffalos*

built-in

buffalo 1. byvol 2. bizón
buffet /'bufe/ n. bufet, studený pult
bug /bag/ n. 1.AmE chrobák 2. chyba
bugle /'bju:gəl/ n. trúbka, poľnica
build /bild/ *built* v.
1. stavať, budovať 2. *build up* tvoriť, formovať, *build in* vstavať, zabudovať, *build on* 1. pristaviť 2. stavať na, *build up* upevniť si zdravie
build n. telesná stavba, konštrukcia
builder /'bildə/ n.
1. staviteľ 2. tvorca, zakladateľ
building /'bildiŋ/ n.
1. budova 2. stavebníctvo
built /bilt/ v. p. build
built-in /, bild 'in/ adj. vstavaný, tvoriaci súčasť

built-up

built-up /ˌbild 'ap/ adj. zastavaný

bulb /balb/ n. žiarovka

bulk /balk/ n.
  1. veľkosť, množstvo, objem 2. väčšina, hlavná časť

bull /bul/ n. býk

bullet /'bulət/ n. strela, náboj, guľka

bullfight /'bulfait/ n. býčí zápas

bullock /'bulək/ n. vôl

bumblebee /'bambəlbi:/ n. čmeliak

bump /bamp/ v. naraziť, vraziť, udrieť /sa/

bump n. 1. rana, úder 2. hrča

bumper /'bampə/ n. AmE nárazník

bun /ban/ n. sladké pečivo, buchta, brioška

bunch /banč/ n. zväzok, strapec, chumáč

bung /baŋ/ n. zátka

bungalow /'baŋgələu/ n. prízemný domček, chata

bunk /baŋk/ n. 1.lôžko na lodi, vo vlaku 2. *bunk bed* poschodová posteľ

bunker /'baŋkə/ n. bunker

burble /'bə:bəl/ v. bublať, zurčať, klokotať

burden /'bə:dn/ n. 1. bremeno 2. tiaž, ťarcha

burden v. zaťažiť čím *with*

bureau /'bjuərəu/ n. pl *bureaux* /bjuərəuz/
  1. písací stôl
  2. AmE bielizník
  3. kancelária

burger /'bə:gə/ n. hamburger

burglar /'bə:glə/ n. zlodej, lupič

burn /bə:n/ *burnt/burned* v.

butler

1. horieť 2. páliť 3. popáliť, vypáliť, prepáliť 4. svietiť 5. používať ako palivo, spaľovať, kúriť čím, *burn away* spáliť, *burn down* zhorieť

burn n. popálenina

burning /'bə:niŋ/ adj. 1. horiaci 2. pálivý 3. ohnivý

burnt /bə:nt/ v. p. burn

burrow /'barəu/ n. nora, brloh, diera

burst /bə:st/ burst v. prasknúť, puknúť

burst n. 1. prasknutie 2. výbuch čoho *of*

bury /'beri/ *-ie-* v. 1. pochovať 2. schovať, ukryť

bus /bas/ n. autobus

bush /buš/ n. 1. ker, krík 2. buš

bushy /'buši/ *-ie-* adj. huňatý, hustý

business /'biznəs/ n. 1. obchod 2. podnik, živnosť, podnikanie

businessman /'biznəsmən/ n. pl *businessmen* 1. podnikateľ 2. obchodník

bus station /'bas ˌsteišən/ n. autobusová zastávka

bust /bast/ n. 1. busta 2. poprsie

bustle /'basəl/ v. naháňať sa, mať naponáhlo, byť v pohybe

busy /'bizi/-*ie*- adj. 1. zaneprázdnený 2. zamestnaný

busy -*ie*- v. zamestnať /sa/ čím *with*

but /bət, bat/ conj. 1. ale /aj/ 2. že 3. aby

but prep. okrem

but adv. len, iba

butcher /'buča/ n. mäsiar, *butcher's* mäsiarstvo

butler /'batlə/ n. hlavný sluha

butt

butt /bat/ n. okraj, rukoväť, násada
butter /'batə/ n. maslo
butterfly /'batəflai/ -ie n. 1. motýľ 2. *the* b. šport. motýlik
buttock /'batək/ n. zadok
button /'batn/ n. 1. gombík 2. tlačidlo
buy /bai/ bought v. kúpiť, *buy off* podplatiť
buyer /'baiə/ n. kupec, nákupca
buzz /baz/ v. bzučať
buzzard /'bazəd/ n. jastrab
by /bai/ prep. 1. pri 2. popri, pozdĺž 3. do 4. podľa

by adv. 1. okolo 2. vedľa
bye /bai/ interj. dovi *hovor.*
bye-bye /, bai 'bai/ interj. dovidenia *hovor.*
bygone /'baigon/ adj. predošlý, minulý
bypass /'baipa:s/ n. obchádzka, vonkajší okruh
bypass v. obísť
by-product /'bai, prodakt/ n. vedľajší produkt
bystander /'bai ,stændə/ n. divák, pozorovateľ
byway /'baiwei/ n. vedľajšia cesta

C

cab /kæb/ n. taxík
cabbage /'kæbidž/ n. kapusta
cabin /'kæbən/ n. 1. kajuta 2. kabína 3. zrub, chata, chatrč
cabinet /'kæbənət/ n. 1. sekretár, skrinka 2. vláda, kabinet
cable /'keibəl/ n. 1. lano 2. kábel 3. kábelogram, telegram
cable car /'keibəl ka:/ n. kabína lanovky
cable railway /'keibəl, reilwei/ n. lanovka
cacao /kə'kau/ n. kakao
cache /kæš/ n. skladisko, úkryt
cactus /'kæktəs/ pl. *cacti* /kæktai/ n. kaktus
cad /kæd/ n. grobian
cafe /'kæfei/ n. reštaurácia bez alkoholických nápojov
cafeteria /, kæfə'tiəriə/ n. samoobslužná reštaurácia
cage /keidž/ n. klietka
cage v. dať do klietky, držať v klietke
cake /keik/ n. 1. koláč, zákusok 2. kus, kúsok čoho *of*
calamity /kə'læməti/ -ie- n. nešťastie, pohroma, kalamita
calcium /'kælsiəm/ n. vápnik, kalcium
calculate /'kælkjəleit/ v. 1. vypočítať

2. počítať, kalkulovať, odhadnúť, *calculate on* spoľahnúť sa na
calculated /ˈkælkjəleitəd/ adj. zámerný, úmyselný
calculator /ˈkælkjəleitə/ n. kalkulačka
calendar /ˈkæləndə/ n. kalendár
calf /ka:f/ pl. *calves* /ka:vz/ n.1. teľa 2. teľacia koža 3. lýtko
calibre /ˈkælɪbə/ n. 1. kvalita, význam 2. kaliber
call /kɔ:l/ v. 1 volať 2. predvolať, vyzvať, zavolať 3. navštíviť, zastaviť sa kde *at* 4. otvoriť, vyhlásiť 5. pomenovať 6. nazvať, *call for* žiadať čo, *call in* zavolať lekára ap.
call n. 1. zavolanie, volanie 2. výzva 3. hovor *telef.* 4. návšteva 5. požiadavka po *for*, na *on* 6. zobudenie, *on call* v službe
call box /ˈkɔ:l bɒks/ n. telefónna búdka
calling /ˈkɔ:liŋ/ n. 1. volanie 2. povolanie
callous /ˈkæləs/ adj. 1. necitlivý 2. mozoľnatý
call-up /ˈkɔ:lʌp/ n. povolávací rozkaz
calm /ka:m/ adj.1. tichý, pokojný 2. bezveterný
calm n.1.ticho, pokoj 2. bezvetrie
calm v. utíšiť, upokojiť
calumniate /kəˈlʌmnieit/ v. ohovárať
calves /ka:vz/ pl. p. calf
came /keim/ p. come
camel /ˈkæməl/ n. ťava
camera /ˈkæmərə/ n.kamera
cameraman /ˈkæmərəmən/ pl.

cameramen n. kameraman, fotoreportér

camouflage /'kæməfla:ž/ n. maskovanie, kamufláž

camp /kæmp/ n. 1. tábor, kemping 2. organizácia, spolok

camp v. táboriť, utáboriť /sa/, kempovať

campaign /kæm'pein/ n. 1. vojenské ťaženie 2. kampaň

campaign v. 1. viesť vojenské ťaženie 2. viesť kampaň

campfire /'kæmpfaiə/ n. táborák, táborová vatra

campsite /'kæmpsait/ n. táborisko

campus /'kæmpəs/ n. univerzitné priestory, univerzitný areál, akademická pôda

can /kən, kæn/ *could* v. 1. môcť 2. byť schopný 3. vedieť, dokázať

can /kæn/ n. 1. plechovica 2. kanva, kanistra

Canada /'kænədə/ n. Kanada

Canadian /kə, neidiən/ n. Kanaďan

Canadian adj. kanadský

canal /kə'næl/ n. prieplav, kanál

canalize /'kænəlaiz/ v. vykopať kanál/prieplav

canary /kə'neəri/ -*ie*- n. kanárik

cancel /'kænsəl/ -*ll*- v. 1. zrušiť, odvolať 2. preškrtnúť 3. vypovedať

cancellation /,kænsə'leišən/ n. 1. zrušenie, odvolanie 2. preškrtnutie

cancer /'kænsə/ n. rakovina

candid

candid /'kændəd/ adj.
otvorený, úprimný,
priamočiary

candidacy
/'kændədəsi/ -ie- n.
kandidatúra

candidate /'kændədət/
n. kandidát na *for*

candle /'kændl/ n.
sviečka

candy /'kændi/ AmE
n. cukrík, bonbón

cane /kein/ n.
1. trstina, tŕstie
2. palica, palička

canister /'kænəstə/ n.
plechovica,
plechová škatuľka

cannabis /'kænəbəs/ n.
hašiš

canned /kænd/ adj.
konzervovaný

cannibal /'kænəbəl/ n.
ľudožrút, kanibal

cannon /'kænən/ n.
delo, kanón

cannon v. naraziť,
vraziť

cannot /'kænət/ p. can

canny /'kæni/ -ie- adj.
chytrý, obozretný,
opatrný

canoe /kə'nu:/ n.
kanoe

can opener /'kæn
,əupənə/ n. otvárač
na konzervy

canopy /'kænəpi/ -ie-
n. baldachýn

cant /kænt/ v. *cant
over* nakloniť /sa/

can't /ka:nt/ v. zápor
p. can

canteen /kæn'ti:n/ n.
závodná jedáleň,
študentská menza,
kantína

canvass /'kænvəs/ v.
agitovať

canyon /'kænjən/ n.
kaňon

cap /kæp/ n. 1. čiapka,
čapica 2. veko,
vrchnák, uzáver

cap -pp- v. prikryť,
pokrývať

capability
/,keipə'biləti/ -ie- n.

schopnosť, spôsobilosť
capable /'keipəbəl/ adj. 1. schopný 2. zdatný 3. pripúšťajúci čo *of*
capacious /kə'peišəs/ adj. priestorný, priestranný
capacity /kə'pæsəti/ -*ie*- n. 1. kapacita 2. schopnosť 3. postavenie, funkcia
cape /keip/ n. plášť, pelerína
capital /'kæpətl/ n. 1. hlavné mesto 2. kapitál
capital adj. 1. kapitálový 2. hlavný
capitalism /'kæpətlizəm/ n. kapitalizmus
capital punishment /,kæpətl 'panišmənt/ n. trest smrti
capitulate /kə'pičəleit/ v. vzdať sa, kapitulovať

capon /'keipən/ n. kapún
captain /'kæptən/ n. kapitán
caption /'kæpšən/ n. nadpis, titul, záhlavie, text pod obrázkom, legenda
captivate /'kæptəveit/ v. upútať, uchvátiť, okúzliť
captive /'kæptiv/ adj. 1. zajatý, uväznený 2. žijúci v klietke/v zajatí
captive n. vojnový zajatec
capture /'kæpčə/ v. 1. zajať, chytiť 2. zmocniť sa, ovládnuť čoho/čo *of*
capture n. 1. zajatie, chytenie 2. dobytie čoho *of*
car /ka:/ n. 1. auto 2. železničný vagón, vozeň
caramel /'kærəməl/ n. karamel

caravan

caravan /'kærəvæn/ n.
1. obytný príves, karavan 2. maringotka 3. karavána

caraway /'kærəwei/ n. rasca

carbon /'ka:bən/ n. 1. chem. uhlík 2. prieklepový papier 3. kópia

carburettor /,ka:bjə'retə/ n. karburátor

card /ka:d/ n. 1. karta 2. preukaz, legitimácia 3. pohľadnica

cardboard /'ka:dbo:d/ n. kartón, lepenka

cardinal /'ka:dənəl/ n. kardinál

cardinal adj. podstatný, základný, hlavný

card index /'ka:d, indeks/ n. index/register, kartotéka

cards /ka:dz/ n. hracie karty

care /keə/ n.
1. starostlivosť, opatera 2. starosť 3. záujem 4. pozornosť, *take care* byť opatrný, dať si pozor

care v. 1. starať sa o *for* 2. dbať, mať záujem na *for*, o *about*

career /kə'riə/ n.
1. povolanie, zamestnanie
2. životná dráha, kariéra

careerist /kə'riərəst/ n. karierista

careful /'keəfəl/ *-ll-* adj. 1. pozorný, opatrný, dbajúci na *with* 2. dôkladný

careless /'keələs/ adj.
1. nepozorný, neopatrný
2. nedbanlivý, lajdácky

3. bezstarostný
caress /kə'res/ n. pohladenie
caress v. pohladiť, hladkať
caricature /'kærikəčuə/ n. karikatúra
caries /'keəri:z/ n. zubný kaz
carnage /'ka:nidž/ n. krviprelievanie, masaker
carnation /ka:'neišən/ n. karafiát
carnival /'ka:nəvəl/ n. karneval, fašiangová zábava
carnivore /'ka:nəvo:/ n. mäsožravec
carnivorous /'ka:'nivərəs/ adj. mäsožravý
carol /'kærəl/ n. koleda
carouse /kə'rauz/ v. popíjať
carp /ka:p/ n. kapor

car park /'ka: pa:k/ n. parkovisko
carpenter /'ka:pəntə/ n. tesár
carpentry /'ka:pəntri/ n. tesárčina
carpet /'ka:pət/ n. koberec
carriage /'kæridž/ n. 1. koč 2. železničný vozeň, vagón 3. prepravné
carriageway /'kæridžwei/ n. vozovka
carrier /'kæriə/ n. 1. doručovateľ, nosič 2. dopravca
carrot /'kærət/ n. mrkva
carry /'kæri/ -ie- v. 1. niesť, nosiť 2. prepraviť, doručiť, dopraviť 3. prenášať 4. účt. zapísať, *carry out* uskutočniť, vykonať
cart /'ka:t/ n. dvojkolesový vozík, kára

carter /ˈkaːtə/ n.
povozník
carton /ˈkaːtn/ n.
lepenková škatuľa, kartón
cartoon /kaːˈtuːn/ n.
1. karikatúra
2. *animated cartoon* kreslený film
cartridge /ˈkaːtridž/ n.
náboj
carve /kaːv/ v.
1. vyrezať 2. krájať mäso, porcovať
carver /ˈkaːvə/ n.
1. rezbár, sochár
2. nôž
case /keis/ n. 1. prípad
2. právny prípad, proces, *in any case* v každom prípade, *in case of* v prípade
case n. 1. škatuľa, debna 2. skriňa, kazeta, puzdro, kufor
cash /kæš/ n. hotovosť
cash card /ˈkæš kaːd/ n. pokladničná karta

cash desk /ˈkæš desk/ n. pokladňa v obchode
casing /ˈkeisiŋ/ n.
plášť pneumatiky, puzdro, obal
casino /kəˈsiːnəu/ pl. *casinos* n. kasíno
cask /kaːsk/ n. sud, súdok
casket /ˈkaːskət/ n.
skrinka na šperky, puzdro
cassette /kəˈset/ n. kazeta
cast /kaːst/ *cast*
v.1. hodiť, vrhnúť
2. zhodiť 3. prideliť rolu 4. hlasovať
5. liať, odlievať
cast n. 1. obsadenie *vo filme, divadle*
2. vrh, hodenie
3. odliatok
castway /ˈkaːstəwei/ n. sroskotanec
caster sugar /ˈkaːstə ˌšugə/ n. práškový cukor

casting /'ka:stiŋ/ n.
1. odliatok
2. obsadenie *film., divad.* role
casting vote /'ka:stiŋ, vəut/ n. rozhodujúci hlas
cast-iron /, ka:st 'aiən/ adj. liatinový
castle /'ka:səl/ n.
1. hrad 2. šach. veža
casual /'kæʒuəl/ adj.
1. ľahostajný, nedbanlivý 2. letmý 3. neformálny 4. náhodný
casualty /'kæʒuəlti/ -ie- adj. 1. mŕtvy, ranený 2. pl. *casualties* straty 3. obeť
cat /kæt/ n. mačka
catapult /'kætəpalt/ n.
1. prak 2. katapult
catarrh /kə'ta:/ n. zápal, katar
catastrophe /kə'tæstrəfi/ n. katastrofa, pohroma

catch /kæč/ *caught* v.
1. chytiť 2. stihnúť 3. chápať, rozumieť, *catch fire* chytiť sa, horieť, *catch out* prichytiť pri
catch n. 1. chytenie 2. úlovok
catchword /'kæčwə:d/ n. fráza, slogan
categorize /'kætəgəraiz/ v. kategorizovať, triediť
category /'kætəgəri/ -ie- n. kategória, trieda, skupina
cater /'keitə/ v. dodávať potraviny, postarať sa o jedlo, *cater for* starať sa o
caterpillar /'kætə, pilə/ n. húsenica
cathedral /kə'θi:drəl/ n. katedrála
catholic /'kæθəlik/ adj. všeobecný
Catholic /'kæθəlik/ n. katolík

Catholic adj. katolícky
catsuit /'kætsu:t/ n. nohavicový oblek
cattle /'kætl/ n. dobytok
caught /ko:t/ p.caught
cauliflower /'koli,flauə/ n. karfiol
cause /ko:z/ n. 1. príčina 2. dôvod 3. vec
caution /'ko:šən/ n. 1. obozretnosť, opatrnosť 2. výstraha
caution v. varovať, upozorniť pred *against*, na *about*
cautious /'ko:šəs/ adj. opatrný
cave /keiv/ n. jaskyňa
cavern /'kævən/ n. veľká jaskyňa
cavity /'kævəti/ *-ie-* n. dutina
cease /si:s/ v. prestať, zastaviť
cease-fire /'si:sfaiə/ n. zastavenie paľby
ceaseless /'si:sləs/ adj. ustavičný
cede /si:d/ v. odstúpiť
ceiling /'si:liŋ/ n. strop
celebrate /'seləbreit/ v. 1. osláviť, sláviť 2. velebiť
celebration /,selə'breišən/ n. oslava
celebrity /sə'lebrəti/ *-ie-* n. 1. slávna osobnosť, hviezda 2. sláva
celery /'seləri/ *-ie-* n. zeler
celestial /sə'lestiəl/ adj. nebeský
cell /sel/ n. 1. cela 2. bunka 3. článok
cellar /'selə/ n. pivnica
cellular /'seljələ/ adj. bunkový
Celsius /'selsiəs/ n. Celzius
Celtic /'keltik, 'seltik/ adj. keltský

cement /si'ment/ n. cement

cement v.1. stmeliť, utužiť, upevniť 2. zaliať cementom

cemetery /'semətri/ -*ie*- n. cintorín

censor /'sensə/ n. cenzor

censorship /'sensəšip/ n. cenzúra

cent /sent/ n. cent, stotina dolára

centenary /sen'ti:nəri/ -*ie*- n. sté výročie čoho *of*

centigrade /'sentəgreid/ n. stupeň Celzia

centimetre /'sentə,mi:tə/ n. centimeter

centipede /'sentəpi:d/ n. stonožka

central /'sentrəl/ adj. 1. centrálny, stredový 2. hlavný

central heating /,sentrəl 'hi:tiŋ/ n. ústredné kúrenie

centralize /'sentrəlaiz/ v. centralizovať /sa/, sústrediť /sa/

centre /'sentə/ n. 1. stred 2. centrum 3. ťažisko

century /'senčəri/ -*ie*- n. storočie

ceramics /sə'ræmiks/ n. keramika

cereal /'siəriəl/ n. 1. obilnina 2. vločky

ceremonial /,serə'məuniəl/ adj. obradný, slávnostný

ceremonial n. obrad, ceremoniál

ceremony /'serəməni/ -*ie*- n.1. obrad, slávnosť, ceremónia 2. procedúra, obvyklý postup

certain /'sə:tn/ adj. 1. istý 2. nejaký

certainly /'sə:tnli/ adv. určite, iste, samozrejme

certificate /sə'tifikət/ n. úradný list, dokument, certifikát

certify

certify /'sə:təfai/ -*ie*- v. potvrdiť
certitude /'sə:titju:d/ n. istota
cessation /se'seišən/ n. zastavenie
cession /'sešən/ n. odstúpenie
chafe /čeif/ v. 1. odrieť 2. naraziť
chaff /ča:f/ n. plevy
chain /čein/ n. reťaz, *in chains* v putách
chain v. uviazať na reťaz, spútať
chair /čeə/ n. 1. stolička, kreslo 2. predsedníctvo, predseda 3. katedra
chair v. predsedať
chairman /'čeəmən/ pl. *chairmen* n. predseda
chairwoman /'čeə,wumən/ pl. *chairwomen* /čeə,wimin/ n. predsedkyňa
chalet /'šælei/ n. salaš, chata
chalk /čo:k/ n. krieda
chalkboard /'čo:kbo:d/ n. školská tabuľa
challenge /'čæləndž/ v. 1. vyzvať 2. spochybniť, pochybovať 3. stimulovať, podnietiť, provokovať
challenge n. 1. výzva, vyzvanie 2. odmietnutie 3. úloha, problém
chamber /'čeimbə/ n. 1. komora, snemovňa 2. pl. *chambers* kancelária
chamber music /'čeimbə ,mju:zik/ n. komorná hudba
chamber orchestra /'čeimbə ,o:kəstrə/ n. komorný orchester
chameleon /kə'mi:liən/ n. chameleón

chamois /'šæmwa:/ pl. *chamois* /šæmwa:z/ n. kamzík

champagne /šæm'pein/ n. šampanské, sekt

champion /'čæmpiən/ n. šampión, víťaz

championship /'čæmpiənšip/ n. 1. šampionát 2. víťazstvo

chance /ča:ns/ n. 1. náhoda 2. možnosť, šanca 3. príležitosť, *by chance* náhodou

chance v. 1. riskovať 2. mať šťastie

chancellor /'ča:nsələ/ n. 1. kancelár 2. rektor

chandelier /,šændə'liə/ n. luster

change /čeindž/ v. 1. meniť /sa/ 2. vymeniť za *for* 3. prezliecť sa do *into* 4. rozmeniť peniaze

change n. 1. zmena 2. výmena, vystriedanie 3. preoblečenie

changeover /'čeindž ,əuvə/ n. zmena, prechod

channel /'čænl/ n. 1. prieplav 2. kanál

chant /ča:nt/ v. 1. spievať 2. skandovať

chant n. 1. spev, nápev 2. skandované vyvolávanie

chaos /'keios/ n. zmätok, chaos

chap /čæp/ n. chlapík *hovor.*

chapel /'čæpəl/ n. 1. kaplnka 2. modlitebňa

chaplain /'čæplən/ n. kaplán

chapter /'čæptə/ n. 1. kapitola 2. kapitula

char /ča:/ -rr- v. zhorieť na uhoľ

character /'kærəktə/ n. 1. povaha, charakter 2. vlastnosť

characteristic /ˌkærəktə'ristik/ adj. charakteristický, typický pre *of*

charcoal /'čɑ:kəul/ n. drevené uhlie

charge /čɑ:dž/ v. 1. účtovať, počítať, brať za *for* 2. uvaliť daň 3. obviniť z *with* 5. poveriť čím *with* 6. nabiť zbraň, batériu čím *with*

charge n. 1. poplatok, vstupné 2. starosť, dozor 3. obvinenie 4. nálož 5. náboj, *free of charge* bezplatný, zadarmo, *be in charge of* mať na starosti, byť poverený čím

chargeable /'čɑ:džəbəl/ adj. povinný hradiť

charge account /'čɑ:dž ə‚kaunt/ AmE n. úverový účet, kreditný účet

charge card /'čɑ:dž kɑ:d/ n. úverová karta

charitable /'čærətəbəl/ adj. 1. láskavý, vľúdny 2. dobročinný

charity /'čærəti/ *-ie-* n. dobročinnosť, milodar

charm /čɑ:m/ n. 1. kúzlo, pôvab, čaro 2. amulet, talizman

charm v. 1. okúzliť, očariť

chart /čɑ:t/ n. 1. graf, diagram 2. námorná mapa

charter /'čɑ:tə/ n. výsadná listina, charta

charwoman /'čɑ:‚wumən/ pl. *charwomen* n. upratovačka

chase /čeis/ v. prenasledovať, naháňať koho *after*

chase n. 1. naháňačka 2. lov 3. revír

chasm /'kæzəm/ n. priepasť

chat /čæt/ -tt- v. rozprávať sa, neformálne debatovať *hovor.*

chat n. rozhovor, neformálna debata *hovor.*

chatter /'čætə/ v. trkotať, klebetiť

chatterbox /'čætəboks/ n. táradlo *hovor.*

chauvinism /'šəuvənizəm/ n. šovinizmus

cheap /či:p/ adj. 1. lacný 2. nízky

cheapen /'či:pən/ v. zlacniť

cheat /či:t/ v. podvádzať, švindľovať v *at*

cheat n. podvodník

check /ček/ n. 1. kontrola čoho *on* 2. skontrolovanie 3. šach

check v. 1. kontrolovať, overiť /si/ 2. skontrolovať 3. dať šach

checked /čekt/ adj. kockovaný

check-in /'čekin/ v. prihlásiť sa v hoteli, ubytovať sa, zaregistrovať sa

checking account /'čekiŋ ə‚kaunt/ AmE n. bežný účet

checkmate /'čekmeit/ n. šach. mat

checkout /'čekaut/ n. zaplatenie účtu

checkroom /'čekrum/ AmE n. úschovňa batožiny, šatňa

checkup /'čekap/ n. prehliadka, kontrola u lekára *hovor.*

cheek /či:k/ n. líce

cheeky /'či:ki/ -*ie*- adj. drzý

cheer /čiə/ n. radostná nálada, veselosť, volanie na slávu

cheer

cheer v. volať na slávu
cheerful /'čiəfəl/ adj. veselý, radostný
cheers /čiəz/ interj. na zdravie!
cheese /či:z/ n. syr
cheetah /'či:tə/ n. gepard
chef /šef/ n. šéfkuchár
chemical /'kemikəl/ adj. chemický
chemical n. chemikália
chemist /'keməst/ n. 1. chemik 2. lekárnik
chemistry /'keməstri/ n. chémia
cheque /ček/ n. šek
cherish /'čeriš/ v. opatrovať, starať sa
cherry /'čeri/ -*ie*- n. čerešňa
chess /čes/ n. šach
chessboard /'česbo:d/ n. šachovnica
chest /čest/ n. hruď
chew /ču:/ v. žuť
chewing gum /'ču:iŋ gam/ n. žuvačka

chic /ši:k/ n. vkus, elegancia
chicken /'čikən/ n. 1. kura 2. kuracina
chicken adj. zbabelý
chicken pox /'čikən poks/ n. kiahne
chid /čid/ p. chide
chide /čaid/ *chided/chid, chid/chidden* v. dohovárať, napomínať
chidden /'čidn/ p. chide
chief /či:f/ n. veliteľ, náčelník, vedúci
chieftain /'či:ftən/ n. náčelník kmeňa
child /čaild/ pl. *children* /čildrən/ n. 1. dieťa, decko 2. potomok
child benefit /, čaild 'benəfit/ n. detské prídavky
childbirth /'čaildbə:θ/ n. pôrod

childhood /'čaildhud/ n. detstvo

children /'čildrən/ pl. p. child

chill /čil/ v. ochladiť, vychladiť

chill n. nachladnutie

chilly /'čili/ -ie- adj. chladný, mrazivý

chime /čaim/ n.
1. zvonenie
2. zvonková hra

chime v. 1. vyzváňať, zvoniť 2. odbiť hodinu

chimney /'čimni/ n. komín

chimpanzee /,čimpæn'zi:/ n. šimpanz

chin /čin/ n. brada

china /'čainə/ *chinaware* n. /čínsky/ porcelán

China /čainə/ n. Čína

Chinese /, čai'ni:z/ n.
1. pl. *the* C. Číňan
2. čínština

Chinese adj. čínsky

chink /čiŋk/ n. štrbina

chip /čip/ n.
1. úlomok, trieska
2. pl. *chips* hranolky
3. žetón 4. elektr. čip

chip -pp- v. otĺcť

chisel /'čizəl/ n. dláto

chit /čit/ n. potvrdenie, účet

chive /čaiv/ pl. *chives* n. pažítka

chocolate /'čoklət/ n. čokoláda

choice /čois/ n.
1. výber 2. voľba

choir /'kwaiə/ n.
1. spevácky zbor
2. chór

choke /čəuk/ v.
1. zadusiť 2. zaškrtiť

choke n. dusenie, škrtenie

cholera /'kolərə/ n. cholera

cholesterol /kə'lestərol/ n. cholesterol

choose /ču:z/ *chose, chosen* v. 1. vybrať

81

chop

/si/ medzi *between*,
z *from* 2. rozhodnúť
/sa/
chop /čop/ -pp- v.
sekať, štiepať
chop n. 1. rezeň
2. seknutie
chopper /'čopə/ n. sekáč
choral /'ko:rəl/ adj.
zborový
chord /ko:d/ n. akord
chorus /'ko:rəs/ n.
1. refrén 2. chór
chorus v. spievať
zborovo
chose /čəuz/ p. choose
chosen /'čəuzən/ p.
choose
Christ /kraist/ n.
Kristus
Christian /'krisčən/ n.
kresťan
Christian adj.
kresťanský
Christianity
/ˌkristi'ænəti/ n.
kresťanstvo
Christmas /'krisməs/
n. Vianoce
Christmas Day
/ˌkrisməs 'dei/ n.
prvý sviatok
vianočný
Christmas Eve
/ˌkrisməs 'i:v/ n.
Štedrý večer
chronicle /'kronikəl/
n. kronika
chronological
/ˌkronə'lodžikəl/
adj. chronologický
chubby /'čabi/ -ie- adj.
bucľatý
chuck /čak/ v. hodiť,
zahodiť
chuckle /'čakəl/ v.
chichotať sa
chunk /čaŋk/ n. kus,
kusisko
church /čə:č/
n. 1. kostol 2. cirkev
Church of England
/ˌčə:č əv 'iŋglənd/ n.
anglikánska
cirkev
churchyard /'čə:čja:d/
n. cintorín pri
kostole

cider /'saidə/ n. jablkový mušt
cigar /si'ga:/ n. cigara
cigarette /, sigə'ret/ n. cigareta
cigarette lighter /sigə'ret, laitə/ n. zapaľovač
cinder /'sində/ n. uhoľ, škvára
cinema /'sinəmə/ n. kino
cinnamon /'sinəmən/ n. škorica
circle /'sə:kəl/ v. 1. zakrúžkovať, opísať kruh 2. krúžiť
circuit /'sə:kət/ n. okruh, krúženie
circular /'sə:kələ/ adj. 1. kruhový 2. okružný
circulate /'sə:kjəleit/ v. obiehať, cirkulovať
circulation /,sə:kjə'leišən/ n. obeh, cirkulácia
circumstance /'sə:kəmstæns/ n. 1. pl. *cirstumstances* pomery 2. okolnosť
circus /'sə:kəs/ n. 1. cirkus 2. námestie
cistern /'sistən/ n. nádrž na vodu, cisterna
cite /sait/ v. uviesť, citovať
citizen /'sitəzən/ n. občan
citizenship /'sitəzənšip/ n. občianstvo
citrus /'sitrəs/ n. citrus
city /'siti/ *-ie-* n. veľké mesto
city hall /, siti 'ho:l/ AmE n. radnica
civic /'civik/ adj. občiansky
civics /'siviks/ n. občianska výchova
civil /'sivəl/ adj. 1. občiansky 2. spoločenský
civil engineer /,sivəl endžə'niə/ n. stavebný inžinier

civilian /sə'viljən/
n. civilista
civilization
/ˌsivəlai'zeišən/ n. 1.
civilizácia 2. kultúra
civil rights
/ˌsivəl 'raits/
n. občianske práva
civil servant
/ˌsivəl 'sə:vənt/ n.
štátny úradník/
zamestnanec
civil service
/ˌsivəl 'sə:vəs/ n.
štátna služba/správa
civil war /ˌsivəl 'wo:/
n. občianska vojna
claim /kleim/ v.
1. uplatniť si nárok
2. tvrdiť
claim n. 1. nárok,
požiadavka na
on/for 2. právo na
to/on 3. tvrdenie
clairvoyant
/kleə'voiənt/ n.
jasnovidec
clamber /'klæmbə/ v.
liezť, šplhať sa

clamour /'klæmə/ n.
hluk, krik
clamp /klæmp/ n.
svorka, zverák
clampdown
/'klæmpdaun/ n.
obmedzenie čoho *on*
clan /klæn/ n. rod
clandestine
/klæn'destən/ adj.
tajný
clang /klæŋ/ v. znieť,
zvučať
clap /klæp/ -pp- v.
1. tlesknúť
2. potľapkať 3. strčiť
clap n. 1. úder
2. tlieskanie
clarify /'klærəfai/ -ie-
v. objasniť, vysvetliť
clarinet /ˌklærə'net/ n.
klarinet
clash /klæš/ v. 1. zraziť
sa, stretnúť sa s *with*
2. rinčať
clash n. 1. zrážka,
konflikt 2. rinčanie
clasp /kla:sp/ n. 1.
spona 2. stisk

clasp v. 1. stisnúť
2. zapnúť sponou
class /kla:s/ n. 1. trieda
2. vyučovacia hodina
class v. klasifikovať, triediť, zaradiť
classic /'klæsik/ adj. klasický
classicism /'klæsəsizəm/ n. klasicizmus
classify /'klæsəfai/ -ie- v. triediť
classless /'kla:sləs/ adj. beztriedny
classmate /'kla:smeit/ n. spolužiak, kolega
classroom /'kla:srum/ n. trieda
clatter /'klætə/ v. klepať, rachotať, rinčať
clatter n. klepot, rachot
claw /klo:/ n. 1. dráp, pazúr 2. klepeto
claw v. zadrapnúť
clay /klei/ n. hlina

clean /kli:n/ adj. 1. čistý 2. presný
clean v. vyčistiť
cleaner's /'kli:nəz/ n. čistiareň
clear /kliə/ adj. 1. jasný 2. priehľadný 3. bystrý
clear adv. 1. jasne 2. úplne, celkom 3. až
clear v. 1. vyjasniť /sa/ 2. vyčistiť, *clear off* zmiznúť, *clear up* objasniť, vysvetliť
clearance /'kliərəns/ n. vybavenie, zúčtovanie
clearly /'kliəli/ adv. 1. jasne 2. nepochybne
cleaver /'kli:və/ n. sekáč
cleft /kleft/ n. trhlina
clement /'klemənt/ adj. 1. *podnebie* mierny 2. vľúdny, láskavý
clench /klenč/ v. zovrieť
clergy /'klə:dži/ n. duchovenstvo

clerical

clerical /'klerikəl/ adj. 1. úradnícky, administratívny 2. duchovný
clerk /kla:k/ n. 1. úradník 2. tajomník 3. AmE predavač 4. duchovný
clever /'klevə/ adj. 1. bystrý, inteligentný 2. šikovný
client /'klaiənt/ n. klient, zákazník
clliff /klif/ n. útes
climate /'klaimət/ n. 1. podnebie 2. klíma
climb /klaim/ v. 1. šplhať sa 2. liezť, škriabať sa
climber /'klaimə/ n. horolezec
clinic /'klinik/ n. klinika
clink /kliŋk/ v. cinknúť, štrngnúť
clip /klip/ n. sponka
clip -pp- v. zopnúť, zapnúť

clipper /'klipə/ n. pl. *clippers* nožnice
cloak /kləuk/ n. plášť
cloakroom /'kləukrum/ n. 1. šatňa 2. toaleta
clock /klok/ n. hodiny
clock v. merať čas
clockwise /'klokwaiz/ adv. proti smeru hodinových ručičiek
close /kləuz/ v. 1. zavrieť, zatvoriť 2. zakončiť 3. priblížiť sa
close adj. 1. blízky 2. tesný 3. uzavretý
close adv. 1. blízko, tesne 2. takmer, skoro, *close to* zblízka
close n. koniec
closed /kləuzd/ adj. zatvorený, uzatvorený
closet /'klozət/ AmE n. skriňa, šatník
clot /klot/ n. zrazenina
cloth /kloθ/ n. 1. látka 2. utierka, obrus

clothe /kləuð/ v.
1. obliecť 2. zahaliť
clothes /kləuðz/ n.
šaty, odev
cloud /klaud/ n. oblak,
mrak, mračno
cloud v. *cloud over*
mračiť sa, zachmúriť sa
cloudburst
/'klaudbə:st/ n.
prietrž mračien
clove /kləuv/ n.
strúčik cesnaku
clover /'kləuvə/ n.
ďatelina
clown /klaun/ n. klaun
club /klab/ n. 1. klub
2. nočný klub, bar
3. kyjak
club -*bb*- v. udrieť palicou
clue /klu:/ n. kľúč,
stopa, záchytný bod
clump /klamp/ n.
chumáč, zhluk,
skupinka
clump v. dupať

clumsy /'klamzi/ -*ie*-
adj. nemotorný,
neobratný
cluster /'klastə/ n.
zhluk, strapec
clutch /klač/ v.
1. zovrieť 2. uchopiť
clutch n. 1. motor.
spojka 2. zovretie,
uchopenie
clutter /'klatə/ n.
neporiadok
Co. /kou/ skr.
company spoločnosť
coach /kəuč/ n.
1. autobus, autokar
2. vagón 3. tréner
4. koč
coach v. trénovať
coachman /'kəučmən/
pl. *coachmen* n.
kočiš
coal /kəul/ n. 1. uhlie
2. žeravý uhlík
coal gas /'kəul gæs/ n.
svietiplyn
coalition /,kəuə'lišən/
n. zoskupenie,
združenie, koalícia

coalmine /'kəulmain/ n. uhoľná baňa
coarse /ko:s/ adj. 1. hrubý 2. drsný
coast /kəust/ n. pobrežie
coastguard /'kəustga:d/ n. pobrežná hliadka
coat /kəut/ n. kabát
coat v. pokryť, natrieť
coat of arms /, kəut əv 'a:mz/ n. erb
coax /kəuks/ v. lichotením prehovoriť
cob /kob/ n. 1. kukuričný klas 2. lieskový orech
cobbler /'koblə/ n. obuvník
cobra /'kəubrə/ n. kobra
cobweb /'kobweb/ n. pavučina
cocaine /kəu'kein/ n. kokaín
cock /kok/ n. kohút

cock v. 1. zdvihnúť /sa/, vztýčiť /sa/ 2. natiahnuť kohútik zbrane
Cockney /'kokni/ n. 1. rodený Londýnčan 2. londýnsky dialekt
cockpit /'kok, pit/ n. kabína pilota
cockroach /'kokrəuč/ n. šváb
cocktail /'kokteil/ n. koktail
cocky /'koki/ -ie- adj. drzý, arogantný *hovor.*
cocoa /'kəukəu/ n. kakaový prášok, nápoj
coconut /'kəukənat/ n. kokosový orech
cod /kod/ n. treska
COD /, si:əu'di:/ skr. *cash on delivery* na dobierku
code /kəud/ n. kód, šifra
codify /'kəudəfai/ -ie- v. kodifikovať

coefficient
/ˌkəuə'fišənt/ n.
koeficient

coerce /kəu'ə:s/ v.
donútiť

coffee /'kofi/ n. káva
plody, nápoj

coffee bar /'kofi ba:/
n. bufet, espreso

coffeepot /'kofipot/ n.
kanvica na kávu

coffee table /'kofi
ˌteibəl/
n. konferenčný stolík

coffer /'kofə/ n.
kazeta, skrinka

coffin /'kofən/ n.
truhla

cog /kog/ n. zub,
ozubené koliesko

cognition /kog'nišən/
n. poznanie,
poznávanie

coherence
/kəu'hiərəns/ n.
súvislosť, spojitosť

coherent /kəu'hiərənt/
adj. priemyslený,
logický, súvislý

coil /koil/ v. zvinúť,
stočiť

coil n. 1. závit
2. cievka, špirála

coin /koin/ n. minca

coin v. raziť *mince*

coinage /'koinidž/ n.
mena, obeživo

coincide /ˌkəuən'said/
v. splývať

coincidence
/kəu'insədəns/ n.
zhoda okolností,
náhoda

coke /kəuk/ n. kola,
cocacola

cold /kəuld/ adj.
studený, chladný

cold n. 1. zima, chlad
2. nachladnutie

cold-hearted
/ˌkəuld'ha:tid/ adj.
neľútostný,
nemilosrdný

coleslaw /'kəulslo:/ n.
kapustový šalát zo
surovej kapusty

colic /'kolik/ n. *the* c.
kolika

collaborate

collaborate
/kəˈlæbəreit/ v.
1. spolupracovať s *with*, v *in*
2. kolaborovať
collapse /kəˈlæps/ v.
zrútiť sa
collar /ˈkolə/ n.1.
golier 2. obojok
3. chomút koňa
collarbone /ˈkoləbəun/
n. kľúčna kosť
collateral /kəˈlætərəl/
n. záruka, ručenie
colleague /ˈkoli:g/ n.
kolega, spolupracovník
collect /kəˈlekt/ v.
1. pozbierať, zhromaždiť
2. zbierať
collected /kəˈlektəd/
adj. duchaprítomný, pohotový
collection /kəˈlekšən/
n. 1.zbieranie
2. zbierka *umelecká*
college /ˈkolidž/
n.1.fakulta
2. vysoká škola, univerzita
3. kolégium
collide /kəˈlaid/ v.
zraziť /sa/ s *with*
collision /kəˈližən/ n.
zrážka, stretnutie, kolízia s *with*, medzi *between*
colloquial /kəˈləukwiəl/ adj.
hovorový
colonel /ˈkə:nl/ n.
plukovník
colonial /kəˈləuniəl/
adj. koloniálny
colonist /ˈkolənəst/ n.
kolonista, obyvateľ kolónie, osadník
colonnade /ˌkoləˈneid/
n. stĺporadie, kolonáda
colony /ˈkoləni/ -ie- n.
kolónia
colour /ˈkalə/ n. farba
colour v. zafarbiť, natrieť
colour-blind /ˈkaləblaind/ adj.
farboslepý

coloured /'kaləd/ adj. farebný
colt /kəult/ n. žriebä
column /'koləm/ n. 1. stĺp 2. stĺpik 3. stĺpec, rubrika
culumnist /'koləməst/ n. autor, fejtónista
coma /'kəumə/ n. kóma
comb /kəum/ n. hrebeň
comb v. česať
combat /'kombæt/ n. boj, konflikt
combat v. bojovať, zápasiť
combatant /'kombətənt/ n. bojovník, vojak
combination /ˌkombə'neišən/ n. kombinácia
combine /'kombain/ n. kombinát, koncern
combustible /kəm'bastəbəl/ adj. horľavý, zápalný
combustion /kəm'basčən/ n. spaľovanie, horenie
come /kam/ came, come v. 1. prísť, prichádzať 2. blížiť sa 3. vstúpiť, *come about* stať sa, prihodiť sa, *come back* vrátiť sa, *come between* dostať sa medzi, *come down* klesnúť, *come from* pochádzať, *come in* prísť, *come on* začať, *come to* dosiahnuť, *come up with* prísť s, *come true* vyplniť sa
comeback /'kambæk/ n. návrat
comedian /kə'mi:diən/ n. komik
comedy /'komədi/ -ie- n. komédia
comet /'komət/ n. kométa
comfort /'kamfət/ n. pohodlie, komfort

cormfortable

comfortable
/'kamftəbəl/ adj.
pohodlný,
komfortný
comic /'komik/
adj.1. humorný
2. komický
coming /'kamiŋ/ n.
príchod
coming adj.1.
nadchádzajúci
2. nádejný
comma /'komə/ n.
čiarka
command /kə'ma:nd/
v. 1. nariadiť
2. veliť
command n.
nariadenie, rozkaz
commander
/kə'ma:ndə/ n.
veliteľ
commemorate
/kə'meməreit/ v.
1. oslavovať, sláviť
2. pripomínať
pamiatku
commence /kə'mens/
v. otvoriť, začať

commencement
/kə'mensmənt/ n.
otvorenie
commend /kə'mend/
v. 1. odporučiť
2. zveriť
comment /'koment/ n.
poznámka,
komentár, *no
comment*! bez
komentára!
commentator
/'komenteitə/ n.
komentátor
commerce /'komə:s/
n. obchod
commercial
/kə'mə:šəl/
adj.1. obchodný
2. komerčný
commiserate
/kə'mizəreit/ v.
commiserate with
poľutovať, vyjadriť
súcit
commission
/kə'mišən/ n.
1. provízia, odmena
2. zákazka

3. komisia, výbor
4. spáchanie trestného činu
commission v.1. zadať zákazku 2. objednať
commit /kə'mit/ -tt- v. 1. spáchať 2. zaviazať sa, *commit to memory* naučiť sa naspamäť
commitment /kə'mitmənt/ n. záväzok
committee /kə'miti/ n. výbor, komisia
common /'komən/ adj.1. bežný 2. spoločný
common n. obecný pozemok
commonplace /'komənpleis/ adj. všedný, bežný
common room /'komən rum/ n. spoločenská miestnosť
Commons /'komənz/ n. the C. Dolná snemovňa brit. parlamentu
common sense /,komən 'sens/ n. zdravý rozum
communal /'komjənəl/ adj. 1.spoločný 2. spoločenský 3. komunálny
communicate /kə'mju:nəkeit/ v. 1. oznámiť 2. nadviazať kontakt 3. byť spojený s *with*
communication /kə,mju:nə'keišən/ n. spojenie, komunikácia
communicative /kə'mju:nəkətiv/ adj. 1.zhovorčivý 2. komunikatívny
communism /'komjənizəm/ n. komunizmus
community /kə'mju:nəti/ -*ie*- n. 1. spoločenstvo obec 2. spoločnosť

compact

compact /kəm'pækt/
adj. 1. hustý
2. kompaktný
3. zložený

compact n. dohoda

compact /kəm'pækt/
v. stlačiť, natlačiť

companion
/kəm'pænjən/ n.
druh, spoločník

company /'kampəni/
-ie- n. spoločnosť

comparable
/'kompərəbəl/ adj.
porovnateľný s *with*

compare /kəm'peə/ v.
1. porovnať,
porovnávať s *with*,
k *to* 2. prirovnať

comparison
/kəm'pærəsən/ n.
1. porovnanie,
porovnávanie
s *with*, medzi
between
2. prirovnanie

compartment
/kəm'pa:tmənt/ n.
oddelenie *vo vlaku*

compass /'kampəs/ n.
1. kompas
2. kružidlo

compassion
/kəm'pæšən/ n.
zľutovanie, súcit
s *for/on*

compatriot
/kəm'pætriət/ n.
krajan

compel /kəm'pel/ *-ll-*
v. prinútiť,
donútiť

compensate
/'kompənseit/
v. 1. vyrovnať,
kompenzovať za *for*
2. vyvážiť

compete /kəm'pi:t/ v.
1. súťažiť, súperiť,
konkurovať s *with*,
proti komu *against*
2. uchádzať sa o *for*

competence
/'kompətəns/ n.
1. schopnosť,
kvalifikovanosť
2. právomoc,
kompetencia

competent /'kompətənt/ adj.
1. schopný, kvalifikovaný
2. oprávnený, kompetentný

competition /,kompə'tišən/ n.
1. súťaž, konkurz
2. konkurencia

competitor /kəm'petətə/ n. súťažiaci, súper, konkurent

compilation /,kompə'leišən/ n. zostavovanie, kompilácia

compile /kəm'pail/ v. zostaviť

complain /kəm'plein/ v. sťažovať sa na *about*, komu *to*

complaint /kəm'pleint/ n. sťažnosť

complement /'kompləmənt/ v. doplniť

complete /kəm'pli:t/ adj. 1. úplný, celý
2. dokončený

complete v. doplniť, završiť

completely /kəm'pli:tli/ adv. celkom, úplne

complex /'kompleks/ adj. 1. zložitý, komplikovaný
2. komplexný

complex n. celok, komplex

complexion /kəm'plekšən/ n.
1. farba pleti
2. vzhľad
3. charakter

complicate /'kompləkeit/ v. komplikovať

complicity /kəm'plisəti/ n. spoluvina na *in*

compliment /'kompləmənt/ n. poklona, kompliment

comply /kəm'plai/ -*ie*-
v. vyhovieť, dodržať
component
/kəm'pəunənt/ n.
súčiastka,
komponent
compose /kəm'pəuz/
v. 1. zložiť 2.
vyriešiť
composer /kəm'pəuzə/
n. skladateľ
composition
/,kompə'zišən/ n.
1. komponovanie
2. skladba
compositor
/kəm'pozətə/ n.
sadzač
compost /'kompost/ n.
kompost
compound
/'kompaund/ n.
chem. zlúčenina,
zmes
comprehend
/,kompri'hend/ v.
pochopiť
comprehensive
/,kompri'hensiv/
adj. úplný,
vyčerpávajúci,
podrobný
compress /kəm'pres/
v.1. stlačiť
2. zostručniť
compress /'kompres/
n.obklad, obväz
comprise /kəm'praiz/
v. skladať sa
compromise
/'komprəmaiz/
n.dohoda,
kompromis
compulsion
/kəm'palšən/ n.
donútenie
compulsory
/kəm'palsəri/ adj.
povinný
compute /kəm'pju:t/
v. vypočítať,
odhadnúť
computer /kəm'pju:tə/
n. počítač
comrade /'komrəd/ n.
druh, kamarát
con /kon/ n. podvod,
finančný trik

concave /'kon'keiv/ adj. dutý
conceal /kən'si:l/ v. zatajiť, ukryť
concede /kən'si:d/ v. pripustiť, priznať
conceit /kən'si:t/ n. namyslenosť
conceivable /kən'si:vəbəl/ adj. predstaviteľný
conceive /kən'si:v/ v. pochopiť
concentrate /'konsəntreit/ v. sústrediť /sa/
concentration /,konsən'treišən/ n. sústredenie, koncentrácia
concentration camp /,konsən'treišən 'kæmp/ n. koncentračný tábor
conception /kən'sepšən/ n. 1. pojem 2. predstava, koncepcia

concern /kən'sə:n/ v.1. týkať sa 2. znepokojovať /sa/, robiť si starosti pre *about*, čím *with*
concern n.1. vec, záležitosť 2. znepokojenie 3. podnik
concert /'konsət/ n. koncert
concerto /kən'čə:təu/ n. koncert pre hud. nástroj
concession /kən'sešən/ n. 1. ústupok 2. úľava 3. výsada
concessionare /kən,sešə'neə/ n. koncesionár
conciliate /kən'silieit/ v. získať si
conciliation /kən,sili'eišən/ n. zmierenie
concise /kən'sais/ adj. stručné
conclude /kən'klu:d/ v. 1. skončiť,

97

conclusion

ukončiť 2. uzavrieť, dohodnúť
conclusion /kən'klu:žən/ n. záver, výsledok
conclusive /kən'klu:siv/ adj. nezvratný, presvedčivý
concoct /kən'kokt/ v. zmiešať, namiešať
concourse /'koŋko:s/ n. hala, verejné priestranstvo
concrete /'koŋkri:t/ adj. 1. konkrétny 2. betónový
concrete n. betón
concubine /'koŋkjəbain/ n. konkubína
concur /kən'kə:/ -rr- v. 1 zhodovať sa 2. vyskytnúť sa súčasne
concurrent /kən'karənt/ adj. 1. súbežný, súčasný 2. zhodný

concussion /kən'kašən/ n. náraz, otras
condemn /kən'dem/ v. 1.odsúdiť na to 2. prezradiť, usvedčiť
condemnation /,kondəm'neišən/ n. odsúdenie, odmietnutie
condemned cell /kon,demd 'sel/ n. cela smrti
condensation /,konden'seišən/ n. zrážanie, kondenzácia
condense /kən'dens/ v. 1. skvapalniť /sa/, kondenzovať 2. zostručniť
condition /kən'višən/ n. 1. stav 2. podmienka 3. choroba
conditions /kən'dišənz/ n. podmienky, okolnosti

condole /kən'dəul/ v. *condole with* vyjadriť sústrasť nad *on, upon*
condolence /kən'dəuləns/ n. sústrasť nad *on*
condone /kən'dəun/ v. odpustiť
condor /'kondo:/ n. kondor
conduct /kən'dakt/ v.1. previesť okolo *round* 2. riadiť 3. dirigovať
conduct n.1. správanie 2. riadenie
conductor /kən'daktə/ n. 1 dirigent 2. sprievodca
cone /kəun/ n. 1.kužeľ 2. šiška
confectioner /kən'fekšənə/ n. cukrár, *confectioner's* cukráreň
confederacy /kən'fedərəsi/ -ie- n. konfederácia
confederate /kən'fedərət/ n.1. spoločník, spoluvinník 2. člen konfederácie 3. spojenec
confederation /kən,fedə'reišən/ n. konfederácia, zväz, združenie
confer /kən'fə:/ -rr- v. radiť sa, rokovať
conference /'konfərəns/ n. konferencia, rokovanie
confess /kən'fes/ v. 1.priznať, uznať 2. vyspovedať /sa/
confession /kən'fešən/ n. 1. priznanie 2. spoveď
confide /kən'faid/ v. zdôveriť /sa/ komu *to, confide in* dôverovať
confidence /'konfədəns/ n. 1. sebadôvera 2. dôvera

configuration /kən,figjə'reišən/ n. rozloženie, konfigurácia

confine /kən'fain/ v. 1. obmedziť sa na *to* 2. zavrieť

confinement /kən'fainmənt/ n. 1. väzenie 2. pôrod

confirm /kən'fə:m/ v. 1. potvrdiť 2. schváliť

confirmation /,konfə'meišən/ n. potvrdenie

confiscate /'konfəskeit/ v. zhabať, skonfiškovať

conflagration /,konflə'greišn/ n. požiar

conflict /'konflikt/ n. spor, konflikt, zrážka

conform /kən'fo:m/ v. 1. prispôsobiť /sa/ 2. vyhovovať

confound /kən'faund/ v. 1. zmiasť 2. mýliť si

confront /kən'frant/ v. stáť pred, postaviť sa, čeliť

confuse /kən'fju:z/ v. zmiasť, popliesť

confusion /kən'fju:žən/ n. 1. zmätok 2. zámena

congeal /kən'dži:l/ v. zmraziť

congenital /kən'dženətl/ adj. vrodený

conglomeration /kən,glomə'reišən/ n. nahromadenie

congratulate /kən'grætjuleit/ v. blahoželať, gratulovať k *on*

congratulations /kən,grætjuleišənz/ n. blahoželanie, gratulácia

congress /'koŋgres/ n. zjazd, kongres

conical /'konikəl / adj. kuželový, kuželovitý, kónický
coniferous /kə'nifərəs/ adj. ihličnatý
conjecture /kən'džekčə/ n. dohad, domnienka
conjugal /'kondžəgəl/ adj. manželský
conjunction /kən'džaŋkšən/ n. spojenie, konjunkcia
conjure /'kandžə/ v. čarovať, kúzliť
conjurer /'kandžərə/ n. kúzelník
connect /kə'nekt/ v. 1.*connect up* spojiť 2. spájať s *with* 3. prepojiť na *to*
connection /kə'nəkšən/ n. 1. spojenie, kontakt s *with*, medzi *between* 2. prípoj, spoj 3. konexie 4. príbuzný

connive /kə'naiv/ v. tajne spolupracovať s *with*
conquer /'koŋkə/ v. 1.dobyť 2. zdolať
conqueror /'koŋkərə/ n. dobyvateľ
conquest /'koŋkwest/ n. 1.dobytie čoho *of* 2. dobyté územie
conscience /'konšəns/ n. svedomie
conscious /'konšəs/ adj. vedomý si
consciousness /'konšəsnəs/ n. vedomie, uvedomenie si čoho *of*
conscript /kən'skript/ v.odviesť na vojnu
conscript /'konskript/ n.odvedenec, regrút
consent /kən'sent/ v. súhlasiť
consequence /'konsəkwəns/ n. 1. následok 2. dôležitosť

consequently
/ˈkɒnsəkwəntli/ adv. následkom čoho, preto

conservation
/ˌkɒnsəˈveišən/ n. 1. šetrenie 2. zachovanie

conservative
/kənˈsə:vətiv/ adj. 1. konzervatívny 2. tradičný 3. opatrný

conservatory
/kənˈsə:vətəri/ -ie- n. skleník

conserve /kənˈsə:v/ v. šetriť

conserve /ˈkɒnsə:v/ n. zaváranina

consider /kənˈsidə/ v. 1. zvážiť, rozmýšľať 2. brať do úvahy 3. považovať

considerable
/kənˈsidərəbəl/ adj. značný

considerate
/kənˈsidərət/ adj. pozorný, ohľaduplný k *to*, voči *towards*

consideration /kənˌsidəˈreišən/ n. 1. ohľad na *for* 2. zváženie, úvaha, *in consideration of* vzhľadom na

considering
/kənˈsidəriŋ/ prep. vzhľadom na

consign /kənˈsain/ v. odoslať, poslať

consignee
/ˌkɒnsaiˈni:/ n. príjemca, adresát

consignment
/kənˈsainmənt/ n. 1. zásielka 2. zaslanie, odoslanie

consignor /kənˈsainə/ n. odosielateľ

consist /kənˈsist/ v. *consist in* spočívať na, *consist of* skladať sa z

consolation
/ˌkɒnsəˈleišən/ n. útecha

console /kənˈsəul/ v. utešiť čím *with*
consolidate /kənˈsolədeit/ v. zosilnieť, upevniť /sa/, skonsolidovať
consonant /ˈkonsənənt/ adj. zhodný, zodpovedajúci čomu *to*
consortium /kənˈso:tiəm/ pl. *consortia* /kənˈso:tiə/ n. konzorcium, spoločenstvo
conspicuous /kənˈspikjuəs/ adj. 1. viditeľný 2. pozoruhodný
conspiracy /kənˈspirəsi/ *-ie-* n. sprisahanie, konšpirácia
conspire /kənˈspaiə/ v. sprisahať sa, spojiť sa tajne
constable /ˈkanstəbəl/ n. policajný strážnik, policajt

constancy /ˈkonstənsi/ n. 1. stálosť, stabilita 2. vernosť
constant /ˈkonstənt/ adj. 1. stály, nemenný 2. verný
constellation /ˌkonstəˈleišən/ n. 1. súhvezdie, konštelácia 2. model
consternation /ˌkonstəˈneišən/ n. ohromenie, zdesenie, úžas
constipation /ˌkostəˈpeišən/ n. zápcha
constituent /kənˈstitjuənt/ n. volič
constitution /ˌkostəˈtju:šən/ n. 1. ústava 2. konštitúcia 3. zloženie
constitutional /ˌkonstəˈtju:šənəl/ adj. 1. ústavný, konštitučný 2. vrodený

constrain /kən'strein/ v. zaraziť, obmedziť

constrict /kən'strikt/ v. škrtiť

construct /kən'strækt/ v. 1. stavať, vybudovať 2. konštruovať

construction /kən'strakšən/ n. 1. stavebníctvo 2. výstavba 3. konštrukcia

consul /'konsəl/ n. konzul

consular /'konsjulə/ adj. konzulárny

consulate /'konsjələt/ n. konzulát

consult /kən'salt/ v. radiť sa, konzultovať, *consult with* poradiť sa s

consume /kən'sju:m/ v. 1. konzumovať 2. spotrebovať

consumer /kən'sju:mə/ n. spotrebiteľ

consumption /kən'sampšən/ n. spotreba

contact /'kontækt/ n. 1. styk, kontakt 2. spojenie 3. známosť

contact v. spojiť sa

contact lens /'kontækt lenz/ n. kontaktné šošovky

contagious /kən'teidžəs/ adj. nákazlivý

contain /kən'tein/ v. 1. obsahovať 2. ovládať

container /kən'teinə/ n. nádoba, kontajner

contaminate /kən'tæməneit/ v. znečistiť, kontaminovať

contemplate /'kontəmpleit/ v. uvažovať, premýšľať

contemporary /kən'tempərəri/ adj. 1. moderný, dnešný 2. súčasný

contemporary -ie- n. súčasník, vrstovník
contempt /kən'tempt/ n. 1. opovrhnutie 2. pohŕdanie
contemptuous /kən'tempčuəs/ adj. opovržlivý, pohŕdajúci
contend /kən'tend/ v. 1. zápasiť, bojovať 2. tvrdiť
content /kən'tent/ adj. spokojný s *with*
content v. uspokojiť, *content o.s.* uspokojiť sa
contention /kən'tenšən/ n. 1. tvrdenie 2. spor
contest /'kontest/ n. 1. zápas 2. súťaž
contest /kən'test/ v. uchádzať sa, bojovať
context /'kontekst/ n. 1. súvislosť, kontext 2. rámec
continent /'kontənənt/ n. kontinent

contigency /kən'tindžənsi/ -ie- n. možnosť, eventualita
continual /kən'tinjuəl/ adj. neustály, ustavičný
continuation /kən,tinju'eišən/ n. pokračovanie
continue /kən'tinju:/ v. pokračovať
contort /kən'to:t/ v. skrútiť /sa/, skriviť /sa/
contraband /'kontrəbænd/ n. pašovaný tovar
contrabass /,kontrə'beis/ n. kontrabas
contraception /,kontrə'sepšən/ n. antikoncepcia
contract /'kontrækt/ n. zmluva, kontrakt
contract /kən'trækt/ v. *contract in* zaviazať sa písomne

contradict
/ˌkontrəˈdikt/ v.
protirečiť

contradiction
/ˌkontrəˈdikšən/ n.
protirečenie

contrary /ˈkontrəri/
-ie- n. opak, *on the contrary* naopak

contrary adj. opačný, protikladný

contrary adj. tvrdohlavý

contrast /ˈkontraːst/ n.
1. opak, kontrast k *with/to* 2. rozdiel medzi *between*

contrast /konˈtraːst/ v.
porovnať s *with*

contribute
/kənˈtribjuːt/ v.
1. prispieť 2. prispievať do *to*

contribution
/ˌkontrəˈbjuːšən/ n.
príspevok

contrive /kənˈtraiv/ v.
uskutočniť, dokázať

control /kənˈtrəul/ -*ll*-
v. kontrolovať, regulovať

control n. 1. ovládanie, kontrola, vláda
2. riadenie, *get out of control* vymknúť sa spod kontroly, *under control* pod kontrolou

controversy
/ˈkontrəvəːsi/ -ie- n.
spor, polemika, kontraverzia

convalesce
/ˌkonvəˈles/ v.
zotavovať sa, uzdravovať sa po chorobe

convalescence
/ˌkonvəˈlesəns/ n.
rekonvalescencia

convene /kənˈviːn/ v.
1. zísť sa, zhromaždiť sa
2. zvolať

convenience
/kənˈviːniəns/ n.
1. výhoda
2. vymoženosť

convenient /kən'vi:niənt/ adj. vyhovujúci

converge /kən'və:dž/ v. zbiehať sa, sústrediť sa na *on*

conversation /ˌkɔnvə'seišən/ n. rozhovor, konverzácia

converse /'kɔnvə:s/ adj. opačný

converse n. opak

conversely /kən'və:sli/ adv. na druhej strane, naopak

conversion /kən'və:šən/ n. zmena, premena

convert /kən'və:t/ v. zmeniť, premeniť

convertible /kən'və:təbəl/ adj. 1. prispôsobiteľný 2. konvertibilný

convey /kən'vei/ v. dopraviť

conveyance /kən'veiəns/ n. doprava, transport

conveyer belt /'kən'veiə belt/ n. bežiaci pás

convict /kən'vikt/ v. usvedčiť

convict /'kɔnvikt/ n. väzeň, trestanec

conviction /kən'vikšən/ n. 1. odsúdenie, usvedčenie 2. presvedčenie

convoy /'kɔnvoi/ n. konvoj

convulsion /kən'valšən/ n. kŕč

cook /kuk/ v. variť

cook n. kuchár

cooker /'kukə/ n. varič, sporák

cookie /'kuki/ n. sušienka, keks

cool /ku:l/ adj. 1. chladný 2. pokojný

cool n. chlad

cool-headed /ˌku:l'hedəd/ adj. chladnokrvný, rozvážny

cooperate /kəu'opəreit/ v. spolupracovať
cooperation /kəu,opə'reišən/ n. kooperácia, spolupráca
cooperative /kəu'opərətiv/ n. družstvo
coordinate /kəu'o:dəneit/ v. zladiť, koordinovať
coordination /kəu,o:də'neišən/ n. koordinácia, súlad
cope /kəup/ v. poradiť si, zvládnuť
copier /'kopiə/ n. xerox
copper /'kopə/ n. meď
copy /'kopi/ *-ie-* n. kópia
copy v. 1. urobiť kópiu 2. okopírovať
copyright /'kopirait/ n. autorské právo
coral /'korəl/ n. koral

cord /ko:d/ n. povraz, lano
cordial /'ko:diəl/ adj. srdečný, úprimný
cordon /'ko:dn/ n. kordón
corduroy /'ko:džəroi/ n. menčester
core /ko:/ n. 1. jadrovník 2. jadro, stred
cork /ko:k/ n. korok
corkscrew /'ko:kskru:/ n. vývrtka
corn /ko:n/ n. 1. zrno, zrnko 2. obilie, pšenica 2. AmE kukurica
corner /'ko:nə/ n. roh, kút
corner v. 1. dostať /sa/ do úzkych 2. vybrať zákrutu
cornflakes /'ko:nfleiks/ n. kukuričné vločky, lupienky
cornflour /'ko:nflauə/ n. kukuričná múka

cosmetician

cornflower /'ko:flauə/ n. nevædza

coronation, korə'neišən/ n. korunovácia

coroner /'korənə/ n. ohliadač mŕtvol

corporal /'ko:pərəl/ n. desiatnik

corporation /,ko:pə'reišən/ n. spoločnosť, združenie, korporácia

corporeal /ko:'po:riəl/ adj. telesný

corps /ko:/ pl corps /ko:z/ n. 1.zbor armádny, diplomatický 2. spolok

correct /kə'rekt/ adj. správny, korektný

correct v. opraviť, korigovať

correction /kə'rekšən/ n. oprava

correspond /,korə'spond/ v. 1.odpovedať, zhodovať sa s *with* 2. dopisovať si, písať si

correspondence /,korə'spondəns/ n. 1. korešpondencia 2. zhoda

corridor /'korədo:/ n. chodba, koridor

corrode /kə'rəud/ v. hrdzavieť, korodovať

corrosion /kə'rəužən/ n. 1. hrdzavenie, korózia 2. hrdza

corrupt /kə'rapt/ adj. úplatný, skorumpovaný

corruption /kə'rapšən/ n. 1. kazenie, skaza 2. úplatkárstvo, korupcia

cosmetic /koz'metik/ n. pl. *cosmetics* kozmetika

cosmetic adj. kozmetický

cosmetician /,kozmə'tišən/ n. kozmetička

cosmic /'kozmik/ adj.
kozmický, vesmírny
cosmonaut
/'kozməno:t/ n.
kozmonaut
cosmos /'kozmos/ n.
the c. vesmír,
kozmos
cost /kost/ n. cena
cost /cost/ v. stáť
o cene
cost of living /ˌkost
əv 'liviŋ/ n. náklady
na živobytie
costume /'kostjum/ n.
1. kostým 2. úbor
cosy /'kəuzi/ -*ie*- adj.
útulný, príjemný
cot /kot/ n. 1. detská
postieľka
2. skladacie ležadlo
cottage /'kotidž/ n.
chalupa
cottage cheese
/ˌkotidž 'či:z/ n.
tvaroh
cotton /'kotn/
n. 1. bavlník
2. bavlna

couch /kauč/ n.
pohovka, gauč
cougar /'ku:gə/ n.
puma
cough /kof/ v. kašľať
cough n. kašeľ,
kašľanie
could /kəd, kud/ p. can
council /'kaunsəl/ n.
rada, zhromaždenie
counsel /'kaunsəl/ n.
žalobca, obhajca,
právny zástupca
counsel -*ll*- v. radiť
/sa/
count /kaunt/ v.
1. *count up* počítať,
napočítať do *to*
2. spočítať
3. považovať,
pokladať za,
count on
1. spoľahnúť sa
2. počítať s čím
count n. 1. počítanie
2. bod, vec
count n. gróf
countable /'kauntəbəl/
adj. počítateľný

countenance /'kauntənəns/ n. podpora, súhlas

counter /kauntə/ n. pult

counter adv. proti

counterattack /'kauntərətæk/ n. protiútok

counterfeit /'kauntəfit/ v. falšovať

countess /'kauntəs/ n. grófka

country /'kantri/ -*ie*- n. 1. krajina 2. *the* c. vidiek 3. kraj

countryman /'kantrimən/ pl. *countrymen* n. 1. krajan 2. vidiečan

countryside /'kantrisaid/ n. *the* c. vidiek

county /'kaunti/ -*ie*- n. 1. grófstvo 2. kraj

coup /ku:/ n. dobrý ťah

couple /'kapəl/ n. 1. pár čoho *of* 2. manželský pár

coupling /'kapliŋ/ n. spoj

coupon /'ku:pon/ n. 1. kupón, ústrižok 2. poukážka

courage /'karidž/ n. odvaha

courageous /kə'reidžəs/ adj. odvážny

courier /'kuriə/ n. posol

course /ko:s/ n. 1. smer, kurz, tok 2. priebeh, chod 3. dráha, trať 4. chod jedla, *in the course of* počas, *of course* pravdaže

court /ko:t/ n. 1. súdna sieň 2. *the* c. súd 3. kurt, dvorec 4. dvor

courteous /'kə:tiəs/ adj. zdvorilý

courtyard /'ko:tja:d/ n. dvor, nádvorie

cousin /'kazn/ n. bratranec, sesternica

covenant /'kavənənt/ n. zmluva, dohoda
cover /'kavə/ v. 1. prikryť, zakryť čím *with* 2. pokryť čo, čím 3. poistiť
cover n. 1. pokrývka, plachta 2. obal, prebal 3. kryt, úkryt 4. poistenie 5. ochrana
coverage /'kavəridž/ n. 1. spravodajstvo 2. poistenie, krytie
covetous /'kavətəs/ adj. chamtivý
cow /kau/ n. krava
coward /'kauəd/ n. zbabelec
cowboy /'kauboi/ n. pastier dobytka, kovboj
co-worker /,kəu'wə:kə/ n. spolupracovník
cowshed /'kaušed/ n. kravín
coy /koi/ adj. plachý, nesmelý, zdržanlivý

crab /kræb/ n. krab, krabie mäso
crack /kræk/ v. puknúť, prasknúť
crack n. 1. puklina, prasklina, škára 2. prasknutie, úder
cradle /'kreidl/ n. kolíska
craft /kra:ft/ n. 1. umenie 2. cech, spoločenstvo
craftsman /'kra:ftsmən/ pl. *craftsmen* n. remeselník
cram /kræm/ -*mm*- v. pchať
cramp /kræmp/ n. kŕč
cramp n. skoba
cranberry /'krænbəri/ -*ie*- n. brusnica
crane /krein/ n. žeriav
crank /kræŋk/ n. 1. kľuka 2. blázon
crash /kræš/ v. 1. rozbiť 2. tresnúť, roztrieštiť sa 3. rachotiť 4. zrútiť sa

crash n. 1. havária, zrážka 2. úder, rachot

crater /'kreitə/ n. kráter

crave /kreiv/ v. túžiť po *after/for*

crawl /krɔ:l/ v. 1. plaziť sa, liezť 2. hemžiť sa čím *with*

crawl n. 1. lezenie, plazenie 2. kraul *šport.*

crayon /'kreiən/ n. pastelka

crazy /'kreizi/ -ie- adj. bláznivý, šialený

creak /kri:k/ v. škrípať

cream /kri:m/ n. 1. smotana 2. krém 3. *the* c. smotánka čoho *of*

crease /kri:s/ n. záhyb, puk, pokrčenie

crease v. pokrčiť, urobiť záhyby

create /kri'eit/ v. 1. stvoriť 2. menovať

creation /kri'eišən/ n. 1. vytvorenie, stvorenie 2. výtvor, dielo

creator /kri'eitə/ n. tvorca

Creator /kri'eitə/ n. *the* C. Stvoriteľ, Boh

creature /'kri:čə/ n. 1. tvor 2. stvorenie, bytosť

credibility /,kredə'biləti/ n. dôveryhodnosť

credible /kredəbəl/ adj. dôveryhodný

credit /'kredət/ n. 1. úver, kredit 2. dôvera

credit v. veriť čomu

credit account /'kredit ə,kaunt/ n. úverový/kreditný účet

credit card /'kredit ka:d/ n. úverová/kreditná karta

creditor /ˈkredətə/ n.
veriteľ

creek /kriːk/ n. 1.úzka
zátoka, záliv
2. AmE potok

creep /kriːp/ *crept* v.
1. zakrádať sa,
vkradnúť sa 2. plaziť
sa, liezť

crept /krept/ p. creep

crest /krest/ n. hrebeň
hory, vlny

cretin /ˈkretən/ n. kretén

crevice /ˈkrevəs/ n.
úzka trhlina, puklina

crew /kruː/ n. posádka

crib /krib/ n. 1.AmE
detská postieľka
2. jasle 3. jasličky,
betlehem

cricket /ˈkrikət/ n.
kriket

cricket n. cvrček

crime /kraim/ n. 1.
zločin 2. zločinnosť
3. hriech

criminal /ˈkrimənəl/
adj. 1. zločinný
2. kriminálny

ciminal n. zločinec

cripple /ˈkripəl/ n.
mrzák

crisis /ˈkraisəs/ pl.
crises /kraisiːz/ n.
kríza

crisp /krisp/ n.
smažené zemiakové
lupienky

crisp adj. 1. krehký,
chrumkavý 2. ostrý,
prenikavý

criterion /kraiˈtiəriən/
pl. *criteria*
/kraiˈtiəriə/ n.
kritérium

critic /ˈkritik/ n. kritik

criticism /ˈkritəsizəm/
n. kritika,
posudzovanie

criticize /ˈkritəsaiz/ v.
1.kritizovať
2. kriticky posúdiť

croak /krəuk/ v.
kvákať

Croatia /kəuˈeišə/ n.
Chorvátsko

crochet /ˈkrəušei/ v.
háčkovať

crockery /'krokəri/ n. hlinený riad

crocodile /'krokədail/ n. krokodíl

crook /kruk/ n. 1. podvodník *hovor.* 2. ohyb

crooked /'krukəd/ adj. 1. krivý, zahnutý 2. nepoctivý

crop /krop/ n. 1. plodina 2. úroda 3. hrvoľ 4. bič

crop -pp- v. 1. ohrýzť, spásť 2. urodiť sa

cross /kros/ n.1. krížik 2. kríž

cross v. 1. prejsť, prechádzať, pretínať 2. križovať sa 3. minúť sa

cross adj. nahnevaný

crossbow /'krosbəu/ n. kuša

cross-country /,kros'kauntri/ adj. cezpoľný

cross-examine /,krosig'zæmən/ v. podrobiť krížovému výsluchu

cross-eyed /, kros'aid/ adj. škuľavý

crossing /'krosiŋ/ n. 1. prechod 2. prejazd 3. plavba cez more

crossroads /'krosrəudz/ n. križovatka

crosswalk /'kroswo:k/ AmE n. prechod pre chodcov

crossword /'kros,wə:d/ n. *crossword puzzle* krížovka

crouch /krauč/ v. *crouch down* čupnúť si

croupier /'kru:piə/ n. krupiér

crow /krəu/ n. vrana

crow v. krákať

crowd /kraud/ n.dav, zástup, húf

crowd v. 1. zhŕknuť sa 2. zaplniť 3. natlačiť, napchať

crowded /'kraudəd/ adj. preplnený, prepchatý

115

crown

crown /kraun/
n.1. koruna ozdoba
hlavy panovníka
2. korunka zuba
crown v. 1. korunovať
2. zakryť 3. nasadiť
korunku na zub
crucial /'kru:šəl/ adj.
rozhodujúci,
dôležitý
crucifix /'kru:səfiks/
n. krucifix
crucifixion
/,kru:sə'fikšən/ n.
ukrižovanie
crude /kru:d/ adj.
1. surový 2. hrubý
cruel /'kru:əl/ adj.
krutý, ukrutný
cruise /kru:z/ v. plaviť
sa
cruiser /'kru:zə/ n.
krížnik
crumb /kram/ n.
omrvinka
crumble /'krambəl/ v.
mrviť, rozmrviť
crunch /kranč/ v. 1.
chrúmať 2. vŕzgať

crunch n. chrúmanie,
vŕzganie, škrípanie
crush /kraš/ v.
rozmliaždiť,
rozdrviť, rozpučiť
crush n. tlačenica,
tlak
crust /krast/ n.
1. kôrka 2. kôra
crutch /krač/ n.
1. barla 2. opora
cry /krai/ v. 1. plakať
2. volať o *for*
cry -*ie*- n. 1. krik,
výkrik 2. volanie o,
po *for* 3. plač
crystal /'kristl/ n.
1. krištáľ 2.
krištáľové sklo
3. kryštál soli, cukru
crystallize /'kristəlaiz/
v. kryštalizovať /sa/
cub /kab/ n. 1. mláďa
2. začiatočník
cube /kju:b/ n.
1. kocka 2. tretia
mocnina 3. kubík
cubic /'kju:bik/ adj.
kubický

cuckoo /'kuku:/ pl. *cuckoos* n. kukučka
cucumber /'kju:kambə/ n. uhorka
cuddle /'kadl/ v. maznať sa, objímať sa
cue /kju:/ v. *cue in* napovedať, dať znamenie
cue n. tágo
cuff /kaf/ n. manžeta
cuisine /kwi'zi:n/ n. kuchyňa
cull /kal/ v. 1. triediť 2. zbierať
culminate /'kalməneit/ v. vrcholiť, kulminovať
culprit /'kalprət/ n. vinník
cult /kalt/ n. 1. sekta 2. kult
cultivate /'kaltəveit/ v. 1. obrábať 2. pestovať 3. rozvíjať
cultural /'kalčərəl/ adj. kultúrny

culture /'kalčə/ n. 1. kultúra, *aj biol.* 2. pestovanie, chovanie
cultured /'kalčəd/ adj. 1. kultúrny 2. šľachtený
cunning /'kaniŋ/ adj. 1. prefíkaný, ľstivý 2. šikovný
cunning n. 1. prefíkanosť 2. šikovnosť
cup /kap/ n. 1. šálka 2. pohár
cupboard /'kabəd/ n. kredenc, skriňa
curable /'kjuərəbəl/ adj. liečiteľný
curb /kə:b/ n 1. kontrola 2. AmE obrubník 3. uzda
curb v. brzdiť
curd /kə:d/ n. tvaroh
curdle /'kə:dl/ v. zraziť sa
cure /kjuə/ v. liečiť, vyliečiť čo *of*

cure n. 1. liek
2. vyliečenie, uzdravenie
3. liečenie, liečebná kúra

curiosity /ˌkjuəriˈosəti/ -ie- n.
1. zvedavosť
2. vzácnosť, kuriozita

curious /ˈkjuəriəs/ adj.
1. zvedavý
2. zvláštny

curl /kə:l/ n. kučera

curly /ˈkə:li/ -ie- adj. kučeravý

currant /ˈkarənt/ n.
1. hrozienko
2. ríbezľa

currency /ˈkarənsi/ -ie- n. 1. mena, peniaze, 2. obeh

current /ˈkarənt/ adj. súčasný, terajší

current n. prúdenie, prúd, *aj elektr.*

current account /ˈkarənt əˌkaunt/ n. bežný účet

curriculum /kəˈrikjələm/ pl. *curricula* /kəˈrikjələ/ n. osnova školská

curriculum vitae /kəˌrikjələm ˈviːtai/ n. životopis

curse /kə:s/ v.
1. preklínať, kliať
2. prekliať

curse n. 1. prekliatie, kliatba na *on*

cursor /ˈkə:sə/ n. kurzor počítača

curtail /kə:ˈteil/ v. skrátiť

curtain /ˈkə:tn/ n.
1. záclona
2. opona

curve /kə:v/
n. 1. krivka, oblúk
2. zákruta

cushion /ˈkušən/ n. vankúš

custard /ˈkastəd/ n. puding

custody /ˈkastədi/ n. opatrovanie, väzenie

custom /'kastəm/ n.
1. zvyk 2. zákazníci
customary
/'kastəməri/ adj.
obvyklý
customer /'kastəmə/ n.
zákazník, klient
customize
/'kastəmaiz/ v.
vyrobiť na
objednávku
customs /kastəmz/ n.
colnica
cut /kat/ -tt-, cut v.
1. rezať /sa/, krájať
/sa/, strihať /sa/, sekať
2. porezať /sa/
3. vystrihnúť
4. znížiť, zredukovať,
cut a corner rezať
zákrutu, *cut down*
1. zoťať 2. skrátiť,
cut off 1. odrezať,
odťať
cut n. 1. porezanie
2. plátok 3. zníženie
cute /kju:t/ adj.
1. rozkošný
2. prefíkaný

cutlet /'katlət/ n. rezeň
cut-price /, kat 'prais/
adj. zlacnený
cutter /'katə/ n.
1. škuner 2. brusič,
rezbár, strihač
cybernetics
/,saibə'netiks/ n.
kybernetika
cycle /'saikəl/ n.
1. kolobeh 2. cyklus
3. perióda
cycle n. bicykel
hovor.
cyclic /'saiklik/ adj.
cyklický
cyclist /'saiklist/
bicyklista
cyclone /'saikləun/ n.
cyklón
cylinder /'siləndə/ n.
valec
cylindrical
/sə'lindrikəl/ adj.
valcovitý
cymbal /'simbəl/ n.
cimbal
cynic /'sinik/ n.
cynik

Cyrillic

Cyrillic /sə'rilik/ n.
cyrilika
cyst /sist/ n.
cysta
czar /za:/ n. cár

Czech /ček/ n. 1. Čech
2. čeština
Czech adj. český *the*
C. Republic Česká
republika

D

dab /dæb/ n. ľahký dotyk, ťuknutie
dabble /'dæbəl/ v. plačkať sa, máčať sa
dad /dæd/ n. tato, tatko *hovor.*
daddy /'dædi/ n. tato, tatko *hovor.*
daffodil /'dæfədil/ n. narcis
dagger /'dægə/ n. dýka
daily /'deili/ adj. denný, každodenný
daily adv. denne, každý deň
dainty /'deinti/ adj. 1. pôvabný 2. prieberčivý, vyberaný
dairy /'deəri/ n. *-ie-* mliekareň výrobňa aj predajňa
darymaid /'deərimeid/ n. dojička
daisy /'deizi/ n. *-ie-* sedmikráska
dale /deil/ n. údolie
dally /'dæli/ v. vliecť sa, motať sa
dam /dæm/ n. priehrada
damage /'dæmidž/ n. 1. škoda na *to* 2. *the* d. cena
damage v. poškodiť
dame /deim/ n. AmE pani, slečna, žena, dievča
Dame /deim/ n. dáma *šľachtický titul*
damn /dæm/ adj. *slang.* prekliaty
damn v. 1. prekliať 2. zatratiť

damning /'dæmiŋ/ adj. usvedčujúci
damp /dæmp/ adj. vlhký
damp n. vlhkosť
damper /'dæmpə/ n. 1. studená sprcha 2. tlmič, regulátor
dance /da:ns/ v. tancovať
dandelion /'dændəlaiən/ n. púpava
dandruff /'dændrəf/ n. lupiny
danger /'deindžə/ n. nebezpečenstvo čoho *of*, pre *to*
dangerous /'deindžərəs/ adj. nebezpečný
dare /deə/ v. 1. odvážiť sa 2. vyzvať
dare n. výzva
daresay /, deə'sei/ v. dúfať
daring /'deəriŋ/ adj. odvážny

dark /da:k/ adj. 1. tmavý 2. temný 3. zlovestný
dark n. 1. *the* d. tma 2. zotmenie
darling /'da:liŋ/ n. miláčik, zlatko
darling adj. 1. milovaný 2. rozkošný *hovor.*
dart /da:t/ n. 1. šípka, oštep 2. prudký pohyb
dart v. 1. skočiť, letieť 2. vrhnúť, hodiť
dash /dæš/ v. 1. uháňať, hnať sa 2. hodiť
dash n. 1. rýchly pohyb, skok 2. šprint 3. trocha, kvapka 4. pomlčka
dashboard /'dæšbo:d/ n. prístrojová doska
data /'deitə/ n. 1. údaj, fakt 2. dáta, údaje
data processing /, deitə 'prəusesiŋ/ n. spracovanie údajov

date /deit/ n. 1. dátum 2. hovor. schôdzka, rande 3. hovor. priateľ, priateľka

date v. 1. určiť vek 2. napísať dátum

date n. datľa

dated /'deitəd/ adj. zastaraný

daughter /'do:tə/ n. dcéra

daughter-in-law /'do:tə, in lo:/ n. pl *daughters-in-law/daughter-in-laws* nevesta *synova manželka*

dawdle /'do:dl/ v. motať sa, vliecť sa

dawn /do:n/ n. úsvit, svitanie

dawn v. svitať, brieždiť sa

day /dei/ n. deň

daylight /'deilait/ n. 1. denné svetlo 2. úsvit, svitanie

day-to-day /,deitə'dei/ adj. 1. každodenný 2. zo dňa na deň

dazzle /'dæzəl/ v. oslepiť, oslniť

dead /ded/ adj. 1. mŕtvy 2. nefungujúci

dead adv. úplne, celkom

deadline /'dedlain/ n. posledný termín

deadly /'dedli/ adj. *-ie-* 1. smrteľný 2. mŕtvolný

deaf /def/ adj. hluchý

deaf-mute /, def 'mju:t/ n. hluchonemý

deal /di:l/ *dealt* v. *deal out* rozdať komu *to*, *deal in* obchodovať

deal n. 1. obchod, dohoda 2. množstvo čoho *of*

dealer /'di:lə/ n. 1. obchodník s *in*

dealt /delt/ v. p. deal

dear /diə/ adj. 1. drahý 2. milý *oslovenie*

dearly /'diəli/ adv. 1. vrúcne, vrelo 2. veľmi

death

death /deθ/ n. smrť
deathless /'deθləs/ adj. nesmrteľný
death rate /'deθ reit/ n. úmrtnosť
debate /di'beit/ n. debata, diskusia
debit /'debət/ n. dlh, pasívum
debris /'debri:/ n. trosky, rumovisko
debt /det/ n. dlh
debtor /'detə/ n. dlžník
decade /'dekeid/ n. dekáda
decadence /'dekədəns/ n. úpadok, dekadencia
decapitate /di'kæpəteit/ v. sťať hlavu
decay /di'kei/ v. 1. kaziť sa, pokaziť 2. upadať, chátrať
decay n. rozpad, rozklad, hnitie
deceive /di'si:v/ v. podviesť, oklamať

December /di'sembə/ n. december, *in* D. v decembri
decency /'di:sənsi/ n. slušnosť, mravnosť
decent /'di:sənt/ adj. slušný
deception /di'sepšən/ n. 1. podvod 2. podvodný trik
decide /di'said/ v. rozhodnúť /sa/
decision /di'sižən/ n. 1. rozhodnutie 2. rozhodnosť
deck /dek/ n. 1. paluba 2. plošina autobusu
deckchair /'dekčeə/ n. ležadlo
declaim /di'kleim/ v. rečniť, protestovať
declaration /,deklə'reišən/ n. 1. vyhlásenie 2. deklarácia
declare /di'kleə/ v. 1. vyhlásiť 2. tvrdiť 3. precliť, *declare against* vyjadriť sa

proti, *declare for* vyjadriť sa za
decline /di'klain/ v. klesať, upadať
decline n. pokles
decor /'deiko:/ n. výzdoba, dekorácia
decorate /'dekəreit/ v. 1. vyzdobiť čím *with*, 2. vyznamenať, dekorovať
decoration /,dekə'reišən/ n. 1. výzdoba 2. vyznamenanie
decorator /'dekəreitə/ n. 1. izbový maliar, tapetár 2. dekorátér
decoy /'di:koi/ n. návnada
decoy /di'koi/ v. vlákať do *into*
decrease /di:kri:s/ n. 1. zníženie, 2. pokles, úbytok
decree /di'kri:/ n. nariadenie, dekrét
deduce /di'dju:s/ v. odvodiť, dedukovať z *from*

deduct /di'dakt/ v. odpočítať
deed /di:d/ n. čin, skutok
deem /di:m/ v. považovať za
deep /di:p/ adj. 1. hlboký 2. tmavý
deep adv. 1. hlboko 2. neskoro
deer /diə/ n. pl. *deer* vysoká zver
deface /di'feis/ v. znetvoriť, zohaviť
defeat /di'fi:t/ v. 1. poraziť 2. prekaziť
defect /di:'fekt/ n. nedostatok, vada, kaz, chyba, porucha
defence /di'fens/ n. 1. obrana 2. ochrana 3. obhajoba
defend /di'fend/ v. 1. brániť, aj šport. proti *against*, pred *from* 2. obhajovať
defer /di'fə:/ v. *-rr-* odložiť

deference /'defərəns/ n. úcta, podriadenosť, poddajnosť

defiance /di'faiəns/ n. odpor, neposlušnosť, vzdor

deficiency /di'fišənsi/ n. *-ie-* nedostatok

deficient / di'fišənt/ adj. nedostatočný

deficit /'defəsət/ n. schodok, manko, deficit

define /di'fain/ v. 1. definovať, formulovať 2. vymedziť

definite /'definət/ adj. určitý, presný

definition /,defə'nišən/ n. 1. definícia 2. ostrosť

deflate /, di:'fleit/ v. 1. vypustiť vzduch 2. splasnúť

deflect /di'flekt/ v. odbočiť, odchýliť /sa/

deflection /di'flekšən/ n. 1. odklonenie 2. odchýlka

deform /di'fo:m/ v. znetvoriť, deformovať

deformation /,di:fo:'meišən/ n. deformácia, znetvorenie

defraud /di'fro:d/ v. podviesť, defraudovať, spreneveriť

defy / di'fai/ v. *-ie-* 1. vzdorovať 2. vyzvať

degenerate /di'dženəreit/ v. degenerovať

degrade /di'greid/ v. ponížiť, degradovať

degree /di'gri:/ n. 1. stupeň 2. univerzitný titul, diplom

deity /'di:əti/ n. *-ie-* božstvo

dejected /di'džektəd/ adj. skľúčený

delay /di'lei/ v.
odložiť, odsunúť
delay n. odklad,
oneskorenie
delegate /'deləgət/ n.
delegát, zástupca
delegation
/,delə'geišən/ n.
delegácia
delete /di'li:t/ v.
vymazať
deliberate /di'libərət/
adj. 1. úmyselný
2. rozvážny
delicacy /'delikəsi/ n.
-ie- 1. jemnosť,
delikátnosť
2. lahôdka
delicate /'delikət/ adj.
1. krehký 2.
delikátny 3. lahodný
delight /di'lait/ n.
radosť, potešenie
delighted /di'lai'təd/
adj. potešený čím
by/with
delirious /di'li:riəs/
adj. blúzniaci,
šialený

deliver /di'livə/ v.
1. doručiť 2. dostať
3. oslobodiť od *from*
delivery /di'livəri/ n.
-ie- doručenie,
dodanie, rozvoz
delude /di'lu:d/ v.
klamať /sa/
deluge /'delju:dž/ n.
záplava, aj pren.
delusion /di'lu:žən/ n.
1. klamanie
2. klam
demand /di'ma:nd/ n.
1. požiadavka
2. dopyt po *for*
demand v. žiadať čo
demilitarize
/,di:'milətəraiz/ v.
odzbrojiť,
demilitarizovať
democracy
/di'mokrəsi/ n. -ie-
demokracia
democrat /'deməkræt/
n. demokrat
democratic
/,demə'krætik/ adj.
demokratický

demolish

demolish /di'moliš/ v.
zničiť, demolovať
demon /'di:mən/ n.
démon, diabol
demonstrate
/'demənstreit/ v. 1.
dokázať 2. predviesť
3. demonštrovať
demonstration
/,demən'streišən/ n.
1. predvedenie
2. demonštrácia
demoralize
/di'morəlaiz/ v.
demoralizovať
demote /di'məut/ v.
degradovať, zhodiť
na *to*
demure /di'mjuə/ adj.
rezervovaný,
skromný
den /den/ n. 1. brloh
denial /di'naiəl/ n. 1.
poprenie
2. odmietnutie
denote /di'nəut/ v.
označiť, pomenovať
denounce /di'nauns/ v.
odsúdiť, obžalovať

dense /dens/ adj.
1. hustý 2. hlúpy
density /'densəti/ n.
-*ie*- hustota
dent /dent/ n.
buchnuté miesto
dent v. buchnúť
dental /'dentl/ adj.
zubný
dentist /'dentəst/ n.
zubár
deny /di'nai/ v. -*ie*-
poprieť
depart /di'pa:t/ v.
odísť z *from*, *depart
from* odbočiť
department
/di'pa:tmənt/ n.
oddelenie, katedra,
ministerstvo
department store
/di'pa:tmənt sto:/ n.
obchodný dom
departure /di'pa:čə/ n.
1. odchod 2. odklon,
odchýlenie
depend /di'pend/ v.
závisieť, byť
závislý

dependant
/di'pendənt/ n.
rodinný príslušník
dependence
/di'pendəns/ n.
závislosť na *on/upon*
dependent
/di'pendənt/ adj.
závislý od *on*
deplete /di'pli:t/ v.
znížiť
deplore /di'plo:/ v.
ľutovať
deport /di'po:t/ v.
vypovedať,
deportovať
depose /di'pəuz/ v.
zosadiť
deposit /di'pozət/ v.
1. položiť 2. naniesť,
naplaviť 3. uložiť
deposit n. 1.
usadenina, nános
2. vklad 3. záloha
deposit account
/di'pozət ə,kaunt/
n. vkladový účet,
depozitné
konto

depositor /di'pozətə/
n. vkladateľ
depot /'depəu/ n.
sklad, skladisko
depress /di'pres/ v.
deprimovať, skľúčiť
depression /di'prešən/
n. 1. depresia
2. kríza, stagnácia
3. jama, priehlbina
4. tlaková níž
deprive /di'praiv/ v.
deprive of zbaviť sa
čoho, pripraviť o
deprived /di'praivd/
adj. zanedbaný
depth /depθ/ n. hĺbka
deputation
/,depjə'teišən/ n.
delegácia, delegáti
deputy /'depjəti/ n.
-ie- 1. zástupca,
poslanec
deranged /di'reindžd/
adj. šialený
derivation
/,derə'veišən/ n.
odvodenina,
derivát

derive

derive /di'raiv/ v. *derive from* 1. mať čo, čerpať z 2. pochádzať z
dermatology /ˌdə:mə'tolədži/ n. kožné lekárstvo
derrick /'derik/ n. žeriav
descend /di'send/ v. zostúpiť, zostupovať
descendant /di'sendənt/ n. potomok koho *of*
descent /di'sent/ n. 1. zostupovanie 2. svah, klesanie, sklon 3. klesnutie, úpadok
describe /di'skraib/ v. opísať
description /di'skripšən/ n. opis
desert /'dezət/ n. púšť
desert /di'zə:t/ v. 1. zaslúžiť si 2. opustiť 3. dezertovať z *from*
deserve /di'zə:v/ v. zaslúžiť si

design /di'zain/ v. 1. navrhnúť 2. určiť
design n. 1. plán, návrh, projekt 2. navrhovanie, návrhárstvo
designate /'dezigneit/ v. 1.určiť 2.označiť
designation /ˌdezig'neišən/ n. 1. určenie 2. označenie
designer /di'zainə/ n. návrhár, projektant, konštruktér, výtvarník
desirable /di'zaiərəbəl/ adj. 1. vhodný 2. žiadúci
desire /di'zaiə/ v. 1. túžiť 2. priať si, chcieť
desire n. 1. túžba 2. prosba, prianie
desk /desk/ n. 1. písací stôl 2. kancelária
desperate /'despərət/ adj. 1. beznádejný 2. zúfalý

desperation /ˌdespəˈreišən/ n. zúfalstvo, beznádej
despise /diˈspaiz/ v. opovrhovať
despite /diˈspait/ prep. napriek komu, čomu
despot /ˈdespot/ n. despota
dessert /diˈzəːt/ n. dezert
destabilize /diːˈsteibəlaiz/ v. destabilizovať
destination /ˌdestəˈneišən/ n. miesto určenia, cieľ cesty
destiny /ˈdestəni/ n. osud
distitute /ˈdestətjuːt/ adj. 1. bez prostriedkov 2. chudobný
destroy /diˈstroi/ v. zničiť
destsruction /diˈstrakšən/ n. 1. zničenie 2. skaza

detach /diˈtæč/ v. oddeliť od *from*
detail /ˈdiːteil/ n. podrobnosť, maličkosť, detail
detain /diˈtein/ v. 1. zadržať 2. zdržať
detect /diˈtekt/ v. objaviť, zistiť
detective /diˈtektiv/ n. detektív
deter /diˈtəː/ v. -rr- odstrašiť
detergent /diˈtəːdžənt/ n. saponát, čistiaci prostriedok
deteriorate /diˈtiəriəreit/ v. zhoršiť
determine /diˈtəːmən/ v. 1. rozhodnúť 2. určiť
detest /diˈtest/ v. hnusiť sa, nenávidieť
detonate /ˈdetəneit/ v. vybuchnúť
detract /diˈtrækt/ v. *detract from* odvrátiť pozornosť od, uberať z

131

detraction /di'trækšən/
n. zľahčovanie,
uberanie na *from*

detriment /'detrəmənt/
n. ujma, škoda

devaluation
/di:,vælju'eišən/ n.
devalvácia

devalue /di:'vælju:/ v.
1. devalvovať
2. znížiť

devastate /'devəsteit/
v. devastovať, ničiť

develop /di'veləp/ v.
1. vyvinúť sa
2. vypracovať
3. rozvinúť /sa/

development
/di'veləpmənt/ n.
1. rozvíjanie
2. vývoj, pokrok

deviant /'di:viənt/ adj.
deviantný, úchylný

deviate /'di:vieit/ v.
odchýliť sa, odbočiť
od *from*

device /di'vais/ n.
1. zariadenie 2. trik,
nápad, plán

devil /'devəl/ n.
1. diabol 2. démon

devise /di'vaiz/ v.
vymyslieť, vynájsť,
navrhnúť

devoid /di'void/ adj.
nemajúci čo *of*

devolve /di'volv/ v.
devolve on/upon
preniesť, pripadnúť
na, *devolve to*
previesť na

devote /di'vəut/ v.
devote to venovať
komu, čomu

devotion /di'vəušən/
n. oddanosť komu *to*

devour /di'vauə/ v.
1. hltať, zhltnúť
2. zžierať sa

dew /dju:/ n. rosa

dexterity /dek'sterəti/
n. obratnosť, zručnosť

diabetes /,daiə'bi:ti:z/
n. cukrovka

diabetic n. diabetik

diagonal /dai'ægənəl/
n. geom.
uhlopriečka

diagram /ˈdaiəgræm/ n. diagram, graf

dial /daiəl/ n.
1. ciferník
2. číselník

dial v. -ll- vytočiť telefónne číslo, volať

dialect /ˈdaiəlekt/ n. nárečie, dialekt

dialogue /ˈdaiəlog/ n. dialóg

diamond /ˈdaiəmənd/ n. 1. diamant
2. kosoštvorec

diaper /ˈdaiəpə/ n. AmE plienka

diary /ˈdaiəri/ n. -ie-
1. denník 2. diár

dice /dais/ n. pl dice
1. kocka
2. hra s kockami

dictate /dikˈteit/ v.
1. diktovať komu, čo to 2. určiť

dictate n. príkaz, diktát

dictator /dikˈteitə/ n. diktátor

dictionary /ˈdikšənəri/ n. -ie- slovník

did /did/ v. p. do

die /dai/ dying, died v.
1. umrieť, zomrieť
2. zhasnúť

diet /ˈdaiət/ n.
1. strava 2. diéta

differ /ˈdifə/ v. 1. líšiť sa od *from*, v *in*
2. nezhodovať sa

defference /ˈdifərəns/ n. 1. rozdiel
2. rozdielnosť, nezhoda

different /ˈdifərənt/ adj. 1. odlišný 2. rôzny

difficult /ˈdifikəlt/ adj.
1. ťažký
2. tvrdohlavý

difficulty /ˈdifikəlti/ n. -ie- pl. *difficulties* ťažkosti, problémy

diffidence /ˈdifidəns/ n. nedôvera

diffuse /diˈfjuːz/ v. rozšíriť, rozptýliť

133

dig /dig/ -gg- dug v.
1. kopať motykou, rýľovať 2. vykopať

digest /'daidžest/ n. výťah, prehľad

digestion /daiə'džesčn/ n. trávenie

digit /'didžət/ n. číslica

digital /'didžətl/ adj. 1. číslicový 2. digitálny

dignitary /'dignətəri/ n. -ie- hodnostár

dignity /'dignəti/ n. -ie- 1. dôstojnosť 2. hodnosť, vysoký úrad

digress /dai'gres/ v. odbočiť, odchýliť sa od témy *from*

dilate /dai'leit/ v. rozšíriť /sa/

diligence /'dilədžəns/ n. usilovnosť, horlivosť

diligent /'dilədžənt/ adj. usilovný, horlivý

dilute /dai'lu:t/ v. rozriediť

dim /dim/ adj. 1. matný, nejasný 2. zakalený

dim v. -mm- zatieniť

dime /daim/ n. desaťcentová minca

dimension /dai'menšən/ n. rozmer, dimenzia

diminish /də'miniš/ v. zmenšiť

diminutive /də'minjətiv/ adj. veľmi malý, maličký

dimple /'dimpəl/ n. jamka v líci

dine /dain/ v. obedovať, večerať

dingy /'dindži/ adj. špinavý

dining car /'dainiŋ ka:/ n. jedálenský vozeň

dining room /'dainiŋ rum/ n. jedáleň

dinner /'dinə/ n. obed, večera hlavné jedlo dňa

dip /dip/ v. *-pp-*
1. namočiť, ponoriť do *in/into*

diploma /də'pləumə/ n. diplom z *in*

diplomacy /də'pləuməsi/ n. *-ie-* diplomacia

diplomat /'dipləmæt/ n. diplomat

direct /də'rekt/ v.
1. adresovať, namieriť, nasmerovať
2. riadiť, viesť

direct adj. 1. priamy 2. presný

direction /də'rekšən/ n. 1. riadenie, vedenie 2. smer

directly /də'rektli/ adv. 1. priamo 2. okamžite, ihneď

director /də'rektə/ n. 1. riaditeľ 2. režisér

directory /dai'rektəri/ n. *-ie-* zoznam, adresár

dirt /də:t/ n. 1. špina 2. blato 3. oplzlosť

dirty /'də:ti/ adj. *-ie-*
1. špinavý 2. oplzlý

disable /dis'eibəl/ v.
1. zmrzačiť
2. znemožniť

disadvantage /,disəd'va:ntidž/ n. nevýhoda, nedostatokk

disagree /,disə'gri:/ v. nesúhlasiť

disallow /,disə'lau/ v. neuznať

disappear /,disə'piə/ v. 1. zmiznúť 2. stratiť sa

disappoint /,disə'point/ v.
1. sklamať 2. zmariť, prekaziť

disappointed /,disə'pointəd/ adj. sklamaný

disappointment /,disə'pointmənt/ n. sklamanie

disapproval /,disə'pru:vəl/ n. nesúhlas

135

disapprove
/ˌdisə'pru:v/ v.
nesúhlasiť

disaster /di'za:stə/ n.
katastrofa, nešťastie

disbelieve /ˌdisbə'li:v/
v. neveriť

disc /disk/ n. 1. kotúč
2. gramofónová
platňa 3. disk

discard /dis'ka:d/ v.
1. vyhodiť, odhodiť

discern /di'sə:n/ v.
rozoznať, rozlíšiť

discharge /dis'ča:dž/ v.
1. prepustiť, oslobodiť
2. vyrovnať dlh
3. vyložiť náklad
4. vystreliť

discharge n.
1. prepustenie
2. vypustenie
3. splnenie
4. vyrovnanie

disciple /di'saipəl/ n.
žiak

discipline /'disəplən/
n. 1. disciplína
2. vedný odbor

disclaim /dis'kleim/ v.
poprieť, dementovať

disclose /dis'kləuz/ v.
1. prezradiť
2. odhaliť

disco /'diskəu/ n.
diskotéka

discolour /dis'kalə/ v.
zmeniť farbu,
zafarbiť

disconcert
/ˌdiskən'sə:t/ v.
znepokojiť, cítiť sa
nesvoj

disconnect
/ˌdiskə'nekt/ v.
1. odpojiť od *from*
2. prerušiť

discontent
/ˌdiskən'tent/ n.
nespokojnosť

discontinue
/ˌdiskən'tinju:/ v.
zrušiť

discord /'disko:d/ n.
spor, nezhoda

discount /'diskaunt/ n.
rabat, zľava, *at
a discount* so zľavou

discourage /dis'karidž/ v. 1. znechutiť 2. zabrániť 3. odradiť
discourse /'disko:s/ n. reč, prejav
discover /dis'kavə/ v. 1. objaviť 2. zistiť
discovery /dis'kavəri/ n. -ie- 1. objavenie 2. objav
dicredit /dis'kredət/ n. 1. pochybnosť, nedôvera, zlá povesť 2. hanba
discreet /dis'skri:t/ adj. ohľaduplný, taktný, diskrétny
discriminate /di'skrimaneit/ v. 1. rozlišovať medzi *between* 2. diskriminovať koho *against*
discrimination /di,skrimə'neišən/ n. diskriminácia koho against
discus /'diskəs/ n. disk *šport.*

discuss /di'skas/ v. diskutovať, hovoriť
disccussion /di'skašən/ n. diskusia, rozhovor
disease /di'zi:z/ n. choroba
disembark /,disəm'ba:k/ v. vylodiť /sa/ z *from*
disfavour /dis'feivə/ n. 1. nesúhlas 2. nepriazeň, nemilosť
disfigure /dis'figə/ v. znetvoriť
disgorge /dis'go:dž/ v. vracať, vyvrátiť
disgrace /dis'greis/ n. hanba, potupa
disgrace v. zneuctiť, urobiť hanbu
disguise /dis'gaiz/ v. preobliecť, prestrojiť za *as*
disgust /dis'gast/ n. hnus, odpor
disgust v. hnusiť sa
dish /diš/ n. 1. misa 2. tanier 3. jedlo

dishearten /dis'ha:tn/
v. sklamať
dishes /di'šəz/ n. riad
dishonest /dis'onəst/
adj. nečestný
dishwater /'diš,wo:tə/
n. pomyje
disinfect /,disən'fekt/
v. dezinfikovať
disintegrate
/dis'intəgreit/ v.
rozpadnúť sa
disk /disk/ n. 1. AmE
kotúč 2. disk
dislike /dis'laik/ v.
nemať rád čo, mať
odpor k
dislike n. odpor,
nechuť
dislocate /'disləkeit/ v.
1. vykĺbiť si
2. narušiť
dislodge /dis'lodž/ v.
uvoľniť čo
dismal /'dizməl/ adj.
smutný, pochmúrny
dismantle /dis'mæntl/
v. rozobrať,
rozmontovať

dismay /dis'mei/ v.
zhroziť sa
dismiss /dis'mis/ v.
1. pustiť z hlavy
z *from* 2. prepustiť
from
disobey /,disə'bei/ v.
neposlúchať
disorder /dis'o:də/ n.
neporiadok,
nepokoj, výtržnosť
disown /dis'əun/ v.
neuznať za,
nepriznať sa k
dispatch /di'spæč/ v.
1. odoslať, vyslať
2. zjesť 3. odstrániť
dispatch n. 1. depeša
2. pohotovosť
3. odoslanie
dispel /di'spel/ v. -*ll*-
rozptýliť
dispense /di'spens/ v.
1. konať, vykonávať
2. rozdať, dať
3. pripraviť liek
dispenser /di'spensə/
n. 1. lekárnik
2. automat

displace /dis'pleis/ v.
1. vytlačiť 2. presunúť, premiestniť, nahradiť

display /di'splei/ v. vystaviť, vyložiť

display n. vystavenie, výstava, prehliadka

disposal /di'spəuzəl/ n. 1. odvoz, odstránenie 2. rozmiestnenie, pridelenie

dispose /di'spəuz/ v. rozmiestniť, rozostaviť

disposition /,dispə'zišən/ n. 1. povaha 2. rozostavenie, rozmiestnenie

disproof /dis'pru:f/ n. vyvrátenie čoho *of*

disprove /dis'pru:v/ v. vyvrátiť čo

disputation /,dispju'teišən/ n. diskusia, debata, polemika

dispute /di'spju:t/ v. hádať sa

disqualification /dis,kwoləfə'keišən/ n. vylúčenie, diskvalifikácia

disqualify /dis'kwoləfai/ v. *-ie-* vylúčiť, diskvalifikovať

disregard /,disri'ga:d/ v. nevšímať si, prehliadať

disrespect /,disri'spekt/ n. neúcta, nezdvorilosť

disrupt /dis'rapt/ v. prerušiť

dissatisfaction /di,sætəs'fækšən/ n. nespokojnosť s *at/with*

dissatisfy /di'sætəsfai/ v. *-ie-* neuspokojiť

dissect /di'sekt/ v. pitvať

dissent /di'sent/ n. nesúhlas

dissimilar /di'simələ/ adj. nepodobný, rozdielny komu, čomu *to*

dissolution /,disə'lu:šən/ n. rozpustenie

dissolve /di'zolv/ v. 1. rozpustiť /sa/, rozplynúť sa

dissonance /'disənəns/ n. nesúlad, nezhoda

disuade /di'sweid/ v. odradiť od *from*

distance /'distəns/ n. 1. vzdialenosť 2. diaľka 3. odstup

distant /'distənt/ adj. 1. vzdialený 2. rezervovaný, chladný

distaste /dis'teist/ n. nechuť

distil /di'stil/ v. -*ll*- destilovať /sa/

distillery /di'stiləri/ n. -*ie*- liehovar

distinct /di'stiŋkt/ adj. 1. odlišný, rozdielny od *from* 2. jasný, zreteľný

distinction /di'stiŋkšən/ n. 1. rozdiel 2. úroveň 3. vyznamenanie

distinguish /di'stiŋgwiš/ v. 1. rozoznať 2. rozlíšiť

distort /di'sto:t/ v. 1. prekrútiť, skomoliť

distract /di'strækt/ v. vyrušiť, rušiť, odvrátiť od *from*

distraction /di'strækšən/ n. 1. vyrušenie, odvedenie pozornosti 2. šialenstvo

distress /di'stres/ n. 1. strach 2. ťažkosti, finančná tieseň, núdza

distribute /di'stribju:t/ v. rozdať, rozdeliť medzi *among*, komu *to*

distribution /ˌdistrəˈbjuːšən/ n. rozdelenie, rozdanie, distribúcia

district /ˈdistrikt/ n. 1. obvod, okrsok, štvrť 2. okres, kraj, oblasť

disturb /diˈstəːb/ v. vyrušovať, rušiť

disturbance /diˈstəːbəns/ n. 1. výtržnosť 2. rušenie

ditch /dič/ n. priekopa, stoka, kanál

divan /diˈvæn/ n. diván, pohovka, gauč

dive /daiv/ v. 1. skočiť strmhlav do *in* 2. *dive down* ponoriť sa

dive n. 1. skok do vody 2. ponorenie

diver /ˈdaivə/ n. potápač

diverge /daiˈvəːdž/ v. rozchádzať sa, odbočiť od *from*

divergence /daiˈvəːdžəns/ n. rozdiel, odchýlka

diverse /daiˈvəːs/ adj. rôzny, rozmanitý

diversion /daiˈvəːšən/ n. 1. odklonenie, odbočka 2. odvrátenie pozornosti

diversity /daiˈvəːsəti/ n. rôznorodosť, rozmanitosť

divert /daiˈvəːt/ v. 1. odchýliť sa, odkloniť sa 2. odvrátiť

divide /dəˈvaid/ v. rozdeliť sa/si

dividend /ˈdivədənt/ n. dividenda

divination /ˌdivəˈneišən/ n. veštba, proroctvo

divine /dəˈvain/ adj. boží

divine v. odhaliť, vyrušiť

divinity /dəˈvinəti/ n. božstvo

division /dəˈvižən/ n.
1. rozdelenie 2. oddelenie 3. rozdiel 4. delenie mat.

divorce /dəˈvo:s/ n.
1. rozvod
2. odlúčenie

divorce v. 1. rozviesť 2. odlúčiť

do /du:/ *did, done* v.
1. pomocné sloveso
2. plnovýznamové sloveso 1. robiť, urobiť 2. pracovať 3. dariť sa 4. stačiť, *do badly/well* dariť sa zle/dobre, *do o's best* snažiť sa zo všetkých síl, *do away with* odstrániť čo, *do out* vyčistiť, upratať, *do up* 1. zapnúť 2. opraviť, *do with* chcieť, potrebovať

docile /ˈdəusail/ adj. poddajný

dock /dok/ n. 1. dok 2. lavica obžalovaných

dockyard /ˈdokja:d/ n. lodenica

doctor /ˈdoktə/ n. lekár

document /ˈdokjəmənt/ n. dokument

documentary /ˌdokjəˈmentəri/ adj. *-ie-* 1. písomný 2. dokumentárny

dodge /dodž/ v. vyhnúť sa komu, čomu

doe /dəu/ n. 1. laň, srna 2. zajačica

dog /dog/ n. pes

dogged /ˈdogəd/ adj. urputný, húževnatý

dole /dəul/ n. podpora v nezamestnanosti

doll /dol/ n. bábika na hranie

dollar /ˈdolə/ n. dolár

dolphin /ˈdolfən/ n. delfín

domain /dəˈmein/ n. oblasť, doména

dome /dəum/ n. kupola

domestic /də'mestik/ adj. 1. domáci 2. rodinný 3. domácky

domesticate /də'mestəkeit/ v. zdomácnieť, domestikovať

domicile /'doməsail/ n. trvalé bydlisko

dominance /'domənəns/ n. nadvláda, dominantné postavenie

dominate /'domaneit/ v. ovládať, vládnuť, dominovať nad *over*

domination /,domə'neišən/ n. nadvláda, dominantné postavenie

domino /'domənəu/ n. pl. *dominoes* kocka *domina*

donate /dəu'neit/ v. darovať

donation /dəu'neišən/ n. dar komu *to*

done /dan/ v. p. do

done adj. skončený, urobený

donkey /'doŋki/ n. somár

donor /'dəunə/ n. darca

doodle /'du:dl/ v. kresliť

doom /du:m/ n. zánik, záhuba

door /do:/ n. dvere

doorkeeper /'do:,ki:pə/ n. domovník

doorknob /'do:nob/ n. kľučka

doormat /'do:mæt/ n. rohožka

doorway /'do:wei/ n. vchod

dope /dəup/ n. 1. droga 2. truľo, hlupák *hovor.*

dope v. omámiť, podať drogu

dormitory /'do:mətəri/ n. -*ie*- nocľaháreň

dosage

dosage /'dəusidž/ n. dávkovanie
dose /dəus/ n. 1. dávka 2. záchvat
dose v. *dose up* dať/podať liek ap.
dot /dot/ n. bodka
dote /dəut/ v. *dote on/upon* zbožňovať, byť zbláznený do
double /'dabəl/ adj. dvojitý
double v. zdvojnásobiť
double-decker /,dabəl'dekə/ n. poschodový autobus
doubt /daut/ v. pochybovať
doubt n. pochybnosť
doubtful /'dautfəl/ adj. neistý
doubtless /'dautləs/ adv. 1. pravdepodobne 2. nepochybne
dough /dəu/ n. cesto
dove /dav/ n. holubica
dowdy /'daudi/ adj. nemoderný, obnosený

down /daun/ adv. 1. dolu 2. preč
down adj. 1. smutný 2. idúci dolu 3. nefungujúci
down prep. dolu
down payment /,daun 'peimənt/ n. záloha
downright /'daunrait/ adj. vyložený, úplný *hovor.*
downstairs /,daun'steəz/ adv. prízemie
downstream /,daun'stri:m/ adv. dolu prúdom
doze /dəuz/ v. driemať, zdriemnuť si
dozen /'dazən/ n. tucet
dozy /'dəuzi/ adj. *-ie-* ospalý
drab /dræb/ adj. nevýrazný, jednotvárny
draft /dra:ft/ n. 1. návrh, konspekt 2. zmenka 3. AmE

odvod na vojenskú službu
draft v. 1. navrhnúť 2. povolať na vojenskú službu
drag /dræg/ v. *-gg-* 1. ťahať 2. vliecť /sa/
drag n. ťah
dragon /'drægən/ n. drak
drain /drein/ v. 1. vypustiť 2. odčerpať 3. vysušiť, vyschnúť
drain n. 1. odvodnenie, drenáž 2. stoka, kanál
drake /dreik/ n. káčer
drama /'dra:mə/ n. 1. divadelná hra 2. dráma
dramatist /'dræmətəst/ n. dramatik
drank /dræŋk/ v. p. drink
drapery /'dreipəri/ n. *-ie-* 1. obchod s textilom 2. drapéria

drastic /'dræstik/ adj. drastický
draught /dra:ft/ n. 1. prievan 2. ťah 3. dúšok
draughts /dra:fts/ n. dáma hra
draughtsman /'dra:ftsmən/ n. pl. *draughtsmen* 1. kreslič 1. projektant
draw /dro:/ *drew*, *drawn* v. 1. kresliť 2. ťahať 3. *draw out* vytiahnuť 4. blížiť sa 5. remízovať
draw n. 1. remíza 2. ťah, zlosovanie
drawbridge /'dro:bridž/ n. padací most
drawer /dro:/ n. zásuvka
drawing /'dro:iŋ/ n. 1. kreslenie 2. kresba
drawing pin /'dro:iŋ pin/ n. pripináčik
drawn /dro:n/ v. p. draw

dread

dread /dred/ v. hroziť sa
dread n. hrôza
dreadful /'dredfəl/ adj. hrozný
dream /dri:m/ n. sen
dream /dreamed/dreamt/ v. snívať, mať sen
dreamlike /'dri:mlaik/ adj. neskutočný, ako sen
dreamt /dremt/ v. p. dream
dreary /'driəri/ adj. pochmúrny
dredge /dredž/ v.
1. bagrovať pod vodou
2. hľadať, prehľadávať čo *for*
3. posypať
dredger /'dredžə/ n. bager
dregs /dregz/ n.
1. usadenina
2. spodina
drench /drenč/ v. premočiť
dress /dres/ v.
1. obliecť /sa/
2. ošetriť, obviazať
3. upraviť
dress n. oblečenie, odev, šaty
dresser /'dresə/ n.
1. príborník 2. AmE bielizník
dressing /'dresiŋ/ n.
1. obliekanie
2. obväz
dressing gown /'dresiŋ gaun/ n. župan
dressing room /'dresiŋ rum/ n. šatňa
dressmaker /'dres,meikə/ n. krajčírka
drew /dreu:/ v. p. draw
dribble /'dribəl/ v.
1. sliniť 2. kvapkať
3. driblovať
dried /draid/ adj. sušený
drift /drift/ v. 1. prechádzať 2. naviať
drill /dril/ n. 1. vrták, vŕtačka 2. dril, výcvik
drill v. 1. vŕtať

2. vyvŕtať
3. drilovať, vycvičiť
drink /driŋk/ *drank, drunk* v. 1. piť 2. *drink up* vypiť
drink n. 1. nápoj 2. pohár, pitie
drinker /'driŋkə/ n. pijan
drinking water /'driŋkiŋ, wotə/ n. pitná voda
drip /drip/ v. *-pp- drip down* kvapkať
drip n. kvapka
drive /draiv/ *drove, driven* v. 1. šoférovať 2. hnať 3. poháňať 4. zatĺcť
drive n. jazda
driven /'drivən/ v. p. drive
driver /'draivə/ n. vodič
driving licence /'draiviŋ, laisəns/ n. vodičský preukaz
drizzle /'drizəl/ v. mrholiť
drizzle n. mrholenie
drone /drəun/ n. trúd *zool.*
droop /dru:p/ v. 1. zvädnúť 2. visieť, ovisnúť, klesnúť
drop /drop/ v. *-pp-* 1. spadnúť 2. klesnúť
drop n. 1. kvapka 2. trochu 3. cukrík
drought /draut/ n. sucho
drove /drəuv/ v. p. drive
drown /draun/ v. 1. utopiť /sa/ 2. zaplaviť
drudge /dradž/ v. drieť
drudge n. drina
drug /drag/ n. 1. liek 2. droga
drug v. *-gg-* 1. omámiť 2. brať drogy
drum /dram/ n. 1. hud. bubon 2. bubnovanie
drum v. *-mm-* bubnovať

drummer /'dramə/ n. bubenník

drumstick /'dram,stik/ n. palička na bubnovanie

drunk /draŋk/ v. p. drink

drunk adj. opitý

drunkard /'draŋkəd/ n. opilec

drunkenness /'draŋkənnis/ n. opilstvo

dry /drai/ adj. -ie- 1. suchý 2. smädný 3. nealkoholický

dry /dried/ v. 1. sušiť, vysušiť 2. vyschnúť

dryer /'draiə/ n. sušič, sušička

dual /'dju:əl/ adj. dvojitý, dvojaký

dubious /'dju:biəs/ adj. 1. pochybujúci 2. pochybný

duchess /'dačəs/ n. -ie- vojvodkyňa

duck /dak/ n. kačica

duck v. skloniť, zohnúť hlavu

due /dju:/ adj. 1. patriaci 2. náležitý

due adv. priamo, presne

duel /'dju:əl/ n. súboj

dug /dag/ v. p. dig

duke /dju:k/ n. vojvoda

dull /dal/ adj. 1. matný, tlmený 2. tupý 3. oblačný 4. nudný

dumb /dam/ adj. 1. nemý 2. tichý 3. hlúpy

dump /damp/ v. 1. vyklopiť, vysypať 2. odhodiť, zbaviť sa čoho

dump n. 1. smetisko, skládka

dumpling /'dampliŋ/ n. knedla

dune /dju:n/ n. duna

dung /daŋ/ n. hnoj

dungarees /,daŋgə'ri:z/ n. montérky

dungeon /'dandžən/ n. žalár, hradná kobka

duplicate /'dju:pləkət/ n. duplikát, kópia

durable /'djuərəbəl/ adj. trvalý, odolný

duration /dju'reišən/ n. trvanie

during /'djuəriŋ/ prep. počas, cez

dusk /dask/ n. súmrak

dust /dast/ n. prach, prášok

dustbin /'dastbin/ n. smetník

duster /'dastə/ n. prachovka

dustman /'dastmən/ n. pl *dustmen* smetiar

dusty /'dasti/ adj. -*ie*-
1. zaprášený, prašný
2. matný, nejasný

Dutch /dač/ adj holandský

Dutch n. 1. holandčina 2. holanďan 3. *the* D. holanďania

duty /'dju:ti/ n. -*ie*-
1. povinnosť
2. poplatok, dávka, clo

duty-free /, dju:ti'fri:/ adj. oslobodený od cla/od poplatkov

dwarf /dwo:f/ n. pl *dwarves* trpaslík, škriatok

dwell /dwel/ *dwelt/dwelled*, v. žiť, bývať

dwelling /'dweliŋ/ n. obydlie, dom, byt

dwelt /dwelt/ v. p. dwell

dwindle /'dwindl/ v. zmenšovať /sa/, znížiť /sa/

dye /dai/ n. farba, farbivo

dynamic /dai'næmik/ adj. dynamický

dynamics /dai'næmiks/ n. dynamika

dynamite /'dainəmait/ n. dynamit

dynasty /'dinəsti/ n. -*ie*- dynastia

E

each /i:č/ determ. každý

each other /i:č 'aðə/ pron. jeden druhého, navzájom

eager /'i:gə/ adj. dychtivý, nedočkavý po *for*

eagle /'i:gəl/ n. orol

ear /iə/ n. 1. ucho orgán sluchu 2. sluch na *for* 3. klas

earl /ə:l/ n. gróf

early /'ə:li/ adj. *-ie-* 1. skorý 2. raný 3. prvotný

early adv. /-ie-/ skoro

earmark /'iəma:k/ v. vyčleniť, vyhradiť

earn /ə:n/ v. 1. zarobiť /si/ 2. zaslúžiť si

earnest /'ə:nəst/ adj. vážny, seriózny

earnings /'ə:ninz/ n. zárobok, mzda

earphones /'iəfəunz/ n. slúchadlá

earing /'iəriŋ/ n. náušnica

earth /ə:θ/ n. 1. *the* E. zem 2. zem 3. uzemnenie

earth v. uzemniť

earthen /'ə:θən/ adj. hlinený

earthly /'ə:θli/ adj. pozemský, svetský

earthquake /'ə:θkweik/ n. zemetrasenie

earthworm /'ə:θwə:m/ n. dážďovka

ease /i:z/ n. 1. ľahkosť 2. pohoda 3. uvoľnenosť

ease v. 1. uvoľniť, zmierniť 2. upokojiť
easily /'i:zəli/ adv. 1. ľahko 2. nesporne
east /i:st/ n. *the* e. východ
east adj. východný
Easter /'i:stə/ n. Veľká noc, *at Easter* na Veľkú noc
eastward /'i:stwəd/ adj. smerujúci na východ
easy /'i:zi/ adj. *-ie-* 1. ľahký 2. pohodlný
easy adv. *-ie-* 1. ľahko 2. pomaly, *take it easy* nič si z toho nerob
eat /i:t/ *ate, eaten* v. jesť
eatable /'i:təbəl/ adj. jedlý, chutný pripravený na jedenie
eaten /'i:tn/ v. p. eat
eaves /i:vz/ n. odkvap
eavesdrop /'i:vzdrop/ v. *-pp-* tajne počúvať za dverami ap.
ebb / eb/ n. odliv
ebb v. 1. odliv ustupovať 2. ubúdať
ebony /'ebəni/ n. eben
eccentric /ik'sentrik/ adj. výstredný, excentrický
echo /'ekəu/ n. pl. *echoes* ozvena, echo
echo v. 1. ozývať sa čím *with* 2. opakovať
eclipse /i'klips / n. zatmenie čoho *of*
ecology /i'kolədži/ n. ekológia, životné prostredie
economic /ˌekə'nomik/ adj. 1. ekonomický, hospodársky 2. výnosný
economics /ˌekə'nomiks/ n. ekonómia veda
economist /i'konəməst/ n. ekonóm

economy /i'konəmi/ n.
1. hospodárnosť, úspornosť 2. hospodárstvo, ekonómia

eczema /'eksəmə/ n. ekzém

eddy /'edi/ n. *-ie-* vír *vzdušný, vodný, prachu* ap.

edge /edž/ n. 1. kraj, okraj 2. ostrie

edge v. lemovať čím *with*

edgy /'edži/ adj. *-ie-* prchký, podráždený *hovor.*

edible /'edəbəl/ adj. jediný

edifice /'edəfəs/ n. stavba, budova

edify /'edəfai/ v. *-ie-* povzniesť duševne

edit /'edət/ v. 1. pripraviť na vydanie 2. vydať, redigovať

edition /i'dišən/ n. vydanie

editor /'edətə/ n.
1. redaktor
2. vydavateľ

educate /'edjukeit/ v.
1. vychovať
2. vzdelať

education /,edju'keišən/ n. vzdelanie

educator /'edjukeitə/ n. AmE pedagóg, vychovávateľ, učiteľ

eel /i:l/ n. úhor

efface /i'feis/ v. vymazať, zmazať

effect /i'fekt/ n.
1. účinok, následok na, čoho *on/upon*
2. dojem

effective /i'fektiv/ adj.
1. účinný, efektívny
2. efektný

effects /i'fekts/ n.
1. efekty 2. majetok hnuteľný

efficient /i'fišənt/ adj. schopný, zdatný

effort /'efət/ n. úsilie, snaha

electric chair

e.g. /, i:'dži:/ skr. *for example* napríklad
egg /eg/ n. vajce, vajíčko
eggshell /'egšel/ n. škrupina vajca
egoism /'i:gəuizəm/ n. sebectvo, egoizmus
eight /eit/ num. osem
eighteen /, ei'ti:n / num. osemnásť
eighty /'eiti/ num. osemdesiat
egotism /'egəutizm/ n. samoľúbosť
either /'aiðə/ determ. 1. jeden alebo druhý 2. jeden aj druhý
either conj. *either ... or ...* buď ... alebo ..., po zápore ani ... ani ...
ejaculate /i'džækjəleit/ v. 1. ejakulovať 2. vykríknuť
eject /i'džekt/ v. vyhodiť z *from*
elaborate /i'læbərət/ adj. podrobný

elapse /i'læps/ v. uplynúť čas
elastic /i'læstik/ n. pružný, elastický
elastic band /i, læstik 'bænd / n. gumička
elated /i'leitəd/ adj. hrdý, pyšný
elbow /'elbəu/ n. 1. lakeť 2. koleno
elder /'eldə/ adj. starší o človeku
eldest /'eldəst/ adj. najstarší
elect /i'lekt/ v. voliť, zvoliť do *to*
election /i'lekšən/ n. voľby
elective /i'lektiv/ adj. 1. volený 2. volebný 3. voliteľný
elector /i'lektə/ n. volič
electric /i'lektrik/ adj. elektrický
electric chair /i,lektrik 'čeə/ n. elektrické kreslo

153

electricity
/i,lek'trisəti/ n.
elektrina

electrocute
/i'lektrəkju:t/ v.
1. zabiť elektrickým prúdom 2. popraviť na elektrickom kresle

electron /i'lektron/ n.
elektrón

elegant /'eləgənt/ adj.
elegantný

element /'eləmənt/ n.
1. prvok 2. zrnko
3. základná zložka, súčasť

elements /'eləmənts/
n. *the* e. 1. živel prírodný 2. základy

elementary
/,elə'mentəri/ adj.
1. jednoduchý
2. základný, elementárny

elementary school
/elə'mentəri, sku:l/
n. základná škola

elephant /'eləfənt/ n.
slon

elevate /'eləveit/ v. 1.
povzniesť 2. povýšiť

elevation /,elə'veišən/
n. povýšenie

elevator /'eləveitə/ n.
AmE 1. výťah
2. sýpka

eleven /i'levən/ num.
jedenásť

elf /elf/ n. pl. *elves*
/elvz/ škriatok

elicit /i'lisət/ v.
vylákať

eligible /'elədžəbəl/
adj. 1. majúci nárok, oprávnený na *for*
2. spôsobilý

eliminate /i'liməneit/
v. odstrániť, vylúčiť

elk /elk/ n. pl *elk* los *zool.*

elipse /i'lips/ n. geom.
elipsa

elongate /'i:loŋgeit/ v.
predĺžiť

else /els/ adj. v opyt. vete a po zápore iný

else adv. inde, *or else* inak

elsewhere /els'weə/ adv. niekde inde

elucidate /i'lu:sədeit/ v. objasniť, vysvetliť

elude /i'lu:d/ v. uniknúť, vyhnúť sa, obísť

elusive /i'lu:siv/ adj. nepolapiteľný, unikajúci

elves /elvz/ n. pl. *elf*

embalm /im'bo:m/ v. balzamovať

embankment /im'bæŋkmənt/ n. hrádza, násyp, val

embargo /im'ba:gəu/ n. pl. *embargoes* embargo

embark /im'ba:k/ v. nalodiť /sa/

embarrass /im'bærəs/ v. uviesť do rozpakov

embassy /'embəsi/ n. *-ie-* veľvyslanectvo

embellish /im'beliš/ v. 1. ozdobiť, okrášliť čím *with*

embezzle /im'bezəl/ v. spreneveriť

emblem /'embləm/ n. symbol, znak, emblém

embody /im'bodi/ v. *-ie-* 1. stelesniť v *in* 2. vyjadriť

embolden /im'bouldən/ v. povzbudiť, posmeliť

embrace /im'breis/ v. 1. objať /sa/ 2. zahrnúť

embroil /im'broil/ v. zapliesť /sa/, zatiahnuť do *in*

embryo /'embriəu/ n. pl. *embryos* zárodok, embryo

emend /i'mend/ v. opraviť, korigovať text

emerald /'emərəld/ n. smaragd

emerge /i'mə:dž/ v.
1. objaviť sa, vynoriť sa 2. výjsť najavo

emergency /i'mə:džnsi/ n. *-ie-* mimoriadna situácia, naliehavý prípad, *in an emergency* v prípade naliehavosti

emigrant /'emigrənt/ n. vysťahovalec, emigrant

emigrate /'emigreit/ v. vysťahovať sa, emigrovať z *from*, kam *to*

eminence /'eminəns/ n. 1. sláva 2. vyvýšenina, vŕšok

emission /i'mišən/ n. 1. vyžarovanie 2. emisia 3. vysielanie

emit /i'mit/ v. *-tt-* 1. vyžarovať 2. vysielať

emotion /i'məušən/ n. 1. cit, emócia 2. dojatie

emperor /'empərə/ n. cisár

emphasize /'emfəsaiz/ v. zdôrazniť

empire /'empaiə/ n. 1. ríša 2. impérium

employ /im'ploi/ v. zamestnať

employee /im'ploii:/ n. zamestnanec koho, čoho *of*

employer /im'ploiə/ n. zamestnávateľ

employment /im'ploimənt/ n. zamestnanie

empower /im'pauə/ v. splnomocniť

empress /'emprəs/ n. cisárovná

empty /'empti/ adj. *-ie-* prázdny

empty v. *-ie-* 1. *empty out* vyprázdniť 2. vysypať, vyliať, vypiť

emulate /'emjəleit/ v. vyrovnať sa komu, súťažiť

enable /i'neibəl/ v. umožniť

enact /i'nækt/ v. ustanoviť, nariadiť zákonom

enchant /in'ča:nt/ v. 1. očariť, okúzliť 2. začarovať

encircle /in'sə:kəl/ v. obkľúčiť, obkolesiť, obopínať

enclose /in'kləuz/ v. 1. ohradiť 2. priložiť

enclosure /in'kləužə/ n. 1. ohrada 2. príloha k listu

encore /'oŋko:/ n. prídavok

encounter /in'kauntə/ v. 1. stretnúť sa 2. natrafiť na

encounter n. náhodné stretnutie

encourage /in'karidž/ v. povzbudiť, dodať odvahu

encyclopedia /in'saiklə'pi:diə/ n. encyklopédia

end /end/ n. 1. koniec čoho *of* 2. zvyšok 3. smrť, *be at an end* byť na konci, skončiť, *from beginning to end* od začiatku do konca

end v. skončiť, zakončiť

endanger /in'deindžə/ v. ohroziť

endeavour /in'devə/ v. snažiť sa

endeavour n. snaha, úsilie

endless /'endləs/ adj. nekonečný

endorse /in'do:s/ v. 1. schváliť 2. podpísať na opačnej strane

endow /in'dau/ v. dotovať

endowment /in'daumənt/ n. 1. nadanie, talent, schopnosť 2. dotácia

endurance /in'djuərəns/ n. vytrvalosť

endure /in'djuə/ v.
1. zniesť 2. vydržať
enemy /'enəmi/ n. *-ie-*
nepriateľ
energy /'enədži/ n. *-ie-*
1. pl. *energies*
energia, sila
enforce /in'fo:s/ v.
1. uplatniť 2. vnútiť
čo, komu *on/upon*
engage /in'geidž/ v.
1. zaujať, upútať
2. tech. zapadať do *with*
3. zaradiť
4. rezervovať
engaged /in'geidžd/
adj. 1. zasnúbený
s *to*
2. zaneprázdnený
engagement
/in'geidžmənt/ n.
zasnúbenie
engine /'endžən/ n.
1. motor
2. lokomkotíva
engineer /,endžə'niə/
n. 1. inžinier
2. strojvodca

engineering
/,endžə'niəriŋ/ n.
inžinierstvo
England /'iŋglənd/ n.
Anglicko
English /'iŋgliš/ n.
1. angličtina 2. iba
the E. Angličania
English adj. anglický
Englishman
/'iŋglišmən/ n. pl.
Englishmen Angličan
engrave /in'greiv/ v.
vyryť, vyrezať do *on*
enhance /in'ha:ns/ v.
zvýšiť
enigma /i'nigmə/ n.
záhada
enjoy /in'džoi/ v.
1. mať radosť
z 2. tešiť sa čomu
enlarge /in'la:dž/ v.
zväčšiť
enlighten /in'laitn/ v.
objasniť, poučiť
enlist /in'list/ v. 1.
vstúpiť do armády,
odviesť 2. zapísať
sa, prihlásiť sa

enliven /in'laivn/ v.
oživiť
enough /i'naf/ adv.
1. dosť 2. dostatok
3. celkom
enrage /in'reidž/ v.
rozzúriť
enrich /in'rič/ v.
obohatiť
enrol /in'rəul/ v. -*ll*-
zapísať /sa/ do *in*,
ako *as*
ensemble /an'sambəl/
n. celok
ensure /in'šuə/ v.
zaručiť, zaistiť
entail /in'teil/ v.
vyžadovať /si/
entangle /in'tæŋgəl/ v.
zapliesť, zamotať do *in*
enter /'entə/ v.
1. vojsť, vstúpiť
2. prihlásiť /sa/
3. zapísať /sa/ do *in*
4. vstúpiť kam
enterprise /'entəpraiz/
n. 1. podnikanie
2. podnikavosť,
odvaha

entertain /,entə'tein/
v. 1. zabaviť
2. hostiť
entertainment
/,entə'teinmənt/ n.
1. zábavný podnik
2. zábava
enthusiasm
/in'θju:ziæzəm/ n.
nadšenie
entice /in'tais/ v.
odlákať, prilákať,
lákať
entire /in'taiə/ adj.
1. celý 2. úplný
entirely /in'taiəli/ adv.
celkom, úplne
entitle /in'taitl/ v.
1. dať právo,
oprávniť, mať právo
2. nazvať
entrance /'entrəns/ n.
vchod, vstup
entrepreneur
/,ontrəprə'nə:/ n.
podnikateľ
entrust /in'trast/ v.
1. poveriť čím *with*
2. zveriť komu *to*

entry /ˈentri/ n. *-ie-*
1. vstup 2. vchod
3. zapísanie

envelope /ˈenvələup/ n. obálka

envious /ˈenviəs/ adj. závistlivý

environment /inˈvaiərənmənt/ n.
1. prostredie 2. iba *the* e. životné prostredie

envoy /ˈenvoi/ n. vyslanec

envy /ˈenvi/ n. závisť

epic /ˈepik/ n. epos

epidemic /ˌepəˈdemik/ n. epidémia

epilepsy /ˈepəlepsi/ n. epilepsia

epileptic /ˌepəˈleptik/ n. epileptik

episode /ˈepəsəud/ n.
1. epizóda 2. časť

epoch /ˈiːpok/ n. epocha

equal /ˈiːkwəl/ adj.
1. rovnaký
2. vyrovnaný

equal v. *-ll-* 1. rovnať sa 2. vyrovnať /sa/

equally /ˈiːkwəli/ adv. rovnako

equation /iˈkweižən/ n. 1. rovnica
2. vyrovnanosť

equator /iˈkweitə/ n. iba *the* e. rovník

equip /iˈkwip/ v. *-pp-*
1. vybaviť, vyzbrojiť čím *with*, na *for*
2. pripraviť na *for*

equipment /iˈkwipmənt/ n. vybavenie, vyzbrojenie, zariadenie

equity /ˈekwəti/ n. *-ie-* spravodlivosť

era /ˈiərə/ n.
1. letopočet 2. éra, epocha, obdobie

erase /iˈreiz/ v. vymazať, vygumovať

eraser /iˈreizə/ n. AmE
1. guma na gumovanie 2. huba,

špongia na zmývanie
erect /i'rekt/ adj. vztýčený, vzpriamený
erect v. 1. vztýčiť 2. postaviť
erode /i'rəud/ v. narušiť, erodovať
erotic /i'rotik/ adj. erotický
err /ə:/ v. mýliť sa
errand /'erənd/ n. vybavovanie
erratic /i'rætik/ adj. nevyspytateľný, kolísavý
error /'erə/ n. 1. chyba 2. priestupok
erupt /i'ratp/ v. 1. vybuchnúť 2. vysypať sa čím *in*
escalate /'eskəleit/ v. 1. stupňovať /sa/ 2. zvyšovať /sa/
escape /i'skeip/ v. 1. utiecť z *from* 2. uniknúť
escape n. 1. útek z *from* 2. únik z *from*, čoho *of*
escort /'isko:t/ v. 1. eskorta 2. sprievod
especially /i'spešəli/ adv. obzvlášť, najmä, hlavne
espionage /'espiəna:ž/ n. špionáž
espresso /e'spresəu/ n. espresso káva z kávovaru
essay /'esei/ n. esej, písomná práca
essence /'esəns/ n. 1. iba *the* e. podstata čoho *of* 2. esencia, *in essence* v podstate
essential /i'senšəl/ adj. podstatný, základný
essentially /i'senšəli/ adv. 1. v podstate 2. nevyhnutne
establish /i'stæbliš/ v. 1. založiť 2. menovať, ustanoviť, usadiť

establishment
/i'stæblišmənt/ n.
1. založenie čoho *of*
2. podnik, ústav

estate /i'steit/ n.
1. veľkostatok 2. pozemok 3. majetok

esteem /i'sti:m/ n.
vážnosť, úcta

esteem v. 1. vážiť si
2. považovať za

estimate /'estəmeit/ v.
odhadnúť, oceniť na *at*

estuary /'esčuəri/ n.
-ie- ústie

etc /et 'set ərə/ adv.
skr. *etcetera* a tak ďalej

etch /eč/ v. leptať na *on*, do *in*

eternal /i'tə:nəl/ adj.
večný

eternity /i'tə:nəti/ n.
-ie- večnosť

ethic /'eθik/ n.
morálka

Europe /'juərəp/ n.
Európa

European
/ˌjuərə'pi:ən/ adj.
európsky

evacuate /i'vækjueit/
v. 1. vysťahovať, evakuovať

evade /i'veid/ v.
1. vyhnúť sa
2. uniknúť

evaluate /i'væljueit/ v.
oceniť, zhodnotiť

evangelist
/i'vændžələst/ n.
1. evanjelista
2. misionár

evaporate /i'væpəreit/
v. vypariť /sa/

evasion /i'veižən/ n.
1. únik, *tax evasion* daňový únik
2. výhovorka

evasive /i'veisiv/ adj.
vyhýbavý

eve /i:v/ n. predvečer sviatku

even /'i:vən/ adv.
1. dokonca 2. ešte
3. až, *even though* napriek tomu

evening /'i:vniŋ/ n. večer

event /i'vent/ n. 1. udalosť 2. šport. disciplína, *at all events* v každom prípade, určite, *in the event of* ak, v prípade, že

eventful /i'ventfəl/ adj. rušný

eventual /i'venčuəl/ adj. konečný

eventually /i'venčuəli/ adv. nakoniec

ever /'evə/ adv. v opyt. a podm. vete niekedy, po zápore nikdy, kedy, *ever after* naveky, *for ever* navždy

evergreen /'evəgri:n/ adj. stále obľúbený, populárny

everlasting /,evə'la:stiŋ/ adj. večný

every /'evri/ determ. každý, *every other day* každý druhý deň

everybody /'evribodi/ pron. každý

everyday /'evridei/ adj. každodenný, všedný

everyone /'evriwan/ pron. každý

everything /'evriθiŋ/ pron. všetko

everywhere /'evriweə/ adv. všade

evict /i'vikt/ v. súdne vysťahovať z *from*

evidence /'evədəns/ n. 1. dôkaz, dôkazy čoho *of*, na *for* 2. svedectvo, výpoveď

evident /'evədənt/ adj. očividný, zjavný

evil /'i:vəl/ adj. 1. zlý 2. odporný, hnusný

evil n. zlo, nešťastie

evoke /i'vəuk/ v. vyvolať, vybaviť, evokovať

evolve /i'volv/ v. vyvinúť sa z *from*

ewe /ju:/ n. ovca
exact /ig'zækt/ adj. presný
exactly /ig'zæktli/ adv. 1. presne 2. celkom úplne
exaggerate /ig'zædžəreit/ v. zveličovať, preháňať
exam /ig'zæm/ n. skúška
examination /ig,zæmə'neišən/ n. 1. lekárska prehliadka, vyšetrenie 2. skúška
examine /ig'zæ'mən/ v. 1. prehliadnuť, vyšetriť 2. vypočúvať 3. skúšať z *in*
example /ig'za:mpəl/ n. 1. príklad, ukážka čoho *of* 2. *for example* napríklad
excavate /'ekskəveit/ v. 1. vyhĺbiť 2. vykopať
excavator /'ekskəveitə/ n. 1. kopáč 2. bager
exceed /ik'si:d/ v. prekročiť, presiahnuť, prevýšiť
excel /ik'sel/ v. -ll- vynikať v *at/in*
excellent /'eksələnt/ adj. vynikajúci, skvelý, výborný
except /ik'sept/ prep. okrem
except conj. okrem, až na, s výnimkou
except v. vylúčiť
excepting /ik'septiŋ/ prep. okrem
exception /ik'sepšən/ n. výnimka, *make an exception* urobiť výnimku
excess /ik'ses/ n. 1. nadbytok čoho *of*
excesses /ik'sesəz/ n. ukrutnosti, tvrdosť
exchange /iks'čeindž/ n. 1. výmena 2. telef. ústredňa 3. burza
exchange v. vymeniť /si/ za *for*, s *with*

exchange rate
/iks'čeindž reit/ n.
kurz cudzej meny
excise /ik'saiz/ v.
vyrezať, odstrániť
excite /ik'sait/ v.
1. rozrušiť, vzrušiť
2. vyvolať,
vzbudiť
excitement
/ik'saitmənt/ n.
rozrušenie,
vzrušenie
exclaim /ik'skleim/ v.
zvolať, vykríknuť
exclamation
/,eksklə'meišən/ n.
zvolanie, výkrik
exclude /ik'sklu:d/ v.
1. vylúčiť z *from*
2. nepripustiť
exclusion /ik'sklu:žən/
n. vylúčenie z *from*
exclusive /ik'sklu:siv/
adj. exkluzívny,
luxusný
excursion /ik'skə:šən/
n. výlet, zájazd,
exkurzia

excuse /ik'skju:z/ v.
1. ospravedlniť,
prepáčiť za *for*,
z *from* 2. tolerovať,
excuse me prepáčte
execute /'eksəkju:t/ v. 1.
popraviť 2. uskutočniť
3. predviesť
execution
/,eksə'kju:šən/ n.
1. poprava
2. uskutočnenie,
realizácia
executioner
/,eksə'kju:šənə/ n. kat
executor /ig'zekjətə/
n. vykonávateľ
exemplary
/eg'zempləri/ adj.
príkladný, ukážkový
exempt /ig'zempt/ v.
oslobodiť od *from*
exercise /'eksəsaiz/ n.
1. cvičenie
2. pohyb, cvik
3. výkon
exert /ig'zə:t/ v.
použiť, uplatniť,
vynaložiť

exhaust /ig'zo:st/ v.
vyčerpať
exhibition
/,eksə'bišən/ n.
výstava, expozícia
exhort /ig'zo:t/ v.
vyzvať, naliehať
exile /'eksail/ n. 1.
vyhnanstvo, exil
2. vyhnanec
exist /ig'zist/ v.
existovať, byť
existence /ig'zistəns/
n. 1. existencia,
jestvovanie 2. život
exit /'egzət/ n. 1.
východ, výjazd
z diaľnice z *from*
2. ukončenie práce
s programom
3. odchod
exit v. odísť
exodus /'eksədəs/ n.
hromadný odchod,
exodus z *from*
exotic /ig'zotik/ adj.
exotický
expand /ik'spænd/ v.
rozpínať sa, rozšíriť sa

expansion
/ik'spænšən/ n.
1. rozpínavosť 2.
rozšírenie, expanzia
expect /ik'spekt/ v. 1.
očakávať 2. čakať 3.
vyžadovať od *from*
expectation
/,ekspek'teišən/ n.
očakávanie, nádej
expedient
/ik'spi:diənt/ adj.
výhodný
expedition
/,ekspə'dišən/ n.
výprava, expedícia
expel /ik'spel/ v. *-ll-*
1. vyhnať z *from*
2. vylúčiť
expend /ik'spend/ v.
minúť, vynaložiť na *on*
expense /ik'spens/ n.
výdavky, *at sb's
expense* na účet
koho
expenses /ik'spensəz/
n. výdavky, náklady
expensive /ik'spensiv/
adj. nákladný, drahý

experience
/ik'spiəriəns/ n. 1. skúsenosť 2. zážitok

experiment
/ik'sperəmənt/ n. pokus na *on*

expert /'ekspə:t/ n. odborník v *at/in*, na *on*

expiration
/ekspi'reišn/ n. 1. ukončenie 2. výdych

expire /ik'spaiə/ v. uplynúť, skončiť, prepadnúť

expiry /ik'spaiəri/ n. uplynutie, skončenie lehoty

explain /ik'splein/ v. vysvetliť komu *to*

explanation
/,eksplə'neišən/ n. 1. vysvetľovanie 2. vysvetlenie

explicit /ik'splisət/ adj. jasný, určitý

explode /ik'spləud/ v. 1. vybuchnúť, explodovať 2. pustiť sa do *in/into*

exploit /ik'sploit/ v. 1. vykorisťovať 2. využiť

exploit n. hrdinský/odvážny čin

explore /ik'splo:/ v. preskúmať, prebádať

explosion
/ik'spləužən/ n. 1. výbuch, explózia 2. prudký vzrast

explosive /ik'spləusiv/ adj. 1. výbušný 2. napätý

explosive n. výbušnina

export /ik'spo:t/ v. vyvážať, exportovať

export /'ekspo:t/ n. 1. vývoz, export 2. pl. *exports* vyvážaný tovar

expose /ik'spəuz/ v. 1. vystaviť čomu *to* 2. odhaliť, ukázať

exposure /ik'spəužə/ n.
1. vystavenie sa čomu *to* 2. odhalenie 3. fot. snímka

express /ik'spres/ v.
1. vyjadriť 2. poslať expres

express n. 1. *express train* rýchlik 2. expres zásielka

expression /ik'sprešən/ n.
1. vyjadrenie, vyslovenie
2. výraz
3. cit

exquisite /i'k'skwizət/ adj. vynikajúci, dokonalý

extend /ik'stend/ v.
1. rozšíriť, predĺžiť
2. rozpínať sa

extensive /ik'stensiv/ adj. rozsiahly, značný

extent /ik'stent/ n.
1. rozsah, rozloha čoho *of*
2. miera

exterior /ik'stiəriəl/ n.
1. vonkajšok
2. exteriér

external /ik'stə:nl/ adj.
1. vonkajší
2. zahraničný

extinct /ik'stiŋkt/ adj.
1. vyhynutý
2. vyhasnutý

extinction /ik'stiŋkšən/ n.
1. vyhynutie čoho *of* 2. vyhasnutie

extinguish /ik'stiŋgwiš/ v. zahasiť, vyhasnúť

extort /ik'sto:t/ v. vynútiť od *from*

extra /'ekstrə/ adj. mimoriadny, ďalší

extract /ik'strækt/ v. vytiahnuť, vytrhnúť z *from*

extract /'ekstrækt/ n.
1. ukážka, výťah z *from* 2. výťažok

extramarital /,ekstrə'mærətl/ adj.

mimomanželský, nemanželský
extravagant /ik'strævəgənt/ adj. 1. márnotratný 2. výstredný, extravagantný
extreme /ik'stri:m/ adj. krajný, extrémny
extricate /'ekstrəkeit/ v. uvoľniť, oslobodiť z *from*
exult /ig'zalt/ v. jasať
eye /ai/ n. 1. oko 2. uško, dierka, *in the eyes of* v očiach koho, *keep an/sb's eye on* dávať pozor na

eyebrow /'aibrau/ n. obočie
eyebrow pencil /'aibrau, pensəl/ n. ceruzka na obočie
eyelash /'ailæš/ n. očná riasa
eyelid /'ailid/ n. očné viečko
eyeliner /'ai, lainə/ n. ceruzka na maľovanie kontúr očí
eyesight /'aisait/ n. zrak
eyewash /'aiwoš/ n. nezmysel, podfuk *hovor.*
eyewitness /'ai, witnəs/ n. očitý svedok

F

fable /ˈfeibəl/ n.
1. bájka, *aj pren.*
2. báj, mýtus
fabric /ˈfæbrik/ n.
1. tkanina 2. iba *the* f. štruktúra
face /feis/ n. 1. tvár
2. výzor, výraz
3. predná strana/stena
4. povrch, *in the face of* napriek, *look sb in the face* pozrieť sa komu do očí
face v. 1. obrátiť sa tvárou, čelom
2. čeliť komu, čomu
facetious /fəˈsiːʃəs/ adj. nevhodne vtipný, veselý
facility /fəˈsiləti/ n. *-ie-* 1. ľahkosť, plynulosť
2. zariadenie, možnosť 3. výhoda
facing /ˈfeisiŋ/ n. obloženie, obklad
fact /fækt/ n. 1. fakt
2. skutočnosť
faction /ˈfækʃən/ n. frakcia, strana
factor /ˈfæktə/ n. faktor, činiteľ
factory /ˈfæktəri/ n. *-ie-* továreň, závod
faculty /ˈfækəlti/ n. *-ie-* 1. schopnosť
2. fakulta
fade /feid/ v. *fade away* 1. zvädnúť
2. vyblednúť
3. stratiť sa, zmiznúť
fag /fæg/ n. drina *hovor.*
fag end /, fæg ˈend/ n. ohorok

fail /feil/ v.
1. nepodariť sa
2. zlyhať, neuspieť

fail n. neúspech, zlyhanie

failing /'feiliŋ/ n. nedostatok, chyba

failure /'feiljə/ n. 1. neúspech, zlyhanie

faint /feint/ adj.
1. slabý 2. mdlý

faint v. omdlieť

fair /feə/ adj.
1. spravodlivý, čestný 2. primeraný 3. svetlý 4. pekný 5. priaznivý

fair adv. 1. slušne, poctivo 2. rovno, presne

fairly /'feəli/ adv.
1. poctivo 2. dosť

fairy /'feri/ n. -ie- nadprirodzená bytosť, škriatok, víla

fairy tale /'feri, teil/ n. *fairy story* rozprávka

faith /feiθ/ n.
1. dôvera v *in*
2. sľub 3. viera v *in*

faithful /'feiθfəl/ adj.
1. verný čomu *to*
2. presný

faithful n. 1. *the f.* veriaci 2. stúpenec

fake /feik/ v.
1. falšovať
2. napodobniť
3. predstierať *hovor.*

fake n. falzifikát

falcon /'fo:lkən/ n. sokol

fall /'fo:l/ *fell, fallen* v. 1. padnúť, spadnúť 2. klesnúť, *fall apart* rozpadnúť sa, *fall asleep* zaspať, *fall in love* zamilovať sa, *fall victim* padnúť za obeť, *fall down* zlyhať v, pri *on*, *fall for* 1. naletieť 2. zamilovať sa, *fall in* nastúpiť voj., *fall out* pohádať sa

fall

fall n. 1. pád z *from*
2. padanie čoho *of*
3. pokles, zníženie, klesanie 4. úpadok čoho *of* 6. AmE iba the f. jeseň
fallacy /'fæləsi/ n. *-ie-* omyl, klam
fallen /'fo:lən/ v. p. fall
falls /'fo:lz/ n. vodopád
false /fo:ls/ adj. 1. falošný 2. nesprávny 3. umelý
falsehood /'fo:lshud/ n. 1. lož, klamstvo 2. klamanie
falsity /'fo:lsəfai/ v. *-ie-* falšovať
falter /'fo:ltə/ v. 1. potácať sa 2. koktať, zajakávať sa
fame /feim/ n. sláva
familiar /fə'miliə/ adj. 1. dobre známy, dôverný 2. rodinný, familiárny

family /'fæməli/ n. *-ie-* rodina
famine /'fæmən/ n. hlad
famish /'fæmiš/ v. hladovať, vyhladovať
famous /'feiməs/ adj. 1. slávny 2. pozoruhodný
fan /fæn/ n. 1. vejár 2. ventilátor
fan n. fanúšik
fanatic /fə'nætik/ n. fanatik
fancy /'fænsi/ n. *-ie-* 1. náklonnosť k *to* 2. fantázia 3. vrtoch
fang /fæŋ/ n. 1. tesák 2. jedový zub
fantastic /fæn'tæstik/ adj. 1. fantastický, úžasný 2. nereálny
fantasy /'fæntəsi/ n. *-ie-* fantázia, predstavivosť
far /fa:/ adv. *farther/further, farthest/furthest* 1.

ďaleko 2. oveľa, *as/so far as* 1. pokiaľ 2. až k

far adj. *farther/further, farthest/furthest* vzdialený

faraway /'fa:rəwei/ adj. vzdialený, ďaleký

fare /feə/ n. 1. cestovné 2. zákazník, pasažier

farewell /feə'wel/ n. zbohom

farm /fa:m/ n. 1. farma, statok, hospodárstvo

farm v. obrábať

farmer /'fa:mə/ n. hospodár, farmár

farmyard /'fa:mja:d/ n. dvor na statku, farme

farther /'fa:ðə/ adv. ďalej v priestore

farther adj. vzdialenejší v priestore

fascinate /'fæsəneit/ v. okúzliť, fascinovať

fascism /'fæšizəm/ n. fašizmus

fascist /'fæšəst/ n. fašista

fashion /'fæšən/ n. 1. móda 2. spôsob

fashionable /'fæšənəbəl/ adj. 1. módny 2. elegantný, luxusný

fast /fa:st/ adj. 1. rýchly 2. pevný

fast adv. 1. rýchlo 2. pevne

fasten /'fa:sən/ v. upevniť, zapnúť, pripevniť

fastener /'fa:sənə/ n. gombík, zips, spona

fast food /'fa:st fu:d/ n. rýchle občerstvenie

fastidious /fæ'stidiəs/ adj. prieberčivý

fat /fæt/ adj. -*tt*- tučný

fat n. tuk

fatal /'feitl/ adj. 1. smrteľný pre *to* 2. osudný pre *to*

fatality /fə'tæləti/ n.
-*ie*- 1. smrteľný
úraz 2. úmrtnosť
3. osudovosť
fate /feit/ n. 1. osud
2. záhuba
fated /'feitəd/ adj.
predurčený
father /'fa:ðə/ n.
1. otec, *aj pren.*
čoho *of* 2. pl.
fathers predkovia
father-in-law /'fa:ðə
in, lo:/ n. pl.
*fathers-in-
law*/*father-in-laws*
svokor
Father /'fa:ðə/ n.
1. *cirk.* otec, páter
2. iba *our*/*the F.*
nebeský otec
Father Christmas
/,fa:ðə 'krisməs/ n.
Ježiško
fatigue /fə'ti:g/ n.
vysilenie,
vyčerpanie
fatten /'fætn/ v.
vykŕmiť

fault /fo:lt/ n. 1. chyba
2. nedostatok
fauna /'fo:nə/ n.
živočíšstvo, fauna
favour /'feivə/ n. 1.
priazeň, náklonnosť
2. vľúdnosť
3. láskavosť, *be in
favour with* mať
priazeň koho
favourite /'feivərət/ n.
1. obľúbená vec/osoba
2. obľúbenec
3. favorit
favourite adj.
obľúbený
fawn /fo:n/ adj. svetlý
fear /fiə/ n. 1. strach
z *of* 2. obava o *of*
fear v. báť sa, obávať
sa o *for*
fearful /'fiəfəl/ adj.
bojazlivý
fearless /'fiələs/ adj.
nebojácny
feast /fi:st/ n.
1. hostina 2. sviatok
feast v. hostiť sa,
hodovať

feather /'feðə/ n. pero, perie
feature /'fi:čæ/ n. 1. charakteristický znak čoho *of* 2. rys, črta tváre
february /'februəri/ n. február
federal /'fedərəl/ adj. 1. federatívny, spolkový 2. federálny
federation /,fedə'reišən/ n. federácia
fed /fed/ v. p. feed
fee /fi:/ n. poplatok, vstupné, školné, honorár
feeble /'fi:bəl/ adj. slabý
feed /fi:d/ *fed* v. 1. kŕmiť, dať jesť 2. žrať čo *on*
feed n. krmivo, jedlo
feeding bottle /'fi:diŋ botl/ n. detská fľaša
feel /fi:l/ /felt/ v. 1 cítiť, pocítiť 2. cítiť sa 3. hmatať 4. myslieť si
feel n. 1. pocit, dotyk 2. ohmatanie
feeling /'fi:liŋ/ n. 1. pocit čoho *of* 2. cítenie, zdanie, tušenie 3. cit
feet /fi:t/ v. pl. foot
feign /fein/ v. predstierať
feint /feint/ n. finta, trik, manéver
fell /fel/ v. p. fall
fell v. sťať, zoťať
fellow /'feləu/ n. 1. človek, chlapík, muž *hovor.* 2. kamarát 3. člen čoho *of*
fellowship /'feləušip/ n. 1. spoločenstvo, spolok, zväz 2. priateľstvo
felt /felt/ v. p. feel
felt-tip /'felttip / n. fixka
female /'fi:meil/ adj. 1. samičí 2. ženský

female n. 1. samica 2. žena
fen /fen/ n. močiar
fence /fens/ n. plot, ohrada
fence v. ohradiť, oplotiť
fence v. šermovať
fencer /'fensə/ n. šermiar
fender /'fendə/ n. 1. ochranná mreža pred krbom 2. AmE blatník
ferocious /fə'rəušəs/ adj. divý, dravý
ferocity /fə'rosəti/ n. krutosť
ferry /'feri/ n. -ie- kompa, trajekt
ferry v. -ie- previezť, voziť
fertile /'fə:tail/ adj. 1. plodný 2. úrodný
fertilize /'fə:təlaiz/ v. 1.oplodniť 2. zúrodniť, hnojiť
fervent /'fə:vənt/ adj. vrelý, vrúcny

fervour /'fə:və/ n. zápal, oduševnenie
fester /'festə/ v. hnisať
festival /'festəvəl/ n. sviatok
festivity /fə'stivəti/ n. -ie- sviatok, slávnosť
fetch /feč/ v. 1. ísť po, priviesť, priniesť 2. vyniesť
fete /feit/ n. slávnosť
fetish /'fetiš/ n. 1. modla 2. fetiš
fetter /'fetə/ n. 1. reťaz 2. pl. *fetters* putá, okovy
feud /fju:d/ n. svár, zvada
feud v. hádať sa, škriepiť sa
feudal /'fju.dl/ adj. feudálny
feudalism /'fju:dlizəm/ n. feudalizmus
fever /'fi:və/ n. horúčka

few /fju:/ adv. málo, a *few* 1. niekoľko, pár 2. trochu

fiancé /fi'ansei/ n. snúbenec

fiancée /fi'ansei/ n. snúbenica

fib /fib/ v. -bb- klamať

fib n. malá lož

fibre /'faibə/ n. 1. vlákno, vláknina 2. tkanivo

fickle /'fikəl/ adj. nestály

fiction /'fikšən/ n. 1. beletria 2. výmysel, fikcia

fiddle /'fidl/ n. 1. podfuk *hovor.* 2. husle

fidelity /fi'deləti/ n. vernosť komu, čomu *to*

fidget /'fidžət/ v. vrtieť sa *hovor.*

field /fi:ld/ n. 1. pole 2. ihrisko 3. nálezisko 4. oblasť, odbor 5. terén

fiend /fi:nd/ n. 1. diabol 2. nadšenec

fierce /fiəs/ adj. 1. zúrivý 2. neľútostný, krutý

fiery /'faiəri/ adj. 1. ohnivý 2. prudký

fifteen /, fif'ti:n/ num. pätnásť

fifty /'fifti/ num. päťdesiat

fifty-fifty /, fifti'fifti/ adj. rovnakým dielom, napolovicu

fig /fig/ n. figa

fight /fait/ fought v. 1. bojovať 2. prieť sa, hádať sa o *over/about*, pre *for*

fight n. boj, zápas

fighter /'faitə/ n. 1. bojovník 2. bojové lietadlo

figure /'figə/ n. 1. postava 2. figúra 3. číslica, cifra

figure v. 1. vystupovať, figurovať ako *as*,

v *in* 2. AmE usúdiť, dôjsť k záveru 3. znázorniť, zobraziť
figure skating /'figə, skeitiŋ/ n. krasokorčuľovanie
figurine /, figjə'ri:n/ n. soška, figurína
file /fail/ n. pilník aj na nechty
file v. pilovať /si/
file n. 1. fascikel 2. súbor informácií
file n. zástup
filings /'failiŋz/ n. piliny
fill /fil/ v. 1. plniť /sa/, naplniť /sa/ 2. splniť, vyhovieť, *fill up* zaplniť, naplniť
fill n. náplň, doplnenie, výplň
fillet /'filət/ n. filé, rezeň
filling station /'filiŋ ,steišən/ n. benzínová pumpa
film /film/ n. 1. film 2. povlak, vrstva

film v. filmovať, natočiť
filter /'filtə/ n. filter
filtration /fil'treišən/ n. filtrácia
fin /fin/ n. plutva
final /'fainl/ adj. 1. finálový 2. konečný, posledný
final n. pl. *finals* 1. finále 2. záverečné skúšky
finally /'fainəli/ adv. 1. konečne 2. nakoniec 3. definitívne
finance /'fainæns/ n. financie
finance /'fai'næns/ v. financovať
finances /'fainænsəz/ n. peňažné prostriedky
financier /fə'nænsiə/ n. finančník
find /faind/ *found* v. 1. nájsť 2. zistiť, *be found* nachádzať sa, vyskytovať sa, *find*

out 1. zistiť 2. odhaliť

fine /fain/ adj. 1. vynikajúci, výborný, skvelý 2. jemný

fine adv. 1. jemne, nadrobno 2. výborne, skvele

fine n. pokuta

fine art /, fain 'a:t/ n. umelecké diela/diela

finery /'fainəri/ n. nádhera

finesse /fə'nes/ n. obratnosť, šikovnosť

finger /'fiŋgə/ n: prst na ruke

finger v. 1. dotknúť sa prstom 2. ukázať na *to*

fingernail /'fiŋgəneil/ n. necht

fingerprint /'fiŋgə, print/ n. odtlačok prsta

fingertip /'fiŋgə, tip/ n. končiek prsta

finicky /'finiki/ adj. 1. prieberčivý 2. príliš náročný, pedantný

finish /'finiš/ v. 1. skončiť /sa/ 2. *finish off* dokončiť

finish n. 1. koniec, záver, finiš 2. dokončenie

Finland /'finlənd/ n. Fínsko

fir /fə:/ n. jedľa

fir cone /'fə: kəun/ n. šuška

fire /faiə/ n. 1. oheň 2. nadšenie 3. paľba, *catch fire* chytiť sa, *on fire* v plameňoch

fire v. strieľať, vystreliť, vypáliť

fire alarm /'faiə ə, la:m/ n. požiarny poplach

fire brigade /'faiə bri ,geid/ n. požiarnici, hasiči

fire engine /'faiə ,endžən/ n. hasičská striekačka

fire extinguisher /ˈfaiə ik, stiŋgwišə/ n. hasiaci prístroj

fireman /ˈfaiəmən/ n. pl. *firemen* požiarnik, hasič

fireplace /ˈfaiəpleis/ n. krb

firewood /ˈfaiəwud/ n. drevo na kúrenie

firework /ˈfaiəwəːk/ n. 1. raketa 2. pl. *fireworks* ohňostroj

firm /fəːm/ adj. 1. pevný, stabilný 2. rozhodný

firm v. *firm up* spevniť, upevniť, *firm up an agreement* uzavrieť zmluvu

firm n. firma, podnik

first /fəːst/ adj. prvý, *at first hand* z prvej ruky

first adv. najprv, najskôr, po prvé, *first of all* najprv, predovšetkým

first aid /ˌfəːst ˈeid/ n. prvá pomoc

first class /ˌfəːst ˈklaːs/ n. prvá trieda, najlepšia kvalita

first name /ˈfəːst neim/ n. krstné meno

first night /ˌfəːst ˈnait/ n. premiéra

first-rate /ˌfəːst ˈreit/ adj. prvotriedny, vynikajúci

fish /fiš/ n. pl. *fish/fishes* 1. ryba 2. rybacina

fish v. chytať ryby

fisherman /ˈfišəmən/ n. pl. *fishermen* rybár

fishy /ˈfiši/ adj. 1. rybí 2. podozrivý *hovor.*

fist /fist/ n. päsť

fit /fit/ v. -*tt*- 1. hodiť sa 2. svedčať 3. montovať

fit adj. -*tt*- 1. vhodný na *for* 2. vo forme, fit

fit n. záchvat čoho *of*
fitness /ˈfitnəs/ n. telesná kondícia, zdravie
fitter /ˈfitə/ n. montér
fitting /ˈfitiŋ/ n. 1. pl. *fittings* vybavenie 2. skúška šiat
five /faiv/ num. päť
fix /fiks/ v. 1. pripevniť, zafixovať 2. namerať 3. *fix up* určiť, stanoviť
fizz /fiz/ v. šumieť, syčať
flag /flæg/ n. zástavka, vlajka
flag v. -gg- ochabnúť, zoslabnúť
flagpole /ˈflægpəul/ n. stožiar
flair /fleə/ n. talent, nadanie na *for*
flake /fleik/ n. vločka
flame /fleim/ n. plameň
flame v. horieť, plápolať
flap /flæp/ n. 1. chlopňa, cíp 2. plieskanie 3. panika, zmätok *hovor.*
flare /fleə/ v. plápolať mihotať sa, *flare up* vzplanúť
flare n. 1. vzplanutie, záblesk 2. pochodeň
flash /flæš/ v. 1. zablesknúť sa 2. blikať na *at*
flash n. 1. blesk 2. záblesk 3. letmý pohľad
flash adj. 1. náhly, prudký 2. rýchly
flashlight /ˈflæšlait/ n. 1. blesk 2. vrecková baterka
flask /flaːsk/ n. 1. chem. banka 2. cestovná, poľná fľaša 3. termoska
flat /flæt/ n. 1. byt 2. pl. *flats* nížina, rovina 3. *the* f. dlaň, plochá strana čoho *of* 4. defekt na preumatike

flat adj. *-tt-* 1. plochý, rovný 2. pneumatika sfúknutý 3. batéria vybitý
flatly /'flætli/ adv. rozhodne, úplne
flatter /'flætə/ v. lichodiť komu *on*
flattery /'flætəri/ n. lichôtka
flavour /'fleivə/ n. 1. chuť 2. príchuť
flavour v. ochutiť čím *with*
flaw /flo:/ n. kaz, chyba v *in*
flea /fli:/ n. blcha
fleck /flek/ n. zrnko, zrniečko
fled /fled/ v. p. flee
fled /fli:/ *fled* v. uniknúť
fleet /fli:t/ n. flotila
flesh /fleš/ n. 1. mäso 2. dužina
flew /flu:/ v. p. fly
flex /fleks/ v. ohnúť sa, ohýbať sa

flex n. elektr. šnúra, kábel
flexible /'fleksəbəl/ adj. ohybný, pružný
flicker /'flikə/ v. 1. blikať 2. mihať /sa/
flight /flait/ n. 1. let, lietanie 2. rad schodov medzi poschodiami 3. kŕdeľ
flimsy /'flimzi/ *-ie-* adj. tenký
flint /flint/ n. 1. pazúrik 2. kamienok do zapaľovača
flip n. 1. plesknutie, lusknutie 2. premet, salto
flipper /'flipə/ n. plutva
flirt /flə:t/ v. flirtovať
float /fləut/ v. vznášať sa, plávať
float n. 1. plavák 2. vozík
flock /flok/ n. 1. stádo 2. zástup koho *of*
flock v. zhromaždiť sa

flog /flog/ v. *-gg-* bičovať

flood /flad/ n. pl. *floods* potopa, povodeň

flood v. 1. zatopiť, zaplaviť 2. rieka rozvodniť */sa/*

floodlight /'fladlait/ n. reflektor

flood tide /'flad taid/ n. príliv

floor /flo:/ n. 1. podlaha 2. poschodie 3. iba *the* f. dno čoho *of*

flop n. 1. pád 2. fiasko

floopy disk /, flopi 'disk/ n. disketa

flora /'flo:rə/ n. flóra

flotilla /flə'tilə/ n. flotila

flour /flauə/ n. múka

flourish /'flariš/ v. 1. dariť sa dobre 2. prosperovať

flout /flaut/ v. bagatelizovať

flow /fləu/ v. tiecť, plynúť

flow n. tok, prúd

flowchart /'fləuča:t/ n. diagram

flower /'flauə/ n. kvet

flower v. 1. kvitnúť 2. rozkvitnúť *pren.*

flowerbed /'flauəbed/ n. záhon

flowerpot /'flauəpot/ n. kvetináč

flown /fləun/ v. p. fly

flu /flu:/ n. *aj influenza* chrípka

fluctuate /'flakčueit/ v. 1. kolísať 2. fluktuovať

fluent /'flu:ənt/ adj. plynulý

fluff /flaf/ n. 1. páper 2. chumáč

fluid /'flu:əd/ adj. 1. tekutý, plynný 2. nestály

fluid n. tekutina

flunk /flaŋk/ v. prepadnúť *hovor.*, flunk out vyletieť z *of*

flush

flush /flaš/ n.
1. prepláchnutie, vypláchnutie
2. červeň

flush v. 1. *flush out* vypláchnuť
2. spláchnuť
3. očervenieť

fluster /'flastə/ v. znervózniť, znepokojiť

flute /flu:t/ n. flauta

flutter /'flatə/ v.
1. trepotať, mávať krídlami 2. zniesť sa
3. chvieť sa

fly /flai/ -ie-, flew, flown v. 1. lietať, letieť 2. viať
3. utekať *pren.*

fly -ie- n. mucha

flying saucer /, flaiiŋ 'so:sə/ n. lietajúci tanier

flyover /'flai əuvə/ n. nadjazd

foal /fəul/ n. žriebä

foam /fəum/ n. pena

foam v. peniť

focus /'fəukəs/ n. pl. *foci* /fəusai, fəukai/
1. *odb.* ohnisko
2. *the* f. stred, stredobod čoho *of*

fodder /'fodə/ n. krmivo

fog /fog/ n. hmla

fog -gg- v. zahmliť /sa/

foil /foil/ v. zmariť, prekaziť

foil n. fólia

fold /fəuld/ v. 1. *fold up* zložiť, preložiť
2. zabaliť

fold n. 1. záhyb
2. kotlina, úžľabina

foliage /'fəuliidž/ n. lístky rastlinky

folk /fəuk/ n. 1. ľudia, ľud 2. ľudová hudba

folklore /'fəuklo:/ n. folklór

follow /'foləu/ v.
1. nasledovať, ísť po, za 2. držať sa čoho
3. prenasledovať
4. sledovať koho čo

follow-up /'foləuap/ n. odozva

fond /fond/ adj. 1.zamilovaný do 2.nežný, láskavý 3.milujúci

food /fu:d/ n. jedlo, potrava

foodstuff /'fu:dstaf/ n. potraviny

fool /fu:l/ n. 1.blázon

fool v. oklamať, pobláznit

fool adj. bláznivý, hlúpy

foolish /'fu:liš/ adj. 1.hlúpy, nerozumný 2.bláznivý

foot /fut/ n. pl. *feet* /fi:t/ 1.noha chodidlo 2.stopa, *on foot* peši

football /'futbo:l/ n. 1.futbal 2.futbalová lopta

foothold /'futhəuld/ n. 1.oporný bod 2.pozícia

footman /'futmən/ n. lokaj

footpath /'futpa:θ/ n. cestička, chodník

footstep /'futstep/ n. krok

footwear /'futweə/ n. obuv

for /fə, fo:/ prep. 1.pre 2.na 3.za 4.do

for conj. pretože

forbearance /fo:'beərəns/ n. trpezlivosť, zhovievavosť

forbade /fə'bæd/ v. p. forbid

forbid /fə'bid/ v. 1.zakázať 2.nedovoliť 3.znemožniť

forbidden /fə'bidn/ v. p.forbid

forbidding /fə'bidiŋ/ adj. odpuzdujúci, odporný

force /fo:s/ n. 1.sila 2.násilie 3.ozbrojené sily, *in force* v platnosti

force v. 1.donútiť, prinútiť
forceful /'fo:sfəl/ adj. silný, energický, pôsobivý
forces /fo:səz/ n. *the forces* ozbrojené sily
ford /fo:d/ n. 1.brod 2.prebrodiť
forearm /'fo:ra:m/ n. predlaktie
forecast /'fo:ka:st/ n. predpoveď počasia
forefathers /'fo:,fa:ðəz/ n. predkovia
forefinger /'fo:,fiŋgə/ n. ukazovák
foreground /'fo:graund/ n. popredie
forehead /'forəd/ n. čelo
foreign /'forən/ adj. 1.zahraničný 2.cudzí
foreign affairs /,forən ə'feəz/ n. zahraničné veci

foreigner /'forənə/ n. cudzinec
foreign exchange /,forən iks'čeindž/ n. valuty, devízy
foremost /'fo:məust/ adj. *the foremost* najprednejší, prvý
forename /'fo:neim/ n. krstné meno
foresaw /fo:'so:/ v. p.foresee
foresee /fo:'si:/ v. predvídať
foreseen /fo:'si:n/ v. p. foresee
forest /'forəst/ n. les
forester /'forəstə/ n. lesník
foretell /fo:'tel/ v. foretold predpovedať
forethought /'fo:θo:t/ n. prezieravosť
foretold /fo:'təuld/ v. p.foretell
forever /fə'revə/ adv. 1. navždy 2.ustavične

forgave /fə'geiv/ v. p.forgive

forge /fo:dž/ v. 1.falšovať 2.kuť

forgery /'fo:džəri/ n. 1.falzifikát 2.falšovanie

forget /fə'get/ *forgot forgotten* v. zabudnúť

forgive /fə'giv/ *forgave, forgiven* v. odpustiť, prepáčiť

forgiven /fə'givən/ v. p.forgive

forgiveness /fə'givnəs/ n. 1.odpustenie 2.zhovievavosť

forgot /fə'got/ v. p.forget

forgotten /fə'gotn/ v. p.forget

fork /fo:k/ n. 1.vidlička 2.vidle 3.rázcestie

fork v. 1.nabrať vidlami 2.rozdvojovať sa 3.odbočiť

forlorn /fə'lo:n/ adj. opustený

form /fo:m/ n. 1.tvar, obrys, postava 2. druh, typ 3.forma 4.formulár

form v. tvoriť, formovať

formality /fo:'mæləti/ n. formalita

format /'fo:mæt/ n. 1.formát 2.štruktúra, zloženie

formation /fo:'meišən/ n. 1.tvorenie 2. zloženie

former /'fo:mə/ adj. bývalý, niekdajší, minulý

formidable /'fo:mədəbəl/ adj. 1.hrozný 2.neľahký

formless /'fo:mləs/ adj. beztvarý

formula /'fo:mjələ/ n. pl. *formulas/formulae* /fo:mjəli:/ 1.vzorec 2.predpis, recept 3.formula

187

formulate

formulate /'fo:mjəleit/ v. formulovať, vyjadriť
forsake /fə'seik/ *forsook, forsaken* v. opustiť, vzdať sa
forsaken /fə'seikən/ v. p. forsake
forsook /fə'suk/ v. p. forsake
forswear /fo:'sweə/ *forswore, forsworn* v. zrieknuť sa
forswore /fo:'swo:/ v. p. forswear
forsworn /fo:'swo:n/ v. p. forswear
fort /fo:t/ n. pevnosť
forthcoming /ˌfo:θ'kamiŋ/ adj. najbližší
fortification /ˌfo:təfə'keišən/ n. 1. opevnenie 2. spevnenie
fortify /'fo:təfai/ -ie- v. 1. opevniť 2. zosilniť, posilniť
fortitude /'fo:tətju:d/ n. statočnosť
fortnight /'fo:tnait/ n. štrnásť dní
fortress /'fo:trəs/ n. pevnosť
fortunate /'fo:čənət/ adj. šťastný
fortunately /'fo:čənətli/ adv. našťastie
fortune /'fo:čən/ n. 1. majetok 2. osud 3. šťastie
forty /'fo:ti/ num. štyridsať
forward /'fo:wəd/ adv. *forwards* vpred, dopredu
fossil /'fosəl/ n. skamenelina
foster /'fostə/ v. 1. starať sa o 2. podporiť
fought /fo:t/ v. p. fight
foul /faul/ adj. 1. odporný, hnusný 2. páchnúci
foul n. faul

188

foul v. 1.faulovať
2.znečistiť

found /faund/ v. p.
find

found v. 1.založiť,
zriadiť 2.postaviť na
on/upon

foundation
/faun'deišən/ n.
1.založenie
2. nadácia

founder /'faundə/ n.
zakladateľ

fountain /'fauntən/ n.
1.fontána
2.vodotrysk
3.prameň, zdroj

fountain pen
/'fauntən pen/ n.
plniace pero

four /fo:/ num. štyri

foursome /'fo:səm/ n.
štvorica

fourteen/, fo:'ti:n/
num. štrnásť

fourth /fo:θ/ num.
1.štvrtý 2.štvrtina

fowl /faul/ n. pl.
fowls/fowl hydina

fox /foks/ n. líška zviera
fox v. zmiasť, oklamať
foxy /'foksi/ *-ie-* adj.
líšiacky, prefíkaný

fraction /'frækšən/ n.
mat.zlomok

fractious /'frækšəs/
adj. podráždený

fracture /'frækčə/ n.
1.zlomenina
2.puklina, prasklina

fracture v. zlomiť /sa/

fragile /'frædžail/ adj.
krehký

fragment /'frægmənt /
n. úlomok, fragment

fragrance /'freigrəns /
n. vôňa

fragrant /'freigrənt /
adj. voňavý

frail /freil/ adj.
krehký, útly

frame /freim/ n. 1.rám
2.kostra, konštrukcia
3.postava

frame v. 1.rámovať
2.vyjadriť,
formulovať
3.falošne obviniť

framework

framework
/'freimwə:k/ n.
kostra, konštrukcia

France /fra:ns/ n.
Francúzsko

franchise /'frænčaiz/
n. 1.*the franchise*
volebné právo

frank /fræŋk/ adj.
úprimný, priamy,
otvorený

frantic /'fræntik/ adj.
šialený

fraternity /frə'tə:nəti/
-ie- n. bratstvo

fraud /fro:d/ n.
1.podvod
2.podvodník

fray /frei/ v. 1.strapkať
/sa/, odrať /sa/

freak /fri:k/ n. vrtoch,
rozmar

freckle /'frekəl/ n.
peha

free /fri:/ adj.
1.slobodný 2.voľný
3.bezplatný
4.oslobodený, *for free* zadarmo, *free of charge* zadarmo,
bezplatne

free adv. 1.bezplatne,
zadarmo 2.voľne,
slobodne

free v. 1. pustiť z *from*
2. oslobodiť sa od
from 3. uvoľniť

freedom /'fri:dəm/ n.
1.oslobodenie od
from 2.sloboda

free enterprise /, fri:
'entəpraiz/ n.
slobodné
podnikanie

freelance /'fri:la:ns/
adj. nezávislý,
samostatný

freely /'fri:li/ adv.
1.ochotne
2.úprimne,
otvorene

freeze /fri:z/ froze,
frozen v. 1. *freeze
up* zamrznúť
2.mrznúť

freeze n. mráz

freezer /'fri:zə/ n.
mraznička

freezing point /'fri:ziŋ point/ n. bod mrazu
freight /freit/ n. náklad
French /frenč/ n. francúzština
French adj. francúzsky
frenzy /'frenzi/ -ie- n. šialenstvo, záchvat
frequency /'fri:kwənsi/ -ie- n. 1.častý výskyt čoho *of* 2.frekvencia
frequent /'fri:kwənt/ adj. bežný, častý
fresh /freš/ adj. 1.čerstvý 2.svieži 3.sladký *o vode*
freshwater /'frešwo:tə/ adj. sladkovodný
fret /fret/ -tt- v. trápiť sa
Friday /'fraidi/ n. piatok on Friday v piatok, *on Fridays* každý piatok
fridge /fridž/ n. chladnička
friend /frend/ n. priateľ

friendly /'frendly/ -ie- adj. priateľský
friendship /'frendšip/ n. priateľstvo
fright /frait/ n. 1.strach 2.zľaknutie
frighten /'fraitn/ v. 1.naľakať sa 2.vystrašiť
fringe /frindž/ n. ofina
fringe v. lemovať
frisk /frisk/ v. šantiť, poskakovať
frizz /friz/ v. kučeraviť /sa/
frog /frog/ n. žaba
from /frəm, fro:m/ prep. 1.z 2.od
front /frant/ n. 1.predok, predná časť 2.fasáda
front adj. predný
front v. 1.byť obrátený 2.byť/stáť pred čím 3.stáť na čele
frontal /'frantl/ adj. čelný

frontier /'frantiə/ n.
 1. hranice
 2. pohraničie
frost /frost/ n. mráz
frost v. 1. zmrznúť
frosty /'frosti/ -ie- adj.
 mrazivý
froth /froθ/ n. pena
froth v. robiť penu,
 peniť
frown /fraun/ v. mračiť
 sa
frown n. vráska
froze /frəuz/ v.
 p. freeze
frozen /'frəuzən/ v.
 p. freeze
fruit /fru:t/ n. 1. ovocie
 2. plod
fruit v. dávať ovocie
fruity /'fru:ti/ -ie- adj.
 ovocný
frustrate /fra'streit/ v.
 1. znechutiť
 2. zmariť
fry /frai/ v. smažiť
fryer /'fraiə/ n.
 panvica na smaženie
fuel /'fjuəl/ n. palivo

fuel -ll- v. zásobiť
 palivom
fugitive /fju'džətiv/ n.
 utečenec
fulfil /ful'fil/ -ll- v.
 1. splniť sa
 2. vykonať
 3. uskutočniť sa
full /ful/ adj.
 1. plný
 2. úplný
full adv. priamo,
 rovno
full stop /, ful 'stop/ n.
 bodka
full time /, ful 'taim/
 adj., adv. na plný
 úväzok
fully /'fuli/ adv. úpne,
 celkom
fume /fju:m/ v. zúriť
fumes /fju:mz/ n.
 výpary
fun /fan/ n. zábava
function /'faŋkšən/ n.
 1. funkcia 2. úloha,
 povinnosť
fund /fand/ n. fond
fund v. financovať

fundamental
/ˌfandə'mentl/ adj.
1. základný
2. podstatný
fundamental n. základ
funeral /'fju:nərəl/ n.
pohreb
funnel /'fanl/ n. lievik
funny /'fani/ -ie- adj.
zábavný, smiešny
fur /fə:/ n. 1. srsť
2. kožušina 3. kožuch
furious /'fjuəriəs/ adj.
zúrivý
furnace /'fə:nəs/ n.
vysoká pec
furnish /'fə:niš/ v.
zariadiť nábytkom
furnishings /'fə:nišiŋz/
n. bytové vybavenie
furniture /'fə:ničə/ n.
nábytok
furrier /fariə/ n.
kožušník
furrow /'farəu/ n.
1. brázda 2. vráska
furrow v. zvraštiť

further /'fə:ðə/ adv.
ďalej
further adj. ďalší
further v. podporiť
furthermore
/ˌfə:ðə'mo:/ adv.
okrem toho
furthermost
/'fə:ðəməust/ adj.
najvzdialenejší
fury /'fjuəri/ -ie- n.
zúrivosť, zlosť
fuse /fju:z/ n. poistka
fuse v. vybiť poistky
fuss /fas/ n. 1. zmätok,
krik 2. nervozita
fuss v. robiť si starosti
futile /'fju:tail/ adj.
zbytočný, márny
future /'fju:čə/ n.
budúcnosť
future adj. budúci
fuzz /faz/ n. chĺpky
fuzzy /'fazi/ -ie- adj.
1. chlpatý
2. rozmazaný,
neostrý

G

gab /gæb/ -bb- v. tárať o *about*
gable /'geibəl/ n. štít na dome
gad /gæd/ -dd- v. túlať sa
gadfly /'gædflai/ -*ie*- n. ovad
gag /gæg/ -gg- v. zapchať ústa
gain /gein/ v. 1.nadobudnúť, získať čím *by/from* 2.zvyšovať
gain n. 1. pl. *gains* zisk 2.nárast, zvýšenie
gait /geit/ n. chôdza, spôsob držania tela
galaxy /'gæləksi/ -*ie*- n. galaxia
gale /geil/ n. víchor, víchrica
gall /go:l/ n. trúfalosť, bezočivosť
gall v. trápiť, sužovať
gall bladder /'go:l, blædə/ n. žlčník
gallery /'gæləri/ -*ie*- n. galéria
gallop /'gæləp/ n. cval
gallows /'gæləuz/ n. pl. *gallows* šibenica
gamble /'gæmbəl/ v. riskovať, hazardne hrať, špekulovať
gamble n. hazard, riziko
game /geim/ n. 1.hra 2.partia 3.lovná zver, ryby
gamekeeper /'geim,ki:pə/ n. hájnik
gammon /'gæmən/ n. údená šunka

gander /'gændə/ n. gunár
gang /gæŋ/ n. banda, gang zločincov
gangster /'gæŋstə/ n. bandita, gangster
gangway /'gæŋwei/ n. 1. prístavný mostík 2. ulička medzi sedadlami
gaol /džeil/ n. žalár, väzenie
gap /gæp/ n. diera, medzera
gape /geip/ v. zívať
garage /'gæra:ž/ n. garáž
garbage /'ga:bidž/ n. AmE odpadky
garden /'ga:dn/ n. záhrada
garland /'ga:lənd/ n. veniec, girlanda
garlic /'ga:lik/ n. cesnak
garlicky /'ga:liki/ adj. cesnakový
garment /'ga:mənt/ n. obch. kusový textil

garnet /'ga:nət/ n. granát *miner.*
garnish /'ga:niš/ n. 1. kuch. obloženie 2. ozdoba, okrasa z *of*
garret /'gærət/ n. 1. pôjd 2. podkrovie
garrison /'gærəsən/ n. 1. posádka 2. pevnosť 3. tábor
gas /gæs/ n. pl. *gases/gasses* 1. plyn 2. zemný plyn 3. bojový plyn
gasoline /'gæsəli:n/ n. AmE benzín
gasp /ga:sp/ v. dychčať
gate /geit/ n. brána, vráta
gather /'gæðə/ v. 1. *gather in/up* zbierať aj úrodu 2. zhromažďovať, zhŕňať
gathering /'gæðəriŋ/ n. stretnutie, zhromaždenie, schôdza

gauge /geidž/ n.
1. normované meradlo 2. hrúbka, priemer, kaliber
gaunt /go:nt/ adj. vyziabnutý
gave /geiv/ v. p. give
gay /gei/ adj.
1. homosexuálny 2. živý, teplý *farba* 3. radostný
gaze /geiz/ v. uprene hľadieť na *at/on*
gear /giə/ n. 1. ozubené koleso 2. výstroj 3. rýchlosť v aute
gearbox /'giəboks/ n. prevodová skriňa
geese /gi:s/ n. p. goose
gem /džem/ n. drahokam
gene /dži:n/ n. gén
genealogy /ˌdži:ni'ælədži/ n. rodopis, rodokmeň
general /'dženərəl/ adj. 1. všeobecný 2. rozšírený, *general public* široká verejnosť
general n. generál
general election /ˌdženərəl i'lekšən/ n. všeobecné voľby
generally /'dženərəli/ adv. 1. zvyčajne 2. všeobecne
generation /ˌdženə'reišən/ n. generácia
generation gap /dženə'reišən, gæp/ n. *the g.g.* generačný problém
generous /'dženərəs/ adj. štedrý, nápomocný
genial /'dži:niəl/ adj. priateľský, bodrý
genital /'dženətl/ adj. rozmnožovací, pohlavný
genius /'dži:niəs/ n.
1. geniálne nadanie 2. génius
genre /'žonrə/ n.
1. žáner 2. druh

gentle /'džentl/ adj. mierny, jemný, tichý

gentleman /'džentlmən/ n. pl. *gentlemen* 1.džentlmen 2.pán, muž

genuine /'dženjuən/ adj. 1.pravý, nefalšovaný 2.úprimný

geography /dži:'ogrəfi/ *-ie-* n. zemepis

geology /dži'olədži/ n. geológia

geometry /dži'omətri/ *-ie-* n. geometria

germ /džə:m/ n. 1.baktéria, mikrób 2. *the germ* zárodok

German /'džə:mən/ n. 1.Nemec 2.nemčina

German adj. nemecký

Germany /'džə:məni/ n. Nemecko

germinate /'džə:məneit/ v. klíčiť, pučiť

gesture /'džesčə/ n. pohyb tela, posunok 2.gesto

get /get/ *-tt- got, got* v. 1.dostať, mať 2. získať, obstarať pre *for* 3.stihnúť vlak 4.nastúpiť do *into* 5.vystúpiť z *off/out/of* 6.dostať sa do *into* 7.stať sa zmena stavu 8. *have got* mať, *get away* odísť, *get back* vrátiť sa, *get off* vyraziť na cestu, *get on* robiť pokroky, dariť sa, *get out of* vyhnúť sa čomu, *get through* prejsť skúškou, *get together* zísť sa, *get up* vstať z postele

geyser /'gi:zə/ n. gejzír

ghastly /'ga:stli/ *-ie-* adj. strašný, hrozný, príšerný

ghost /gəust/ n. duch, prízrak

giant /'džaiənt/ n.
1.obor 2.velikán
giantess /'džaiəntes/ n.
obryňa
giddy /'gidi/ adj.
trpiaci závratom
gift /gift/ n. 1.dar
2.nadanie, talent na
for
giggle /'gigəl/ v.
chichotať sa
gild /gild/ *gilded / gilt*
v. pozlátiť
gill /gil/ n. žiabra
gilt /gilt/ n. lesklý
poťah, fólia
gimlet /'gimlət/ n.
nebožiec, vrták *aj pren.*
gingerbread
/'džindžəbred/ n.
perník
gipsy /'džipsi/ *-ie-* n.
cigán, *aj pren.*
giraffe /džə'ra:f/ n. pl.
giraffes/giraffe
žirafa
girder /'gə:də/ n.
nosník, trám

girdle /'gə:dl/ n.
podväzkový pás
girl /gə:l/ n. dievča,
deva
girlfriend /'gə:lfrend/
n. 1.priateľka, milá
2.milenka
gist /džist/ n. hlavná
myšlienka, podstata
give /giv/ *gave,
given* v. 1.dať,
podať, ponúknuť
2.darovať 3.prispieť
peniazmi
4.poskytnúť, *give
away* 1.rozdať,
darovať 2.odovzdať,
give in ustúpiť,
vzdať sa, *give up*
1.prestať s 2.vzdať
sa
given /'givən/ v. p.
give
given name
/'givən neim/ n.
AmE krstné/rodné
meno
glacier /'glæsiə/ n.
horský ľadovec

glad /glæd/ -dd- adj.
1. majúci radosť
z *about* 2. vďačný za *of*
gladden /'glædn/ v.
potešiť, urobiť radosť
glade /gleid/ n. čistina
glamorous
/'glæmərəs/ adj.
čarovný
glamour /'glæmə/ n.
1. čaro 2. pôvab
glance /gla:ns/ v.
krátko pozrieť sa/si
glare /gleə/ v. 1. gániť,
zazerať na *at*
2. oslnivo žiariť
glare n. svetlo, žiara
glass /gla:s/ n. 1. sklo
2. pohár 3. predmety
zo skla
glasses /'gla:səz/ n.
okuliare
glasshouse
/'gla:shaus/ n.
skleník
glaze /gleiz/ v. obliať
polevou
glazier /'gleizə/ n.
sklenár

gleam /gli:m/ n. 1. lesk
2. záblesk
gleam v. svetielkovať
glee /gli:/ n. radosť,
uspokojenie
glen /glen/ n. údolie,
roklina, úžľabina
glide /glaid/ v.
1. kĺzať sa
2. plachtiť
glider /'glaidə/ n.
1. klzák 2. plachtár
glimpse /glimps/ v.
letmo zazrieť
glimpse n. letmý
pohľad
glisten /'glisən/ n.
mokrá plocha
glisten v. lesknúť sa,
ligotať sa
glitter /'glitə/ v. iskriť,
trblietať sa
glitter n. *the* g. jas
global /'gləubəl/ adj.
1. celosvetový
2. komplexný
globe /gləub/ n. 1. guľa
2. glóbus 3. *the globe* zemeguľa

gloom /glu:m/ n. smútok, depresia
glorify /ˈglɒrəfai/ -ie- v. velebiť, oslavovať
glorious /ˈglɔ:riəs/ adj. 1.slávny 2.nádherný
glory /ˈglɔ:ri/ -ie- n. 1.sláva, česť 2.nádhera
glossy /ˈglɒsi/ -ie- adj. srsť lesklý a hladký
glove /glʌv/ n. rukavica
glow /gləʊ/ v. sálať
glow n. rumenec
glow-worm /ˈgləʊwə:m/ n. svätojánska muška
glue /glu:/ n. 1.glej 2.lepidlo, tmel
glue v. 1.glejiť 2.lepiť, tmeliť
glut /glʌt/ -tt- v. preplniť, prepchať
gnat /næt/ n. komár
gnaw /nɔ:/ v. *gnaw away* obhrýzať, obžierať

go /gəʊ/ *goes, went, gone* v. 1.ísť, odísť 2.viezť sa 3.ísť urobiť 4.stroj ísť, fungovať, *go ahead* ísť v čele, *go by* 1.ísť okolo 2.uplynúť, *go down* klesnúť, *go for* zaútočiť na, *go in for* zúčastniť sa, *go into* vojsť do, *go on* 1.konať sa 2.začať fungovať, *go through* prejsť čím, *go to* dostať sa do, *go together* hodiť sa k sebe, *go up* rásť, *go without* zaobísť sa bez
goad /gəʊd/ v. podnecovať
goal /gəʊl/ n. 1.šport. bránka 2.gól
goalkeeper /ˈgəʊl,ki:pə/ n. brankár
goat /gəʊt/ n. koza, cap

gobble /'gobəl/ v. chlípať *hovor.*

god /god/ n. boh, *my god* božemôj, *good god* dobrotivý bože, *thank god* vďaka bohu

godchild /'godčaild/ n. pl. *godchildren* /god, čildrən/ krstňa

goddaughter /'god,do:tə/ n. krstná dcéra

goddess /'godəs/ n. bohyňa

godfather /'god,fa:ðə/ n. krstný otec

godlike /'godlaik/ adj. 1.boží 2.božský

godmother /'god,maðə/ n. krstná mama

godparent /'god,peərənt/ n. krstný rodič

godsend /'godsend/ n. dar z neba, požehnanie, šťastie pre *to*

godson /'god san/ n. krstný syn

goer /'gəuə/ n. 1.chodec 2.návštevník

goggle /'gogəl/ v. vyvaľovať oči na *at*

goggles /'gogəlz/ n. ochranné okuliare

going /'gəuiŋ/ n. 1.odchod 2.postup

gold /gəuld/ n. zlato

gold adj. zlatý

golden age /'gəuldən eidž/ n. zlatý vek

goldmine /'gəuldmain/ n. zlatá baňa

gold rush /'gəuld raš/ n. zlatá horúčka *pren.*

goldsmith /'gəuld,smiθ/ n. zlatník

gone /gon/ v. p. go

gone adj. nadrogovaný, napitý *hovor.*

good /gud/ adj. *better, best* 1. dobrý, správny 2. užitočný, vhodný na *for* 3. kvalitný, *have a good time* užívať si, *no good* zbytočný
good n. blaho, prospech, *good for you!* gratulujem!
good-looking /ˌgud ˈlukiŋ/ adj. pekný, dobre vyzerajúci
good-natured /ˌgud ˈneičəd/ adj. 1. dobromyseľný 2. láskavý
goodness /ˈgudnəs/ n. dobrota, láskavosť
goods /gudz/ n. tovar
goose /guːs/ n. pl. *geese* hus
gooseberry /ˈguzbəri/ -ie- n. egreš
goose-pimples /ˈguːpimplz/ AmE n. zimomriavky

gorgeous /ˈgoːdžəs/ adj. 1. nádherný 2. úžasný
gorilla /gəˈrilə/ n. gorila
gossamer /ˈgosəmə/ n. babie leto
gossip /ˈgosəp/ n. 1. klebetenie, ohováranie 2. klebeta
got /got/ v. p. *get*
gourd /guəd/ n. dyňa
gout /gaut/ n. dna, lámka
govern /ˈgavən/ v. 1. vládnuť 2. riadiť, ovládať
government /ˈgavəmənt/ n. 1. vláda orgán 2. riadenie, vedenie
governor /ˈgavənə/ n. 1. veliteľ pevnosti, riaditeľ väzenia 2. guvernér
gown /gaun/ n. 1. dlhé večerné šaty, róba 2. talár

grab /græb/ -bb- v. uchmatnúť

grace /greis/ n.
1. pôvab, graciéznosť
2. zdvorilosť

gracious /ˈgreiʃəs/ adj. láskavý, milý

grade /greid/ n.
1. stupeň, úroveň
2. AmE škol. trieda

grade school /ˈgreid ˌskuːl/ n. AmE základná škola

gradual /ˈgrædʒuəl/ adj. postupný

graduate /ˈgrædʒuət/ n. absolvent vysokej školy/univerzity

graduation /ˌgrædʒuˈeiʃən/ n.
1. promócia
2. stupeň, kaliber

graft /graːft/ n. 1. štep
2. transplantát tkanivo

grain /grein/ n.
1. zrno, zrnko čoho *of* 2. obilie

gram /græm/ n. gram

grammar /ˈgræmə/ n.
1. gramatika 2. učebnica gramatiky

grammar school /ˈgræmə ˌskuːl/ n. gymnázium, stredná škola

granary /ˈgrænəri/ -*ie*- n. sýpka, obilnica

grand /grænd/ adj. veľkolepý

grandad /ˈgrændæd/ n. dedo, deduško *hovor.*

grandchild /ˈgræntʃaild/ n. pl. *grandchildren* /græn ˌtʃildən/ vnúča

granddaughter /ˈgræn ˌdɔːtə/ n. vnučka

grandfather /ˈgrænd ˌfɑːðə/ n. 1. starý otec 2. predchodca, predok

grandmother /ˈgræn ˌmʌðə/ n. 1. stará matka 2. predchodkyňa

grandson /ˈgrænsan/ n. vnuk

granite /ˈgrænət/ n. žula

granny /ˈgræni/ -ie- n. babi, babička

grant /graːnt/ v.
1. splniť, vyhovieť
2. udeliť, poskytnúť, *take sth for granted* považovať niečo za samozrejmé

grant n. 1. štipendium
2. fin. príspevok

grape /greip/ n. zrnko hrozna

grapefruit /ˈgreipfruːt/ n. grep, grepfruit

grasp /graːsp/ v. uchopiť, chytiť

grass /graːs/ n.
1. tráva
2. trávnik

grasshopper /ˈgraːs.hopə/ n. kobylka

grate /greit/ n. rošt

grate v. 1. strúhať
2. škrípať

grateful /ˈgreitfəl/ adj. vďačný komu *to*, za *for*

grater /ˈgreitə/ n. strúhadlo

gratuity /grəˈtjuːəti/ -ie- n. 1. sprepitné
2. odmena, odstupné

grave /greiv/ n. hrob

grave adj. 1. vážny, závažný
2. slávnostný

gravel /ˈgrævəl/ n. štrk

gravity /ˈgrævəti/ n. príťažlivosť, gravitácia

gray /grei/ adj. AmE sivý, šedý

graze /greiz/ v. 1. pásť /sa/ 2. zľahka sa dotknúť

grease /griːs/ n. 1. tuk, masť 2. mazadlo

grease v. namazať, namastiť

greasepaint /ˈgriːspeint/ n. div. líčidlo, šminka

great /greit/ adj.
 1. stupeň, množstvo veľký 2. významný 3. dôležitý, závažný 4. skvelý
Greece /gri:s/ n. Grécko
greedy /'gri:di/ -ie- adj. nenásytný, pažravý
Greek /gri:k/ n. 1. Grék 2. gréčtina
Greek adj. grécky
green /gri:n/ adj. zelený
green n. 1. zeleň 2. trávnik
greengrocer /'gri:n,grəusə/ n. zeleninár, ovocinár
greenhorn /'gri:nho:n/ n. zelenáč, nováčik *pren.*
greenhouse /'gri:nhaus/ n. skleník
green pepper /,gri:n 'pepə/ n. zelená paprika

greet /gri:t/ v.
 1. zdraviť 2. vítať čím *with/by*
greeting /'gri:tiŋ/ n.
 1. pozdrav 2. zdravenie 3. pl. *greetings* pozdravy, želanie, blahoželanie
grenade /grə'neid/ n. voj. granát
grew /gru:/ v. p. grow
grey /grei/ adj. sivý, šedý
greyhound /'greihaund/ n. chrt
grid /grid/ n. mriežka, príklop
grief /gri:f/ n. zármutok, žiaľ
grievance /'gri:vəns/ n. sťažnosť
grieve /gri.v/ v. trápiť sa, smútiť
grill /gril/ v. opekať /sa/, grilovať /sa/
grill n. ražeň, rošt
grim /grim/ -mm- adj. zlovestný, desivý

grin /grin/ -nn- v.
škeriť sa, smiať sa
od *with*, na *at*

grind /graind/ *ground*
v. 1.*grind up* mlieť
2. škrípať zubami
3. brúsiť

grip /grip/ -pp- v.
1. uchopiť 2. zatnúť päsť

gripe /graip/ v. reptať, hundrať *hovor.*

grisly /'grizli/ -ie- adj.
strašný, odpudzujúci

grizzly bear /, grizli 'beə/ n. medveď

groan /grəun/ v.
stonať, vzdychať od *with*, pod *under*

groan n. ston, vzdych

grocer /'grəusə/ n.
obchodník
s potravinami

grocery /'grəusəri/ -ie- n. obchod
s potravinami

groggy /'grogi/ -ie- adj. neschopný ísť, slabý

groin /groin/ n. slabina

groom /gru:m/ n.
1. koniar, paholok
2. ženích

groove /gru:v/ n.
1. ryha, žliabok, drážka 2. zvyk, zabehané koľaje

gross /grəus/ adj.
1. celkový, hrubý, brutto
2. nekultivovaný

ground /graund/ n.
1. *the* g. zem
2. pôda, ornica
3. pozemok, terén
4. dno toku/mora
5. základ, podklad

ground v. loď
uviaznuť, naraziť na dno

grounds /graundz/ n.
1. dôvod, príčina na *for* 2. pozemky

ground floor /, graund 'flo:/ n. prízemie

grounding /'graundiŋ/
n. príprava, školenie, základy v *in*

group /gru:p/ n.
 1. skupina
 2. hudobná skupina
group v. zoskupiť /sa/
grovel /'grovəl/ -ll- v. plaziť sa pred *to*
grow /grəu/ *grew, grown* v. 1. rásť, vyvíjať sa 2. pestovať /si/, *grow up* vyrásť, dospieť
growl /graul/ v. vrčať na *at*
grown /grəun/ v. p. grow
grown-up /,grəun 'ap/ n. dospelý človek *hovor.*
growth /grəuθ/ n. 1. rast 2. vzrast
grub /grab/ n. larva
grudge /gradž/ v. 1. zdráhať sa 2. nedopriať
grudge n. odpor, nevraživosť voči *against*
grumble /'grambəl/ v. nahnevano reptať, hundrať

grunt /grant/ v. chrochtať
guarantee /,gærən'ti:/ n. 1. záruka čoho *of* 2. ručenie
guarantee v. ručiť, dať záruku
guard /ga:d/ n. 1. stráž, hliadka 2. *the* g. garda 3. stráženie 4. osobný strážca
guard v. strážiť, chrániť pred *against/from*
guardian angel /,ga:diən 'eindžəl/ n. anjel strážny
guess /ges/ v. hádať, odhadovať čo, na *at*
guest /gest/ n. hosť
guide /gaid/ n. 1. turist. sprievodca, aj kniha 2. návod na *to*
guide v. 1. sprevádzať, viesť cestou
guild /gild/ n. 1. cech 2. spoločenstvo, spolok

guilt /gilt/ n. vina, *aj práv.*
guilty /'gilti/ *-ie-* adj. 1. vinný čím *of* 2. previnilý pre, kvôli *about*
guinea pig /'gini pig/ n. morské prasiatko
guise /gaiz/ n. zovňajšok, vzhľad
guitar /gi'ta:/ n. gitara
gulf /galf/ n. záliv, zátoka
gull /gal/ n. morská čajka
gulp /galp/ v. *gulp down* náhlivo hltať
gulp n. hlt, dúšok
gum /gam/ n. ďasno
gum n. s 1. lepidlo 2. žuvačka
gum v. prilepiť
gun /gan/ n. strelná zbraň

gunner /'ganə/ n. 1. guľometčík 2. delostrelec
gun-powder /'gan ,paudə/ n. pušný prach
gunsmith /'gan, smiθ/ n. puškár, zbrojár
gurgle /'gə:gəl/ n. 1. dieťa pomrnkávať si 2. zurčať
gush /gaš/ v. prudko tiecť, striekať z *from*
gutter /'gatə/ n. 1. jarok 2. odkvap
guy /gai/ n. človek, chlap, baba *hovor.*
gymnasium /džim'neiziəm/ n. telocvičňa
gymnastics /džim'næstiks/ n. gymnastika, telocvik

H

habit /ˈhæbət/ n.
1. zvyk, návyk
2. rúcho

hack /hæk/ v. rozsekať čo *at*

hackneyed /ˈhæknid/ adj. otrepaný, ošúchaný

had /d, əd, həd, hæd/ v. p. have

hag /hæg/ n. ježibaba

haggle /ˈhægəl/ v. handrkovať sa, vyjednávať o cene o *over/about*

hail /heil/ n. ľadovec, krúpy

hail v. zavolať, zamávať

hair /heə/ n. 1. vlas 2. vlasy, srsť

hairdo /ˈheədu:/ n. pl. *hairdos* dámsky účes, frizúra *hovor.*

hairdresser /ˈheəˌdresə/ n. kaderník

hair-raising /ˈheəˌreiziŋ/ adj. napínavý, vzrušujúci

hairstyle /ˈheəstail/ n. účes

hale /heil/ adj. zdravý, zdatný

half /ha:f/ n. pl. *halves* /ha:vz/ 1. polovica 2. polčas *šport.*

half adv. 1. polovičato, čiastočne, neúplne 2. spolovice

halfback /ˈha:fbæk/ n. futbalový záložník

half brother /ˈha:f ˌbraðə/ n. nevlastný brat

half-hearted
/,ha:f 'ha:təd/ adj.
ľahostajný

halfpenny /'heipni/ n.
halier, šesták, babka
malá suma peňazí

half-sister /'ha:f, sistə/
n. nevlastná sestra

half-time/, ha:f 'taim/
n. polčas, prestávka
v hre

halfway /, ha:f'wei/
adj. polovičatý,
čiastočný,
kompromisný

hall /ho:l/ n.
1. predizba, hala
2. sála, sieň,
hľadisko

hallelujah /,hælə'lu:jə/
interj. aleluja

hallmark /'ho:lma:k/
n. 1. punc 2.
charakteristická črta
čoho *of*

Halloween
/,hæləu'i:n/ n.
predvečer Všetkých
svätých

hallucinate
/hə'lu:səneit/ v. mať
vidiny, blúzniť

halt /ho:lt/ n. zastávka,
prerušenie

halve /ha:v/ v.
1. zmenšiť/skrátiť na
polovicu 2. rozpoliť

ham /hæm/ n. 1. šunka
2. stehno zvieraťa

hamburger
/hæmbə:gə/ n.
hamburger

hammer /'hæmə/ n.
kladivo

hammer v. zatĺkať
kladivom

hamper /'hæmpə/ v.
prekážať, brzdiť

hamstring /'hæm
,striŋ/ *hamstrung* v.
ochromiť

hamstrung /'hæm
,straŋ/ v. p.
hamstring

hand /hænd/ n. 1. ruka
2. ručička hodín
3. rukopis, *get o's h.
on* dostať koho do

rúk, *at first hand* z prvej ruky, *in hand* poruke
hand v. 1. podať 2. doručiť
hand-bag /'hændbæg/ n. kabelka
handbook /'hændbuk/ n. príručka
handcuffs /'hændkafs/ n. putá
handicap /'hændikæp/ n. 1. znevýhodnenie, telesné/zmyslové postihnutie 2. nevýhoda pre *to*
handicraft /'hændikra:ft/ n. zručnosť
handiwork /'hændiwə:k/ n. ručná práca výrobok koho *of*
handkerchief /'hæŋkəčəf/ n. pl. *handkerchiefs* /*handkerchieves* vreckovka

handle /'hændl/ n. 1. držadlo 2. porisko
handle v. 1. dotýkať sa, vziať do rúk 2. riadiť 3. narábať s
handshake /'hændšeik/ n. podanie/stisnutie rúk pri pozdrave
handsome /'hænsəm/ adj. pekný, príťažlivý muž
handwriting /'hænd,raitiŋ/ n. rukopis
handy /'hændi/ *-ie-* adj. 1. šikovný, užitočný 2. obratný, zručný
hang /hæŋ/ hung v. 1. zavesiť 2. visieť 3. *hanged* obesiť, *hang together* ľudia držať spolu
hangar /'hæŋə/ n. hangár
hanger /'hæŋə/ n. vešiak
hanging /'hæŋiŋ/ n. poprava obesením

211

hangman /'hæŋmən/ n. pl. *hangmen* kat
happen /'hæpən/ v. stať sa, udiať sa, *happen to* stať sa, prihodiť sa komu
happening /'hæpəniŋ/ n. 1. udalosť 2. umel. provokačné podujatie
happiness /'hæpinəs/ n. šťastie, pocit
happy /'hæpi/ -ie- adj. 1. šťastný, blažený 2. spokojný
harass /'hærəs/ v. sužovať, trápiť
harbour /'ha:bə/ n. prístav
hard /ha:d/ adj. 1. tvrdý 2. ťažký, náročný 3. namáhavý
hard adv. 1. usilovne 2. veľa, intenzívne 3. pozorne 4. silnne 5. tvrdo, ťažko
hard copy /'ha:d, kopi/ -ie- n. vytlačený súbor text/obrázok
hard currency /,ha:d 'karənsi/ n. tvrdá mena
hard disk /, ha:d 'disk/ n. pevný disk počítača
harden /'ha:dn/ v. tvrdiť, kaliť, tvrdnúť
hard-headed /,ha:d 'hedəd/ adj. vecný, praktický
hardship /'ha:dšip/ n. urtpenie, útrapy
hardware /'ha:dweə/ n. 1. železiarsky tovar 2. technické vybavenie počítača 3. vojenský materiál
hardy /'ha:di/ -ie- adj. otužilý, odolný
hare /heə/ n. pl. *hares/hare* zajac
harm /ha:m/ n. 1. škoda, ujma 2. ublíženie, zranenie
harm v. 1. poškodiť, spôsobiť ujmu/zlo

harmonica
/ha:'monikə/ n.
ústna harmonika

harness /'ha:nəs/ n.
1. postroj 2. remene
3. popruhy

harness v. 1. dať
postroj, zapriahnuť

harp /ha:p/ n. harfa

harpoon /ha:'pu:n/ n.
harpúna

harsh /ha:š/ adj. ostrý,
škrípavý,
prenikavý

hart /ha:t/ n. jeleň

harvest /'ha:vəst/ n.
žatva

harvester /'ha:vəstə/ n.
žnec, kombajn

has /z, əz, həz, hæz/ v.
p. have

haste /heist/ n.
1. rýchlosť, náhlenie
sa 2. zhon

hasten /'heisən/ v.
ponáhľať sa

hat /hæt/ n. klobúk

hatch /hæč/ v. *hatch
out* vyliahnuť sa

hate /heit/ v.
1. nenávidieť
2. neznášať *hovor.*

hate n. nenávisť, odpor

hatred /'heitrəd/ n.
veľká nenávisť
k/voči *of/for*

haughty /'ho:ti/ *-ie-*
adj. povýšený,
nadutý, pyšný

haul /ho:l/ v. 1. vliecť
2. prepraviť, tiahnuť

haulage /'ho:lidž/ n.
diaľková kamiónová
doprava

haunt /ho:nt/ v.
1. duch strašiť
2. prenasledovať

have /v, əv, həv, hæv/
has, had v. mať
pomocné slov.

have v *have/has got*
1. mať, vlastniť, byť
postihnutý čím,
2. *have a cold* mať
nádchu
3. s predmetom
a neurč. musieť,
mať *to do urobiť*

haven /'heivən/ n.
prístav, útočisko

havoc /'hævək/ n.
spustošenie,
pohroma

hawk /ho:k/ n.
1. jastrab 2. dravec
pren.

hay /hei/ n. seno

hay fever /'hei,fi:və/
n. senná nádcha

haystack /'heistæk/ n.
kopa, stoh sena

hazard /'hæzəd/ n.
nebezpečenstvo,
hazard, riziko pre *to*

hazard v. hazardovať
s, riskovať

haze /heiz/ n. riedka
hmla

hazel /'heizəl/ n.
lieska

he /hi:/ pron. 1. on 2.
ako všeob. podmet
človek, každý

head /hed/ n. 1. hlava
2. osoba
3. predseda, šéf,
vodca 4. panovník

head v. 1. *head up*
ísť/stáť v čele, viesť
2. smerovať

headache /'hedeik/ n.
bolesť hlavy

headlight /'hedlait/ n.
predné svetlo

headline /'hedlain/ n.
novin. titulok

headmaster /,hed'ma:stə/ n. riaditeľ
školy

headphones /'hedfəunz/
n. slúchadlá

headquarters /'hed,kwo:təz/ n. pl.
headquarters
1. hlavný stan 2.
ústredie, riaditeľstvo

heal /hi:l/ v. *heal over/up* hojiť sa

health /helθ/ n.
1. zdravie
2. zdravotný stav

healthy /'helθi/ *-ie-*
adj. zdravý

heap /hi:p/ n.
neusporiadaná kopa,
hromada

hear /hiə/ *heard* v. 1. počuť 2. dopočuť sa 3. vypočuť /si/, *hear of* počuť o, vedieť o
heard /hə:d/ v. p. hear
hearing /'hiəriŋ/ n. 1. sluch 2. výsluch
heart /ha:t/ n. 1. srdce kart. 2. *the* h. jadro, podstata čoho *of, by heart* naspamäť
heart attack /'ha:t ə, tæk/ n. srdcový infarkt
heart failure /'ha:t, feiliə/ n. zlyhanie srdca
hearth /ha:θ/ n. ohnisko, kozub
heartwarming /'ha:t ,wo:miŋ/ adj. povzbudivý, potešujúci
hearty /'ha:ti/ *-ie-* adj. srdečný, priateľský, úprimný
heat /hi:t/ v. 1. ohriať /sa/ 2. kúriť

heat n. 1. teplota 2. horúčava, teplo 3. vzrušenie
heath /hi:θ/ n. neobrábaná pôda, vresovisko
heating /'hi:tiŋ/ n. kúrenie
heatstroke /'hi:tstrəuk/ n. úpal
heave /hi:v/ v. námahou dvíhať
heaven /'hevən/ n. nebo
heavy /'hevi/ *-ie-* adj. 1. hmotnosť 2. ťažký 3. prudký, silný 4. namáhavý
heavy metal /, hevi 'metl/ n. štýl rockovej hudby
heckle /'hekəl/ v. skákať rečníkovi do reči
hedge /hedž/ n. živý plot
hedgehog /'hedžhog/ n. jež

heel /hi:l/ n. 1. päta 2. podpätok
height /hait/ n. výška, výšina
heighten /'haitn/ v. zvýšiť /sa/, zosilniť /sa/
heir /eə/ n. dedič čoho *to*
held /held/ v. p. hold
hell /hel/ n. peklo
hello /hə'ləu/ interj. pl. *hellos* ahoj
helm /helm/ n. kormidlo
help /help/ v. 1. pomôcť s *with* 2. podávať jedlo, *help o.s.* vziať si jedlo
help n. 1. pomoc, výpomoc 2. pomôcka pre *to*
helping /'helpiŋ/ n. porcia jedla čoho *of*
hen /hen/ n. sliepka
hence /hens/ adv. 1. z tohto dôvodu, preto 2. odteraz

her /ə, hə, hə:/ pron. 1. jej 2. svoj, ju
herb /hə:b/ n. 1. bylina 2. liečivá bylinka
herd /hə:d/ n. stádo, črieda
herdsman /'hə:dzmən/ n. pastier, pasák
here /hiə/ adv. 1. tu, sem 2. v tom, s tým
hereditary /hə'redətəri/ adj. 1. dedičný 2. zdedený, vrodený
heredity /hə'redəti/ n. dedičnosť
heritage /'herətidž/ n. dedičstvo, odkaz
hermit /'hə:mət/ n. pustovník
hero /'hiərəu/ n. pl. *heroes* hrdina
heroism /'herəuizəm/ n. hrdinstvo
herring /'heriŋ/ n. pl. *herrings/herring* sleď
hers /hə:z/ pron. samostatne 1. jej 2. svoj

herself /ə'self, hə'self, hə:'self/ pron.
1. seba/sa, sebe/si
2. sama

hesitate /'hezəteit/ v.
1. váhať 2. zdráhať sa

hi /hai/ interj. ahoj *hovor.*

hid /hid/ v. p. hide

hidden /'hidn/ v. p. hide

hide /haid/ hid, hidden v. skryť /sa/ pred *from*

hideous /'hidiəs/ adj. škaredý, ohavný

hiding /'haidiŋ/ n. skrýša, úkryt

high /hai/ adj.
1. vysoký
2. významný, popredný

high n. 1. výšina
2. vrchol

highbrow /'haibrau/ adj. povýšenecký intelektuál *pejor.*

high-class /, hai'kla:s/ adj. 1. prvotriedny
2. vysokopostavený

high jump /'hai džamp/ n. *the* high jump skok do výšky

highlight /'hailait/ n. zlatý klinec čoho *of*

highly /'haili/ adv.
1. vysoko, veľmi
2. vynikajúco

high-minded /, hai 'maindəd/ adj. ušľachtilý, veľkorysý

high road /'hai rəud/ n. *the* h. r. hlavná cesta

high school /'hai sku:l/ n. AmE stredná škola

highway /'haiwei/ n. AmE verejná komunikácia, cesta

hike /haik/ v. ísť na peší výlet

hilarity /hi'lærəti/ n. bujarosť, veselosť, hlučný smiech

hill /hil/ n. pahorok, kopec, vrch
him /im, him/ pron. ho, neho, nemu, jemu, ho, ňom, ním
himself /im'self, him'self/ pron. 1. seba/sa, sebe/si 2. sám
hind /haind/ adj. zadný
hinder /'hində/ v. prekážať, brániť čomu *from*
hindrance /'hindrəns/ n. prekážka čoho *of/to*
hint /hint/ n. 1. narážka o *about* 2. štipka
hint v. naznačiť komu *to*
hip /hip/ n. bok, bedro
hire /haiə/ v. 1. prenajať si 2. najať si
hire n. prenájom, nájom

hire purchase /, haiə 'pə:čəs/ n. kúpa na splátky
his /iz, hiz/ determ. aj samostatne 1. jeho 2. svoj
hiss /his/ v. syčať
history /'histəri/ -*ie*- n. 1. dejiny 2. dejepis
hit /hit/ -*tt, hit* v. 1. udrieť, trafiť 2. naraziť 3. udrieť si/sa
hit /hit/ n. 1. úder 2. zásah 3. úspech, šláger, hit
hitch /hič/ v. zahákovať, priviazať
hitch-hike /'hičhaik/ v. ísť autostopom
HIV /, eič ai 'vi:/ n. skr. *human immunodeficiency* vírus HIV
hive /haiv/ n. 1. úľ 2. roj
hoard /ho:d/ v. 1. tajne nahromadiť a skryť 2. *hoard up* robiť si zásoby

hoarse /ho:s / adj. chrapľavý, zachrípnutý
hoary /ho:ri/ adj. úctyhodný
hoax /həuks/ n. kanadský žartík
hobble /'hobəl/ v. krívať
hobby /'hobi/ -ie- n. koníček, záľuba
hockey /'hoki/ n. 1. pozemný hokej 2. AmE ľadový hokej
hog /hog / n. AmE vykŕmená ošípaná, prasa
hoist /hoist/ v. zdvihnúť
hold /həuld/ *held* v. 1. držať, aj v rukách 2. udržať 3. odolávať náporu, brániť 4. zadržať, *hold on* nezvesiť telefón
holder /'həuldə/ n. 1. držiteľ, vlastník 2. držiak
holding /'həuldiŋ/ n. vlastníctvo pozemkov a cenných papierov
hole /həul/ n. 1. jama v *in* 2. diera
holiday /'holədi/ n. 1. voľno 2. dovolenka, prázdniny
hollow /'holəu/ n. dutina, preh́lbenina,
holy /'həuli/ adj. 1. svätý, posvätný 2. bohabojný, zbožný
Holy See /, həuli ˈsi:/ n. *the* H. S. Svätá stolica
Holy Spirit /, həuli ˈspirət/ n. *the* H. S. Svätý duch
Holy Writ /, həuli ˈrit/ n. Sväté písmo, Biblia
home /həum/ n. 1. domov 2. domovina, vlasť 3. domov, útulok, *at home* doma
home adj. 1. domáci 2. rodný, domovský

219

homeopathy
/ˌhəumiˈopəθi/ n. homeopatia

homesick /ˈhəum, sik/ adj. túžiaci po domove

homestead /ˈhəumsted/ n. usadlosť, gazdovstvo, hospodárstvo

homework /ˈhəumwəːk/ n. 1. domáca úloha 2. príprava

honest /ˈonəst/ adj. 1. statočný, čestný 2. úprimný

honesty /ˈonəsti/ n. 1. statočnosť, čestnosť 2. úprimnosť

honey /ˈhani/ n. 1. med 2. miláčik

honeymoon /ˈhanimuːn/ n. svadobná cesta, medové týždne

honk /hoŋk/ v. 1. gágať 2. trúbiť na *at*

honour /ˈonə/ n. 1. pocta 2. česť 3. ozdoba

honourable /ˈonərəbəl/ adj. 1. úctyhodný, ctihodný 2. čestný

hood / hud/ n. 1. kapucňa 2. pančucha- maska lupiča

hoof /huːf/ n. pl. *hoofs /hooves* /huːvz/ kopyto

hook / huk/ n. hák, háčik

hoot /huːt/ n. sova, siréna lode húkať na *at pren.*

hop /hop/ -pp- v. 1. zviera poskakovať, človek skákať na jednej nohe 2. skočiť do *into*, z *out of*

hop n. chmeľ

hope /həup/ v. dúfať v *for*

hope n. nádej na *of*, *beyond/past hope* beznádejný

horn /ho:n/ n. 1. roh, paroh *hud.*
hornet /'ho:nət/ n. sršeň
horrible /'horəbəl/ adj. strašný, hrozný
horror /'horə/ n. 1. hrôza, zdesenie z/pred *of*
horse /ho:s/ n. kôň
horsefly /'ho:sflai/ *-ie-* n. ovad
horseman /'ho:smən/ pl. *horsemen* n. jazdec
horseshoe /'ho:ššu:/ n. podkova
hose /həuz/ n. hadica
hose n. 1. pančuchy, ponožky 2. spodky
hospital /'hospitl/ n. nemocnica
host /həust/ n. 1. hostiteľ 2. konferenciér
hostage /'hostidž/ n. rukojemník
hostel /'hostl/ n. študentský domov, ubytovňa
hostess /'həustəs/ n. 1. hostiteľka 2. letuška
hostile /'hostail/ adj. nepriateľský voči *to*
hot /hot/ *-tt-* adj. 1. horúci 2. štipľavý 3. prchký 4. čerstvý, *make it hot for* podkúriť komu
hot dog /, hot 'dog/ n. párok v rožku
hotel /həu'tel/ n. hotel
hour /auə/ n. hodina
house /haus/ n. pl. *houses* /hauzəz/ dom 2. rod, dynastia 3. snemovňa, *keep house* viesť domácnosť,
hause /hauz/ v. ubytovať
houseboat /'hausbəut/ n. obytný čln
household /'haushəuld/ n. členovia domácnosti, domácnosť

houskeeper /'haus ˌkiːpə/ n. platená gazdiná
housewife /'hauswaif/ n. pl. *housewives* /hauswaivz/ domáca pani
hover /'hovə/ v. vznášať sa
how /hau/ adv. 1. ako 2. v akom stave, *how are you?* ako sa máš? *how do you do?* teší ma, že vás poznávam
however /hau'evə/ adv. 1. akokoľvek 2. napriek tomu 3. však, bohužiaľ
howl /haul/ v. zavýjať od *with*
huddle /'hadl/ v. *huddle together/up* nahádzať, vtesnať
huff /haf/ v. fučať
hug /hag/ -gg- v. objať
huge /hjuːdž/ adj. ozrutný, obrovský

hull /hal/ n. trup lode, lietadla
hull v. lúpať, šúpať zeleninu
hum /ham/ -mm- v. 1. bzučať 2. mrmlať
human /'hjuːmən/ adj. ľudský
humanity /hjuː'mænəti/ n. 1. ľudskosť 2. ľudstvo
humble /'hambəl/ adj. 1. nízky 2. skromný
humid /'hjuːməd/ adj. vlhký
humidity /hjuː'midəti/ n. vlhkosť
humiliate /hjuː'milieit/ v. ponížiť, pokoriť
humour /'hjuːmə/ n. 1. humor 2. žart, vtip
hump /hamp/ n. 1. hrboľ 2. hrb
hundred /'handrəd/ num. sto
hung /haŋ/ v. p. hang
Hungarian /haŋ'geəriən/ n. 1. Maďar 2. maďarčina

Hungarian adj. maďarský
Hungary /'haŋgəri/ n. Maďarsko
hunger /'haŋgə/ n. hlad po *for*
hungry /'haŋgri/ *-ie* adj. hladný *pren.* po *for*
hunk /haŋk/ n. kusisko čoho *of*
hunt /hant/ v.
 1. poľovať
 2. loviť
hunt n. 1. poľovačka 2. lov 3. revír
hurdle /hə:dl/ n. prekážka
hurl /hə:l/ v. 1. vrhnúť, hodiť
hurrah /hu'ra:/ interj. hurá!
hurricane /'harəkən/ n. víchor, uragán, hurikán
hurry /'hari/ *-ie-* v.
 1. ponáhľať sa
 2. poháňať, *hurry up* ponáhľať sa, *in a hurry* narýchlo

hurt /hə:t/ /hurt/ v. zraniť, ublížiť
husband /'hazbənd/ n. manžel
hush /haš/ v. 1. umlčať
 2. zmĺknuť, stíchnuť
hush n. 1. ticho
 2. utajovanie
hustle /'hasəl/ v. poháňať, duriť, strkať
hydrogen /'haidrədžən/ n. vodík
hyena /hai'i:nə/ n. hyena
hygiene /'haidži:n/ n. 1. hygiena 2. čistota
hymn /him/ n. cirk. chválospev, hymnus o/na *of/to*
hypnosis /hip'nəusəs/ n. hypnóza
hypocrisy /hi'pokrəsi/ n. pokrytectvo
hypocrite /'hipəkrit/ n. pokrytec
hysterics /hi'steriks/ n. hysterický záchvat

I

I /aj/ pron. ja
ice /ais/ n. 1. ľad
   2. ovocná vodová zmrzlina
iceberg /'aisbə:g/ n. plávajúci ľadovec
icecream /, ais 'kri:m/ n. mliečna zmrzlina
ice-skate /'ais skeit/ v. korčuľovať sa
icicle /'aisikəl/ n. cencúľ
icy /'aisi/ adj. ľadový, studený
idea /ai'diə/ n. 1. myšlienka, nápad
   2. predstava čoho *of*
ideal /, ai'diəl/ adj. dokonalý, ideálny
ideal n. ideál, vzor čoho *of*
identical /ai'dentikəl/ adj. 1. veľmi podobný s *to/with*
   2. totožný
identify /ai'dentəfai/ -*ie*- v. 1. identifikovať
   2. preukázať sa
identity /ai'dentəti/ n. totožnosť
identity card /ai'dentəti ka:d/ n. preukaz totožnosti
idle /'aidl/ adj.
   1. nečinný, stojaci
   2. lenivý
idle v. leňošiť, zaháľať
idler /'aidlə/ n. leňoch
idol /'aidl/ n. 1. modla
   2. idol
i.e. /, ai 'i:/ t.j. to je, teda
if /if/ conj. 1. ak
   2. keby 3. či

ignition /ig'nišən/ n. 1. zapálenie, vznietenie 2. motor. zapaľovanie
ignominy /'ignəmini/ -*ie*- n. hanba, potupa
ignorant /'ignərənt/ adj. 1. nevzdelaný v *of* 2. neoboznámený
ignore /ig'no:/ v. nevšímať si, ignorovať
ill /il/ *worse, worst* adj. 1. chorý na/od *with*
illegal /i'li:gəl/ adj. nezákonný, ilegálny
illegible /i'ledžəbəl/ adj. nečitateľný
illegitimate /,ilə'džitəmət/ adj. nemanželský
illicit /i'lisət/ adj. nezákonný, protiprávny, zakázaný
illuminate /i'lu:məneit/ v. 1. osvetliť 2. objasniť

illusion /i'lu:žən/ n. 1. falošná predstava, ilúzia 2. klamný dojem
illustrate /'iləstreit/ v. 1. ilustrovať 2. objasniť
illustration /,ilə'streišən/ n. 1. obrázok, ilustrácia 2. príklad, ukážka
ill will /,il 'wil/ n. odpor, nepriateľstvo, nevôľa
image /'imidž/ n. 1. predstava 2. dojem, imidž osobnosti
imaginable /i'mædžənəbəl/ adj. možný, prichádzajúci do úvahy
imagination /i,mædžə'neišən/ n. 1. predstavivosť, obrazotvornosť
imagine /i'mædžən/ v. 1. predstaviť si 2. vymýšľať si

imbalance /im'bæləns/
n. nerovnováha
imitate /'iməteit/ v.
napodobiť,
kopírovať
immaterial
/,imə'tiəriəl/ adj.
nepodstatný,
bezvýznamný
immature /,imə'čuə/
adj. 1. nezrelý,
nevyspelý
2. nedospelý
immediate /i'mi:diət/
adj. 1. okamžitý
2. bezprostredný
3. priamy
immediately
/i'mi:diətli/ adv.
1. ihneď, okamžite
2. priamo
immense /i'mens/ adj.
nesmierny,
obrovský
immerse /i'mə:s/ v.
ponoriť sa, pohrúžiť
sa do *in*
immigrant /'iməgrənt/
n. prisťahovalec

imminent /'imənənt/
adj. blížiaci sa,
nastávajúci
immoral /i'morəl/ adj.
nemravný
immortal /i'mo:tl/ adj.
1. nesmrteľný
2. nezabudnuteľný
immune /i'mju:n/ adj.
odolný voči *to*
immune system
/im'ju:n, sistəm/ n.
the immune system
imunitný systém
impact /'impækt/ n.
1. náraz 2. vplyv,
dopad na *on*
impair /im'peə/ v.
poškodiť, narušiť,
oslabiť
impale /im'peil/ v.
prebodnúť,
napichnúť na *on*
impartial /im'pa:šəl/
adj. nestranný,
nezaujatý
voči/k *towards*
impassioned
/im'pæšənd/ adj.

vzrušený, vášnivý, ohnivý
impatient /im'peišənt/ adj. 1.netrpezlivý 2.nedočkavý na *for*
impede /im'pi:d/ v. prekážať, brániť
impel /im'pel/ -*ll*- v. cit poháňať, pobádať, nútiť do, na *to*
impending /im'pendiŋ/ adj. hroziaci blížiaci sa
impenetrable /im'penətrəbəl/ adj. neprenikuteľný
imperative /im'perətiv/ adj. 1.naliehavý, nevyhnutný 2.rozkazovačný
imperil /im'perəl/ -*ll*- v. ohroziť
impersonal /im'pə:sənəl/ adj. neosobný
impervious /im'pə:viəs/ adj. 1.neprepúšťajúci čo *to* 2.odolný, bezpečný
implant /im'pla:nt/ v. vštepiť, naočkovať do *in/into*
implement /impləmənt/ n. nástroj, náradie
implement v. uskutočniť, zaviesť
implication /,implə'keišən/ n. 1.náznak 2.následok
implore /im'plo:/ v. úpenlivo prosiť, žobroniť
imply /im'plai/ -*ie*- v. 1.naznačovať 2.zahrňovať, obsahovať
impolite /,impə'lait/ adj. nezdvorilý
import /'impo:t/ v. dovážať, importovať od/z *from*
import /im'po:t/ n. dovoz

importance /im'po:təns/ n.
1. dôležitosť
2. významnosť

important /im'po:tənt/ adj. dôležitý

impose /im'pəuz/ v. uložiť daň na *on/upon* 2. zaviesť

impossible /im'posəbəl/ adj. nemožný

impotent /'impətənt/ adj. 1. neschopný 2. impotentný

impoverish /im'povəriš/ v. ochudobniť

impregnable /im'pregnəbəl/ adj. nedobytný

impregnate /'impregneit/ v. oplodniť

impress /im'pres/ v. urobiť dojem, zapôsobiť čím *with*

impression /im'prešən/ n. 1. dojem, účinok 2. zdanie

imprison /im'prizən/ v. väzniť

improbable /im'probəbəl/ adj. nepravdepodobný

improper /im'propə/ adj. 1. nevhodný 2. nesprávny, nezákonný

improve /im'pru:v/ v. zlepšiť sa, zdokonaliť sa

improvement /im'pru:vmənt/ n. zlepšenie, pokrok čoho/v *in/on*

impulse /'impals/ n. podnet, popud, stimul

impure /im'pjuə/ adj. 1. znečistený prímesou 2. neslušný

in /in/ prep. 1. v, vnútri, na 2. do 3. v, na, pred, *in public* na verejnosti, *in all* spolu, *in that* pretože

in adv. 1.vnútri, dnu 2. doma
in adj. 1.vnútorný 2. smerujúci dovnútra
inability /,inə'biləti/ n. neschopnosť
inaccurate /in'ækjərət/ adj. nepresný
inadequate /in'ædəkwət/ adj. neprimeraný na *to/for*
inane /i'nein/ adj. nezmyselný, nevhodný
inapplicable /,inə'plikəbəl/ adj. nepoužiteľný
inaugurate /i'no:gjəreit/ v. slávnostne otvoriť/začať
inborn /,in'bo:n/ adj. vrodený
inbred /,in'bred/ adj. v detstve vypestovaný
incapable /in'keipəbəl/ adj. neschopný čoho *of*

incentive /in'sentiv/ n. povzbudenie, pohnútka
incessant /in'sesənt/ adj. sústavný, nepretržitý
inch /inč/ n. 1.palec 2. 54 cm 2.kúsoček
incident /'insədənt/ n. 1.udalosť, príhoda 2.incident, konflikt
incite /in'sait/ v. podnecovať, povzbudzovať na/k *to*
inclination /,iŋklə'neišən/ n. záľuba, obľuba
incline /in'klain/ v. primäť, prinútiť
include /in'klu:d/ v. 1.obsahovať ako súčasť 2.zahrnúť do *in*
including /in'klu:diŋ/ prep. vrátane, aj, spolu s
income /'iŋkam/ n. 1.príjem plat 2.národný dôchodok

income tax /'iŋkam tæks/ n. daň z príjmu
incomplete /ˌinkəm'pli:t/ adj. kusý, neúplný
incomprehensible /inˌkompri'hensəbəl/ adj. nepochopiteľný pre *to*
inconceivable /ˌinkən'si:vəbəl/ adj. nepredstaviteľný pre *to*
inconspicuous /ˌinkən'spikjuəs/ adj. nenápadný, nepatrný
inconvenience /ˌinkən'vi:niəns/ n. nepríjemnosť, mrzutosť
incorporate /in'ko:pəreit/ v. začleniť, zahrnúť
incorrect /ˌinkə'rekt/ adj. nesprávny
increase /in'kri:s/ v. rásť, pribúdať
increase /'iŋkri:s/ n. rast
incredible /in'kredəbəl/ adj. neuveriteľný
incurable /in'kjuərəbəl/ adj. nevyliečiteľný
indebted /in'detəd/ adj. vďačný, zaviazaný komu *to*, za *for*
indecision /ˌindi'sižən/ n. nerozhodnosť, váhavosť
indeed /in'di:d/ adv. naozaj, vskutku
indefinite /in'defənət/ adj. nejasný, nepresný
indemnify /in'demnəfai/ -ie- v. poistiť na *for*, proti *against*
indemnity /in'demnəti/ -ie- n. 1. poistenie 2. odškodné

independence
/ˌindəˈpendəns/ n.
nezávislosť od *from*

independent
/ˌindəˈpendənt/ adj.
1. nezávislý od *of*
2. samostatný

index /ˈindeks/ n.
1. zoznam, register
2. pl. *indices/indexes*
ukazovateľ

index finger /ˈindeks ˌfiŋgə/ n. ukazovák

Indian summer
/ˌindiən ˈsamə/ n.
babie leto

indicate /ˈindəkeit/ v.
1. ukazovať na
2. naznačiť

indict /inˈdait/
v. obviniť z *for* práv.

indigestion
/ˌindiˈdžeščən/ n.
porucha trávenia

indignity /inˈdignəti/
-ie- n. 1. poníženie
2. urážka

indirect /ˌindəˈrekt/
adj. 1. nepriamy
2. vyhýbavý

indisposition /ˌindispəˈzišən/ n.
chorľavosť,
indispozícia

individual
/ˌindəˈvidjuəl/ adj.
1. jednotlivý
2. zvláštny, osobitný

individual n.
jednotlivec

indoor /ˈindoː/ adj.
domáci, izbový,
bytový

indoors /ˌinˈdoːz/ adv.
vnútri v budove,
pod strechou

induce /inˈdjuːs/ v.
prinútiť

industrial /inˈdastriəl/
adj. 1. priemyslový
2. priemyslovo
vyspelý

industry /ˈindəstri/ -ie- n.
1. priemysel
2. priemyslové odvetvie

ineffective /ˌinəˈfektiv/
adj. neúčinný,
bezvýsledný

231

inept /i'nept/ adj.
nešikovný,
neobratný
inert /i'nə:t/ adj.
nehybný,
nereagujúci
inevitable
/i'nevətəbəl/ adj.
nevyhnutný
inexplicable
/,inik'splikəbəl/ adj.
nevysvetliteľný
inexpressive
/,inik'spresiv/ adj.
bezvýrazný,
prázdny, bezduchý
infallible /in'fæləbəl/
adj. neomylný
infant /'infənt/ n.
1.dojča 2.dieťa
infect /in'fekt/ v.
1.nakaziť čím with
2.zamoriť
infection /in'fekšən/ n.
nákaza
infer /in'fə:/ -rr- v.
usudzovať z/na
základe čoho
from

inferior /in'fiəriə/ adj.
horší, podradný než
to
infertile /in'fə:tail/
adj. neplodný,
jalový
infidelity /, infə'deləti/
-ie- n. 1.nevera v to
2.cudzoložstvo
infinite /'infənət/ adj.
nekonečný,
bezhraničný
infirm /in'fə:m/ adj.
vekom vetchý, slabý
inflame /in'fleim/ v.
rozvášniť /sa/,
vzrušiť /sa/ čím with
inflate /in'fleit/ v.
fúkať, pumpovať
inflation /in'fleišən/ n.
1.inflácia
2.nafukovanie
inflexible
/in'fleksəbəl/ adj.
nepoddajný,
neohybný
inflict /in'flikt/ v.
uložiť trest komu
on/upon

inflow /'infləu/ n. prítok, prílev čoho *of*, do/na *in/into*

influence /'influəns/ n. vplyv, protekcia

influenza /, influ'enzə/ n. chrípka

influx /'inflaks/ n. prílev, záplava, príval čoho *of*, do/na *to/into*

inform /in'fo:m/ v. oznámiť, informovať o *of/about*

informal /in'fo:məl/ adj. 1. neformálny, neoficiálny 2. bežný

information /,infə'meišən/ n. 1. oznam, správa, informácia o *about/on* 2. poznatok, vedomosť

infringe /in'frindž/ v. porušiť, nedodržať čo *upon/on*

infuse /in'fju:z/ v. 1. naplniť čím *with* 2. dodať, vliať komu/do *into*

ingenious /in'dži:niəs/ adj. človek vynachádzavý, invenčný

ingest /in'džest/ v. prijať potravu, zhltnúť

ingratitude /in'grætətju:d/ n. nevďačnosť

inhabitant /in'hæbətənt/ n. obyvateľ čoho *of*

inhale /in'heil/ v. vdýchnuť

inherent /in'hiərənt/ adj. vlastný, neoodeliteľný čomu, od *in*

inherit /in'herət/ v. zdediť, aj *genet.* po/od *from*

inheritance /in'herətəns/ n. dedičstvo

inhibit /in'hibət/ v. obmedzovať, prekážať, brániť

inimitable
/i'nimətəbəl/ adj. nenapodobiteľný, jedinečný

initial /i'nišəl/ adj. začiatočný, úvodný

initiate /i'nišieit/ v. podnietiť, iniciovať

initiative /i'nišətiv/ n. rozhodnosť, iniciatíva

inject /in'džekt/ v. vstreknúť, dať injekciu do, komu *into*

injure /'indžə/ v. ublížiť, zraniť

injury /'indžəri/ n. 1.ublíženie, zranenie 2.rana

injustice /in'džastəs/ n. krivda, bezprávie

ink /iŋk/ n. atrament

inland /'inlənd/ adj. 1.vnútrozemský 2.domáci, vnútorný

inland /in'lænd/ adv. vnútrozemie

inlet /'inlet/ n. malá morská zátoka, záliv, úžina

inmate /'inmeit/ n. 1.obyvateľ domova, chovanec ústavu 2.pacient 3. väzeň

inn /in/ n. krčma, hostinec

innate /i'neit/ adj. vrodený, inštinktívny

inner /'inə/ adj. 1.vnútorný 2.skrytý

innocent /'inəsənt/ adj. nevinný

input /'input/ n. 1.vstup 2.vstupná informácia 3.prísun, prívod

inquire /in'kwaiə/ v. pýtať sa, informovať sa

inquiry /in'kwaiəri/ *-ie-* n. 1.vyšetrovanie, pátranie čoho/po *into/about* 2.preskúmanie, zistenie príčiny čoho *into*

inquisition /ˌiŋkwə'zišən/ n. zaujaté vyšetrovanie *pejor.*

inroads /'inrəudz/ n. útok, vpád, nájazd, prepad

insane /in'sein/ adj. duševne chorý, šialený

inscription /in'skripšən/ n. 1.vyrytý nápis 2.venovanie

insect /'insekt/ n. hmyz

insecure /ˌinsi'kjuə/ adj. 1.ohrozený, nechránený 2.neistý

inseparable /in'sepərəbəl/ adj. neoddeliteľný, neodlučiteľný od *from*

insert /in'sə:t/ v. vsunúť, vložiť do *in/into*

inside /in'said/ n. *the* inside vnútro čoho *of*

inside /'insaid/ adj. 1.vnútorný 2.známy, dôverný

inside /in'said/ adv. vnútri, dovnútra

insidious /in'sidiəs/ adj. zákerný, zhubný

insight /'insait/ n. preniknutie, náhľad, pochopenie do, čoho *into*

insinuate /in'sinjueit/ v. naznačiť

insist /in'sist/ v. 1.trvať na názore na *on/upon* 2.prikázať

insolent /'insələnt/ adj. bezočivý

insoluble /in'soljəbəl/ adj. neriešiteľný

insomnia /in'somniə/ n. nespavosť

inspect /in'spekt/ v. prezrieť, preskúmať

inspire /in'spaiə/ v.
 1. povzbudiť
 2. inšpirovať

install /in'sto:l/ v.
 1. zaviesť, inštalovať v/na *in* 2. usadiť sa *hovor.*

instalment /in'sto:lmənt/ n.
 1. časť seriálu, knihy
 2. splátka

instance /'instəns/ n. výskyt, prípad čoho *of, for instance* napríklad

instant /'instənt/ n. okamih

instant adj. okamžitý, bezprostredný

instead /in'sted/ adv. namiesto toho, *instead of* namiesto koho/čoho

instep /'instep/ n. priehlavok

instigate /'instəgeit/ v. podnietiť, iniciovať

instinct /'instiŋkt/ n. pud, inštinkt

institute /'instətju:t/ n.
 1. ústav, inštitút
 2. katedra

institution /,instə'tju:šən/ n.
 1. dlhodobý zvyk, obyčaj 2. inštitúcia

instruct /in'strakt/ v. dať pokyny, inštruovať

instructive /in'straktiv/ adj. poučný, prínosný

instrument /'instrəmənt/ n. nástroj

insufficient /,insə'fišənt/ adj. nedostatočný na *for*

insular /'insjələ/ adj. obmedzený, úzkoprsý *pejor.*

insulate /'insjəleit/ v.
 1. fyz. izolovať pred *against/from*
 2. chrániť

insurance /in'šuərəns/ n. 1. poistenie proti *against* 2. poistné za *on*

insure /in'šuə/ v.
poistiť proti *against*

insurrection
/,insə'rekšən/ n.
vzbura, povstanie

intact /in'tækt/ adj.
neporušený,
nedotknutý

integrate /'intəgreit/ v.
1. pridať sa do *into*
2. spojiť sa

intellect /'intəlekt/ n.
rozum

intelligence
/in'telədžəns/ n.
1. inteligencia
2. špionáž

intelligent
/in'telədžənt/ adj.
bystrý, rozumný,
múdry

intend /in'tend/ v.
zamýšľať, chcieť

intense /in'tens/ adj.
silný, mohutný,
intenzívny

intensive /in'tensiv/
adj. sústredený,
intenzívny

intent /in'tent/ n.
úmysel, zámer

intent adj. sústredený,
uprený na *on/upon*

intercede /,intə'si:d/
v. prihovoriť sa,
prosiť u *with*, za *for*

intercourse /'intəko:s/
n. 1. spoločenský styk
2. pohlavný styk

interdict /'intədikt/ n.
1. práv. zákaz
2. cirk. kliatba

interest /'intrəst/ n.
záujem, pozornosť
o, voči *in*

interesting /'intrəstiŋ/
adj. zaujímavý,
pútavý

interfere /,intə'fiə/ v.
zasahovať, miešať sa
do, medzi
in/between pejor.

interior /in'tiəriə/ n.
vnútrajšok, interiér

interior adj. vnútorný

interior decorator /in
,tiəriə 'dekəreitə/ n.
bytový architekt

interlink /ˌintə'liŋk/ v. spojiť, pripojiť s, k *with*

interlude /'intəlu:d/ n. čas, obdobie čoho *of*

intermediate /ˌintə'mi:diət/ adj. 1.stredný 2.prechodný

international /ˌintə'næšənəl/ adj. medzinárodný

interpersonal /ˌintə'pə:sənəl/ adj. medziľudský

interplay /'intəplei/ n. vzájomné pôsobenie, súhra čoho/medzi *of/between*

interpret /in'tə:prət/ v. 1.chápať 2.poňať, podať

interpreter /in'tə:prətə/ n. prekladateľ

interrupt /ˌintə'rapt/ v. 1.prerušiť, skočiť do reči 2.vyrušiť

interval /'intəvəl/ n. prestávka, medziobdobie medzi *between*

intervene /ˌintə'vi:n/ v. zasiahnuť, zakročiť do *in*

interview /'intəvju:/ n. 1.pohovor 2.rozhovor

intimacy /'intəməsi/ n. dôverná známosť, priateľstvo s *with*

intimate /'intəmət/ adj. dôverný, blízky

intimate /'intəmeit/ v. naznačiť, nadhodiť komu *to*

intimidate /in'timədeit/ v. vystrašiť, vyľakať

into /'intə, 'intu:/ prep. smer do, dovnútra

intricate /'intrikət/ adj. zložitý, posplietaný

intrigue /'intri:g/ n. 1.chytráctvo 2.intriga proti *against*

introduce /ˌintrəˈdju:s/
v. zoznámiť,
predstaviť
introduction
/ˌintrəˈdakšən/ n.
1. zavedenie,
uvedenie čoho *of*,
do, na *to/into*
2. zoznámenie,
predstavenie
3. úvod do, čoho
to
intrude /inˈtru:d/ v.
vniknúť, votrieť sa
do *into*, k *on/upon*
intuition /ˌintjuˈišən/
n. 1.intuícia
2.tušenie o *of*
invade /inˈveid/ v.
prepadnúť, zaútočiť
na
invader /inˈveidə/ n.
útočník
invalid /inˈvæləd/ adj.
1. neúčinný
2.neplatný
invalid /ˈinvəliːd/ n.
postihnutý,
invalid

invaluable
/inˈvæljuəbəl/ adj.
neoceniteľný
invariable
/inˈveəriəbəl/ adj.
nemenný, stály
invasion /inˈveižən/ n.
vpád, nájazd,
invázia do, na *of*
invent /inˈvent/ v.
vynájsť, vymyslieť
invention /inˈvenšən/
n. 1.vynachádzanie
2.vynález
inventory /ˈinvəntri/
-*ie*- n. zoznam, súpis,
katalóg, inventár
invert /inˈvə:t/ v.
obrátiť, prevrátiť
invest /inˈvest/ v. vložiť
peniaze, investovať
investigate
/inˈvestəgeit/ v.
vyšetrovať, pátrať,
prehľadať
investment
/inˈvestmənt/ n.
1.investovanie
2.investícia

invincible
/in'vinsəbəl/ adj.
nepremožiteľný

invisible /in'vizəbəl/
adj. neviditeľný

invitation
/,invə'teišən/ n.
1. pozvanie na *to*
2. pozvánka

invite /in'vait/ v.
pozvať do/k *to*

invoice /'invois/ n.
účet, faktúra

invoke /in'vəuk/ v.
1. spôsobiť
2. uplatniť

involve /in'volv/ v.
zapliesť sa, dostať sa
do *in/with*

involved /in'volvd/
adj. 1. zložitý
2. vzťahmi zapletený
s *with*

iodine /'aiədi:n/ n. jód

Ireland /'aiələnd/ n.
Írsko

iris /'aiərəs/ n.
1. kosatec
2. dúhovka

Irish /'aiəriš/ n. 1. *the*
I. Íri 2.írčina

Irish adj. írsky

Irishman /'aiərišmən/
n. pl. *Irishmen* Ír

Irishwoman /'aiəriš
,wumən/ n. pl.
Irishwomen Írka

iron /'aiən/ n.
1. železo
2. žehlička

ironic /ai'ronik/ adj.
kúsavý, ironický

ironing /'aiəniŋ/ n.
žehlenie

ironmonger's /'aiən
,maŋgəz / n.
obchodník so
železiarskym
tovarom

irradiate /i'reidieit/ v.
osvietiť, ožiariť
pren.

irregular /i'regjələ/
adj. nerovnaký,
nepravidelný

irreparable
/i'repərəbəl/ adj.
nenapraviteľný

irresistible
/ˌiri'zistəbəl/ adj.
neodolateľný
irresponsible
/ˌiri'sponsəbəl/ adj.
nezodpovedný,
bezohľadný
irritate /'irəteit/ v.
podráždiť
is /s, z, əz, iz/ v. p. be
islam /'isla:m/ n.
islam
island /'ailənd/ n.
ostrov
isolate /'aisəleit/ v.
oddeliť, izolovať od
from
issue /'išu:/ n.
1. problém, spor
2. vydanie,
publikácia

it /it/ pron. ten tá, to,
on, ona, ono
Italian /i'tæliən/ n.
1. Talian
2. taliančina
Italian adj. taliansky
Italy /'itəli/ n.
Taliansko
item /'aitəm/ n.
položka
its /its/ determ. aj
samostatne
1. jeho, jej
2. svoj
itself /it'self/ pron.
1. seba, sa, sebe, si
2. osobne, sám
ivory /'aivəri/ n.
slonovina
ivy /'aivi/ n.
brečtan

J

jab /džæb/ n. bodnutie
jabber /ˈdžæbə/ v. brblať, mlieť
jackal /ˈdžæko:l/ n. šakal
jacket /ˈdžækət/ n. sako
jackpot /ˈdžækpot/ n. bank
jaguar /ˈdžægjuə/ n. jaguár
jail /džeil/ n. väzenie, žalár
jam /džæm/ n. 1. zaváranina, lekvár 2. zátaras
jam -*mm*- v. 1. napchať sa, vtlačiť sa 2. zapchať
jangle /ˈdžæŋgəl/ v. cengať, štrngať
January /ˈdžænjuəri/ n. január, *in* J. v januári

jar /dža:/ n. džbán, krčah
jar -*rr*- v. 1. nepríjemne pôsobiť na *on* 2. otriasť
jaundice /ˈdžo:ndəs/ n. žltačka
jaundiced /ˈdžo:ndəst/ adj. nenávistný, plný žlče
javelin /ˈdžævələn/ n. oštep
jaw /džo:/ n. 1. čeľusť 2. táranie
jazz /džæz/ n. džez
jealous /ˈdželəs/ adj. 1. žiarlivý na *of* 2. závidiaci čo *of*
jealousy /ˈdželəsi/ -*ie*- n. žiarlivosť, závistivosť

242

jeans /dži:nz/ n.
 texasky, džínsy
jeep /dži:p/ n. džíp
jeer /džiə/ v.
 posmievať sa komu *at*
jelly /'dželi/ -*ie*- n.
 huspenina, aspik
jellyfish /'dželifiš/ n. pl.
 jellyfish/jellyfishes
 medúza
jeopardize
 /'džepədaiz/ v.
 ohroziť, riskovať
jerk /džə:k/ v. šklbnúť
jest /džest/ v. žartovať,
 vtipkovať s *with*,
 o *about*
jet /džet/ n. 1.prúdové
 lietadlo 2.prúd
jet -*tt*- v. *jet out*
 striekať, prúdiť
jet engine /, džet
 'endži:n/ n. prúdový
 motor
Jew /džu:/ n. žid
jewel /'džu:əl/ n.
 drahokam, skvost,
 klenot

joiner

jewellery /'džu:əlri/ n.
 klenoty, šperky
jingle /'džiŋgəl/ v.
 cengať, cvendžať
jitters /'džitəz/ n. *the* j.
 tréma, nervozita,
 obavy
job /džob/ n. 1.práca,
 zamestnanie
 2. pracovná úloha
 3.vec, záležitosť
jockey /'džoki/ n.
 džokej
jockey v. postupne
 presvedčiť,
 nahovoriť na *into*
jocose /džə'kəus/ adj.
 žartovný
jogging /'džogiŋ/ n.
 beh pre zdravie
join /džoin/ v.
 1.*together/up*
 spojiť s *to*
 2. pripojiť sa /k/
 3.spojiť sa
 4.vstúpiť do, stať sa
 členom čoho
joiner /'džoinə/ n.
 stavebný stolár

243

joint /džoint/ n. 1.kĺb 2.spoj, ohyb
joint-stock company /‚džoint 'stok ‚kompəni/ n. akciová spoločnosť
joke /džəuk/ n. 1.žart, vtip 2. detská hračka
joke v. žartovať, vtipkovať o *about*, s *with*
joker /'džəukə/ n. 1.vtipkár 2.šašo 3.žolík
jolt /džəult/ v. 1.natriasať sa 2.otriasť čím
jostle /'džosəl/ v. strčiť do, sotiť
journal /'džə:nl/ n. odborný časopis
journalist /'džə:nələst/ n. novinár
journey /'džə:ni/ n. cestovanie, cesta
joy /džoi/ n. šťastie, radosť

joystick /'džoi‚stik/ n. 1. páka ručného riadenia 2. joystick
Jr skr. *junior* ml. mladší, syn
jubilee /'džu:bəli:/ n. výročie, jubileum
judge /džadž/ v. 1.súdiť na súde 2.hodnotiť na súťaži 3.posúdiť
judge n. 1.sudca 2.porotca 3.znalec čoho *of*
judgment /'džadžmənt/ n. 1.súd, úsudok 2.mienka, názor 3. rozsudok nad *on*, *pass judgment* vyniesť rozsudok
jug /džag/ n. krčah
juggler /'džaglə/ n. žonglér
juice /džu:s/ n. šťava
July /džu'lai/ n. júl, *in J.* v júli
jukebox /'džu:k‚boks/ n. hrací automat

jump /džamp/ v.
1. skočiť
2. preskočiť čo
3. poskočiť

jump n. 1. skok
2. prekážka

jumpy /'džampi/ -*ie*-
adj. nesvoj,
nervózny

jumpsuit /'džampsu:t/
n. kombinéza

junction /'džaŋkšən/
n. 1. spojenie
2. križovatka

June /džu:n/ n. jún, *in*
J. v júni

jungle /'džaŋgəl/ n.
džungľa

junior /'džu:niə/ adj.
mladší než *to*

junior school
/'džu:niə‚ sku:l/ n.
základná škola
v Británii / 7- 11
rokov /

junk /džaŋk/ v.
zahodiť, zbaviť sa
hovor.

jurisprudence
/‚džuərəs'pru:dəns/
n. právo

juror /'džuərə/ n.
súdny porotca

jury /'džuəri/ n. porota
na súde/súťaži

just /džəst/ adv.
1. práve, presne
2. práve, za okamih
3. len, iba, *just now*
práve teraz

just adj. spravodlivý

justice /'džastəs/ n.
1. spravodlivosť
2. súd 3. sudca

justify /'džastəfai/-*ie*-
v. oprávniť,
ospravedlniť

jut /džat/ -*tt*- v. *jut out*
vystupovať,
vybiehať

K

kale /keil/ n. kel
kangaroo /ˌkæŋgəˈruː/ n. kengura
keen /kiːn/ adj. 1.dychtivý, žiadostivý po *on* 2.prudký 3.silný
keep /kiːp/ kept v. 1. ponechať si, nepustiť 2.držať 3.udržať, zachovať, poskytovať 4.zostať, *keep back* neprezradiť, *keep from* zatajiť, *keep in* zavrieť, *keep on* pokračovať
keep n. 1.obživa 2. veža
keeper /ˈkiːpə/ n. 1.dozorca 2.opatrovateľ

keepsake /ˈkiːpseik/ n. darček na pamiatku
keg /keg/ n. súdok
kennel /ˈkenl/ n. psia búda
kept /kept/ v. p. keep
kerb /kəːb/ n. obrubník, okraj chodníka
kerchief /ˈkəːtʃiːf/ n. šatka
ketchup /ˈketʃəp/ n. kečup
kettle /ˈketl/ n. kanvica
key /kiː/ n. 1.kľúč 2.klávesa, tlačidlo
key adj. kľúčový, podstatný, hlavný
keyboard /ˈkiːboːd/ n. klávesnica
keyhole /ˈkiːhəul/ n. kľúčová dierka

keystone /'ki:stəun/ n. podstata, základ čoho *of*
kick /kik/ v. 1.kopnúť do 2.streliť gól, *kick off* otvoriť hru vo futbale, *kick out* hovor. vykopnúť z *of*
kick n. kopnutie, kopanec
kid /kid/ n. 1.kozľa 2. ľudské mláďa
kidnap /'kidnæp/ -pp- v. uniesť a žiadať výkupné
kidney /'kidni/ n. oblička
kill /kil/ v. zabiť, usmrtiť
killer /'kilə/ n. 1.zabijak, vrah 2. mäsiar
killing /'kiliŋ/ n. zabitie, vražda, úlovok
kind /kaind/ n. 1.odroda, druh 2.trieda

kind adj. láskavý, priateľský, vľúdny
kindergarten /'kindəga:tn/ n. škôlka, materská škola
kindle /'kindl/ v. zapáliť sa, vznietiť sa
kindly /'kaindli/ adj. láskavý, vľúdny
kindred /'kindrəd/ n. príbuzný, blízky
king /kiŋ/ n. kráľ
kingdom /'kiŋdəm/ n. kráľovstvo
king-size /'kiŋsaiz/ adj. predĺžený, nadmerný
kink /kiŋk/ n. 1.slučka, zauzlenie 2.výstrednosť
kinship /'kinšip/ n. 1. príbuzenstvo s *with* 2. príbuznosť
kiss /kis/ v. pobozkať
kiss n. bozk
kiss of life /, kisəv'laif/ n. *the kiss of life* dýchanie z úst do úst

kit /kit/ n. 1.náradie, nástroje 2. výstroj, výzbroj
kitchen /'kičən/ n. kuchyňa
kitchen garden /,kičən 'ga:dn/ n. zeleninová záhrada
kite /kait/ n. 1.papierový drak 2. jastrab, dravec
kitten /'kitn/ n. mačiatko
knack /næk/ n. šikovnosť, zručnosť
knead /ni:d/ v. miesiť cesto
knee /ni:/ n. koleno
kneel /ni:l/ *knelt* v. *kneel down* kľaknúť si na *on*
knell /nel/ n. umieráčik
knelt /nelt/ v. p. kneel
knew /nju:/ v. p. know
knife /naif/ n. pl. *knives* /naivz/ nôž
knight /nait/ n. 1.rytier 2. šachový kôň

knit /nit/ -*tt*- v. pliesť
knob /nog/ n. gombík na rozhlasovom prijímači, dverách
knock /nok/ v. 1. udierať, búchať 2. klopať, *knock down* 1.zbúrať 2. zraziť vozidlom, *knock out* omráčiť
knock n. 1.úder, náraz 2. klopanie
knockout /'nokaut/ n. knokaut
knot /not/ n. uzol
knot -*tt*- v.*knot together* uviazať na uzol, zauzliť sa
know /nəu/ *knew, known* v. 1. vedieť o *about* 2. ovládať, vyznať sa 3. poznať, *I don't know* neviem, *you know* veď vieš
know-how /'nəuhau/ n. znalosti

knowledge /ˈnolidž/ n. vedomosti, znalosti z/o of

known /nəun/ v. p. know

know adj. 1. známy 2. uznávaný

knuckle /ˈnakəl/ n. kĺb prsta

kohlrabi /, kəulˈraːbi/ n. kaleráb

L

label /'leibəl/ n.
nálepka, štítok
laboratory /lə'borətri/
-*ie*- n. laboratórium
labour /'leibə/ n.
práca, drina, *labour
force* pracovné sily
labour v. pracovať,
namáhať sa
labour market /'leibə
,ma:kət/n. trh práce
lace /leis/ n. 1.čipka
2. šnúrka
lace v. zašnurovať
lack /læk/ v. nemať,
nemať dosť,
chýbať
lack n. nedostatok
lackey /'læki/ n. lokaj
lacquer /'lækə/ n.
lak
lad /læd/ n. mládenec,
mladík

ladder /'lædə/ n.
1.rebrík 2. očko na
pančuche
lading /'leidiŋ/ n.
náklad
ladle /'leidl/ n.
naberačka
ladle v. *ladle out*
podávať jedlo,
nabrať do/na *into*
lady /'leidi/ -*ie*- n.
1.žena 2. dáma, pani
lady-bird /'leidi bə:d/
n. lienka
lag /læg/ -*gg*-v.
zaostávať
lager /'la:gə/ n.
1. ležiak pivo
2. pohár ležiaka
lagoon /lə'gu:n/ n.
lagúna
laid /leid/ v. p. lay
lain /lein/ v. p. lie

250

lake /leik/ n. jazero
lamb /læm/ n. 1. jahňa 2. jahňacina
lame /leim/ adj. chromý, krívajúci
lament /lə'ment/ v. nariekať, bedákať za/nad *over*
lamp /læmp/ n. lampa
lampshade /'læmpšeid/ n. tienidlo lampy
lancet /'la:nsət/ n. skalpel
land /lænd/ n. 1. zem, pevnina 2. kraj 3. pôda 4. *the* land vidiek
land v. 1. loď, lietadlo pristáť 2. vystúpiť na breh
landing /'lændiŋ/ n. 1. medziposchodie 2. pristátie
landlady /'lænd, leidi/ -*ie*- n. 1. majiteľka penziónu 2. domáca pani

landlord /'lændlo:d/ n. 1. majiteľ penziónu 2. domáci pán
landscape /'lændskeip/ n. kraj, krajina, scenéria
landslide /'lændslaid/ n. zosuv pôdy, lavína
lane /lein/ n. 1. poľná cestička 2. ulička 3. dráha
language /'læŋgwidž/ n. 1. jazyk 2. reč
lantern /'læntən/ n. lampáš
lap /læp/ n. 1. lono 2. kolo, etapa šport.
lapse /læps/ n. 1. zlyhanie čoho *of* 2. chyba, omyl
lapse v. padnúť, poklesnúť
lard /la:d/ n. bravčová masť
lard v. prešpikovať
larder /'la:də/ n. komora, špajza

251

large

large /la:dž/ adj. veľký, objemný, rozsiahly, *at large* na slobode
lark /la:k/ n. škovránok
laser printer /'leizə ,printə/ n. laserová tlačiareň
lash /læš/ v. 1. šľahnúť, bičovať 2. ostro kritizovať
lash n. švihnutie, šľahnutie
last /la:st/ adj. 1.*the last* posledný 2. zvyšný, jediný 3. minulý, predchádzajúci
last adv. 1. naposledy 2. nakoniec, na záver
last n. 2. zvyšok 3. koniec, záver
last v. trvať
latch /læč/ n. 1. závora, západka 2. patentná známka

late /leit/ adj. 1. meškajúci, oneskorený na *for* 2. neskorý 3. zosnulý 4. bývalý
late adv. neskoro
later /'leitə/ adv. potom, neskôr
latest /'leitəst/ adj. najnovší, posledný
lath /la:θ/ n. pl. *laths* /la:ðz/ latka
lather /'la:ðə/ n. pena
latitude /'lætətju:d/ n. zemepisná šírka
laugh /la:f/ v. 1. smiať sa 2. vysmiať
laugh n. 1. smiech 2. zábava
laughter /'la:ftə/ n. smiech
launch /lo:nč/ v. 1. spustiť na vodu 2. vypustiť do vesmíru 3. spustiť činnosť
laundry /'lo:ndri/ n. 1. práčovňa 2. špinavé prádlo

lavatory /ˈlævətəri/ -*ie*- n. záchod, toaleta
lavish /ˈlæviš/ adj. 1. plytvajúci 2. bohatý
law /loː/ n. zákon, pravidlo, princíp
lawn /loːn/ n. trávnik
lawn party /ˈloːn ˌpaːti/ -*ie*- n. záhradná slávnosť
lawsuit /ˈloːsuːt/ n. súdny spor
lawyer /ˈloːjə/ n. právnik, advokát
lax /læks/ adj. nedbanlivý
lay /lei/ v. p. lie
lay laid v. klásť, umiestniť, *lay the table* prestrieť stôl, *lay down* odložiť, zložiť zbrane, *lay up* 1. robiť si zásoby 2. ležať s chorobou
layer /ˈleiə/ n. 1. vrstva čoho *of* 2. pokrývač
layman /ˈleimən/ n. pl. *laymen* laik
layout /ˈleiaut/ n. 1. rozmiestnenie, úprava 2. projekt
lazy /ˈleizi/ -*ie*- adj. lenivý
lead /liːd/ *led* v. 1. sprevádzať, viesť 2. zviesť, oklamať
lead adj. hlavný, popredný
lead /led/ n. 1. olovo 2. tuha ceruzky
leader /ˈliːdə/ n. vodca, čelný predstaviteľ
leading article /ˌliːdiŋ ˈaːtikəl/ n. úvodník v novinách
leaf /liːf/ n. pl. *leaves* /liːvz/ 1. list stromu, papiera 2. plátok
leaflet /ˈliːflət/ n. leták, prospekt
league /liːg/ n. spolok, liga
leak /liːk/ v. 1. tiecť 2. *leak out* vytekať

253

leak n. štrbina, diera
lean /li:n/ *leant/leaned* v. 1. nakloniť sa 2. oprieť sa 3. *lean on* spoľahnúť sa na
lean n. 1. mäso chudé 2. štíhly
leant /lent/ v. p. lean
leap /li:p/ *leapt/leaped* v. preskočiť čo *across*, skočiť do *into*
leap n. skok
leapt /lept/ v. p. leap
leap year /'li:p jiə/ n. priestupný rok
learn /lə:n/ *learnt/learned* v. 1. učiť sa čo *about* 2. uvedomiť si
learnt /lə:nt/ v. p. learn
lease /li:s/ n. prenájom
least /li:st/ adv. p. *little, least of all* vôbec nie
least adv. aspoň
leather /'leðə/ n. vypracovaná koža
leave /li:v/ *left* v. 1. odísť, odcestovať 2. nechať, zanechať, opustiť
lecture /'lekčə/ n. prednáška
led /led/ v. p. lead
ledger /'ledžə/ n. peňažný denník
leech /li:č/ n. pijavica
left /left/ adj. ľavý
left n. *the left* ľavá strana
left adv. vľavo
left v. p. leave
leg /leg/ n. 1. noha celá 2. stehno 3. nohavica
legacy /'legəsi/ *-ie-* n. dedičstvo, odkaz
legal /'li:gəl/ adj. 1. zákonný 2. právny
legation /li'geišən/ n. vyslanectvo
legend /'ledžənd/ n. povesť, báj, legenda
leggins /'legiŋz/ n. legíny
legislation /,ledžəs'leišən/ n. 1. návrh zákona 2. zákonodárstvo

legislature
/'ledžəsleičə/ n.
zákonodarný zbor
legitimate
/li'džitəmət/ adj.
1. zákonný
2. manželský
leisure /'ležə/ n. voľný čas
lemon /'lemən/ n. citrón
lemonade /,lemə'neid/ n. limonáda, citronáda
lend /lend/ lent v.
1. požičať komu to
2. banka dať pôžičku
length /leŋθ/ n. dĺžka
lenghten /'leŋθən/ v. predĺžiť sa
lens /lenz/ n. lupa, objektív, šošovka
lent /lent/ v. p. lend
lentil /'lentl/ n. šošovica
leopard /'lepəd/ n. leopard
less /les/ adv. menej, *less and less* čoraz menej

less pron. menší
lessen /'lesən/ v. zmenšiť sa, znižovať sa
lesson /'lesən/ n.
1. vyučovacia hodina 2. lekcia
let /let/ let -tt- v. dovoliť, *let's go* poďme !, *let me help you* dovoľ, aby som ti pomohol, *let out* prenajať, *let sb/sth be* nechať koho/čo na pokoji, *let in* vpustiť, *let out* prepustiť z *of*
let n. nájom, prenájom
letter /'letə/ n. 1. list 2. písmeno
lettuce /'letəs/ n. hlávkový šalát
level /'levəl/ n. 1. rovina 2. úroveň 3. hladina
level -ll- v. *level off/out* zrovnať, zničiť
lever /'li:və/ n. páka

levy /'levi/ -*ie*- v. uvaliť dane

liability /, laiə'biləti/ -*ie*- n. záväzok pre *for/to*

liable /'laiəbəl/ adj. 1. vystavený, podrobený čomu *to* 2. zodpovedný za *for*

liar /'laiə/ n. luhár

liaison /li'eizən/ n. výmena informácií, spojenie

liberal /'libərəl/ adj. 1. majúci pochopenie 2. liberálny

liberate /'libəreit/ v. oslobodiť

liberty /'libəti/ -*ie*- n. 1. sloboda 2. dovolenie

librarian /lai'breəriən/ n. knihovník

library /'laibrəri/ -*ie*- n. knižnica verejná

licence /'laisəns/ n. 1. preukaz 2. povolenie

lick /lik/ v. lízať

lid /lid/ n. viečko, vrchnák

lie /lai/ *lying, lay, lain* v. 1. ležať 2. *lie down* ľahnúť si

lie *lying, lied* v. klamať

lieutenant /lef'tenənt/ n. poručík

life /laif/ n. pl. *lives* /laivz/ život

life belt /'laif belt/ n. záchranný pás

lifeboat /'laifbəut/ n. záchranný čln

lifeguard /'laifga:d/ n. plavčík

lifelong /'laifloŋ/ adj. celoživotný, doživotný

lift /lift/ v. *lift up* zdvihnúť sa

lift n. výťah

light /lait/ n. 1. svetlo 2. oheň 3. okno

light *lit/lighted* v. 1. *light up* rozjasniť sa 2. rozsvietiť

light adj. ľahký
lighter /'laitə/ n. zapaľovač
lighthouse /'laithaus/ n. maják
lightning /'laitniŋ/ n. blesk
lightning conductor /'laitniŋ kən, daktə/ n. hromozvod
like /laik/ v. 1. mať rád, páčiť sa 2. rád urobiť
like prep. 1. takto 2. ako 3. typický pre, *it is like him* to je celý on
like adj. 1. rovnaký 2. podobný
likelihood /'laiklihud/ n. pravdepodobnosť
likely /'laikli/ adj. 1. pravdepodobný, možný 2. nádejný
liking /'laikiŋ/ n. záľuba, sklon
lilac /'lailək/ n. orgován
lily /'lili/ *-ie-* n. ľalia

lily of the valley /, lili əv ðə 'væli/ n. konvalinka
limb /lim/ n. úd, končatina
lime /laim/ n. 1. vápno 2. citrusový plod
limit /'limət/ n. hranica, medza
limit v. obmedziť
limited /'limətəd/ adj. limitovaný, obmedzený
limp /limp/ v. krívať
line /lain/ n. čiara, priamka, linajka
line v. linajkovať
linen /'linən/ n. 1. plátno 2. posteľná bielizeň
liner /'lainə/ n. dopravná loď
link /liŋk/ n. spojovací článok, ohnivko
lion /'laiən/ n. lev
lip /lip/ n. pera
lipstick /'lip, stik/ n. rúž

liquid /ˈlikwəd/ n.
tekutina
liquor /ˈlikə/ AmE n.
tvrdý alkohol
lisp /lisp/ v. šušľať
list /list/ n. zoznam,
prehľad, katalóg,
register
listen /ˈlisən/ v.
1. počúvať koho, čo
to 2. načúvať
lit /lit/ v. p. light
literal /ˈlitərəl/ adj.
doslovný
literate /ˈlitərət/ adj.
1. gramotný
2. sčítaný
literature /ˈlitərəčə/ n.
literatúra
litre /ˈlitə/ n. liter
litter /ˈlitə/ n.
1. odpadky, smeti
2. mláďatá
little /ˈlitl/ *less/lesser,
least* adj. 1. malý
2. krátky
3. mladý
little *less, least* adv.
málo

little finger
/ˌlitlˈfiŋgə/ n.
malíček na ruke
liturgy /ˈlitədži/ *-ie-* n.
liturgia
live /liv/ v. 1. žiť, byť
na žive 2. prežiť
3. bývať
live /laiv/ adj. 1. živý,
žijúci 2. žeravý
3. ostrý
livelihood /ˈlaivlihud/
n. živobytie
liver /ˈlivə/ n. pečeň
livestock /ˈlaivstok/ n.
statok
live wire /ˌlaiv ˈwaiə/
n. elektr. vodič pod
napätím
living room /ˈliviŋ
rum/ n. obývačka
lizard /ˈlizəd/ n.
jašterica
load /ləud/ n.
1. náklad, bremeno
2. zaťaženie
load v. 1. *load up*
naložiť 2. zbraň
nabiť

258

loaf /ləuf/ n. pl. *loaves* /ləuvz/ bochník

loam /ləum/ n. íl, hlina, úrodná pôda

loan /ləun/ n. pôžička

loathe /ləuð/ v. nenávidieť

lobby /'lobi/ -*ie*- n. 1. vstupná hala, chodba 2. kuloár

lobby v. ovplyvňovať, agitovať

lobe /ləub/ n. lalok

local /'ləukəl/ adj. 1. miestny 2. čiastočný

local authority /ˌləukəl oː'θorəti/ n. miestne zastupiteľstvo

locality /ləu'kæləti/ -*ie*- n. miesto, kraj, lokalita

lock /lok/ n. 1. zámka 2. stavidlo, priehrada 3. prameň vlasov

lock v. 1. zamknúť 2. zablokovať sa

locksmith /'lok ˌsmiθ/ n. zámočník

locust /ləukəst/ n. kobylka *zool.*

lode /ləud/ n. rudná žila

lodge /lodž/ v. 1. ubytovať sa 2. uviaznuť v *in*

lodge n. 1. vrátnica 2. zrub

lodger /'lodžə/ n. podnájomník

lodging house /'lodžiŋ haus/ n. ubytovňa, slobodáreň

lodgings /'lodžiŋz/ n. podnájom

loft /loft/ n. povala, podkrovie

lofty /'lofti/ -*ie*- adj. vznešený

log /log/ n. poleno

logic /'lodžik/ n. logika

logo /'ləugəu/ n. pl. *logos* znak, logo

loll /lol/ v. rozvaľovať sa, opierať sa

lollipop /'lolipop/ n. lízatko

lonely /'ləunli/ -ie- adj. 1. opustený, sám 2. osamelý

long /loŋ/ adj. 1. dlhý 2. ďaleký

long adv. dlho, *long ago* dávno

long-distance /,loŋ'distəns/ adj. 1. diaľkový 2. medzimestský hovor

long jump /'loŋ džamp/ n. *the* l.j. skok do diaľky

long-term /,loŋ'tə:m/ adj. dlhodobý

look /luk/ v. 1. pozerať sa na *at* 2. hľadať 3. vyzerať 4. všimnúť si, *look after* dozerať na, *look around* hľadať čo *for*, *look for* hľadať, zháňať, *look into* skúmať, vyšetrovať, *look up* dariť sa lepšie

loop /lu:p/ n. slučka

loose /lu:s/ adj. 1. voľný 2. nepriviazaný 3. uvoľnený

loosen /'lu:sən/ v. 1. uvoľniť sa 2. rozviazať sa

lord /lo:d/ n. lord

Lord /lo:d/ n. 1.*the* Lords poslanci Hornej snemovne Britského parlamentu 2. Horná snemovňa Britského parlamentu

Lord's Prayer /,lo:dz'preə/ n. otčenáš

lorry /'lori/ ie- n. nákladné auto

lose /lu:z/ *lost* v. 1. stratiť, prísť o 2. spôsobiť stratu 3. prehrať 4. strácať sa 5. odbočiť

loss /los/ n. 1. strata čoho *of* 2. škoda

lost /lost/ adj.
1. stratený
2. zablúdený
3. mŕtvy

lost v. p. lose

lot /lot/ n. *lots* množstvo čoho *of*, *a lot of* veľa

lotion /'ləušən/ n. pleťová voda, voda po holení

lottery /'lotəri/ -ie- n. lotéria

loud /laud/ adj. 1. hlasný 2. nápadný

loudspeaker /ˌlaud'spiːkə/ n. reproduktor

lounge /laundž/ n.
1. obývacia izba
2. spoločenská miestnosť
3. čakáreň na letisku

louse /laus/ n. pl. *lice* voš

love /lav/ n.
1. náklonnosť, láska
2. záľuba

love v. milovať

love affair /'lav ə, feə/ n. ľúbostný pomer

lovely /'lavli/ -ie- adj.
1. roskošný, pôvabný
2. príjemný, pekný

lover /'lavə/ n. milenec

low /ləu/ adj. 1. nízky 2. malý 3. tichý

low adv. 1. nízko 2. hlboko 3. ticho

Lower House /ˌləuə'haus/ n. Dolná snemovňa Britského parlamentu

lowlands /'ləuləndz/ n. nížina

low season /'ləu ˌsiːzən/ n. mŕtva sezóna

loyal /'loiəl/ adj. verný, oddaný

lubricate /'luːbrikeit/ v. mazať, olejovať stroj

lucid /'luːsəd/ adj.
1. jasný 2. bystrý

luck

luck /lak/ n. 1. osud, náhoda 2. šťastie, *good luck* ! veľa šťastia !
luckily /'lakili/ adv. našťastie
lucrative /'lu:krətiv/ adj. výnosný, ziskový
lug /lag/ -*gg*- v. vliecť, ťahať
luggage /'lagidž/ n. batožina
lull /lal/ v. uspať
lullaby /'laləbai/-*ie*- n. uspávanka
lumber /'lambə/ n. haraburdy
lump /lamp/ n. 1. kus, hruda 2. kocka cukru
luminous /'lu:minəs/ adj. svetielkujúci
lunch /lanč/ n. obed
lunge /landž/ v. skočiť, vrhnúť sa
lurch /lə:č/ v. knísať sa, tackať sa
lure /luə/ v. zvádzať, lákať
lurk /lə:k/ v. zakrádať sa, číhať
luscious /'lašəs/ adj. 1. sladučký 2. zvodný
lustre /'lastə/ n. 1. lesk 2. sláva
lusty /'lasti/ -*ie*-adj. silný, zdravý
Lutheran /'lu:θərən/ adj. evanjelický
luxurious /lag'zjuəriəs/ adj. prepychový, nádherný
luxury /'lakšəri/-*ie*- n. prepych, luxus
lying /'laiiŋ/ v. p. lie
lynx /liŋks/ n. rys
lyric /'lirik/ adj. lyrický

M

machine /mə'ši: n/ n. stroj

machine code /mə'ši:n ˌkəud/ n. počítačový jazyk

machine gun /mə'ši:n gan/ n. guľomet

mackerel /'mækərəl/ n. pl. *mackerel* makrela

mad /mæd/ adj. -dd-
1. šialený od *with*
2. zbláznený do *about/on*

madam /'mædəm/ n. pani oslovenie

made /meid/ v. p. make

magazine /ˌmægə'zi:n/ n. časopis

magic /'mædžik/ n. kúzlo, čaro

magic adj. čarovný, zázračný

magician /mə'džišən/ n. kúzelník

magnet /'mægnət/ n. magnet

magnetic /mæg'netik/ adj. 1. príťažlivý 2. magnetický

magnificent /mæg'nifəsənt/ adj. veľkolepý, nádherný

maiden name /'meidn neim/ n. dievčenské meno

mail /meil/ n. AmE *the* mail pošta

mailbox /'meilboks/ n. poštová schránka

main /mein/ adj. hlavný, základný

mainly /'meinli/ adv. najmä, hlavne, predovšetkým

maintain /mein'tein/
v. 1. pokračovať
2. udržiavať 3. tvrdiť
maitenance
/'meintənəns/ n.
údržba
maize /meiz/ n.
kukurica
majesty /'mædžəsti/ n.
majestátnosť,
velebnosť
major /'meidžə/ adj.
väčší, dôležitejší
major n. major
majority /mə'džorəti/
n. -ie- 1. väčšina
2. plnoletosť
make /meik/ made v.
1. vyrobiť, vytvoriť
z *from/of/out*
2. vykonať, *make the bed* ustlať, *make up* vymyslieť,
naličiť sa
make-up /'meikap/ n.
líčidlo
making /'meikiŋ/ n.
the makings
predpoklady

malaria /mə'leəriə/ n.
malária
male /meil/ adj.
1. mužský 2. samčí
malice /'mæləs/ n.
zloba, zlomyseľnosť
malignant /mə'lignənt/
adj. 1. nenávistný
2. zhubný *lek.*
malnutrition
/ˌmælnju'trišən/ n.
podvýživa
malt /mo:lt/ n. slad
mammal /'mæməl/ n.
cicavec
man /mæn/ pl. *men*
/men/ n. 1. muž
2. človek 3. vojak
4. hráč 5. manžel
manage /'mænidž/ v.
1. riadiť, spravovať
2. zariadiť
management
/'mænidžmənt/ n.
riadenie, správa,
vedenie
manager /'mænidžə/
n. 1. riaditeľ
2. manažér

manger /'meindžə/ n. válov, žľab
manhood /'mənhud/ n. mužný vek
manifest /'mænəfest/ adj. zrejmý, očividný
manifestation /,mænəfe'steišən/ n. 1. prejav 2. dôkaz, potvrdenie
manifesto /,mænə'festəu/ pl. *manifestos/manifestoes* n. manifest
manifold /'mænəfəuld/ adj. mnohonásobný
manipulate /mə'nipjəleit/ v. narábať, zaobchádzať s
mankind /,mæn'kaind/ n. ľudstvo
manmade /,mæn'meid/ adj. umelý

manner /'mænə/ n. 1. spôsob 2. správanie sa
manners /'mænəz/ n. spôsoby
manor /'mænə/ n. 1. veľkostatok, panstvo 2. vidiecke sídlo
mansion /'mænšən/ n. panské sídlo, rezidencia
mantle /'mæntl/ n. dlhý plášť
manual /'mænjuəl/ adj. 1. ručný 2. telesný
manual n. príručka
manure /mə'njuə/ n. hnojivo
manuscript /'mænjəskript/ n. 1. prvopis 2. rukopis
many /'meni/ pron. mnohí
map /mæp/ n. mapa čoho *of*
maple /'meipəl/ n. javor

marble /'ma: bəl/ n. mramor
march /ma: č/ v. pochodovať
march n. pochod
March /ma: č/ n. marec, *in* March v marci
margin /'ma: džən/ n. okraj
marginal /'ma: džənəl/ adj. okrajový, bezvýznamný
marine /mə'ri: n/ adj. 1. morský 2. námorný
mark /ma: k/ n. 1. značka, stopa 2. označenie 3. známka
mark v. 1. označiť 2. vyznačiť
market /'ma: kət/ n. 1.trh, tržnica 2. dopyt po *for*
market v. obchodovať
marketing /'ma: kətiŋ/ n. marketing

marketplace /'ma: kətpleis/ n. trhovisko
market price /,ma: kət 'prais/ n. trhová cena
marmalade /'ma: məleid/ n. lekvár z pomarančov
marriage /'mæridž/ n. 1. sobáš 2. manželstvo
married /'mærid/ adj. 1. vydatá 2. ženatý 3. manželský
marry /'mæri/ *-ie-* v. 1. oženiť sa, vydať sa 2. zosobášiť
marsh /ma: š/ n. močiar
marshal /'ma: šəl/ n. maršál
martial /'ma: šəl/ adj. 1. vojenský 2. vojnový, bojovný
martial law /,ma: šəl 'lo: / n. stanné právo
martyr /'ma: tə/ n. mučeník

marvel /'ma: vəl/ n.
div, zázrak
marvel -ll- v. čudovať
sa, žasnúť
marvellous /'ma:
vələs/ adj. skvelý
mash /mæš/ v. *mash
up* drviť, lisovať
mask /ma: sk/ n.
maska
mason /'meisən/ n.
1. kamenár 2. murár
mass /mæs/ n. masa
čoho *of*
mass v. hromadiť sa,
koncentrovať sa
Mass n. *the* M. omša
massacre /'mæsəkə/
v. vraždiť, zabíjať
massage /'mæsa: dž/
v. 1. masírovať
2. prekrútiť
massive /'mæsiv/ adj.
1. masívny
2. mohutný
mass media /,mæs
'mi: diə/ n. *the* m.m.
masovokomunikačné
prostriedky

master /'ma: stə/ n.
1. pán 2. kapitán
3. majster
master adj.
majstrovský
master v. dokonale
ovládať, vedieť
masterpiece /'ma:
stəpi: s/ n.
majstrovské
dielo
mat /mæt/ n. rohožka
match /mæč/ n.
športový zápas
match v. 1. *match up*
hodiť sa k
2. súperiť s
match n. zápalka
matchbox /'mæčboks/
n. zápalková
škatuľka
mate /meit/ n.
kamarát, druh
mate v. páriť sa
material /mə'tiəriəl/ n.
látka, hmota,
materiál
maternal /mə'tə: nl/
adj. materský

mathematics
/ˌmæθəˈmætiks/ n.
matematika

matins /ˈmætənz/ n.
ranná motlidba

matt /mæt/ adj.
neleskly

matter /ˈmætə/ n. 1.
záležitosť, vec čoho
of 2. *the* m. ťažkosť,
problém, *what's the
matter*? čo sa deje?,
matter in hand
predmet rozhovoru

matter v. byť
významný/dôležitý
pre *to*, *it
doesn't matter* na
tom nezáleží

mature /məˈtʧuə/ adj.
zrelý

maximum
/ˈmæksəməm/ adj.
maximálny

maximum n. pl.
maxima/maximums
maximum čoho *of*

may /mei/ možno,
hádam, asi, *you
may be right* možno
máš pravdu

May /mei/ n. máj, *in
M.* v máji

maybe /ˈmeibi:/ adv.
snáď, azda, vari

mayday /ˈmeidei/ n.
S.O.S. volanie
o pomoc

mayor /meə/ n.
starosta

me /mi, mi:/ pron. mňa,
mne, mi, ma, mnou

meadow /ˈmedəu/ n.
lúka

meagre /ˈmi:gə/ adj.
chudý

meal /mi:l/ n. jedlo

mean /mi:n/ adj.
1. lakomý na *with*
2. protivný, zlý na *to*

mean v. meant
znamenať

mean n. 1. priemer
2. stred

mean adj. priemerný

meaning /ˈmi:niŋ/ n.
1. význam slova 2.
dôležitosť 3. úmysel

means /miːnz/ pl.
means n. 1.
prostriedok, spôsob
2. finančné
prostriedky, *by all
means* rozhodne, *by
no means* rozhodne
nie
meant /ment/ p. mean
meanwhile /ˈmiːnwail/ adv. zatiaľ,
medzitým
measles /ˈmiːzəlz/ n.
the m. osýpky
measure /ˈmeʒə/ v. 1.
merať 2. odmeriavať
measure n.
1. opatrenie, krok
2. rozsah, množstvo
čoho *of* 3. mierka
čoho *of*
meat /miːt/ n. mäso
mechanics
/miˈkæniks/ n.
mechanika
mechanism
/ˈmekənizəm/ n.
zariadenie,
mechanizmus

medal /ˈmedl/ n.
medaila
meddle /ˈmedl/ v.
miešať sa, zasahovať
do *in/with*
medical /ˈmedikəl/
adj. lekársky
medicine /ˈmedsən/ n.
1. liek 2. lekárstvo
medieval /ˌmediˈiːvəl/
adj. stredoveký
medium /ˈmiːdiəm/
adj. 1. stredný
2. priemerný
medley /ˈmedli/ n.
zmes, miešanina
meet /miːt/ *met* v.
1. stretnúť sa
2. zoznámiť sa
3. zísť sa
4. uspokojiť
5. vyrovnať účet
meeting /ˈmiːtiŋ/ n.
1. schôdza
2. stretnutie
melody /ˈmelədi/ n.
nápev, melódia
melon /ˈmelən/ n.
melón

269

melt /melt/ v. 1. topiť sa 2. taviť sa 3. obmäkčiť sa
melting /'meltiŋ/ adj. nežný, jemný hlas
member /'membə/ člen čoho *of*
Member of Parliament /,membə əv 'pɑ:ləmənt/ n. poslanec
memorial /mə'mo:riəl/ n. pamätník, pomník koho *to*
memory /'meməri/ -*ie*- 1. pamäť 2. spomienka na *of*
men /men/ p. man
menace /'menəs/ n. hrozba
mend /mend/ v. opraviť
mental /'mentl/ adj. 1. duševný 2. nevyslovený
mental hospital /'mentl,hospitl/ n. psychiatrická liečebňa
mention /'menšən/ v. 1. zmieniť sa 2. spomenúť
menu /'menju:/ n. jedálny lístok
merchant /'mə:čənt/ n. veľkoobchodník
mercury /'mə:kjəri/ n. ortuť
mercy /'mə:si/ n. súcit, milosrdenstvo
mere /miə/ adj., adv. obyčajný, iba, len
merely /'miəli/ adv. iba
merge /mə:dž/ v. spojiť sa
meridian /mə'ridiən/ n. poludník
merit /'merət/ n. 1. hodnota, cena 2. dobrá vlastnosť
merry /'meri/ -*ie*- adj. 1. veselý, radostný 2. zábavný
mesh /meš/ n. 1. sieť, pletivo 2. oko siete
mess /mes/ n. 1. neporiadok 2. špina

message /'mesidž/ n. správa, odkaz
met /met/ p. meet
metal /'metl/ n. kov
metallic /mə'tælik/ adj. kovový
metallurgy /mə'tælədži/ n. hutníctvo
mete /mi:t/ v. mete out trest vymerať, udeliť komu to
meteor /'mi:tiə/ n. meteor
meter /'mi:tə/ n. merač, merací prístroj
method /'meθəd/ n. spôsob, postup, metóda
meticulous /mə'tikjələs/ adj. úzkostlivý, puntičkársky
metre /'mi:tə/ n. meter *dĺžková miera*
mice /mais/ p. mouse
microbe /'maikrəub/ n. mikrób

microphone /'maikrəfəun/ n. mikrofón
microscope /'maikrəskəup/ n. mikroskop
midday /,mid'dei/ n. poludnie *pravé*
middle /'midl/ adj. stredný, prostredný
middle n. 1. *the* m. stred, prostriedok 2. pás, driek
Middle Ages /,midl'eidžəs/ n. *the* M.A. stredný vek v *Európe*
middle finger /,midl'fingə/ n. prostredník prst
midnight /'midnait/ n. polnoc
might /mait/ v. p. may
migraine /'mi:grein/ n. migréna
migrate /mai'greit/ v. sťahovať sa
mild /maild/ adj. mierny, pokojný

mildew /ˈmildju/ n. pleseň
mile /mail/ n. míľa
milestone /ˈmailstəun/ n. míľnik
military /ˈmilətəri/ adj. vojenský, armádny
militia /məˈlišə/ n. domobrana
milk /milk/ n. mlieko
milkman /ˈmilkmən/ pl. *milkmen* n. mliekár
milk shake /ˌmilkˈšeik/ n. mliečny koktail
milk tooth /ˈmilk tu:θ/ n. mliečny zub
mill /mil/ n.1. mlyn 2. továreň
million /ˈmiljən/ num. milión
millionaire /ˌmiljəˈneə/ n. milionár
mime /maim/ n. 1. posunky, gestá 2. pantomíma

mince /mins/ v. sekať, krájať, mlieť
mincemeat /ˈminsmi:t/ n. plnka
mind /maind/ n.1. myseľ 2. zmýšľanie 3. inteligencia 4. pamäť, *come to mind* zísť na um, *never mind* nevadí, *mind your own business* staraj sa o seba
minded /ˈmaindəd/ adj. túžiaci urobiť
mine /main/ pron. môj
mine n. 1. baňa 2. mína
mine v. 1. dolovať 2. dobývať, ťažiť 3. podmínovať
mineral /ˈminərəl/ n. nerast, hornina
mineral water /ˈminərəl ˌwo:tə/ n. minerálna voda
mingle /ˈmiŋgəl/ v. zmiešať sa

minimum /ˈminəməm/ adj. minimálny

mining /ˈmainiŋ/ n. banský/ťažobný priemysel

minister /ˈminəstə/ n. 1. minister čoho *of* 2. duchovný, pastor 3. vyslanec

ministry /ˈminəstri/ *-ie-* n. ministerstvo čoho *of*

mink /miŋk/ n. norka

minor /ˈmainə/ adj. menší

minority /maiˈnorəti/ *-ie-* n. *the* m. menšina

mint /mint/ n. 1. mäta 2. mentolový cukrík 3. mincovňa

minute /ˈminət/ n. 1. minúta 2. náčrt, koncept čoho *of*

minute v. zapísať, zaprotokolovať

minute /maiˈnju:t/ adj. 1. drobný 2. presný, podrobný

miracle /ˈmirəkəl/ n. div, zázrak

mirage /ˈmira:ž/ n. fatamorgána

mirror /ˈmirə/ n. zrkadlo

miscarriage of justice /misˌkæridž əvˈdžastəs/ n. justičný omyl

mischief /ˈmisčəf/ n. 1. nezbednosť 2. darebáctvo

misdeed /ˌmisˈdi:d/ n. zločin

miser /ˈmaizə/ n. lakomec

misery /ˈmizəri/ *-ie-* n. utrpenie, trápenie

misfire /ˌmisˈfaiə/ v. zlyhať

misfortune /misˈfo:čən/ n. nešťastie

mishap /ˈmishæp/ n. nehoda

mislaid /mis'leid/ p. mislay
mislay /mis'lei/ *mislaid* v. založiť, zapatrošiť
misled /mis'led/ p. mislead
misprint /'misprint/ n. tlačová chyba
miss /mis/ v. 1. minúť sa s 2. zmeškať 3. chýbať komu
miss n. 1. slečna 2. miss
missile /'misail/ n. riadená strela, raketa
missing /'misiŋ/ adj. chýbajúci
mission /'mišən/ n. 1. misia 2. poslanie 3. delegácia
missionary /'mišənəri/ -*ie*- n. misionár
mist /mist/ n. hmla riedka
mistake /mə'steik/ *mistook, mistaken* v. 1. pliesť si 2. mýliť si

mistake n. omyl, chyba, *by mistake* omylom
mistaken v. p. mistake
mister /'mistə/ n. pán, pane
mistletoe /'misəltəu/ n. imelo
mistook /məs'tuk/ p. mistake
mistress /'mistrəs/ n. pani domu, majiteľka
misunderstand /ˌmisandə'stænd/ *misunderstood* v. zle porozumieť, nechápať
misunderstood /ˌmisandə'stud/ p. misunderstand
misuse /ˌmis'ju:z/ v. nesprávne použiť
mitigate /'mitəgeit/ v. zmierniť
mitten /'mitn/ n. 1. palčiak 2. rukavica bez prstov

mix /miks/ v. *mix up* spojiť sa, zmiešať sa s *with*

mix n. zmes

mixed up /,mikst 'ap/ v. 1. zapletený do *in* 2. spriahnutý s *with*

moan /məun/ v. stonať

mob /mob/ n. dav

mobile /'məubail/ adj. pohyblivý, pojazdný

moccasin /'mokəsin/ n. mokasína

mock /mok/ v. posmievať sa

mock adj. falošný, nepravý

mockery /'mokəri/ n. výsmech

mode /məud/ n. spôsob

mode n. móda

model /'modl/ n. 1. model 2. modelka, manekýnka

model -ll- v. tvarovať, modelovať

moderate /'modərət/ adj. stredný, mierny

modern /'modn/ adj. súčasný, moderný

modest /'modəst/ adj. 1. skromný 2. mierny

modify /'modəfai/ -ie- v. upraviť, zmeniť

Mohammedan /məu'hæmədən/ n. mohamedán

moist /moist/ adj. vlhký, navlhčený

moisten /'moisən/ v. navlhčiť sa, zvlhnúť

molar /'məulə/ n. zadný zub, stolička

molasses /mə'læsəz/ n. 1. melasa 2. sirup

mole /məul/ n. 1. krtko 2. materské znamienko

molecule /'molikju:l/ n. molekula

molten /'məultən/ n. nerast roztavený

moment /'məumənt/ n. 1. okamih 2. príležitosť, *at the moment* práve teraz

275

monarch /'monək/ n. panovník, vládca
monarchy /'monəki/ -*ie*- n. monarchia
monastery /'monəstri/ -*ie*- n. kláštor
Monday /'mandi/ n. pondelok
monetary /'manətəri/ adj. peňažný, menový
money /'mani/ n. 1. peniaze 2. bohatstvo, *be in the money* byť pri peniazoch, byť bohatý
money-order /'mani,o:də/ n. peňažná poukážka
monitor /'monətə/ n. monitor
monk /maŋk/ n. mních
monkey /'maŋki/ n. 1. opica 2. nezbedník
monologue /'monəlog/ n. monológ
monopoly /mə'nopəli/ -*ie*- n. 1. monopol 2. výsada
monsoon /mon'su:n/ n. *the* m. monzún
monster /monstə/ n. netvor, obluda
month /manθ/ n. mesiac *kalendárny*
monthly /'manθli/ adv. mesačne
monument /'monjəmənt/ n. pamätník, pomník
mood /mu:d/ n. nálada, rozpoloženie
moody /'mu:di/ -*ie*- adj. 1. náladový 2. mrzutý
moon /mu:n/ n. 1. *the* M. Mesiac 2. mesiac
moonlight /'mu:nlait/ n. mesačný svit
moonshot /'mu:nšot/ n. let na Mesiac
moor /muə/ n. slatina, bažina

moor v. kotviť
moral /ˈmorəl/ adj. mravný, morálny
more /moː/ adv. 1. viac než *than* 2. viacej, *no more* už nie, *more or less* viac menej
moreover /moːr ˈəuvə/ adv. navyše, ba čo viac
morning /ˈmoːniŋ/ n. 1. ráno 2. dopoludnie, *in the morning* ráno
morose /məˈrəus/ adj. mrzutý, nevľúdny
morsel /ˈmoːsəl/ n. kúsok, hlt
mortality /moːˈtæliti/ n. *mortality rate* úmrtnosť
mortar /ˈmoːtə/ n. malta
mortgage /ˈmoːgidž/ n. hypotéka
mortuary /ˈmoːčuəri/ -ie- n. márnica
moss /mos/ n. mach

most /məust/ adv. najväčšmi
most adj. 1. najviac koho/čoho *of* 2. najväčší
mostly /ˈməustli/ adv. 1. najmä 2. väčšinou
motel /məuˈtel/ n. motel
moth /moθ/ n. moľ
mother /ˈmaðə/ n. matka
mother-in-law /ˈmaðə in loː/ n. svokra
motif /məuˈtiːf/ n. 1. námet, téma 2. motív
motion /ˈməušən/ n. 1. pohyb 2. posunok
motion picture /ˌməušən ˈpikčə/ AmE n. film
motive /ˈməutiv/ n. 1. pohnútka, motív 2. námet, téma
motley /ˈmotli/ adj. pestrý, nesúrodý

motor /'məutə/ n. motor

motorbike /'məutəbaik/ n. motorka

motorcar /'məutəka:/ n. motorové vozidlo

motorway /'məutəwei/ n. diaľnica, autostráda

mould /məuld/ n. pleseň

mound /maund/ n. 1. val, násyp 2. mohyla

mount /maunt/ v. 1. nastúpiť na 2. jazdiť na *on* 3. stúpať

mountain /'mauntən/ n. vrch, hora

mountaineer /ˌmauntə'niə/ n. horolezec

mourn /mo:n/ v. smútiť, trúchliť

mourning /'mo:niŋ/ n. 1. smútok 2. smútočné šaty

mouse /maus/ pl. *mice* n. myš

moustache /mə'sta:š/ n. fúzy

mouth /mauθ/ n. 1. ústa, papuľa 2. ústie 3. otvor

move /mu:v/ v. 1. pohybovať sa 2. napredovať 3. sťahovať sa, *move in* nasťahovať sa, *move over* ustúpiť

movement /'mu:vmənt/ n. 1. pohyb 2. posunok 3. hnutie

movie /'mu:vi/ AmE n. film

moving picture /ˌmu:viŋ 'pikčə/ AmE n. film

moving staircase /ˌmu:viŋ 'steəkeis/ n. pohyblivé schody

mow /məu/ *mowed/mown* v. kosiť, žať

mown /məun/ p. mow

museum

MP /ˌem ˈpiː/ skr. *Member of Parliament* n. britský poslanec

Mr /ˈmistə/ skr. *Mister* n. pán

Mrs /ˈmisəz/ skr. *Mistress* n. pani

Ms /miz/ n. slečna, pani

much /mač/ *more, most* adv. 1. veľmi 2. dosť 3. často, *how many?* koľko?, *so many the better* tým lepšie, *not many!* sotva !

much *more, most* adv. veľa

muck /mak/ n. špina

mud /mad/ n. blato, bahno

mudguard /ˈmadgaːd/ n. blatník

muffin /ˈmafən/ n. koláčik

muffle /ˈmafəl/ v. stlmiť

mug /mag/ n. hrnček

mule /mjuːl/ n. mulica

multiple /ˈmaltəpəl/ adj. mnohonásobný

multiply /ˈmaltəplai/ v. násobiť čím *by*

mum /mam/ n. mama

mummy /ˈmami/ -*ie*- n.1. mamička 2. múmia

mumps /mamps/ n. *the* m. mumps

municipal /mjuːˈnisəpəl/ adj. mestský, obecný

murder /ˈməːdə/ n. vražda

murder v. zavraždiť

murky /ˈməːki/ -*ie*- adj. tmavý, temný

murmur /ˈməːmə/ v. 1. šeptať 2. šumieť

muscle /ˈmasəl/ n. sval

muse /mjuːz/ v. hĺbať, premýšľať

muse n. múza, inšpirácia

museum /mjuːˈziːəm/ n. múzeum

mushroom /'mašru: m/ n. hríb
music /'mju: zik/ n. hudba
musical instrument /,mju: zikəl instrəmənt/ n. hudobný nástroj
musician /mju: 'zišən/ n. hudobník
Muslim /'mazləm/ n. mohamedán
must / məst, mast/ v. musieť, mať povinnosť
must n. mušt
mustard /'mastəd/ n. horčica
muster /'mastə/ v. 1. zhromaždenie 2. nástup, prehliadka
musty /'masti/ -ie- adj. plesnivý
mutation /mju: 'teišən/ n. premena, mutácia
mute /mju: t/ adj. tichý, nemý
mutiny /'mju: təni/ -ie- n. vzbura na lodi
mutual /'mju: čuəl/ adj. 1. vzájomný 2. spoločný
muzzle /'mazəl/ n. pysk, ňufák
my /mai/ pron. 1. môj 2. svoj
myself /mai'self/ pron. 1. sa, si 2. sám, osobne
mysterious /mi'stiəriəs/ adj. tajomný, záhadný
mystery /'mistəri/ -ie- n. tajomstvo, záhada
mystify /'mistəfai/ -ie- v. popliesť, zmiasť
myth /miθ/ n. báj, mýtus

N

nab /næb/ -bb- v. pristihnúť

nacre /'neikə/ n. perleť

nag /næg/ -gg- v. rýpať, vadiť sa

nail /neil/ n. 1. klinec 2. necht

nail v. pribiť

naked /'neikəd/ adj. nahý, *with the naked eye* voľným okom

name /neim/ n. 1. meno, názov 2. povesť, reputácia

name day /'neim dei/ n. meniny

namely /'neimli/ adv. totiž

nape /neip/ n. šija, zátylok

napkin /'næpkən/ n. obrúsok, servítka

nappy /'næpi/ -ie- n. plienka

narcissus /na:'sisəs/ pl. *narcissuses/narcissi* n. narcis

narrate /nə'reit/ v. porozprávať, opísať

narration /nə'reišən/ n. príbeh, rozprávanie

narrow /'nærəu/ adj. úzky

nasty /'na:sti/ -ie- adj. hrozivý, zlovestný

nation /'neišən/ n. 1. národ 2. ľud 3. štát

national /'næšənəl/ adj. národný

nationalism /'næšənəlizəm/ n. 1. nacionalizmus 2. vlastenectvo

nationality
/ˌnæʃəˈnæləti/ n.
1. štátna príslušnosť
2. národnosť

national service
/ˌnæʃənəl ˈsə: vis/ n.
povinná vojenská
služba

native /ˈneitiv/ adj.
1. rodný 2. rodený

native n. rodák

natural /ˈnæčərəl/ adj.
1. prírodný
2. pozemský
3. prirodzený

natural gas
/ˌnæčərəl gæs/ n.
zemný plyn

naturally /ˈnæčərəli/
adv. 1. prirodzene
2. samozrejme

nature /ˈneičə/ n.
1. príroda
2. povaha,
prirodzená
vlastnosť, *by nature*
od prírody

naughty /ˈno: ti/ -*ie*-
adj. neposlušný

nausea /ˈno: ziə/ n.
nevoľnosť

nautical /ˈno: tikəl/
adj. 1. námorný,
morský
2. námornícky

navigate /ˈnævəgeit/
v. viesť, riadiť

navy /ˈneivi/ n.
vojnové loďstvo

near /niə/ *nearer,
nearest* adj.
1. blízky 2. dôverný

near *nearer, nearest*
adv. 1. blízko
2. takmer

nearby /ˈniəbai/ adj.
vedľajší, susedný

nearly /ˈniəli/ adv.
skoro, takmer

neat /ni: t/ adj.
1. úhľadný
2. čistotný

necessary /ˈnesəsəri/
adj. nevyhnutný,
potrebný na *for*

necessity /nəˈsesəti/
-*ie*- n. nevyhnutnosť

neck /nek/ n. krk

necklace /'nekləs/ n.
náhrdelník
neckline /'neklain/ n.
výstrih
necktie /'nektai/ AmE
n. kravata
need /ni: d/ n. 1.
potreba, nedostatok
2. nevyhnutnosť
need v. 1. potrebovať
2. vyžadovať si
needle /'ni: dl/ n.
1. ihla 2. ihlica
negate /ni'geit/ v.
zničiť
negative /'negətiv/
adj. 1. záporný
2. odmietavý
negative n. 1.
odmietnutie
2. negatív
neglect /ni'glekt/ v.
zanedbávať, nedbať
negotiate /ni'gəušieit/
v. vyjednávať
Negress /'ni: grəs/ n.
černoška
Negro /'ni: grəu/ pl.
Negroes n. černoch

neighbour /'neibə/ n.
sused
neither /'naiðə/ adj.
žiadny z dvoch
neither conj. *neither ...
nor* ani ... ani
nephew /'nefju: / n.
synovec
nerve /nə: v/ n. nerv
nervous /'nə: vəs/ adj.
nervózny z *of*, pre
about
nest /nest/ n.
1. hniezdo 2. úkryt,
brloh
net /net/ n. 1.
sieťovina 2. sieť
net *-tt-* v. uloviť
network /'netwə: k/ n.
sieť, vedenie
neutral /'nju: trəl/ adj.
1. nestranný
2. nevýrazný
neutron bomb /'nju:
tron,bom/ n.
neutrónová bomba
never /'nevə/ adv.
1. nikdy 2. vôbec
nie

283

nevertheless /ˌnevəðəˈles/ adv. predsa len, napriek tomu
new /njuː/ adj. 1. nový 2. čerstvý
newcomer /ˈnjuːkəmə/ n. nováčik, začiatočník
news /njuːz/ n. správa, novinka
newsagent /ˈnjuːzˌeidžənt/ n. predavač novín
newscaster /ˈnjuːzˌkaːstə/ n. hlásateľ, reportér
news conference /ˈnjuːz ˌkonfərəns/ n. tlačová konferencia
newspaper /ˈnjuːsˌpeipə/ n. noviny
newsstand /ˈnjuːzstænd/ n. knižný stánok
newsy /ˈnjuːzi/ adj. klebetný

New Year's Day /ˌnjuː jiəzˈdei/ n. Nový rok 1. január
New Year's Eve /ˌnjuː jiəz iːv/ n. Silvester
next /nekst/ determ. 1. budúci 2. ďalší 3. nasledujúci
next-door /ˌnekst ˈdoː/ adj. susedný, vedľajší
nibble /ˈnibəl/ v. *nibble away* ujedať, odhrýzať
nice /nais/ adj. 1. pekný, príjemný 2. milý, jemný
nickel /ˈnikəl/ n. nikel
nickname /ˈnikneim/ n. 1. prezývka 2. krycie meno
niece /niːs/ n. neter
niggard /ˈnigəd/ n. lakomec
niggle /ˈnigəl/ v. vŕtať sa, rýpať sa
night /nait/ n. 1. noc 2. večer 3. premiéra, *by night* v noci

nightclub /'naitklab/ n. bar, nočný podnik

nightdress /'naitdres/ n. nočná košeľa

nightingale /'naitiŋgeil/ n. slávik

nightmare /'naitmeə/ n. zlý sen, nočná mora

nil /nil/ n. nič, nula

nimble /'nimbəl/ adj. čulý, pohyblivý

nine /nain/ num. deväť

ninepins /'nain,pinz/ n. kolky

nineteen /,nain'ti:n/ num. devätnásť

ninety /'nainti/ num. deväťdesiat

nip /nip/ *-pp-* v.
1. zovrieť, zahryznúť
2. odstrihnúť

nip n. chlad, mráz

nipple /'nipəl/ n.
1. prsná bradavka
2. cumeľ

nitrogen /'naitrədžən/ n. dusík

no /nəu/ adv. 1. nie *vetný zápor* 2. nie vôbec, *no better* o nič lepší

no pron. žiadny

nobility /nəu'biləti/ *-ie-* n. *the* nobility šľachta

noble /'nəubəl/ adj.
1. ušľachtilý
2. šľachtický

nobleman /'nəubəlmən/ pl. *noblemen* n. šľachtic

nobody /'nəubədi/ pron. nikto

nod /nod/ *-dd-* v.
1. kývnuť hlavou
2. prikývnuť

node /nəud/ n.
1. uzol
2. uzlina

noise /noiz/ n. hluk, hrmot

noisy /'noizi/ adj. hlučný, hrmotný

noncommissioned officer /ˌnɒnkəˌmɪʃəndˈɒfɪsə/ n. poddôstojník

none /nan/ pron. 1. žiadny, nijaký z *of* 2. ani jeden z *of* 3. nikto

nonetheless /ˌnanðəˈles/ adv. napriek tomu

non-existent /ˌnɒnɪgˈzɪstənt/ adj. nejestvujúci

non-finite /ˌnɒnˈfaɪnaɪt/ adj. nekonečný

nonsense /ˈnɒnsəns/ n. nezmysel, hlúposť

nonsmoker /ˌnɒnˈsməʊkə/ n. nefajčiar

nonstop /ˌnɒnˈstɒp/ adj., adv. priamy, bez prerušenia

noodle /nuːdl/ n. rezanec

nook /nʊk/ n. 1. kút, kútik 2. skrýša

noon /nuːn/ n. poludnie

no one /ˈnəʊ wan/ pron. nikto

nor /nɔː/ conj. ani po zápore

norm /nɔːm/ n. norma, štandard

normal /ˈnɔːməl/ adj. bežný, obyčajný, normálny

north /nɔːθ/ n. *the* north sever

north adj. severný

northern /ˈnɔːðən/ adj. 1. severný 2. severský

Northern Lights /ˌnɔːðənˈlaɪts/ n. *the* N.L. polárna žiara

North Pole /ˌnɔːθˈpəʊl/ n. *the* N.P. severný pól

Norway /ˈnɔːweɪ/ n. Nórsko

nose /nəʊz/ n. nos, rypák

nostril /ˈnɒstrəl/ n. nozdra

nosy /'nəuzi/ adj. zvedavý
not /not/ adv. nie
slovný zápor, ne-,
I do not know
neviem, *not at all*
niet začo
notable /'nəutəbəl/ adj. 1. pozoruhodný 2. významný
notably /'nəutəbli/ adv. najmä, zvlášť
notary /'nəutəri/ n. notár
note /nəut/ n. 1. poznámka 2. dodatok 3. odkaz, lístok 4. bankovka 5. nota
note v. 1. všimnúť si, spozorovať 2. uviesť
note-book /'nəutbuk/ n. zápisník
noted /'nəutəd/ adj. slávny, významný
note-paper /'nəut,peipə/ n. listový papier

noteworthy /'nəut,we:ði/ adj. pozoruhodný *na/v in*
nothing /'naθiŋ/ pron. 1. nič 2. bezvýznamná vec
notice /'nəutəs/ n. 1. vyhláška, oznam 2. upozornenie
notice v, všimnúť si, spozorovať
notice board /'nəutəs,bo:d/ n. nástenka
notify /'nəutəfai/ *-ie-* v. oznámiť, informovať o *of*
notion /'nəušən/ n. 1. predstava 2. nápad 3. názor
notwithstanding /,notwiθ'stændiŋ/ prep. napriek tomu
nought /no:t/ n. nula
noun /naun/ n. podstatné meno

nourish /ˈnariš/ v. živiť
novel /ˈnovəl/ n. román
novel adj. nový, nezvyčajný
November /nəuˈvembə/ n. november
now /nau/ adv. teraz, vtedy
nowadays /ˈnauədeiz/ adv. dnes, v súčasnosti
no way /ˌnəu ˈwei/ adv. v žiadnom prípade
nowhere /ˈnəuweə/ adv. nikde, nikam
no-win situation /nəu ˈwin sitju,eišən/ n. bezvýchodisková situácia
noxious /ˈnokšəs/ adj. škodlivý, zhubný
nozzle /ˈnozəl/ n. tryska

nuclear /ˈnju: kliə/ adj. jadrový, atómový, nukleárny
nuclear family /ˌnju: kliə ˈfæməli/ n. *úzka* rodina
nucleus /ˈnju: kliəs/ pl. *nuclei* /nju: kliai/ n. 1. atómové jadro 2. bunkové jadro
nude /nju: d/ adj. nahý
nude n. akt
nudge /nadž/ v. štuchnúť, strčiť
nuisance /ˈnju: səns/ n. nepríjemnosť
nullify /ˈnaləfai/ -*ie*- v. zrušiť, anulovať
numb /nam/ adj. necitlivý, ochromený
number /ˈnambə/ n. 1. číslo 2. pl. *numbers* veľký počet, množstvo
number v. 1. číslovať 2. dosiahnuť
numerous /ˈnju: mərəs/ adj. početný

nun /nan/ n. mníška
nuptial /'napšəl/ adj.
1. manželský
2. svadobný
nurse /nə: s/ n. ošetrovateľka, opatrovateľka
nurse v. ošetrovať, opatrovať
nursery /'nə: səri/ -ie- n. jasle

nursing home /'nə: siŋ həum/ n. penzión
nut /nat/ n. orech
nutriment /'nju: trəmənt/ n. strava, potrava
nutritious /nju: 'trišəs/ adj. výživný
nutshell /'natšel/ n. orechová škrupinka
nylon /'nailon/ n. nylon

O

oak /əuk/ n. 1. dub 2. dubové drevo
oar /o:/ n. veslo
oarsman /'o:zmən/ n. veslár
oath /əuθ/ n. prísaha
oatmeal /'əutmi:l/ n. ovsené vločky
obedient /ə'bi:diənt/ adj. poslušný
obey /əu'bei/ v. poslúchať
obituary /ə'bičuəri/ -ie- n. nekrológ
object /'obdžikt/ n. predmet, vec, objekt
object /əb'džəkt/ v. namietať, protestovať
objection /əb'džəkšən/ n. námietka, protest
oblation /ə'bleišən/ n. obeť

obligation /,oblə'geišən/ n. záväzok, povinnosť
oblige /ə'blaidž/ v. 1. donútiť 2. urobiť láskavosť
obliging /ə'blaidžiŋ/ adj. ochotný
oblique /ə'bli:k/ adj. nepriamy
obliterate /ə'blitəreit/ v. zničiť, vyhladiť
oblong /'obloŋ/ adj. podlhovastý
obloquy /'obləkwi/ n. osočovanie, urážka
oboe /'əubəu/ n. hoboj
obscure /əb'skjuə/ adj. nezrozumiteľný, nejasný
observant /əb'zə:vənt/ adj. všímavý, pozorný

observatory /əb'zə:vətəri/ -*ie*- n. hvezdáreň, observatórium

observe /əb'zə:v/ v. 1. všimnúť si, spozorovať 2. poznamenať

obsess /əb'ses/ v. posadnúť

obsession /əb'sešən/ n. posadnutosť

obsolete /'obsəli:t/ adj. zastaraný, prekonaný

obstacle /'obstəkəl/ n. prekážka

obstinate /'obstənət/ adj. tvrdohlavý, vzdorovitý

obstruct /əb'strakt/ v. zatarasiť

obstruction /əb'strakšən/ n. prekážka

obtain /əb'tein/ v. 1. dostať, získať 2. byť platný

obtuse /əb'tju:s/ adj. nechápavý, obmedzený

obverse /'obvə:s/ n. lícna strana, líce

obviate /'obvieit/ v. odstrániť, zlikvidovať

obvious /'obviəs/ adj. očividný, zrejmý

occasion /ə'keižən/ n. 1. príležitosť 2. zámienka

occasion v. spôsobiť, zapríčiniť

occult /'okalt/ adj. tajomný, magický

occupant /'okjəpənt/ n. 1. bývajúci, nájomník 2. užívateľ

occupation /,okjəpeišən/ n. 1. povolanie, zamestnanie 2. záľuba, činnosť 3. okupácia

occupy /'okjəpai/ -*ie*- v. 1. obsadiť, okupovať 2. zabrať 3. obývať

occur /ə'kə:/ -rr- v.
prihodiť sa, stať sa

ocean /'əušən/ n.
oceán

o'clock /ə'klok/ adv.
it's one o'clock je
jedna hodina

October /ok'təubə/ n.
október

octopus /'oktəpəs/ pl.
octopuses/octopi
/oktəpai/ n.
chobotnica

odd /od/ adj.
1. nezvyčajný,
divný 2. nepárny
3. príležitostný

oddly /'odli/ adv.
čudne, zvláštne

oddments /'odmənts/
n. zvyšky

odds /odz/ n.
pravdepodobnosť,
nádej, vyhliadka

odious /'əudiəs/ adj.
odporný

odium /'əudiəm/ n.
nenávisť,
opovrhnutie

odour /'əudə/ n. pach,
smrad

of /əv, ə:, ov/ prep.
of course
samozrejme

off /of, o: f/ adv. 1.
preč, byť preč, mať
voľno 2. odstránenie
3. ukončenie, *turn
the light off* vypni
svetlo

off adj. 1. pokazený
2. vypredaný

offal /'ofəl/ n.
vnútornosti, drobky

offence /ə'fens/ n.
1. priestupok, zločin
2. urážka

offend /ə'fend/ v.
1. uraziť, nahnevať
2. pobúriť

offender /ə'fendə/ n.
previnilec,
delikvent

offensive /ə'fensiv/
adj. 1. nepríjemný
2. urážlivý

offensive n. útok,
ofenzíva

offer /'ofə/ v. 1. ponúkať 2. predložiť 3. poskytnúť
offer n. ponuka, návrh
offhand /,of 'hænd/ adj. nezdvorilý, neslušný
office /'ofəs/ n. 1. kancelária, úrad 2. ministerstvo
office block /'ofəs blok/ n. administratívna budova
officer /'ofəsə/ n. 1. dôstojník 2. vysoký úradník 3. policajt
official /ə'fišəl/ n. vysoký úradník
official adj. úradný, oficiálny
officiate /ə'fišieit/ v. celebrovať
offset /'ofset/ -tt- óffset v. 1. vyrovnať, vyvážiť 2. kompenzovať
offshoot /'ofšu: t/ n. 1. výhonok 2. pobočka

offshore /,of 'šo: / adj. pobrežný
offside /,of 'said/ adv. 1. postavenie mimo hry 2. pravá strana
offspring /'of,spriŋ/ pl. *offspring* n. potomok
often /'ofən/ adv. často
ogre /'əugə/ n. obor, ozruta
oil /oil/ n. 1. olej 2. ropa
oil v. olejovať
oilfield /'oilfi: ld/ n. ropné pole
oil slick /'oil slik/ n. ropná škvrna
oil tanker /'oil,tæŋkə/ n. tanková loď
oil well /'oil wel/ n. ropný vrt
okay, OK /əu'kei/ adv. v poriadku, dobre
old /əuld/ adj. 1. starý 2. dávny

old age /ˌəuld ˈeidž/ n. staroba

old age pension /ˌəuld eidž ˈpenšən/ n. dôchodok, penzia *peniaze*

old-fashioned /ˌəuldˈfæšənd/ adj. staromódny

old-timer /ˌəuldˈtaimə/ n. veterán

olive /ˈoləv/ n. oliva

Olympic Games /əˌlimpikˈgeimz/ n. Olympijské Hry

omen /ˈəumən/ n. predzvesť

omit /əuˈmit/ -tt- v. vynechať, vypustiť

omnipotent /omˈnipətənt/ n. Boh všemocný, všemohúci

on /on/ prep. 1. na 2. cez, *on Sunday* v pondelok, 3. o, *on foot* pešo

on adv. 1. stále, neprestajne 2. ďalej, *have nothing on* nemať nič na sebe

on adj. fungujúci

on-air /ˈon eə/ adj. vysielaný na živo

once /wans/ adv. 1. raz kedysi 2. voľakedy, *once more* ešte raz, *once upon a time* kde bolo tam bolo

one /wan/ determ. 1. jeden 2. nejaký, dajaký 3. ten istý

one another /ˌwan əˈnaðə/ pron. jeden druhému

oneself /wanˈself/ pron. zvratné seba, sa, sebe si, *enjoy oneself* zabaviť sa

one-sided /ˌwanˈsaidid/ adj. jednostranný

one-track mind /ˌwan trækˈmaind/ n. jednostranná orientácia

one-way /ˌwan'wei/ adj. jednosmerný
ongoing /'on,gəuiŋ/ adj. pokračujúci
onion /'anjən/ n. cibuľa
online /'onlain/ adj. priamo spojený
onlooker /'on,lukə/ n. divák
only /'əunli/ adj. 1. jediný 2. najlepší
only adv. len, iba
onrush /'onraš/ n. nával, nápor
onshore /ˌon'šo:/ adj. pobrežný
onslaught /'onslo:t/ n. útok, nápor
onstream /ˌon'stri:m/ adv. v prevádzke
onto /'ontə/ prep. na, do
onwards /'onwədz/ adv. dopredu
ooze /u:z/ v. 1. tiecť, vytekať 2. vyprchať
ooze n. bahno
opaque /əu'peik/ adj. 1. nepriehľadný 2. nejasný

open /'əupən/ adj. 1. otvorený 2. šíry, voľný, *the open sea* šíre more 3. voľný
open v. otvoriť sa, začať
open-air /ˌəupən 'eə/ adj. pod šírym nebom
open-air theatre /ˌəupən'eə,θiətə/ n. amfiteáter
opencast /'əupənka:st/ adj. povrchový
open-ended /ˌəupən'endəd/ adj. neurčitý
opener /'əupənə/ n. otvárač
open-minded /ˌəupn'maindid/ adj. nezaujatý
open sandwich /ˌəupn 'sændwič/ n. obložený chlebík
open secret /ˌəupn 'si:krət/ n. verejné tajomstvo

opera /ˈopərə/ n. opera
operate /ˈopəreit/ v.
1. obsluhovať, riadiť stroj 2. pôsobiť 3. operovať koho *on*, na čo *for*
operating theatre /ˈopəreitiŋˌθiətə/ n. operačná sála
operation /ˌopəˈreišən/ n. obsluhovanie, riadenie
operative /ˈopərətiv/ adj. platný, účinný
operator /ˈopəreitə/ n. operatér, prevádzkovateľ
opinion /əˈpinjən/ n. 1. názor, *in my opinion* podľa môjho názoru 2. mienka
opponent /əˈpəunənt/ n. oponent, protivník, odporca
opportune /ˈopətjuːn/ adj. vhodný, príhodný

opportunity /ˌopəˈtjuːnəti/ *-ie-* n. príležitosť, možnosť
oppose /əˈpəuz/ v. byť proti, čeliť
opposite /ˈopəzət/ n. opak, protiklad
opposition /ˌopəˈzišən/ n. 1. odpor, odmietnutie 2. opozícia
oppress /əˈpres/ v. utláčať, potláčať
oppression /əˈprešən/ n. útlak
opprobrium /əˈprəubriəm/ n. hanba, potupa
opt /opt/ v. vybrať si, zvoliť si
optician /opˈtišən/ n. optik
optional /ˈopšənəl/ adj. voliteľný, dobrovoľný
opulence /ˈopjələns/ n. bohatstvo
opulent /ˈopjələnt/ adj. bohatý, zámožný

or /ə, ə:/ conj. alebo
orange /'orəndž/ n. pomaranč
orbit /'o: bət/ n. obežná dráha
orbit v. obiehať vo vesmíre
orchard /'o: čəd/ n. ovocný sad
orchestra /'o: kəstrə/ n. orchester
ordain /o: 'dein/ v. 1. vysvätiť 2. nariadiť
order /'o: də/ n.1. poradie, sled 2. poriadok 3. objednávka
order v. 1. rozkázať, prikázať 2. objednať si
orderly /'o: dəli/ n. sanitár
ordinance /'o: dənəns/ n. nariadenie, výnos
ordinary /'o: dənri/ adj. bežný, obyčajný
ordure /'o: djuə/ n. výkaly

ore /o:/ n. ruda
organ /'o: gən/ n.1. orgán 2. organ
organization /,o: gənai'zeišən/ n. organizácia, útvar
orientate /'o: riənteit/ v. orientovať, usmerniť
orifice /'orəfəs/ n. ústie, otvor
origin /'orədžən/ n. 1. pôvod 2. počiatok
original /ə'ridžənəl/ adj. originálny, pôvodný
ornament /'o: nəmənt/ v. ozdobiť, skrášliť
orphan /'o: fən/ n. sirota
orphanage /'o: fənidž/ n. sirotinec
oscillate /'osəleit/ v. 1. kmitať, oscilovať 2. váhať
ostrich /'ostrič/ n. pštros
other /'aðə/ adj. 1. iný, druhý 2. ďalší

otherwise /'aðəwaiz/ adv. inak, ináč

otiose /'əušiəus/ adj. zbytočný, nadbytočný *hovor.*

ought /o: t/ v. mal by si

ounce /auns/ n. 1. unca 2. štipka

our /auə/ determ. náš, -a,-e

Our Father /,auə 'fa: ðə/ n. Otčenáš *motlidba*

Our Lady /,auə ' Íeidi/ n. Panna Mária

ours /auəz/ pron. náš *samostatne*

ourselves /auə'selvz/ pron. seba, sa

oust /aust/ v. vytlačiť

out /aut/ adv. 1. von 2. preč 3. nahlas

outbreak /'autbreik/ n. 1. vypuknutie, vzplanutie 2. vzbura

outburst /'autbə: st/ n. prepuknutie

outcome /'autkam/ n. výsledok, záver

outdated /,aut'deitəd/ adj. zastaraný, nemoderný

outdid /aut'did/ p. outdo

outdo /aut'du/ *outdid, outdone* v. prekonať, predbehnúť

outdone /aut'dan/ p. outdo

outdoor /'autdo: / adj. konaný vonku

outdoors /,aut'do: z/ adv. vonku, von

outer /'autə/ adj. 1. vonkajší 2. vrchný

outfall /'autfo: l/ n. ústie rieky

outfit /'aut fit/ n. výstroj

outflow /'aut fləu/ n. únik, odčerpávanie

outgoings /'aut,gəuiŋz/ n. výdavky, náklady

outgrow /aut'grəu/ *outgrew, outgrown* v. vyrásť

outgrown /aut'grəun/ p. outgrow
outing /'autiŋ/ n. výlet, vychádzka
outlaw /'autlo:/ v.
1. vyobcovať
2. postaviť mimo zákon
outlay /'autlei/ n. výdavok
outline /'autlain/ n. črta, obrys, kontúra
outlive /aut'liv/ v. prežiť
outlook /'aut luk/ n.
1. výhľad, vyhliadka
2. perspektíva
out-of-date /,autəv'deit/ adj. zastaraný, nemoderný
output /'autput/ n. produkcia, výroba
outrage /'autreidž/ n. násilie, krutosť
outran /aut'ræn/ p. outrun

outright /'autrait/ adj. istý, nesporný, nepochybný
outrun /aut'ran/ *outran, outrun* v. predbehnúť, predstihnúť
outside /aut'said/ n.
1. vonkajšok
2. zovňajšok
outside /aut'said/ adv. von, vonku, mimo
outskirts /'autskə:ts/ n. periféria, okraj
outstanding /aut'stændiŋ/ adj.
1. vynikajúci
2. nevyrovnaný dlh
oval /'əuvəl/ n. elipsa
oven /'avən/ n. rúra, pec
over /'əuvə/ prep.
1. priamo nad
2. cez, ponad
over adv. 1. viac
2. príliš, *all over the world* na celom svete
over adj. skončený

overall /ˌəuvər ˈoː/ adv. 1. spolu, dohromady, celkovo 2. vo všeobecnosti

overall /ˈəuvərɔː l/ n. pracovný plášť

overboard /ˈəuvəbɔː d/ adv. cez palubu

overburden /ˌəuvəˈbəː dn/ v. preťažiť

overcame /ˌəuvəˈkeim/ p. overcome

overcast /ˌəuvəˈkaː st/ adj. zamračený

overcharge /ˌəuvəˈčadž/ v. predražiť

overcloud /ˌəuvəˈklaud/ v. zamračiť sa, zatiahnuť sa

overcoat /ˈəuvəkəut/ n. kabát, plášť

overcome /ˌəuvəˈkam/ *overcame, overcome* v. prekonať, zdolať

overcrowd /ˌəuvəˈkraud/ v. preplniť, prepchať

overdid /ˌəuvəˈdid/ p. overdo

overdo /ˌəuvəˈduː/ *overdid, overdone* v. prehnať, zveličiť

overdone /ˌəuvəˈdan/ p. overdo

overdose /ˈəuvədəus/ v. predávkovať sa

overdraw /ˌəuvəˈdrɔː / *overdrew, overdrawn* v. prekročiť úver

overdrawn /ˌəuvəˈdrɔun/ p. overdraw

overdrew /ˌəuvəˈdruː/ p. overdraw

overdue /ˌəuvəˈdjuː/ adj. 1. oneskorený 2. nevyhnutný

overflow /ˌəuvəˈfləu/ v. pretiecť, preliať sa

overheads /ˈəuvəhedz/ n. réžia *peniaze*

overhear /ˌəuvəˈhiə/ *overheard* v. 1. načúvať 2. počuť

overheard /,əuvə'hə:d/ p. overhear

overjoyed /,əuvə'džoid/ adj. nesmierne potešený

overland /,əuvə'lænd/ adv. po zemi, po súši

overleaf /,əuvə'li: f/ adv. na druhej strane listu

overlook /,əuvə'luk/ v. prehliadnuť, nevšimnúť si

overnight /,əuvə'nait/ adv. cez noc

overpaid /,əuvə'peid/ p. overpay

overpay /,əuvə'pei/ *overpaid* v. preplatiť, zaplatiť viac

overran /,əuvə'ræn/ p. overrun

overrun /,əuvə'ran/ *overran, overrun* v. 1. zamoriť 2. prekročiť

overseas /,əuvə'si: z/ adv. za more

oversight /'əuvəsait/ n. nedopatrenie, prehliadnutie

oversleep /,əuvə'sli: p/ *overslept* v. zaspať

overslept /,əuvə'slept/ p. oversleep

overt /'əuvə: t/ adj. verejný, neutajený

overtake /,əuvə'teik/ *overtook, overtaken* v. predbehnúť, predísť

overtaken /,əuvə'teikən/ p. overtake

overtime /'əuvətaim/ n. nadčas

overtook /,əuvə'tuk/ p. overtake

overview /'əuvəju: / n. prehľad

overweight /,əuvə'weit/ adj. tučný *nadváha*

overwhelm
/ˌəuvə'welm/ v.
1. premôcť, zdolať
2. zaplaviť
owe /əu/ v. 1. byť dlžný 2. byť zaviazaný
owing /'əuiŋ/ adj. dlžný, nezaplatený
owl /aul/ n. sova
own /əun/ adj. vlastný
own v. vlastniť

owner /'əunə/ n. majiteľ, vlastník
ox /oks/ pl. *oxen* n. vôl
oxide /'oksaid/ n. oxid
oxygen mask
/'oksidžən ma: sk/
n. kyslíková maska
oyster /'oistə/ n. ustrica
ozone /'əuzəun/ n. ozón

P

pace /peis/ n. 1. krok 2. rýchlosť
pace v. kráčať
pacific /pə'sifik/ adj. mierumilovný, mierový
pacify /'pæsəfai/ -ie- v. ukľudniť, utíšiť
pack /pæk/ n. 1. náklad, batoh 2. AmE balík 3. črieda, kŕdeľ
pack v. zbaliť si, zabaliť si
package /'pækidž/ n. balík
packet /'pækət/ n. balíček, krabička
pad /pæd/ n. 1. vypchávka 2. blok
pad -dd- v. vypchať
paddle /'pædl/ n. veslo

padlock /'pædlok/ n. visiaca zámka
pagan /'peigən/ n. pohan
page /peidž/ n. strana, stránka
paid /peid/ p. pay
pail /peil/ n. vedro
pain /pein/ n. bolesť
pain v. bolieť
painless /'peinləs/ adj. bezbolestný
painstaking /'peinz,teikiŋ/ adj. starostlivý, dôsledný
paint /peint/ n. 1. farba, farbivo 2. náter
paint v. farbiť, natierať
painter /'peintə/ n. 1. maliar-natierač 2. akademický maliar

303

pair /peə/ n. pár
palace /'pæləs/ n. palác
palatable /'pælətəbəl/ adj. chutný *jedlo*
pale /peil/ adj. 1. bledý 2. matný
pale n. 1. kôl 2. medza
pallet /'pælət/ n. paleta, podstavec
palliate /'pælieit/ v. zmierniť
palm /pa: m/ n. 1.palma 2.dlaň
palmistry /'pa: məstri/ n. veštenie z ruky
palmy /'pa: mi/ -*ie*- adj. úspešný, prosperujúci
palpable /'pælpəbəl/ adj. zrejmý, očividný
paltry /'po: ltri/ -*ie*- adj. mizerný, úbohý
pamper /'pæmpə/ v. rozmaznať
pan /pæn/ n. panvica

pancake /'pæŋkeik/ n. palacinka
Panda car /'pændə ka: / n. policajné auto
panel /'pænl/ n. 1. panel 2. prístrojová doska
panic /'pænik/ n. panika
panties /'pæntiz/ n. dámske nohavičky
pantry /'pæntri/ -*ie*- n. špajzka, komora
pants /pænts/ AmE n.dámske nohavičky
papal /'peipəl/ adj. pápežský
paper /'peipə/ n. 1. papier 2. noviny
paperwork /'peipəwə: k/ n. úradovanie, papierovanie
paprika /'pəprikə/ n. mletá paprika
parachute /'pærəšu: t/ n. padák
parade /pə'reid/ n. prehliadka

parade v.
1. pochodovať
2. promenádovať sa

paradise /'pærədais/ n. raj

parallel /'pærəlel/ adj. rovnobežný, paralelný

paralyse /'pærəlaiz/ v. ochrnúť

parasite /'pærəsait/ n.
1. parazit 2. príživník

paratrooper /'pærə,tru:pə/ n. výsadkár, parašutista

parcel /'pa: səl/ n. balík

pardon /'pa: dn/ n.
1. milosť
2. ospravedlnenie

pare /peə/ v. 1. strihať
2. lúpať

parent /'peərənt/ n. rodič

par excellence /,pa: r'eksəla: nz/ adj. vynikajúci

parish /'pæriš/ n. farnosť, fara

park /pa: k/ n. park

park v. parkovať

parking lot /'pa: kiŋ lot/ AmE n. parkovisko

parliament /'pa: ləmənt/ n. parlament

parlor car /'pa: lə ka: / AmE n. spací vozeň

parquet /'pa: kei/ n. parkety

parrot /'pærət/ n. papagáj

parsley /'pa: sli/ n. petržlen

parson /'pa: sən/ n. farár, pastor, kňaz

part /pa: t/ n.1. časť, súčasť 2. diel

part v. 1. rozísť sa
2. rozdeliť sa

participant /pa: 'tisəpənt/ n. účastník

participate /pa: 'tisəpeit/ v. zúčastniť sa

particle /'pa: tikəl/ n. čiastočka
particular /pə'tikjələ/ adj. zvláštny, špecifický
partnership /'pa: tnəšip/ n. obchodná spoločnosť, partnerstvo
partridge /'pa: tridž/ n. jarabica
part-time /,pa: t'taim/ adj. čiastočný pracovný úväzok
party /'pa: ti/ -ie- n. 1. večierok, spoločnosť 2. strana
parvenu /'pa: vənju: / n. zbohatlík
pass /pa: s/ v. 1. prejsť, ísť 2. podať, dať
pass n. 1. lístok, preukaz 2. priesmyk
passage /'pæsidž/ n. chodba, pasáž, priechod
passbook /'pa: sbuk/ n. vkladná knižka
passenger /'pæsəndžə/ n. cestujúci
passerby /,pa: sə'bai/ n. okoloidúci
passion /'pæšən/ n. vášeň, náruživosť
passive /'pæsiv/ adj. pasívny, nečinný
passport /'pa: spo: t/ n. cestovný pas
password /'pa: swə: d/ n. heslo
past /pa: st/ adj. 1. minulý 2. skončený
past prep. 1. za *miestne* 2. po *časovo*
past s. minulosť
pasta /'pæ: stə/ n. cestovina
paste /peist/ n. 1.pasta 2. lepidlo 3. tmel
pastime /'pa: staim/ n. záľuba
pastor /'pa: stə/ n. pastor, kňaz
past perfect /,pa: st'pə: fikt/ n. predminulý čas

pastry /'peistri/ -*ie*- n.
1. lístkové cesto
2. zákusok

pat /pæt/ -*tt*- v.
1. potľapkať
2. zaklopkať

patch /pæč/ n.
1. škvrna 2. záplata

paté /'pætei/ n.
paštéta

patent /'peitnt/ adj.
patentovaný

patently /'peitntli/
adv. očividne,
celkom

path /pa: θ/ n. cesta,
cestička, chodník

pathetic /pə'θetik/ adj.
dojímavý, clivý

patience /'peišənz/ n.
trpezlivosť

patient /'peišənt/ adj.
trpezlivý

patient n. pacient

patrol /pə'trəul/
n.1.obchôdzka
2. hliadka

patrol -*ll*- v.
hliadkovať, strážiť

patron /'peitrən/ n.
priaznivec,
podporovateľ

patten /'pætn/ n.
drevák

patter /'pætə/ v.
cupotať, cupkať

pattern /'pætən/ n.
vzor, vzorka

pauper /'po: pə/ n.
chudák, úbožiak

pause /po: z/ n.
prestávka, pauza

pavement /'peivmənt/
n. chodník

pavillion /pə'viljən/ n.
pavilón

paw /po: / n. laba

pawn /po: n/ v. založiť

pawn n. 1.záložňa
2. pešiak

pay /pei/ *paid* v.
1. platiť 2. uhradiť

pay n. mzda,
výplata

payee /pei'i: / n.
veriteľ

payment /'peimənt/ n.
platba, úhrada

307

pay phone

pay phone /'pei fəun/ n. telefónny automat

payroll /'peirəul/ n. výplatná listina

pea /pi: / n. hrach

peace /pi: s/ n. 1. mier 2. kľud

peach /pi: č/ n. broskyňa

peacock /'pi: kok/ n. páv

peak /pi: k/ n. vrchol, štít

peal /pi: l/ n. 1. dunenie 2. výbuch

peanut /'pi: nat/ n. búrsky oriešok

pear /peə/ n. hruška

pearl /pə: l/ n. perla

peasant /'pezənt/ n. sedliak, roľník

peat /pi: t/ n. rašelina

peck /pek/ v. ďobnúť

peculiar /pi'kju: liə/ adj. zvláštny, neobvyklý

pedal /'pedl/ n. pedál

peddler /'pedlə/ n. priekupník s drogami

pedestal /'pedəstəl/ n. podstavec, stojan

pedestrian /pə'destriən/ n. chodec

pedigree /'pedəgri: / n. rodokmeň, pôvod

pedlar /'pedlə/ n. podomový obchodník

peel /pi: l/ v. lúpať, odstrániť

peep /pi: p/ v. nakuknúť

peep n. pípnutie, zapípanie

peer /piə/ n. šľachtic

peevish /'pi: viš/ adj. mrzutý, podráždený

peg /peg/ n. 1. vešiak 2. kolík

pelican crossing /,pelikən'krosiŋ/ n. prechod pre chodcov

pellet /ˈpelət/ n.
1. guľka, guľôčka
2. brok

pelt /pelt/ v. hádzať, zasypať

pen /pen/ n. pero

penal /ˈpiːnl/ adj. trestný

penalize /ˈpiːnəlaiz/ v. 1. znevýhodniť 2. trestať

penalty /ˈpenlti/ -ie- n. trest, pokuta

pence /pens/ n. penny

penchant /ˈponšon/ n. záľuba

pencil /ˈpensəl/ n. ceruzka

pendant /ˈpendənt/ n. prívesok, medailón

pendulum /ˈpendjələm/ m. kyvadlo

penetrate /ˈpenətreit/ v. preniknúť, vniknúť

penetration /ˌpenəˈtreišən/ n. preniknutie, prienik

penguin /ˈpeŋgwən/ n. tučniak

peninsula /pəˈninsjələ/ n. polostrov

penny /ˈpeni/ pl. *pennies/pence* n. penca

pension /ˈpenšən/ n. penzia, dôchodok

pension /ˈpenšən/ n. penzión

pensioner /ˈpenšənə/ n. penzista, dôchodca

penury /ˈpenjəri/ n. chudoba, bieda

people /ˈpiːpəl/ n. 1. ľudia 2. občania, ľud 3. národ

pepper /ˈpepə/ n. 1. korenie 2. paprika rastlina

per /pə/ prep. 1. za kus 2. počas, za

per capita /pə ˈkæpətə/ adj., adv. na hlavu *osobu*

perceive /pəˈsiː v/ v. pochopiť, chápať

per cent /pə'sent/ n. percento

percentage /pə'sentidž/ n. percentná sadzba

perception /pə'sepšən/ n. vnímanie, vnem

perch /pə: č/ n. bidlo, pánt

percolate /'pə: kəleit/ v. presiaknuť, prenikať

percolator /'pə: kəleitə/ n. kávovar

percussion /pə'kašən/ n. bicie

perennial /pə'reniəl/ adj. večný, stály

perfect /'pə: fikt/ adj. dokonalý, bezchybný

perfidy /'pə: fədi/ -ie- n. zrada

perforate /'pə: fəreit/ v. prepichnúť

perform /pə'fo: m/ v. urobiť, vykonať, uskutočniť

performance /pə'fo: məns/ n. 1. predstavenie 2. výkon

perfume /'pə: fju: m/ n. 1. vôňa 2. voňavka, parfém

perhaps /pə'hæps/ adv. možno, azda, snáď

peril /'perəl/ n. nebezpečie, riziko

perilous /'perələs/ adj. nebezpečný, riskantný

period /'piəriəd/ n. doba, obdobie

periodical /,piəri'odikəl/ n. časopis, periodikum

perish /'periš/ v. zahynúť

perishables /'perišəbəlz/ n. potraviny podliehajúce skaze

perjury /'pə: džəri/ -ie- n. krivá prísaha

perm /pə: m/ n. trvalá ondulácia

permanent /'pə: mənənt/ adj. trvalý, stály

permission /pə'mišən/ n. dovolenie, povolenie

permit /pə'mit/ -tt- v. dovoliť, povoliť

pernicious /pə'nišəs/ adj. škodlivý, zhubný

perpetrate /'pə: pətreit/ v. spáchať, dopustiť sa čoho

perpetual /pə'pečuəl/ adj. neprestajný, ustavičný

perplex /pə'pleks/ v. zmiasť

persecute /'pə: sikju: t/ v. 1. prenasledovať 2. obťažovať

perseverance /,pə: sə'viərəns/ n. vytrvalosť

persist /pə'sist/ v. zotrvať, vytrvať

persistent /pə'sistənt/ adj. 1. vytrvalý, neodbytný 2. stály

person /'pə: sən/ n. osoba

personal /'pə: sənəl/ adj. osobný, vlastný

personal computer /,pə: sənəl kəm'pju: tə/ n. osobný počítač

personality /,pə: sə'næləti/ -ie- n. osobnosť, individualita

personal property /,pə: sənəl 'propəti/ n. osobné vlastníctvo

personnel /,pə: sə'nəl/ n. zamestnanci, personál

perspective /pə'spektiv/ n. 1. perspektíva 2. výhľad

perspiration /,pə: spə'reišən/ n. pot, potenie

perspire /pə'spaiə/ v. potiť sa

persuade /pə'sweid/ v.
1. prehovoriť
2. presvedčiť
pertain /pə'tein/ v. týkať sa
pertinent /'pə: tənənt/ adj. primeraný, vhodný, týkajúci sa
pervade /pə'veid/ v. šíriť sa, prenikať
perverse /pə'və: s/ adj. zvrátený, zvrhlý
pervert /pə'və: t/ v. zneužiť
pest /pest/ n. škodca
pesticide /'pestəsaid/ n. pesticíd
pestle /'pesəl/ n. tĺčik
pet /pet/ n. miláčik *domáce zvieratko*
petition /pə'tišən/ n. petícia
pet name /,pet 'neim/ n. prezývka
petrify /'petrəfai/ -ie- v. 1. vydesiť
2. skamenieť
petrol /'petrəl/ n. benzín

petroleum jelly /pə,trəuliəm 'dželi/ n. vazelína
petrol station /'petrəl,steišən/ n. benzínové čerpadlo
petticoat /'petikəut/ n. spodnička
petty /'peti/ -ie- adj. bezvýznamný, nepatrný
petty cash /,peti 'kæš/ n. pokladničná hotovosť
petty larceny /,peti 'la: səni/ -ie- n. drobná krádež
pharmacy /'fa: məsi/ -ie- n. 1. lekáreň
2. farmácia
phase /feiz/ n. fáza, obdobie
pheasant /'fezənt/ n. bažant
phenomenal /fi'nomənəl/ adj. mimoriadny, výnimočný

phenomenon /fi'nomənən/ pl. *phenomena* n.
1. jav, úkaz
2. fenomén

philately /fə'lætəli/ n. filatélia

philistine /'filəstain/ n. nevzdelanec

philosophy /fə'losəfi/ -ie- n. filozofia

phlegm /flem/ n. ľahostajnosť

phobia /'fəubiə/ n. strach, fóbia

phone /fəun/ n. telefón

phone book /'fəun buk/ n. telefónny zoznam

phone box /'fəun boks/ n. telefónna búdka

phosphorus /'fosfərəs/ n. fosfor

photo /'fəutəu/ pl. *photos* n. fotka

photocopy /'fəutəu,kopi/ -ie- n. fotokópia

photograph /'fəutəgra:f/ n. fotografia

phrase /freiz/ n. frazeologické spojenie, idiom, fráza

physical /'fizikəl/ adj.
1. telesný 2. fyzický
3. fyzikálny

physical training /,fizikəl 'treiniŋ/ n. telesná výchova

physician /fə'zišən/ AmE n. lekár, doktor

physicist /'fizəsəst/ n. fyzik

physics /'fiziks/ n. fyzika

pianist /'piənəst/ n. klavírista

piano /pi'ænəu/ n. klavír

pick /pik/ v. 1. vybrať si, vyvoliť si 2. trhať, zbierať, *pick flowers* trhať kvety,
pick n. výber, voľba
pickaxe /ˈpik-æks/ n. krompáč
picket /ˈpikət/ n. kôl, tyč
pickpocket /ˈpik,pokət/ n. vreckový zlodej
pick-up /ˈpik ap/ n. 1. dodávkové vozidlo 2. náhodná známosť
picnic /ˈpiknik/ n. piknik
picture /ˈpikčə/ n. 1. obraz, kresba 2. fotografia 3. film
picture v. 1. predstaviť si 2. maľovať, kresliť
picture-postcard /ˌpikčə ˈpəustka: d/ n. pohľadnica
picturesque /ˌpikčəˈresk/ adj. malebný

pidgin English /ˈpidžən iŋgliš/ n. lámaná angličtina
pie /pai/ n. koláč, piroh
piece /pi: s/ n. 1. kus, kúsok 2. časť, diel 3. dielo 4. článok
pier /piə/ n. mólo
pierce /piəs/ v. 1. prepichnúť 2. preniknúť
piercing /ˈpiəsiŋ/ adj. 1. ostrý, mrazivý 2. priamy, prenikavý
piety /ˈpaiəti/ n. zbožnosť, nábožnosť
pig /pig/ n. prasa
pigeon /ˈpidžən/ n. holub
piggyback /ˈpigibæk/ n. jazda na chrbte
pig iron /ˈpig,aiən/ n. surové železo
pigmy /ˈpigmi/ -*ie*- n. trpaslík, škriatok
pigtail /ˈpigteil/ n. vrkoč

pins and needles

pike /paik/ n. 1. šťuka 2. kopija, oštep
pilchard /'pilčəd/ n. sardinky
pile /pail/ n. kopa, hromada
pile v. 1. klásť 2. naložiť
pilfer /'pilfə/ v. kradnúť
pilgrim /'pilgrəm/ n. pútnik
pilgrimage /'pilgrəmidž/ n. púť, putovanie
pill /pil/ n. pilulka
pillage /'pilidž/ v. plieniť, drancovať
pillar /'pilə/ n. pilier, stĺp
pillar box /'pilə boks/ n. poštová schránka
pillow /'piləu/ n. poduška, vankúš
pillowcase /'piləukeis/ n. obliečka na vankúš
pilot /'pailət/ n. pilot, lodivod

pilot v. pilotovať, riadiť
pimple /'pimpəl/ n. vyrážka
pin /pin/ n. špendlík, ihlica
pin -nn- v. zopnúť, pripnúť
pinafore /'pinəfo:/ n. zástera
pincer /'pinsə/ n. klepeto
pincers /'pinsəz/ n. kliešte
pinch /pinč/ v. štipnúť, stlačiť
pine /pain/ n. borovica, sosna
pine v. 1. chradnúť 2. žialiť
pineapple /'painæpəl/ n. ananás
pink /piŋk/ adj. ružový
pinnacle /'pinəkəl/ n. vrchol
pins and needles /,pinz ənd ní:dlz/ n. stŕpnutie, mravčenie

315

pinup /'pinap/ n.
obraz, plagát
pioneer /,paiə'niə/ n.
priekopník
pious /'paiəs/ adj.
pobožný, nábožný
pip /pip/ n. jadro,
jadierko
pip n. pípanie
pipe /paip/ n. 1. rúra,
potrubie 2. fajka
3. píšťala
pipeline /'paip-lain/ n.
ropovod,
plynovod
piquant /'pi: kənt/ adj.
pikantný, ostrý
pique /pi: k/ v. uraziť
piracy /'paiərəsi/ -ie-
n. pirátstvo
pirate /'paiərət/ n.
pirát
piss /pis/ v. cikať
pistachio /pə'sta: šiəu/
n. pistácia
piston /'pistən/ n.
piest
pit /pit/ n. 1. jama
2. baňa 3. prízemie

pitch /pič/ v.
1. postaviť 2. naladiť
pitch n. 1. ihrisko
2. smola
pitcher /'pičə/ n.
džbán, krčah
pitchfork /'pičfo: k/ n.
vidly
pitfall /'pitfo: l/ n.
nástraha, pasca
pitiful /'pitifəl/ adj.
1. úbohý, žalostný
2. súcitný
pitiless /'pitiləs/ adj.
bezcitný
pity /'piti/ -ie-
n.1. ľútosť, súcit
2. škoda
pixie /'piksi/ n.
škriatok
placate /plə'keit/ v.
upokojiť, utíšiť
place /pleis/ n.
1. miesto 2. priestor
place v. 1. dať, položiť
2. umiestniť sa
place setting
/'pleis,setiŋ/ n.
prestieranie, príbor

placid /'plæsəd/ adj. kľudný, pokojný
plagiarism /'pleidžərizəm/ n. plagiát
plague /pleig/ n. mor, nákaza
plague v. sužovať, trápiť
plain /plein/ adj.
1. jednoduchý, prostý 2. zrozumiteľný
plain /plein/ n. nížina
plain chocolate /,plein 'čoklət/ n. horká čokoláda
plain-clothes /,plein 'kləuðz/ adj. v civile
plain sailing /,plein 'seiliŋ/ n. jednoduchá záležitosť
plaintiff /'pleintəf/ n. žalobca, navrhovateľ
plait /plæt/ n. vrkoč
plan /plæn/ n. plán

plan -nn- v.
1. plánovať
2. navrhovať, projektovať
plane /plein/ n.
1. lietadlo 2. úroveň 3. hoblík
plane adj. povrch rovný
planet /'plænət/ n. planéta
plank /plæŋk/ n. doska
plant /pla:nt/ n.
1. rastlina 2. závod, továreň
plant v. sadiť
plaster /'pla:stə/ n.
1. omietka 2. náplasť
plaster cast /,pla:stə 'ka:st/ n. sadrový obväz
plasticine /'plæstəsi:n/ n. plastelína
plate /pleit/ n.
1. tanier 2. platňa, doska
plateau /'plætəu/ n. plošina
platform /'plætfo:m/ n. nástupište

platoon /pləˈtuː n/ n. čata
plausible /ˈplɔː zəbəl/ adj. prijateľný
play /pleɪ/ n. hra, zábava
play v. 1. hrať sa, zabávať 2. znieť 3. pretvarovať sa
player /ˈpleɪə/ n. 1. hráč 2. hudobník
playground /ˈpleɪgraʊnd/ n. ihrisko
playwright /ˈpleɪraɪt/ n. dramatik
plaza /ˈplɑː zə/ n. námestie, trhovisko
plea /pliː/ n. žiadosť, prosba
plead /pliː d/ v. prosiť, žiadať
pleasant /ˈplezənt/ adj. príjemný
please /pliː z/ v. potešiť, urobiť radosť
please interj. prosím

pleased /pliː zd/ adj. šťastný, spokojný
pleasure /ˈpleʒə/ n. potešenie, radosť
pleat /pliː t/ n. záhyb
plectrum /ˈplektrəm/ n. brnkadlo
pledge /pledʒ/ n. 1. záväzok 2. záloha
pledge v. zaviazať sa, sľúbiť
plentiful /ˈplentɪfəl/ adj. hojný, výdatný
plenty /ˈplentɪ/ n. hojnosť, množstvo
pliable /ˈplaɪəbəl/ adj. 1. ohybný, pružný 2. ochotný
pliers /ˈplaɪəz/ n. kliešte
plight /plaɪt/ n. stav *vážny*
plod /plɒd/ -dd- v. 1. vliecť sa 2. namáhať sa, drieť
plot /plɒt/ n. 1. osnova, zápletka 2. intriga

plot -tt- v.
1. intrigovať
2. zakresliť

plough /plau/ AmE n. pluh

plough v. orať

plug /plag/ n. 1. zátka 2. zástrčka

plum /plam/ n. slivka

plumb /plam/ v. skúmať, sondovať

plumber /'plamə/ n. klampiar, inštalatér

plunder /'plandə/ v. plieniť, drancovať

plunge /plandž/ v. vyrútiť sa

plus /plas/ n. plus

ply /plai/ -ie- n. ohyb, záhyb

plywood /'plaiwud/ n. preglejka

pm, PM /,pi:'em/ *post meridiem* čas od 12.00 do 24.00

pneumonia /nju:'məuniə/ n. zápal pľúc

poach /pəuč/ v. pytlačiť

pocket /'pokət/ n.
1. vrecko 2. príjem, peniaze 3. centrum

pocket money /'pokət,mani/ n. vreckové

pod /pod/ n. struk

poem /'pəuəm/ n. báseň

poet /'pəuət/ n. básnik

poetry /'pəuətri/ n. poézia

point /point/ n. 1. hrot 2. bod, miesto 3. črta 4. desatinná čiarka

point v. 1. ukázať na niekoho 2. mieriť

pointed /'pointəd/ adj.
1. zašpicatený
2. zámerný

pointless /'pointləs/ adj. nezmyselný, zbytočný

point of view /,pointəv 'ju:/ n. stanovisko, hľadisko

poisin /'poizən/ n. jed, otrava
poison v. otráviť
poison-pen letter /,poizən'pen,letə/ n. anonymný list
Poland /'pəulənd/ n. Poľsko
polar /'pəulə/ adj. polárny
polarity /pə'lærəti/ n. protichodnosť, protikladnosť
pole /pəul/ n. tyč, žrď, oje
Pole /'pəul/ n. Poliak
police /pə'li: s/ n. polícia
policeman /pə'li: smən/ n. policajt
police station /pə'li: s ,steišən/ n. policajná stanica
policy /'poləsi/ -ie- n. 1. taktika, postup 2. poistka
polish /'poliš/ v. leštiť
Polish /'pəuliš/ n. poľština

Polish adj. poľský
polite /pə'lait/ adj. zdvorilý, slušný
politician /,polə'tišən/ n. 1. politik 2. diplomat
politics /'polətiks/ n. 1. politika 2. presvedčenie
poll /pəul/ n. prieskum verejnej mienky
polling station /'pəuliŋ,steišən/ n. volebná miestnosť
pollute /pə'lu: t/ v. znečistiť
pollution /pə'lu: šən/ n. znečistenie
pond /pond/ n. nádrž, rybník
ponder /'pondə/ v. uvažovať, dumať
pong /poŋ/ n. smrad, zápach
pony /'pəuni/ -ie- n. poník
pool /pu: l/ n. 1. kaluž 2. bazén

pool v. dať dohromady
poor /puə/ adj. 1. chudobný 2. úbohý
popcorn /'popko:n/ n. pukance
Pope /pəup/ n. pápež
poplar /'poplə/ n. topoľ
population /,popjəĺeišən/ n. obyvateľstvo, populácia
porcelain /'po:slən/ n. porcelán
porch /po:č/ n. krytý vchod, prístrešok
pork /po:k/ n. bravčovina
porridge /'poridž/ n. ovsená kaša
port /po:t/ n. prístav
port adj. ľavá strana *lode, lietadla*
portable /'po:təbəl/ adj. prenosný
portend /po:'tend/ v. veštiť, predpovedať

porter /'po:tə/ n. 1. nosič 2. vrátnik
portion /'po:šən/ n. 1. časť, diel 2. podiel
portrait /'po:trət/ n. portrét, literárny opis
Portugal /'po:tjugəl/ n. Portugalsko
pose /pəuz/ v. postaviť sa, zaujať postoj
pose n. 1. postoj, póza 2. pózovanie
position /pə'zišən/ n. poloha, miesto, pozícia
positive /'pozətiv/ adj. 1. istý, presvedčený 2. kladný, pozitívny
possess /pə'zes/ v. 1. vlastniť 2. posadnúť
possession /pə'zešən/ n. 1. dražba 2. pl. *possessions* majetok, vlastníctvo
possibility /,posə'biləti/ -*ie*- n. možnosť, eventualita

possible /ˈposəbəl/
adj. 1. možný
2. prijateľný

post /pəust/ n. 1. stĺp,
kôl 2. cieľ 3. pošta

post v. vyvesiť oznam

postage /ˈpəustidž/ n.
poštovné

postbox /ˈpəustboks/
n. poštová schránka

postcard /ˈpəustka: d/
n. pohľadnica

postcode /ˈpəustkəud/
n. poštové
smerovacie číslo

poster /ˈpəustə/ n. plagát

posthumous
/ˈpostjəməs/ adj.
posmrtný

postman /ˈpəustmən/
n. poštár

post office
/ˈpəust,ofis/ n. pošta

postpone /pəusˈpəun/
v. odročiť, odložiť

postulate /ˈpostjəleit/
v. žiadať, vyžadovať

postwar /ˌpəustˈwo: /
adj. povojnový

pot /pot/ n. 1. hrniec
2. čajová konvica

potato /pəˈteitəu/ pl.
potatoes zemiak

potency /ˈpəutənsi/
-ie- n. 1. sila
2. potencia

potential /pəˈtenšəl/
adj. možný,
eventuálny

potential n. potenciál,
kapacita, sila

pothole /ˈpothəul/ n.
výmoľ, jama

potter /ˈpotə/ n.
hrnčiar

pottery /ˈpotəri/ -ie- n.
hrnčiarstvo

potty /ˈpoti/ n. nočník

pouch /pauč/ n.
vrecko, mešec

poultry /ˈpəultri/ n.
hydina

pound /paund/ n. libra

pound v. 1. drviť
2. biť, tĺcť

pour /po: / v. 1. naliať,
vyliať
2. pršať

poverty /ˈpovəti/ n. chudoba, bieda
powder /ˈpaudə/ n. 1. prášok, prach 2. púder
powder room /ˈpaudə ruːm/ n. toaleta
power /ˈpauə/ n. 1. moc, sila 2. právo, právomoc 3. energia 4. výkon
powerful /ˈpauəfəl/ adj. 1. mocný, silný 2. výkonný
powerless /ˈpauəles/ adj. bezmocný
power plant /ˈpauə plaːnt/ AmE n. elektráreň
power station /ˈpauəˌsteišən/ n. elektráreň
practice /ˈpræktəs/ n. 1. prax 2. zvyk
practice v. 1. cvičiť sa, trénovať 2. mať vo zvyku
prairie /ˈpreəri/ n. préria

praise /preiz/ v. chváliť
praise n. chvála, pochvala
pram /præm/ n. kočík
pray /preə/ n. motlidba
preach /priːč/ v. 1. kázať 2. napomínať
precaution /priˈkoːšən/ n. opatrenie
precede /priˈsiːd/ v. predchádzať
precedence /ˈpresədəns/ n. prednosť, priorita
precept /ˈpriːsept/ n. pravidlo, poučka
precious /ˈprešəs/ adj. vzácny, cenný
precise /priˈsais/ adj. presný, precízny
preclude /priˈkluːd/ v. zabrániť, znemožniť
preconceived /ˌpriːkənˈsiːvd/ adj. predpojatý, zaujatý

precondition /ˌpri:kənˈdišən/ n. predpoklad
predator /ˈpredətə/ n. dravec
predecessor /ˌpri:dəsesə/ n. predchodca
predict /priˈdikt/ v. predpovedať
prediction /priˈdikšən/ n. predpoveď
predominate /priˈdomineit/ v. prevládať
preface /ˈprefəs/ n. predslov, úvod
prefer /priˈfə:/ *-rr-* v. dať prednosť, uprednostniť
preferable /ˈprefərəbəl/ adj. vhodnejší, výhodnejší
preference /ˈprefərəns/ n. prednosť, uprednostnenie
pregnancy /ˈpregnənsi/ n. tehotenstvo
pregnant /ˈpregnənt/ adj. tehotná, gravidná
prejudice /ˈpredžədəs/ n. predsudok, predpojatosť
preliminary /priˈlimənəri/ adj. predbežný
premature /ˈpremətšə/ adj. predčasný, priskorý
premises /ˈpremərsəz/ n. komplex budov
premium /ˈpri:miəm/ n. 1. poistné 2. prémia
preordain /ˌpri:o:ˈdein/ v. predurčiť
preparation /ˌprepəˈreišən/ n. príprava
preparatory school /priˈpærətəri sku:l/ n. súkromná základná škola
prepare /priˈpeə/ v. pripraviť sa

preposterous /pri'postərəs/ adj. nezmyselný, absurdný
prerogative /pri'rogətiv/ n. výsadné právo
pressage /'presidž/ v. zvestovať, veštiť
prescribe /pri'skraib/ v. predpísať liek
prescription /pri'skripšən/ n. lekársky recept
presence /'prezəns/ n. 1. prítomnosť 2. účasť
present /'prezənt/ n. dar, darček
present /pri'zent/ v. 1. odovzdať slávnostne 2. spôsobiť 3. predstaviť koho, čo 4. darovať
present /'prezənt/ adj. 1. prítomný 2. súčasný, terajší
presenter /pri'zentə/ n. konferenciér
preservation /,prezə'veišən/ n. dodržiavanie, ochrana
preserve /pri'zə:v/ v. 1. zachovať 2. chrániť
preside /pri'zaid/ v. 1. predsedať 2. viesť
presidency /'prezədənsi/ -ie- n. úrad prezidenta
president /'prezədənt/ n. prezident
press /pres/ v. 1. stlačiť 2. lisovať 3. žehliť 4. stisnúť
press n. 1. tlač 2. lis
press conference /'pres,konfərəns/ n. tlačová konferencia
pressure /'prešə/ n. 1. tlak 2. nátlak, presviedčanie
presume /pri'zju:m/ v. domnievať sa, predpokladať

presumption /pri'zampšən/ n. predpoklad, odhad, *presumption of innocence* prezumpcia neviny

pretence /pri'tens/ AmE 1. predstieranie, pretvárka 2. nárok

pretend /pri'tend/ v. predstierať, pretvarovať sa

pretext /'pri:tekst/ n. zámienka

pretty /'priti/ -ie- adj. pekný, pôvabný

prevail /pri'veil/ v. prevládať, prevažovať

prevent /pri'vent/ v. zabrániť, zamedziť komu

prevention /pri'venšən/ n. predchádzanie, prevencia

previous /'pri:viəs/ adj. predchádzajúci, predošlý

prewar /,pri:'wo:/ adj. predvojnový

prey /prei/ n. korisť

prey v. loviť, chytať

price /prais/ n. cena

priceless /'praisləs/ adj. drahocenný, neoceniteľný

prick /prik/ n. pichnutie, bodnutie

prick v. pichnúť sa, svrbieť

prickle /'prikəl/ n. osteň, pichliač

prickle v. škriabať, svrbieť

pride /praid/ n. 1. hrdosť 2. pýcha

priest /pri:st/ n. kňaz

primacy /'praiməsi/ -ie- n. prvenstvo, primát

primary /'praiməri/ adj. prvoradý, hlavný, primárny

primary school /'praiməri,sku:l/ n. základná škola

prime /praim/ adj. hlavný, najdôležitejší
Prime Meridian /,praim mə 'ridiən/ n. nultý poludník
Prime Minister /,praim 'ministə/ n. predseda vlády, premiér
princess /,prin 'ses/ n. princezná
principal /'prinsəpəl/ adj. hlavný, najdôležitejší
principal n. rektor, dekan, riaditeľ
principle /'prinsəpəl/ n. 1. zásada, pravidlo 2. poučka
print /print/ n. 1. tlač 2. odtlačok, stopa
print v. vytlačiť, vydať knihu
printer /'printə/ n. 1. tlačiar 2. tlačiareň
prior /'praiə/ adj. 1. predchádzajúci, skorší 2. dôležitejší

priority /prai'orəti/ -ie- n. prednosť, priorita
prison /'prizən/ n. väznica
prisoner /'prizənə/ n. väzeň
privacy /'privəsi/ n. súkromie
private /'praivət/ adj. súkromný, osobný
privatize /'praivətaiz/ v. privatizovať
privilege /'privəlidž/ n. výsada, privilégium
prize /praiz/ n. 1. cena, prémia 2. korisť
prize v. oceniť
probable /'probəbəl/ adj. pravdepodobný
probation /prə'beišən/ n. skúšobná lehota
probe /prəub/ n. sonda
probity /'prəubəti/ n. bezúhonnosť, čestnosť
problem /'probləm/ n. problém

proceed /prə'si: d/ v. prejsť, postúpiť

proceedings /prə'si: diŋz/ n. 1. súdne konanie 2. akty, listiny

proceeds /'prəusi: dz/ n. zisk, výnos

process /'prəuses/ n. 1. priebeh, postup 2. súdne konanie, proces

process v. spracovať, upraviť

proclaim /prə'kleim/ v. verejne oznámiť, vyhlásiť

prodigy /'prodidži/ -ie- n. zázrak, div

produce /prə'dju: s/ v. vyrobiť, produkovať

producer /prə'dju: sə/ n. výrobca, pestovateľ, producent

product /'prodakt/ n. 1. výrobok, produkt 2. dôsledok

production /prə'dakšən/ n. výroba, produkcia

profession /prə'fešən/ n. povolanie

professional /prə'fešənəl/ n. odborník, profesionál

proficient /prə'fišənt/ adj. zbehlý, zdatný, zručný

profile /'prəufail/ n. profil, obrys, silueta

profit /'profət/ n. 1. zisk 2. úžitok

profiteer /,profə'tiə/ n. šmelinár

profound /prə'faund/ adj. hlboký, intenzívny

progeny /'prodžəni/ -ie- n. potomkovia

programme /'prəugræm/ n. program

progress /'prəugres/ n. 1. napredovanie, postup 2. vývoj

prohibit /prə'hibət/ v.
1. zakázať
2. zabrániť
prohibition /ˌprəuhə'bišən/ n. zákaz, prohibícia
project /'prodžekt/ n. projekt, úloha
project /prə'džekt/ v. navrhnúť
prolific /prə'lifik/ adj. plodný
prolong /prə'loŋ/ v. predĺžiť
prominent /'promənənt/ adj. význačný, poprední
promise /'proməs/ n. sľub, prísľub
promise v. sľúbiť
promontory /'proməntəri/ -ie- n. mys, útes, výbežok
promote /prə'məut/ v.
1. povýšiť
2. propagovať
promotion /prə'məušən/ n. 1. povýšenie 2. propagácia
prompt /prompt/ v.
1. vnuknúť, navodiť
2. šepkať
prompt adj.
1. okamžitý
2. presný
prone /prəun/ adj. náchylný k
pronoun /'prəunaun/ n. zámeno
pronounce /prə'nauns/ v.
1. vyslovovať
2. prehlásiť
proof /pru:f/ n.1. dôkaz 2. skúška, test
proof adj. odolný
prop /prop/ n. podpera
prop -pp- v. podoprieť, oprieť
propagate /'propəgeit/ v. šíriť, propagovať
propel /prə'pel/ -ll- v. poháňať
proper /'propə/ adj. správny, vhodný

property /ˈpropəti/ -*ie*- n. 1. majetok, vlastníctvo 2. nehnuteľnosť
prophet /ˈprofət/ n. prorok, veštec
proportion /prəˈpoːʃən/ n. 1. pomer 2. časť
proposal /prəˈpəuzəl/ n. návrh, ponuka
propose /prəˈpəuz/ v. navrhnúť, podať návrh
proprieties /prəˈpraiətiz/ n. zásady slušnosti
proprietor /prəˈpraiətə/ n. vlastník, majiteľ
propriety /prəˈpraiəti/ -*ie*- n. slušnosť, zdvorilosť
pros and cons /ˌprəuz ən ˈkonz/ n. *the* p. and c. dôvody pre a proti
prosecute /ˈprosikjuːt/ v. súdne stíhať, zažalovať

prosecution /ˌprosiˈkjuːʃən/ n. 1. stíhanie, žaloba 2. výkon
prosecutor /ˈprosikjuːtə/ n. žalobca, prokurátor
prospect /ˈprospekt/ n. výhľad, perspektíva
prospective /prəˈspektiv/ adj. prípadný, pravdepodobný
prosper /ˈprospə/ v. dariť sa, prosperovať
prosthesis /prosˈθiːsəs/ n. protéza
protect /prəˈtekt/ v. chrániť, hájiť
protection /prəˈtekʃən/ n. ochrana, chránenie
protector /prəˈtektə/ n. ochranca
protest /ˈprəutest/ n. protest, námietka
protest /prəˈtest/ v. protestovať, namietať

protract /prə 'trækt/ v. naťahovať, zdržiavať
protrude /prə 'tru: d/ v. vyčnievať, trčať
protuberance /prə 'tju: bərənt/ n. hrča, opuchlina
proud /praud/ adj. hrdý, pyšný
prove /pru: v/ v. dokázať
proverb /'provə: b/ n. príslovie
provide /prə 'vaid/ v. obstarať si, zadovážiť si
provided /prə 'vaidəd/ conj. za predpokladu
providence /'provədəns/ n. prozreteľnosť
province /'provins/ n.
1. provincia
2. oblasť
provisional /prə 'vižənəl/ adj. dočasný, prechodný

provoke /prə 'vəuk/ v.
1. provokovať
2. vyvolať
proximate /'proksəmət/ adj. najbližší, priamy
prudent /'pru: dənt/ adj. obozretný, prezieravý
prune /pru: n/ v.
1. obstrihať
2. skrátiť
pseudonym /'sju: dənim/ n. pseudonym
psychiatry /sai ' kaiətri/ n. psychiatria
psychic /'saikik/ adj.
1. telepatický
2. psychický
psychology /sai 'kolədži/ n. psychológia
pub /pab/ n. krčma *hovor.*
public /'pablik/ adj.
1. verejný 2. štátny
public n. verejnosť

public-address system /ˌpablik əˈdres ˌsistəm/ n. miestny rozhlas

publication /ˌpabləˈkeišən/ n. 1. uverejnenie 2. vydanie

public house /ˌpablik ˈhaus/ n. hostinec

publicity /paˈblisəti/ n. 1. publicita 2. propagácia

public school /ˌpablik ˈskuːl/ n. stredná súkromná škola

publish /ˈpabliš/ v. vydať, publikovať

publisher /ˈpablišə/ n. vydavateľ, nakladateľ

pudding /ˈpudiŋ/ n. 1. múčnik, dezert 2. puding 3. jaternica *krvavnička*

puddle /ˈpadl/ n. kaluž, mláka

puff /paf/ v. dychčať, fučať

pull /pul/ v. 1. ťahať 2. potiahnuť 3. vytiahnuť, vytrhnúť, *pull ahead* predbehnúť, *pull away* pohnúť sa, *pull sth down* zbúrať, *pull sth off* zvládnuť, *pull up* zastaviť

pulp /palp/ n. dužina, dreň

pulpit /ˈpulpit/ n. 1. kazateľnica 2. kázanie

pulsate /palˈseit/ v. 1. biť, tĺcť 2. pulzovať

pulse /pals/ n. pulz, tep

pump /pamp/ n. čerpadlo, pumpa

pump v. 1. pumpovať 2. striekať

pumpkin /ˈpampkən/ n. tekvica

punch /panč/ v. udrieť

332

punctual /'paŋkčuəl/ adj. presný, dochvíľny

puncture /'paŋkčə/ n. defekt

punish /'paniš/ v. potrestať

punishment /'panišmənt/ n. trest, potrestanie

punster /'panstə/ n. vtipkár

pupil /'pju: pəl/ n. žiak

puppet /'papət/ n. bábika

puppy /'papi/ -ie- n. šteňa

purchase /'pə: čəs/ v. 1. kúpiť 2. získať

pure /pjuə/ adj. 1. čistý, rýdzi 2. poctivý, čestný

purebred /'pjuəbred/ adj. čistokrvný

purgatory /'pə: gətəri/ -ie- n. očistec

purge /pə: dž/ v. očistiť sa

purity /'pjuərəti/ n. čistota, rýdzosť

purple /'pə: pəl/ adj. fialový

purpose /'pə: pəs/ n. účel, zámer

purposeless /'pə: pəsləs/ adj. bezcieľny

purposely /'pə: pəsli/ adv. zámerne, naschvál

purse /pə: s/ n. 1. peňaženka 2. AmE kabelka

pursue /pə 'sju: / v. sledovať, ísť, prenasledovať

pursuit /pə 'sju: t/ n. prenasledovanie, stíhanie

pus /pas/ n. hnis

push /puš/ v. tlačiť sa, tisnúť sa

push-button /'puš,batn/ adj. tlačidlový

pushcart /'puška: t/ n. vozík, kára

pushchair /ˈpuš-čeə/ n. kočík *skladací*

pustule /ˈpastju:l/ n. vriedok

put /put/ -tt- put v. 1. položiť, dať 2. uložiť 3. povedať, vyjadriť 4. zapísať, *put sth away* odložiť, *put back* odročiť, *put down* zapísať si, *put in for* požiadať, *put on* obliecť sa

putsch /puč/ n. puč

putty /ˈpati/ n. tmel, git

puzzle /ˈpazəl/ v. zmiasť

puzzle n. hádanka, hlavolam

pyjamas /pəˈdža:məs/ n. pyžamo

pyorrhoea /ˌpaiəˈriə/ n. paradentóza

pyrotechnics /ˌpaiərəuˈtekniks/ n. ohňostroj

Q

quack /kwæk/ n. mastičkár *hovor.*
quad /kwod/ n. dvor *hovor.*
quadruped /'kwodruped/ n. štvornožec
quadruplet /'kwodruplət/ n. štvorča
quail /kweil/ n. prepelica
quaint /kweint/ adj. svojrázny, kuriózny
quake /kweik/ v. triasť sa, chvieť
qualification /,kwoləfə'keišən/ n. kvalifikácia, spôsobilosť
qualify /'kwoləfai/ -ie- v. získať kvalifikáciu

quality /'kwoləti/ -ie- n. kvalita
quantity /'kwontəti/ -ie- n. množstvo, počet
quarantine /'kworənti:n/ n. karanténa
quarrel /'kworəl/ n. spor, hádka
quarrel -ll- v. vadiť sa, hádať
quarry /'kwori/ -ie- n. 1. lom, kameňolom 2. korisť, obeť
quarter /'kwo:tə/ n. 1. štvrtina, štvrť 2. štvrťrok 3. mestská štvrť
quartet /kwo:'tet/ n. kvarteto
quaver /'kweivə/ v. chvieť sa *hlas*

quay /ki: / n. mólo
queen /kwi: n/ n. kráľovná
queer /kwiə/ adj. čulý, zvláštny
query /ˈkwiəri/ -ie- n. otázka, pochybnosť
quest /kwest/ n. hľadanie
question /ˈkwesčən/ n. otázka
question v. 1. pýtať sa, klásť otázky 2. vypočúvať
questionable /ˈkwesčənəbəl/ adj. otázny, neistý
question mark /ˈkwesčən ma: k/ n. otáznik
questionnaire /ˌkwesčəˈneə/ n. dotazník
queue /kju: / n. rad, zástup
queue v. stáť v rade

quick /kwik/ adj. 1. rýchly 2. bystrý, pohotový
quiet /ˈkwaiət/ adj. tichý, pokojný
quill /kwil/ n. vtáčie pierko
quilt /kwilt/ n. paplón
quirk /kwə: k/ n. náhoda, okolnosť
quit /kwit/ -tt- quit/quitted v. prestať, nechať *hovor.*
quite /kwait/ adv. celkom, úplne
quitter /ˈkwitə/ n. zbabelec
quiver /ˈkwivə/ v. chvieť sa, triasť sa
quiz /kwiz/ n. kvíz
quotation /kweəˈteišən/ n. 1. citát 2. cenová ponuka
quote /kweut/ v. citovať

R

rabbi /'ræbai/ n. rabín
rabbit /'ræbət/ n. králik
rabble /'ræbəl/ n. dav, zástup
rabies /'reibi:z/ n. besnota
race /reis/ n. 1. preteky, dostihy 2.rasa, plemeno
race v. pretekať
racism /'reisizəm/ n. rasizmus
rack /ræk/ n. polica, regál
rack v. sužovať, trápiť
racket /'rækət/ n. raketa
racketeer /,rækə'tiə/ n. mafián
racy /'reisi/ -ie- adj. zábavný

radiate /'reidieit/ v. žiariť, vyžarovať
radii /'reidai/ p. radius
radio /'reidiəu/ n. rádio *prijímač*
radish /'rædiš/ n. reďkovka
radius /'reidiəs/ pl. *radii* n. 1. rádius, polomer 2. dosah
raffle /'ræfəl/ n. lotéria, tombola
raft /ra:ft/ n. 1. plť 2. záchranný čln
rag /ræg/ n. handra
rag -*gg*- v. doberať si koho
rage /reidž/ v. zúriť, zlostiť sa
ragged /'rægəd/ adj. roztrhaný odev
raid /reid/ n. útok, prepad

raid v. prepadnúť, vpadnúť
railing /'reiliŋz/ n. zábradlie, ohrada
railroad /'reilrəud/ n. AmE železnica
railway /'reilwei/ n. železnica
railway station /'reilwei,steišən/ n. železničná stanica
rain /rein/ n. dážď
rain v. pršať, liať sa
rainbow /'reinbəu/ n. dúha
raincoat /'reinkəut/ n. pršiplášť
raindrop /'reindrop/ n. dážďová kvapka
rainfall /'reinfo:l/ n. zrážky
rainproof /'reinpru:f/ adj. nepremokavý
raise /reiz/ v. 1. zodvihnúť 2. zvýšiť 3. povýšiť
raisin /'reizən/ n. sušené hrozienko
rake /reik/ n. hrable

rake v. 1. hrabať 2. prezrieť
rally /'ræli/ -ie- v. zhromaždiť sa, sústrediť sa
rally n. 1. zhromaždenie, sústredenie 2. automobilové preteky
ram /ræm/ n. baran
ramble /'ræmbəl/ v. chodiť bez cieľa, potulovať sa
ramp /ræmp/ n. naklonená plošina, rampa
rampant /'ræmpənt/ adj. nekontrolovateľný
ran /ræn/ p. run
ranch /ra:nč/ n. ranč, farma
rancid /'rænsəd/ adj. skazený
rancour /'ræŋkə/ AmE n. nenávisť
random /'rændəm/ adj. náhodný, nepravidelný

rang /ræŋ/ p. ring
range /reindž/ n.
rozmedzie, rozpätie
rank /ræŋk/ n.
hodnosť, postavenie
rank v. zaujať miesto,
zaradiť sa
rankle /'ræŋkəl/ v.
trápiť, sužovať
ransack /'rænsæk/ v.
prehľadať, prekutrať
ransom /'rænsəm/ n.
výkupné
rap /ræp/ n. úder
rape /reip/ v. znásilniť
rapid /'ræpəd/ adj.
rýchly, prudký
rapport /ræ 'po:/ n.
vzťah, postoj
rare /reə/ adj. vzácny,
zriedkavý
rarely /'reəli/ adv.
zriedka
rascal /'ra: skəl/ n.
lump, darebák
rash /ræš/ adj.
prenáhlený,
nerozvážny
rash n. vyrážka

rasher /'ræšə/ n.
plátok
rasp /ra: sp/ v.
škriabať
raspberry /'ra: zbəri/
-ie- n. malina
rat /ræt/ n. potkan
rate /reit/ n. 1. rozsah,
miera 2. sadzba
rate v. ohodnotiť,
posúdiť, oceniť
rather /'ra: ðə/ adv.
1. dosť, celkom
2. radšej
ratify /'rætəfai/ -ie- v.
schváliť,
podpísať
ration /'ræšən/ n.
prídel, dávka
rational /'ræšənəl/ adj.
rozumný,
inteligentný
rattle /'rætl/ v.
rachotiť, hrmotať
rattlesnake
/'rætlsneik/ n. štrkáč
ravage /'rævidž/ v.
ničiť, pustošiť
rave /reiv/ v. blúzniť

raven /'reivən/ n.
havran
ravenous /'rævənəs/
adj. vyhladnutý,
hladný
ravish /'ræviš/ v.
uchvátiť, očariť
raw /ro:/ adj. 1. surový
2. neopracovaný
ray /rei/ n. 1. lúč
2. záblesk
razor /'reizə/ n. britva,
holiaci strojček
reach /ri:č/ v.
1. dosiahnuť, dospieť
2. rozprestierať sa
reach n. 1. dosah,
vzdialenosť 2. vplyv
react /ri'ækt/ v.
odpovedať, reagovať
reaction /ri'ækšən/ n.
1. reakcia, odozva
2. slabosť, únava
read /ri:d/ *read* v.
čítať
read /red/ p. read
reader /'ri:də/ n.
1. čitateľ 2. korektor
3. docent

reading /'ri:diŋ/ n.
čítanie
ready /'redi/ -*ie*- adj.
pripravený, hotový
real estate /'riəl is,teit/
n. nehnuteľnosť
realism /'riəlizəm/ n.
realizmus
reality /ri'æləti/ -*ie*-
n. skutočná
existencia
realize /'riəlaiz/ v.
1. uvedomiť si,
pochopiť
2. uskutočniť
really /'riəli/ adv.
skutočne, naozaj
realm /relm/ n. ríša,
kráľovstvo
reap /ri:p/ v. zbierať, žať
rear /riə/ n. zadná časť
rearrange /,ri:
ə'reindž/ v.
prerobiť, prestavať
reason /'ri:zən/ n.
dôvod, príčina
reasonable /'ri:
zənəbəl/ adj.
rozumný

rebate /'ri: beit/ n.
zľava, zrážka,
rabat
rebel /'rebəl/ -ll- v.
búriť sa, vzoprieť sa
rebuff /ri 'baf/ n.
odmietnutie
rebuilt /,ri: 'bilt/ p.
rebuilt
recall /ri 'ko: l/ v.
spomenúť si,
rozpamätať sa
recede /ri 'si: d/ v.
ustúpiť, cúvnuť
receipt /ri 'si: t/ n.
1. potvrdenka
2. príjem
receive /ri 'si: v/ v.
1. dostať, obdržať
2. prijať, privítať
receiver /ri 'si: və/ n.
1. slúchadlo
2. prijímač
recent /'ri: sənt/ adj.
nedávny, posledný,
súčasný
recess /ri 'ses/ n.
prerušenie,
prestávka

recipe /'resəpi/ n.
recept, návod
recipient /ri 'sipiənt/
n. príjemca,
prijímateľ
recite /ri 'sait/ v.
recitovať, predniesť
reckless /'rekləs/ adj.
nedbanlivý,
bezstarostný
reckon /'rekən/ v.
odhadnúť,
domnievať sa
reclaim /ri 'kleim/ v.
požadovať späť,
nárokovať si,
reklamovať
recluse /ri 'klu: s/ n.
samotár, pustovník
recognize /'rekəgnaiz/
v. 1. spoznať,
rozpoznať 2. uznať
recollect /,rekə 'lekt/
v. spomenúť si,
rozpamätať sa
recommend /,rekə
'mend/ v.
1. odporučiť
2. navrhnúť

reconcile /'rekənsail/ v. dať do súladu, zladiť

reconstruct /,ri:kən'strakt/ v. prestaviť

record /ri'ko:d/ v. zaznamenať, zapísať, zaregistrovať

record /'reko:d/ n. záznam, zápis, protokol

recover /ri'kavə/ v.
1. znovu nadobudnúť
2. zotaviť sa, vyzdravieť

recovery /ri'kavəri/ -.ie- n. vyzdravenie

recreation /,rekri'eišən/ n. zábava, záľuba

rectangle /'rektæŋgəl/ n. pravouholník, obdĺžnik

rectify /'rektəfai/ -ie- v. napraviť, opraviť

recur /ri'kə: / -rr- v. vrátiť sa, vynoriť sa *myšlienky*

recycle /,ri: 'saikəl/ v. recyklovať

red /red/ -dd- adj. červený, ryšavý

redcurrant /,red'karənt/ n. červená ríbezľa

redden /'redn/ v. červenať sa, pýriť sa

redeem /ri¹di: m/ v.
1. uskutočniť, splniť
2. spasiť, oslobodiť

Redeemer /ri'di: mə/ n. Spasiteľ

redid /ri: 'did/ p. redo

redo /ri: 'du: / *redid, redone* v. urobiť znovu, prerobiť

redone /ri: 'dan/ p. redo

redress /ri'dres/ v. nahradiť

reduce /ri'dju: s/ v. znížiť, zmenšiť, skrátiť

redundant /ri'dandənt/ adj.
1. nadbytočný
2. nepotrebný

reed /ri:d/ n. trstina
reef /ri:f/ n. útes, bralo
reel /ri:l/ n. cievka
reel v. naviť, natočiť
refectory /ri'fektəri/ *-ie-* n. školská jedáleň
refer /ri'fə:/ *-rr-* v. zmieniť sa, poukázať
referee /,refə'ri:/ n. 1. rozhodca 2. ručiteľ
reference /'refərəns/ n. zmienka
refine /ri'fain/ v. čistiť, rafinovať
refinery /ri'fainəri/ *-ie-* n. rafinéria
reflect /ri'flekt/ v. 1. odraziť 2. odzrkadliť
reflection /ri'flekšən/ n. 1. zrkadlenie 2. odraz 3. úvaha
reform /,ri'fo:m/ v. zlepšiť
refrain /ri'frein/ v. zdržať sa

refresh /ri'freš/ v. osviežiť, občerstviť
refreshment /ri'frešmənt/ n. osvieženie, občerstenie
refuel /,ri'fjuəl/ v. natankovať
refugee /,refju'dži:/ n. utečenec, emigrant
refuse /ri'fju:z/ v. odmietnuť, zamietnuť
refuse /'refju:s/ n. odpad, smetie
refute /ri'fju:t/ v. vyvrátiť
regal /'ri:gəl/ adj. vznešený, kráľovský
regard /ri'ga:d/ n. 1. úcta, vážnosť 2. ohľad, zreteľ
regard v. 1. vážiť si, mať v úcte 2. považovať, pokladať 3. pozorovať, hľadieť
regarding /ri'ga:diŋ/ prep. čo sa týka

343

regardless /ri'ga: dləs/ adv. bez ohľadu
regime /rei 'ži: m/ n. zriadenie, režim
regiment /'redžəmənt/ n. pluk
region /'ri: džən/ n. oblasť, kraj
register /'redžəstə/ n. záznam, zoznam
register v. zapísať sa
registered letter /,redžəstəd 'letə/ n. doporučený list
regret /ri'gret/ -tt- v.
1. ľutovať
2. chýbať
regular /'regjələ/ adj. pravidelný, systematický
rehearse /ri'hə: s/ v. skúšať, nacvičovať
reign /rein/ v. vládnuť, panovať
reimburse /,ri: əm'bə: s/ v. uhradiť, zaplatiť
rein /rein/ n. oprata
reincarnate /,ri: in'ka: neit/ v. prevteliť sa

reindeer /'reindiə/ pl. *reindeer* n. sob
reinforce /,ri: ən'fo: s/ v. posilniť, zosilniť
reject /ri'džekt/ v. odmietnuť, zamietnuť
rejection /ri'džəkšən/ n. odmietnutie
rejoice /ri'džois/ v. radovať sa, tešiť sa
relate /ri 'leit/ v.
1. rozprávať, opísať
2. dať do súvislosti
related /ri'leitəd/ adj. spríbuznený, príbuzný
relation /ri'leišən/ n.
1. príbuzný 2. pl. *relations* príbuzenstvo
relations /ri'leišənz/ n. vzťahy
relationship /ri'leišənšip/ n.
1. vzťah medzi *between* 2. súvislosť
relative /'relətiv/ n. príbuzný

relative adj. pomerný, relatívny
relax /ri'læks/ v. uvoľniť sa, povoliť
relay /'ri: lei/ n. štafeta
release /ri'li: s/ v.
 1. prepustiť na slobodu
 2. uvoľniť brzdu
relevant /'reləvənt/ adj. týkajúci sa, súvisiaci
reliable /ri'laibəl/ adj. spoľahlivý, hodnoverný
relief /ri'li: f/ n. úľava, uľahčenie, uvoľnenie
relieve /ri'li: v/ v.
 1. uľahčiť, utíšiť
 2. vystriedať
religion /ri'li: džən/ n. náboženstvo, viera
relinquish /ri'liŋkwiš/ v. vzdať sa, zrieknuť sa
relish /'reliš/ n. pôžitok, chuť, radosť

reluctant /ri'laktənt/ adj. neochotný
rely /ri'lai/ -ie- v. spoľahnúť sa na
remain /ri'mein/ v.
 1. zostať, zotrvať
 2. ostať, zvýšiť
remainder /ri'meində/ n. zvyšok, ostatok
remains /ri'meinz/ n.
 1. *the* r. zvyšky, zostatky
remark /ri'ma: k/ v. poznamenať, podotknúť
remark n.
 1. poznámka, pripomienka
 2. postreh
remarkable /ri'ma: kəbəl/ adj. pozoruhodný, nevšedný
remedial /ri'mi: diəl/ adj. liečebný, liečivý
remedy /'remədi/ -ie- n. liek

remember /ri'membə/ v. pamätať sa, spomenúť si

remembrance /ri'membrəns/ n. spomienka, pamiatka

remind /ri'maind/ v. pripomenúť, podotknúť

remit /ri'mit/ -tt- v. 1. odpustiť 2. poukázať

remnant /'remnənt/ n. zvyšok, zbytok

remonstrate /'remənstreit/ v. protestovať, namietať

remorse /ri'mo:s/ n. výčitky, ľútosť

remote /ri'məut/ adj. vzdialený, ďaleký

remote control /ri,məut kən'trəul/ n. diaľkové ovládanie

removal /ri'mu:vəl/ n. 1. odstránenie 2. upratanie, odvoz

remove /ri'mu:v/ v. 1. preniesť, premiestniť 2. odstrániť

remuneration /ri,mju:nə'reišn/ n. finančná odmena

renaissance /ri'neisəns/ n. obroda, obrodenie, renesancia

rend /rend/ *rent* v. trhať, kmásať

render /'rendə/ v. 1. robiť akým 2. poskytnúť, preukázať 3. predviesť

renew /ri'nju:/ v. obnoviť, oživiť

renounce /ri'nauns/ v. 1. vzdať sa nároku 2. zriecť sa

renown /ri'naun/ n. sláva

rent /rent/ n. nájomné

rent v. prenajať si, dať do prenájmu

rent /rent/ p. rend

reorganize /ri: ˈo: gənaiz/ v. prestavať, zreorganizovať
repaid /riˈpeid/ p. repay
repair /riˈpeə/ v. 1. opraviť 2. napraviť
repair n. oprava
repay /riˈpei/ *repaid* v. splatiť, vyrovnať dlh
repayment /riˈpeimənt/ n. splatenie, vyrovnanie
repeat /riˈpi: t/ v. opakovať
repel /riˈpel/ -ll- v. 1. odraziť útok 2. sprotiviť sa
repellent /riˈpelənt/ adj. odpudivý, odpudzujúci
repent /riˈpent/ v. ľutovať, kajať sa
repetition /ˌrepəˈtišən/ n. opakovanie
replace /riˈpleis/ v. nahradiť, vymeniť

replay /ˌri: ˈplei/ v. opakovať
replete /riˈpli: t/ adj. nasýtený, sýty
reply /riˈplai/ -ie- v. odpovedať, odvetiť
reply n. odpoveď
report /riˈpo: t/ n. 1. správa, referát 2. vysvedčenie 3. výstrel
report v. referovať, podať správu
reprehend /ˌrepriˈhend/ v. karhať, napomínať
represent /ˌrepriˈzent/ v. zastupovať, reprezentovať
representations /ˌreprizenˈteišənz/ n. protest, sťažnosť
representative /ˌrepriˈzentətiv/ n. zástupca, predstaviteľ
repress /riˈpres/ v. premôcť, potlačiť
reprieve /riˈpri: v/ n. odklad, omilostenie

reprisal /ri'praizəl/ n. odveta, odplata
reproach /ri'prəuč/ n. výčitka, dohováranie
reproach v. vyčítať
reproduce /ˌri:prə'dju:s/ v. množiť sa, reprodukovať sa
reprove /ri'pru:v/ v. hrešiť, karhať
reptile /'reptail/ n. plaz
republic /ri'pablik/ n. republika
repudiate /ri'pju:dieit/ v. poprieť, odmietnuť
repulse /ri'pals/ v. odpudiť, odohnať
repulsion /ri'palšən/ n. odpor, averzia
repulsive /ri'palsiv/ adj. odporný
reputation /ˌrepjə'teišən/ n. povesť, reputácia
request /ri'kwest/ n. žiadosť, prosba
request v. požiadať, poprosiť
require /ri'kwaiə/ v. žiadať, požadovať
requirement /ri'kwaiəmənt/ n. požiadavka
rescue /'reskju:/ v. zachrániť
research /ri'sə:č/ n. výskum, bádanie
research v. skúmať, bádať, robiť výskum
resemblance /ri'zembləns/ n. podobnosť, podoba
resemble /ri'zembəl/ v. podobať sa
resent /ri'zent/ v. neznášať, cítiť odpor
reservation /ˌrezə'veišən/ n. 1. výhrada, námietka 2. rezervovanie
reserve /ri'zə:v/ v. rezervovať si, ponechať si

reserved /ri'zə: vd/
adj. odmeraný,
zdržanlivý

reservist /ri'zə: vəst/
n. záložník vojak

residence /'rezədəns/
n. 1. bydlisko
2. sídlo, rezidencia

resident /'rezədənt/ n.
miestny obyvateľ

residue /'rezədju: / n.
zvyšok

resign /ri'zain/ v.
1. podať demisiu,
odstúpiť 2. poddať
sa

resillient /ri'ziliənt/
adj. pružný,
elastický

resist /ri'zist/ v.
1. klásť odpor
2. vydržať, odolať

resistance /ri'zistəns/
n. odpor, vzdor

resistant /ri'zistənt/
adj. odolný, imúnny

resolute /'rezəlu: t/
adj. rozhodný,
rázny

resolution /,rezə'lu:
šən/ n. uznesenie,
prehlásenie,
rezolúcia

resolve /ri'zolv/ v.
vyriešiť, rozriešiť

resort /ri'zo: t/
n.rekreakčné
stredisko

resort v. uchýliť sa

resource /ri'zo: s/ pl.
resources n. zdroje,
zásoby

resourceful /ri'zo:
sfəl/ adj.
vynaliezavý

respect /ri'spekt/ n.
1. úcta k *for*
2. rešpekt pred *for*
3. zreteľ

respect v. vziať do
úvahy, rešpektovať

respiration
/,respə'reišən/ n.
dýchanie

respite /'respit/ n.
úľava, uvoľnenie

respond /ri'spond/ v.
odpovedať, odvetiť

response /ri'spons/ n.
1. odpoveď 2. ohlas, odozva

responsibility /ri,sponsə'biləti/ *-ie-* n. 1. zodpovednosť 2. povinnosť

responsible /ri'sponsəbəl/ adj. zodpovedný za *for*

rest /rest/ n. 1. odpočinok, oddych 2. pokoj, kľud 3. zvyšok, zostatok

rest v. 1. odpočívať, oddychovať 2. prestať, skončiť

restaurant /'restəront/ n. reštaurácia

restore /ri'sto: / v. obnoviť, zreštaurovať

restrain /ri'strein/ v. držať pod kontrolou, skrotiť

restraint /ri'streint/ n. 1. sebaovládanie 2. obmedzenie

restrict /ri'strikt/ v. obmedziť

result /ri'zalt/ n. 1. výsledok 2. následok

resume /ri'zju: m/ v. pokračovať, obnoviť

retail /'ri: teil/ n. maloobchod

retailer /'ri: teilə/ n. maloobchodník

retain /ri'tein/ v. udržať si, uchovať si

retaliate /ri'tælieit/ v. odplatiť

retire /ri'taiə/ v. 1. ísť do dôchodku 2. ísť spať 3. stiahnuť sa

retired /ri'taiəd/ adj. na dôchodku

retirement /ri'taiəmənt/ n. dôchodok, penzia

retort /ri'to: t/ v. odvrknúť, odseknúť

retreat /ri'tri: t/ n. ústup, ustúpenie

retreat v. ustúpiť

retrieve /ri'tri: v/ v. opäť získať

retrograde /'retrəgreid/ adj. spiatočnícky, úpadkový

return /ri'tə:n/ v.
1. vrátiť sa
2. odplatiť

return n. 1. návrat
2. pl. *returns* zisk, výnos

reveal /ri'vi:l/ v.
1. odhaliť
2. prezradiť

revel /'revəl/ -ll- v. zabávať sa, hýriť

revelation /,revə'leišən/ n.
1. odhalenie
2. priznanie

revenge /ri'vendž/ n. pomsta, odplata

revenge v. pomstiť

revere /ri'viə/ v. uctiť si, vážiť si

reverse /ri'və:s/ adj. opačný, obrátený

reverse v. 1. cúvať
2. zvrátiť, zmeniť
3. obrátiť

reverse n. 1. pravý opak 2. porážka
3. rub

review /ri'vju:/ n.
1. prehľad 2. posúdenie

review v. posúdiť, zhodnotiť

revise /ri'vaiz/ v. opraviť, korigovať

revision /ri'vižən/ n.
1. zmena, korigovanie
2. oprava

revival /ri'vaivəl/ n. obnova, obnovenie, obroda

revive /ri'vaiv/ v.
1. ožiť, prebrať sa
2. oživiť, obnoviť

revoke /ri'vəuk/ v. zrušiť, odvolať

revolt /ri'vəult/ v. búriť sa, povstať proti *against*

revolt n. vzbura, povstanie

revolution /,revə'lu:šən/ n. revolúcia, povstanie

revolve /ri'volv/ v. obiehať, krúžiť, otáčať sa
reward /ri'wo:d/ n. odmena
reward v. odmeniť sa, odplatiť sa
rewrite /,ri:'rait/ *rewrote, rewritten* v. prepísať, prepracovať
rewritten /ri:'ritən/ p. rewrite
rewrote /ri:'rəut/ p. rewrite
rhinoceros /rai'nosərəs/ n. nosorožec
rhyme /raim/ n.
   1. verš
   2. rým
rhythm /'riðəm/ n. rytmus
rib /rib/ n. rebro
ribald /'ribəld/ adj. neslušný, sprostý
ribbon /'ribən/ n. stuha, stužka
rice /rais/ n. ryža

rich /rič/ adj.
   1. bohatý, zámožný
   2. vzácny, cenný
rick /rik/ n. stoh, kopa
rid /rid/ *-dd- rid/ridded, rid* v. zbaviť sa koho *of*
ridden /'ridən/ p. ride
riddle /'ridl/ n.1. hádanka, rébus
   2. záhada 3. sito
ride /raid/ *rode, ridden* v. 1. jazdiť, ísť
   2. viesť sa
ride n. jazda, cesta
ridge /ridž/ n.
   1. hrebeň hôr
   2. brázda
ridicule /'ridəkju:l/ n. výsmech, posmech
ridicule v. vysmievať sa
ridiculous /ri'dikjələs/ adj. smiešny
rifle /'raifəl/ n. puška
rift /rift/ n. trhlina, puklina
rig /rig/ n. zariadenie, vybavenie

right /rait/ adj.
1. pravý
2. pravicový
3. skutočný, správny
right n. právo
right adv. 1. vpravo, napravo 2. správne
rightful /'raitfəl/ adj. zákonný, legitímny
rigid /'ridžəd/ adj. tuhý, pevný, neohybný
rigorous /'rigərəs/ adj. 1. dôkladný, precízny 2. prísny
rim /rim/ n. okraj, obruba, lem
rind /raind/ n. šupka, kôra
ring /riŋ/ n. 1. prsteň, obrúčka 2. kruh, prstenec
ring rang, rung v. 1. zvoniť, cengať 2. telefonovať
rink /riŋk/ n. klzisko
rinse /rins/ v. vyplákať
rinse n. preliv
riot /'raiət/ n. nepokoj, rozruch

rip /rip/ -pp- v. roztrhať
ripe /raip/ adj. zrelý, dozretý
rise /raiz/ rose, risen v. 1. stúpať, dvíhať sa 2. výjsť 3. vzbúriť sa
rise n. 1. zvýšenie 2. vzostup, rast, rozvoj
risen /'rizən/ p. rise
risk /risk/ n. 1. riziko, nebezpečenstvo 2. poistenec
risk v. riskovať
rival /'raivəl/ n. konkurent, rival
rivalry /'railvəlri/ -ie- n. rivalita, súperenie
river /'rivə/ n. rieka
riverside /'rivəsaid/ n. breh rieky
rivet /'rivət/ n. nit
rivet v. nitovať
road /rəud/ n. cesta, vozovka
roam /rəum/ v. túlať sa, potulovať sa

roar /ro: / n. rev, hukot
roar v. revať, kričať
roast /rəust/ v. piecť, opekať
rob /rob/ -bb- v. vylúpiť, vykradnúť, okradnúť
robber /'robə/ n. lúpežník, zlodej
robbery /'robəri/ -ie- n. lúpež, krádež
rock /rok/ v. hojdať sa
rock n. 1. skala, bralo 2. kameň 3. hudobný štýl
rocket /'rokət/ n. 1. raketa 2. prskavka
rocking chair /'rokiŋ čeə/ n. hojdacie kreslo
rocky /'roki/ -ie- adj. skalný, kamený
rod /rod/ n. 1. tyč, prút 2. drôt
rode /rəud/ p. ride
roe /rəu/ n. 1. ikra 2. srna
roe deer /'rəu diə/ pl. *roe deer* n. srna

rogue /rəug/ n. podvodník, podliak
role /rəul/ n. 1. úloha, rola *herecká* 2. postavenie
roll /rəul/ v. 1. gúľať sa, kotúľať sa 2. stočiť sa 3. kolísať sa
roller /'rəulə/ n. valec
roller blind /'rəulə blaind/ n. roleta
roller skate /'rəulə skeit/ n. kolieskova korčuľa
rolling stone /,rəuliŋ 'stəun/ n. tulák *hovor.*
Roman /'rəumən/ n. Riman
Roman adj. rímsky
romance /rəu'mæns/ n. 1. milostné dobrodružstvo 2. romantika
romanticism /rəu'mæntəsizəm/ n. romantizmus
romp /romp/ v. vystrájať, šantiť

roof /ruːf/ n. strecha, prístrešie
roof v. zastrešiť
rook /ruk/ n. havran
rook n. veža šachová
room /ruːm/ n. izba, miestnosť
roommate /ˈruːm ˌmeɪt/ n. spolubývajúci
roomy /ˈruːmi/ -ie- adj. priestranný, priestorný
roost /ruːst/ n. bidlo, pánt
rooster /ˈruːstə/ AmE n. kohút
root /ruːt/ n. 1. koreň, korienok 2. základ
root v. zapustiť korene, zakoreniť sa
roots /ruːts/ n. pôvod, korene
rope /rəup/ n. lano, povraz
rope ladder /ˈrəupˌlædə/ n. povrazový rebrík
rose /rəuz/ p. rise

rose n. 1. ruža 2. ružová farba
rosemary /ˈrəuzməri/ -ie- n. rozmarín
rosy /ˈrəuzi/ -ie- adj. ružový
rot /rot/ -tt- v. hniť
rotate /rəuˈteɪt/ v. otáčať sa, obiehať, krúžiť
rotation /rəuˈteɪʃən/ n. otáčanie, obeh, rotácia
rote /rəut/ n. naspamäť
rotisserie /rəuˈtisəri/ n. gril
rotten /ˈrotn/ adj. hnilý
rough /rʌf/ adj. 1. drsný, drapľavý, nerovný 2. vulgárny
round /raund/ adj. okrúhly, guľatý
round adv. 1. otáčať sa dookola 2. okolo, vôkoľ 3. všade
round n. 1. kolo 2. donáška

roundabout
/'randəbaut/ adj.
nepriamy,
vyhýbavý

round-trip /,raund
'trip/ AmE adj.
lístok *spiatočný*

rouse /rauz/ 1. zobudiť
2. vzbudiť záujem

rout /raut/ n. porážka,
pohroma

route /ru: t/ n. cesta,
trasa

routine /ru: 'ti: n/ n.
pravidelná činnosť,
rutina

rove /rəuv/ v. túlať sa

row /rəu/ n. 1. rad
sedadiel 2. hádka,
škriepka 3. rozpor

row v. veslovať

rowdy /'raudi/ -ie- n.
výtržník, chuligán

royal /'roiəl/ adj.
kráľovský,
veľkolepý

royalty /'roiəlti/ -ie- n.
člen kráľovskej
rodiny

rub /rab/ -bb- v. trieť,
šúchať, drhnúť

rubber /'rabə/ n.
kaučuk, guma

rubbing /'rabiŋ/ n.
kópia, odtlačok

rubbish /'rabiš/ n.
odpadky, smeti

rubric /'ru: brik/ n.
záhlavie, nadpis

rucksack /'raksæk/ n.
batoh, plecniak

rude /ru: d/ adj.
bezočivý, hrubý

rudiments /'ru:
dəmənts/ n. základy
predmetu

ruffle /'rafəl/
v. 1. postrapatiť,
našuchoriť
2. podráždiť

rug /rag/ n.
1. koberček
2. deka

rugby /'ragbi/ n.
ragby

ruin /'ru: ən/ n.
1. skaza, záhuba
2. úpadok

356

ruin v. 1. zničiť, spustošiť 2. zruinovať
rule /ru:l/ n. pravidlo, predpis
rule v. 1. vládnuť, panovať 2. ovládať
ruler /'ru:lə/ n. 1. vládca, panovník 2. pravítko
Rumania /ru:'meinjə/ n. Rumunsko
rumble /'rambəl/ v. dunieť, hrmieť
ruminate /'ru:məneit/ v. premýšľať, uvažovať
rumour /'ru:mə/ n. reči, chýry
rump /ramp/ n. zadok, stehno
rumple /'rampəl/ v. pokrčiť, skrčiť
rump steak /ramp,steik/ n. hovädzie stehno
run /ran/ -nn- ran, run v. 1. utekať, bežať 2. jazdiť 3. tiecť 4. byť zapnutý, *run out* vyčerpať zásobu, *run over* zraziť niekoho
run n. 1. beh, behanie 2. jazda, cesta, plavba, *in the long run* nakoniec
runaway /'ranəwei/ adj. nekontrolovateľný, nezvládnuteľný
rundown /,ran'daun/ n. obmedzenie, pokles
rung /raŋ/ p. ring
runner /'ranə/ n. 1. bežec 2. pašerák
running /'raniŋ/ adj. neprestajný, neustály
running costs /'raniŋ kosts/ n. prevádzkové náklady
runway /'ranwei/ n. pristávacia dráha
rupture /'rapčə/ n. roztržka, rozkol

riral /ˈruərəl/ adj. vidiecky
ruse /ru:z/ n. lesť
rush /raš/ v. hnať sa, náhliť sa
rush n. 1. nával, príval 2. zhon 3. trstina
rush hour /ˈraš auə/ n. dopravná špička
rusk /rask/ n. suchár
Russia /ˈrašə/ n. Rusko
Russian /ˈrašən/ n. Rus, ruština
Russian adj. ruský

rust /rast/ n. hrdza
rustic /ˈrastik/ n. vidiečan, dedinčan
rustle /ˈrasəl/ v. šumieť, šušťať
rusty /ˈrasti/ -ie- adj. hrdzavý
rut /rat/ n. 1. stopa, koľaj, brázda 2. ruja
ruthless /ˈru:θles/ adj. nemilosrdný, neľútostný
rye /rai/ n. raž

S

sable /'seibəl/ n. sobol
sabotage /'sæbəta: ž/ n. sabotáž
sabre /'seibə/ n. šabľa
sachet /'sæšei/ n. igelitové vrecúško
sack /sæk/ n. vrece
sack v. vyhodiť, vyraziť zo zamestnania *hovor.*
sacrament /'sækrəmənt/ n. sviatosť
sacred /'seikrəd/ adj. svätý, posvätný
sacrifice /'sækrəfais/ n. obeta, obeť
sacrifice v. obetovať
sacristy /'sækrəsti/ -ie- n. sakristia
sad /sæd/ -dd- adj. smutný

sadden /'sædn/ v. zarmútiť, skľúčiť
saddle /'sædl/ n. sedlo
saddle v. osedlať
sadism /'seidizəm/ n. sadizmus
safe /seif/ adj.
 1. bezpečný, istý pred čím *from*
 2. spoľahlivý
safe n. trezor
safeguard /'seifga: d/ v. zabezpečiť, /o/chrániť
safekeeping /,seif'ki: piŋ/ n. úschova, ochrana
safety /'seifti/ -ie- n. bezpečnosť, istota
safety belt /'seifti belt/ n. bezpečnostný pás
safety match /'seifti mæč/ n. zápalka

safety net /'seifti net/ n. záchranná sieť, *aj pren.*

safety pin /'seifti pin/ n. zapínací špendlík

safety razor /'seifti ˌreizə/ n. holiaci strojček na žiletky

sag /sæg/ -gg- v. prehýbať sa, byť prehnutý

sagacious /sə'geišəs/ adj. bystrý, inteligentný

sage /'seidž/ adj. múdry

said /sed/ p. say

sail /seil/ n. 1. lodná plachta 2. plavba 3. loď

sail v. plaviť sa, plachtiť

sailboard /'seilbo:d/ n. plachetnica

sailing boat /'seiliŋ bəut/ n. plachetnica

sailor /'seilə/ n. námorník

saint /seint/ n. svätec, svätý

sake /seik/ n. for the s. of kvôli komu/čomu

salacious /sə'leišəs/ adj. oplzlý

salad /'sæləd/ n. šalát

salami /sə'la:mi/ n. saláma

salary /'sæləri/ -ie- n. plat, mzda

sale /seil/ n. 1. predaj 2. výpredaj 3. dražba

salesman /'seilzmən/ pl. *salesmen* /'seilzmən/ n. 1. obchodný zástupca 2. kvalifikovaný predavač

sales representative /'seilz ˌrepri'zentətiv/ n. obchodný zástupca

sales slip /'seilz slip/ n. pokladničný blok, účtenka

sales tax /'seilz tæks/ n. daň z obratu

salient /'seiliənt/ adj. význačný, hlavný
saline /'seilain/ adj. soľný, slaný
saliva /sə'laivə/ n. slina
sallow /'sæləu/ adj. nažltlý, bledý
sally /'sæli/ -ie- n. výpad, protiútok
salmon /'sæmon/ pl. *salmon/salmons* /'sæmonz/ n. losos
salon /'sælon/ n. salón, *a hairdressing s.* kadernícky salón
saloon /sə'lu: n/ n. 1. automobil 2. bar, hostinec
salt /so: lt/ n. soľ
salt adj. 1. slaný 2. solený
saltcellar /'so: lt,selə/ n. soľnička
salubrious /sə'lu: briəs/ adj. spoločenský prijateľný, konvenčný

salutary /'sæljətəri/ adj. prospešný, osožný
salute /sə'lu: t/ v. 1. pozdraviť 2. salutovať
salvage /'sælvidž/ n. 1. záchrana, záchranné práce
salvage v. zachrániť pred *from*
salve /sælv/ n. hojivá masť
salve v. upokojiť, zmierniť
same /seim/ adj. ten istý, rovnaký
same pron. tak isto, rovnako
sample /'sa: mpl/ n. vzorka, ukážka
sanctify /'sæŋktəfai/ -ie- v. vysvätiť, posvätiť
sanction /'sæŋkšən/ n. 1. schválenie, súhlas 2. sankcia, trest
sanction v. schváliť, súhlasiť, potvrdiť

sanctuary /'sæŋkčuəri/ -ie- n. 1. vtáčia/živočíšna rezervácia 2. útočište 3. svätyňa

sand /sænd/ n. piesok

sand v. brúsiť, šmirgľovať

sandal /'sændl/ n. sandál

sandbank /'sændbæŋk/ n. piesočnina

sandbox /'sændboks/ AmE n. detské pieskovisko

sandpaper /'sænd,peipə/ n. šmirgeľ

sandstrom /'sændsto:m/ n. piesočná búrka

sandwich /'sænwidž/ n. sendvič

sane /sein/ adj. 1. duševne zdravý 2. názor/návrh rozumný

sang /sæŋ/ p. sing

sangfroid /,soŋ'frwa:/ n. chladnokrvnosť

sanguinary /'sæŋgwənəri/ adj. krvilačný

sanitary /'sænətəri/ adj. zdravotný, sanitný

sanity /'sænəti/ n. duševné zdravie

sank /sæŋk/ p. sink

Santa Claus /'sæntə klo:z/ n. Dedo Mráz, Ježiško

sap /sæp/ n.1. miazga 2. AmE obušok

sap -pp- v. 1. oslabiť, podkopať dôveru 2. biť obuškom

sapient /'seipiənt/ adj. múdry, vzdelaný

sarcasm /'sa:kæzəm/ n. uštipačný výsmech, sarkazmus

sardine /,sa: 'di:n/ n. sardinka

sardonic /sa: 'donik/ adj. cynický, pohŕdavý

sarnie /ˈsaːni/ n. sendvič *hovor.*
sash /sæš/ n. šerpa
sash window /ˈsæš ˌwindəu/ n. posuvné okno
sat /sæt/ p. sit
satchel /ˈsæčəl/ n. taška, kabela, kapsa
sate /seit/ v. nasýtiť, uspokojiť
satellite /ˈsætəlait/ n. družica, satelit
satire /ˈsætaiə/ n. satira
satisfaction /ˌsætəsˈfækšən/ n. 1. uspokojenie 2. zadosťučinenie
satisty /ˈsætəsfai/ -*ie*- v. uspokojiť, vyhovieť
saturate /ˈsæčəreit/ v. namočiť, nasiaknuť
Saturday /ˈsætədi/ n. sobota
saturnine /ˈsætənain/ adj. zachmúrený, temný

sauce /soːs/ n. omáčka
saucepan /ˈsoːspæn/ n. rajnica, kastról
saucer /ˈsoːsə/ n. tanierik pod šálku
sauerkraut /ˈsauəkraut/ n. kyslá kapusta
saunter /ˈsoːntə/ v. prechádzať sa, potulovať sa
sausage /ˈsosidž/ n. klobása
savage /ˈsævidž/ adj. zúrivý, rozzúrený
savage v. zviera napadnúť, zaútočiť
savage n. divoch, barbar
savant /ˈsævənt/ n. učenec, vedec
save /seiv/ v. 1. zachrániť pred *from* 2. sporiť 3. ušetriť
savings /ˈseiviŋz/ n. úspory
savings bank /ˈseiviŋz bæŋk/ n. sporiteľna

savour /'seivə/ v.
vychutnať
savour n. chuť, príchuť
savoy /sə'voi/ n. kel hlávkový
saw /so:/ p. see
saw n. píla
saw *sawed, sawn* v. píliť
sawdust /'so: dast/ n. piliny
sawmill /'so: mil/ n. píla /závod/
sawn /so: n/ p. saw
say /sei/ *said* v. povedať, hovoriť
saying /'sei-iŋ/ n. príslovie, fráza
scab /skæb/ n. chrasta
scads /skædz/ AmE n. fúra, hromada *hovor.*
scafold /'skæfəld/ n.
1. lešenie
2. popravisko
scald /'sko: ld/ v. obariť /sa/si/
scale /skeil/ n. stupnica, škála

scale v. vyšplhať sa, zvýšiť, znížiť
scales /'skeilz/ n. váhy, váha
scallop /'skoləp/ n. lastúra
scalp /skælp/ v. skalpovať
scam /skæm/ n. švindeľ, trik
scamper /'skæmpə/ v. behať, skákať
scan /skæn/ -nn- v. pozorne skúmať, prehliadať
scandal /'skændl/ n. pohoršenie, škandál
scanty /'skænti/ -*ie*- adj. skromný, jednoduchý
scar /ska:/ n. jazva
scarcely /'skeəsli/ adv. sotva, asi nie
scarcity /'skeəsəti/ n. nedostatok
scare /skeə/ v. naľakať /sa/, vydesiť /sa/
scarecrow /'skeəkrəu/ n. strašiak

scarf /ska: f/ pl. *scarfs/scarves* /ska: vz/ n. šatka, šál

scarlet fever /,ska: lət 'fi:və/ n. šarlach

scary /'skeəri/ -ie- adj. desivý

scatter /'skætə/ v. rozptýliť /sa/, rozpŕchnuť /sa/

scenario /sə'na: riəu/ n. scenár

scene /si: n/ n. divadelný výstup, výjav, scéna

scenery /'si: nəri/ n. 1. krajina, príroda, scenéria 2. kulisy

scent /sent/ n.1. vôňa 2. pach

scent v. zviera vyňuchať, zvetriť, vytušiť

sceptre /'septə/ n. žezlo

schedule /'šedju: l/ n. 1. program, plán 2. zoznam

schedule v. naprogramovať naplánovať

scheme /ski: m/ n.1. návrh, projekt 2. systém

schism /'sizəm/ n. rozkol

schizophrenia /,skitsəu'fri: niə/ n. schizofrénia

scholar /'skolə/ n. učenec, vedec

scholarship /'skoləšip/ n. 1. štipendium 2. bádanie, veda

school /sku: l/ n.1. škola 2. vyučovanie

schoolchild /'sku: l čaild/ pl. *schoolchildren* /sku: l čildrən/ n. školák

schooling /'sku: liŋ/ n. vzdelanie, vyučovanie

schoolmate /'sku: l meit/ n. spolužiak

science /'saiəns/ n. 1. veda 2. vedný odbor

scientific /ˌsaiən'tifik/ adj. 1. vedecký 2. exaktný

scientist /'saiəntəst/ n. vedec

scintilla /sin'tilə/ n. byľka, štipka čoho of

scsissors /'sizəz/ n. nožnice

sclerosis /sklə'rəusəs/ n. skleróza *lek.*

scoff /skof/ v. posmievať sa

scoff n. posmech, výsmech

scoop /skuːp/ n. naberačka, lopatka

scooter /'skuːtə/ n. 1. kolobežka 2. skúter

scope /skəup/ n. rámec, okruh, pôsobnosť

scorch /skoːč/ v. 1. popáliť sa 2. jedlo spáliť /sa/

scorch n. popálenina

score /skoː-/ n. 1. stav, skóre 2. výsledok

score v. získať bod, skórovať

scorn /skoːn/ n. pohŕdanie

scorn v. pohŕdať, opovrhovať

Scot /skot/ n. Škót, obyvateľ Škótska

scotch tape /ˌskoč 'teip/ AmE n. samolepiaca páska

Scotland /skotlənd/ n. Škótsko

Scottish /skotiš/ adj. škótsky

scour /skauə/ v. dôkladne prehľadať

scourge /skəːdž/ n. utrpenie, pohroma

scout /skaut/ n. 1. skaut 2. *voj.* prieskumník

scowl /skaul/ v. mračiť sa, chmúriť sa

scramble /'skræmbəl/ v. liezť, škrabať sa, šplhať sa

scrap /skræp/ n.
1. kúsok, útržok
2. zvyšok

scrape /skreip/ v.
1. škrabať 2. odrieť, oškrieť

scratch /skræč/ v. poškrabať /sa/ niečím ostrým

scratch n. škrabanec, škrabnutie

scrawl /skro: l/ v. čarbať, čmárať

scream /skri: m/ v.
1. kričať 2. vreskať

scream n. krik, vreskot

screen /skri: n/ n.
1. provizórna/skladacia stena 2. clona
3. televízna obrazovka

screen v. 1. zakryť
2. tieniť, cloniť
3. televízia *vysielať*

screw /skru: / n. skrutka

screwdriver /'skru: ˌdraivə/ n. skrutkovač

scribble /'skribəl/ v. čarbať

script /skript/ n.
1. rukopis 2. písmo
3. písomná práca

scripture /'skripčə/ n. S-s Písmo sväté, Biblia

scroll /skrəul/ n. zvitok

scrub /skrab/ -bb- v. drhnúť, čistiť

scrub n. krovina, húština

scruff /skraf/ n. zátylok

scruple /'skru: pəl/ n. zábrana, úzkostlivosť

scrutinize /'skru: tənaiz/ v. dôkladne prezrieť, preskúmať

scuff /skaf/ v.
1. šúchať *nohami pri chôdzi* 2. *topánky* vyšúchať /sa/

scuffle /'skafəl/ n. bitka, ruvačka

scullery /'skaləri/ -ien. prípravná komora, kuchynská umyváreň
sculptor /'skalptə/ n. sochár
sculpture /'skalpčə/ n. 1. sochárstvo 2. socha
scum /skam/ n. pena
scuttle /'skatl/ v. utekať, ujsť
scythe /saið/ n. kosa
scythe v. kosiť
sea /si:/ n. more
seabed /'si: bed/ n. morské dno
seal /si: l/ pl. *seal* /si: l/ n. tuleň
seal n. 1. pečať, plomba 2. tesnenie, izolácia
seal v. 1. pečatiť, plombovať 2. tesniť
seam /si: m/ n. švík, šev
seaman /'si: mən/ pl. *seamen* /si: mən/ n. námorník

seaport /'si: po: t/ n. námorný prístav
sear /siə/ v. 1. spáliť 2. prudko opiecť
search /sə: č/ v. 1. prehľadať čo *through* 2. pátrať po *for*
search n. pátranie po *for*, hľadanie
searchlight /'sə: člait/ n. svetlomet, reflektor
seashore /'si: šo: / n. morský breh
seasick /'si: ‚sik/ adj. trpiaci na morskú chorobu
seaside /'si: said/ n. morské pobrežie
season /'si: zən/ n. 1. ročné obdobie 2. obdobie
season v. ochutiť, okoreniť
seasoned /'si: zənd/ adj. skúsený, ostrieľaný *pren.*

seasoning /'si: zəniŋ/
n. korenie, prísada

seat /si: t/ n. 1. miesto na sedenie, sedadlo
2. zadok

seat v. posadiť /sa/

seat belt /'si: t belt/ n. bezpečnostný pás

seclude /si'klu: d/ v. utiahnuť sa, izolovať sa

seclusion /si'klu: žən/ n. ústranie, samota, súkromie

second /'sekənd/ adj.
1. druhý v poradí
2. ďalší

second n. 1. sekunda
2. moment, okamih

secondary /'sekəndəri/ adj. 1. druhého stupňa, stredoškolský
2. druhoradý

second-hand /,sekənd 'hænd/ adj. použitý, sprostredkovaný

second hand /'sekənd ,hænd/ n. sekundová ručička

secondly /'sekəndli/ adv. po druhé

second-rate /,sekənd'reit/ adj. druhoradý, podradný

secrecy /'si: krəsi/ -ie- n. 1. tajnosť
2. mlčanlivosť

secret /'si: krət/ adj.
1. tajný 2. utajovaný

secret n. 1. tajomstvo
2. záhada

secretary /'sekrətəri/ -ie- n. 1. tajomník, sekretárka
2. minister

secrete /si'kri: t/ v.
1. vylučovať biol.
2. skryť

secret service /,si: krət ' sə: vəs/ n. tajná/spravodajská služba

sect /sekt/ n. sekta

section /'sekšən/ n. časť, úsek, sekcia

sector /'sektə/ n.
1. odvetvie, sektor
2. voj. pásmo, zóna

secular /'sekjələ/ adj. svetský

secure /si'kjuə/ adj. bezpečný, istý

secure v. upevniť, pripevniť, zaistiť

security /si'kjuərəti/ -ie- n. bezpečie, istota

sedate /si'deit/ adj. pokojný, vyrovnaný

sedentary /'sedəntəri/ adj. 1. *zamestnanie* sedavý 2. usadlý

sediment /'sedəmənt/ n. usadenina

sedition /si'dišən/ n. poburovanie

seduce /si'dju:s/ v. 1. zviesť 2. nahovoriť

sedulous /'sedjələs/ adj. starostlivý, snaživý

see /si:/ *saw, seen* v. 1. vidieť, /s/pozorovať, spoznať 2. dozvedieť sa 3. chápať, *see sb off* odprevadiť

seed /si:d/ n. semeno, semienko

seed v. 1. rastlina /do/zrieť

seedbed /'si:dbed/ n. záhon, hriadka

seek /si:k/ *sought* v. 1. hľadať, pátrať 2. žiadať

seem /si:m/ v. zdať sa, pripadať komu *to*

seen /si:n/ p. see

seep /si:p/ v. presakovať

seesaw /'si:so:/ n. hojdačka

seethe /si:ð/ v. 1. vrieť 2. víriť /sa/

segment /'segmənt/ n.1. časť, diel 2. sektor

segregation /,segri'geišən/ n. segregácia

seize /si:z/ v. 1. zhabať 2. zmocniť sa

seizure /'si:žə/ n. zhabanie, konfiškácia

seldom /'seldəm/ adv. zriedka, málokedy
select /sə'lekt/ v. vybrať /si/
select adj. vybraný, vyvolený
selection /sə'lekšən/ n. výber, voľba
self /self/ pl. *selves* /selvz/ n. vlastné ja
self-confident /,self'konfədənt/ adj. sebavedomý
self-conscious /,self'konšəs/ adj. nervózny
self-control /,self kən'trəul/ n. sebaovládanie
self-defence /,self di'fens/ n. sebaobrana
selfish /'selfiš/ adj. sebecký
sell /sel/ *sold* v. predať, ísť na odbyt, *sell out* vypredať
seller /'selə/ n. predávajúci, predavač
semiconductor /,semikən'daktə/ n. elektr. polovodič
semidetached /,semidi'tæčt/ adj. polovica dvojdomu
senate /'senət/ n. senát
senator /'senətə/ n. senátor
send /send/ *sent* v. 1. poslať, odoslať 2. spôsobiť
sender /'sendə/ n. odosielateľ
senior /'si: niə/ adj. 1. starší 2. vyšší, dôležitejší
sensation /sen'seišən/ n. 1. pocit 2. dojem
sense /sens/ n. 1. zdravý rozum, úsudok 2. zmysel
sense v. vycítiť, vytušiť, zbadať
senseless /'sensləs/ adj. nezmyselný, zbytočný

sensible /ˈsensəbəl/
adj. rozumný,
múdry

sensitive /ˈsensətiv/
adj. citlivý,
chúlostivý

sensual /ˈsenšuəl/ adj.
zmyselný, erotický

sent /sent/ p. send

sentence /ˈsentəns/
n.1. gram. veta
2. rozsudok

sentence v. odsúdiť,
vyniesť rozsudok

sentry /ˈsentri/ -ie- n.
voj. stráž, strážca

separate /ˈsepəreit/ v.
oddeliť /sa/, odlúčiť
/sa/

separation
/ˌsepəˈreišən/ n.
oddelenie,
odlúčenie

September
/sepˈtembə/ n.
september

sequel /ˈsi: kwəl/ n.
ďalšia časť,
pokračovanie

sequence /ˈsi: kwəns/
n. 1. sled, poradie
2. postupnosť

sequestrate
/siˈkwestreit/ v.
zhabať, skonfiškovať

Serbia /ˈsə: biə/ n.
Srbsko

serene /səˈri: n/ adj.
pokojný, tichý

sergeant /ˈsa: džənt/ n.
seržant, čatár

serial /ˈsiəriəl/
n.literárne/televízne
dielo na
pokračovanie,
seriál

serial adj. pravidelný

serious /ˈsiəriəs/ adj.
vážny, závažný

sermon /ˈsə: mən/ n.
kázeň, aj pren.

servant /ˈsə: vənt/ n.
sluha

serve /sə: v/ v. 1. slúžiť,
byť v službe
2. obslúžiť, podávať
raňajky/obed
3. odpykať si trest

server /'sə: və/ n.
podnos, tácka
service /'sə:vəs/
n.1. obsluha
2. prevádzka 3. služba
4. bohoslužba
service station /'sə:vəs ,steišən/ n.
autoservis
serviette /,sə: vi'et/ n.
servítka
session /'sešən/ n.
zasadanie, schôdza, porada
set /set/ -tt,set v.
1. položiť, klásť
2. dať do pohybu, nastaviť 3. pripraviť /sa/, *set off* vydať sa na cestu *set out* usporiadať
set n.1. súprava, súbor, 2. prístroj
3. skupina
set /set/ p. set
setback /'setbæk/ n.
prekážka, nevýhoda
settee /se'ti: / n. gauč, pohovka

setting /'setiŋ/ n.
západ slnka
settle /'setl/ v.1. usadiť /sa/, posadiť /sa/
2. upokojiť /sa/
3. dohodnúť sa
settlement /'setlmənt/
n. 1. dohoda
2. osada, usadlosť
settler /'setlə/ n.
usadlík, osadník
seven /'sevən/ num.
sedem
seventeen /,sevən'ti: n/
num. sedemnásť
seventy /'sevənti/ -ie-
num. sedemdesiat,
the s-ies
sedemdesiate roky
sever /'sevə/ v.
1. preťať, odťať
2. skončiť
several /'sevərəl/
quantif. niekoľko
severe /sə'viə/ adj.
1. vážny, závažný
2. *počasie* drsný
sew /səu/ *sewed, sewn*
v. šiť

sewer /'sju: ə/ n. stoka, kanál
sewerage /'sju: əridž/ n. kanalizácia
sewing machine /'səuiŋ mə,ši: n/ n. šijací stroj
sewn /səun/ p. sew
sex /seks/ n. 1. pohlavie 2. erotika, sex
shabby /'šæbi/ -ie- adj. ošúchaný, otrhaný
shackle /'šækəl/ pl. *shackles* n. železné putá, okovy
shade /šeid/ n. tieň, chládok
shade v. tieniť, cloniť
shadow /'šædəu/ n. 1. tieň 2. pl. *shadows* šero, prítmie
shadow v. sledovať, stopovať
shaft /ša: ft/ n. 1. držadlo, rukoväť 2. hriadeľ 3. šachta
shaggy /'šægi/ -ie- adj. 1. chlpatý, huňatý 2. neupravený
shake /šeik/ *shook, shaken* v. triasť /sa/, chvieť /sa/, *shake hands* podať si ruky
shall /šəl/ vyjadruje 1. budúci čas *pomocné sloveso* 2. vyjadruje povinnosť
shallow /'šæləu/ adj. plytký
shallows /'šæləuz/ n. plytčina
sham /šæm/ n. podvod, klam
sham -mm- v. predstierať, simulovať
shame /šeim/ n. hanba, potupa
shame v. zahanbiť
shampoo /šæm'pu: / n. šampón
shamrock /'šæmrok/ n. ďatelina, trojlístok
shanty /'šænti/ -ie- n. chatrč, búda

374

shape /šeip/ n.1. tvar 2. forma, podoba 3. stav
shape v. 1. tvarovať, formovať 2. ovplyvniť
share /šeə/ n.1. diel, časť 2. podiel
share v. /roz/deliť sa, podeliť sa, mať podiel
shareholder /'šeə,həuldə/ n. akcionár, účastinár
shark /ša: k/ n. žralok
sharp /ša: p/ adj. 1. ostrý 2. špicatý 3. prudký, náhly 4. bystrý
sharpen /'ša: pən/ v. naostriť, nabrúsiť
shatter /'šætə/ v. rozbiť /sa/, roztrieštiť sa
shave /šeiv/ v. holiť /sa/
shaver /'šeivə/ n. elektrický holiaci strojček

shaving cream /'šeiviŋ kri: m/ n. krém na holenie
shaving foam /'šeiviŋ fəum/ n. pena na holenie
shavings /'šeiviŋz/ n. stružliny
shawl /šo: l/ n. šatka, ručník
she / ši: / pron. ona
sheaf /ši: f/ pl. *sheaves* /ši: vz/ n. snop
shear /šiə/ *sheared, sheared/shorn* v. strihať
shears /šiəz/ n. nožnice
shed /šed/ n.kôlňa, šopa
shed -*dd*-, *shed* v. 1. roniť slzy 2. prelievať 3. zhadzovať listy
shed /šed/ p. shed
sheen /ši: n/ n. lesk, ligot
sheep /ši: p/ pl. *sheep* /ši: p/ n. ovca

sheer /šiə/ adj. číry, úplný
sheet /ši: t/ n. 1. plachta 2. hárok papiera
shelf /šelf/ pl. shelves /šelvz/ n. polica, regál
shell /šel/ n. 1. lastúra, mušľa 2. granát, raketa 3. pancier *korytnačky*
shelter /'šeltə/ n. 1. prístrešok, strieška 2. útulok
shelter v. ukryť /sa/, schovať /sa/
shelve /šelv/ v. 1. uložiť, klásť na policu 2. odložiť
shelves /šelvz/ p. shelf
sheriff /'šerəf/ AmE n. úradník bezpečnostnej služby, šerif
shield /ši: ld/ n. štít, kryt
shield v. chrániť

shift /šift/ v. posunúť /sa/
shift n. pracovná smena
shimmer /'šimə/ v. trblietať sa, jagať sa
shin /šin/ n. holenná kosť
shin -nn- v. šplhať sa
shine /šain/ *shone* v. 1. svietiť 2. lesknúť sa
shine n. lesk, ligot
shingle /'šingəl/ n. šindeľ
ship /šip/ n. loď
shipment /'šipmənt/ n. lodná zásielka, náklad
shipping /'šipiŋ/ n. 1. loďstvo 2. preprava
shipyard /'šip-ja: d/ n. lodenica
shirt /šə: t/ n. košeľa
shiver /'šivə/ v. chvieť sa, triasť sa od *with*
shoal /šəul/ n. plytčina
shock /šok/ n. 1. šok, otras 2. náraz

shoe /šu: / n. 1. topánka 2. podkova
shoelace /'šu: leis/ n. šnúrka do topánok
shone /šon/ p. shine
shook /šuk/ p. shake
shoot /šu: t/ shot v. 1. strieľať, zastreliť 2. poľovať 3. filmovať
shoot n. 1. výhonok 2. poľovačka 3. výstrel
shop /šop/ n. 1. obchod 2. dielňa
shop -pp- v. nakupovať
shop assistant /'šop ə,sistənt/ n. predavač/ka
shopkeeper /'šop,ki: pə/ n. majiteľ/vedúci obchodu
shoplifter /'šop,liftə/ n. zlodej *v obchode*
shopper /'šopə/ n. kupujúci, zákazník
shopping centre /'šopiŋ ,sentə/ n. nákupné stredisko

shore /šo: / n. pobrežie, breh
shorn /šo: n/ p. shear
short /šo: t/ adj. 1. krátky 2. postava nízka, malá 3. nedostačujúci
shortage /'šo: tidž/ n. nedostatok
short circuit /,šo: t 'sə: kit/ n. elektr. skrat
shortcoming /'šo: t,kamiŋ/ n. nedostatok, chyba
shorten /'šo: tn/ v. skrátiť
shorthand /'šo: thænd/ n. stenografia
shorthand typist /,šo: t hænd 'taipəst/ n. stenografist/ka
shortly /'šo: tli/ adv. 1. čoskoro, čochvíľa 2. úsečne 3. stručne
shortsighted /,šo: t 'saitəd/ adj. krátkozraký
short-term /,šo: t 'tə: m/ adj. krátkodobý

377

shot /šot/ p. shoot
shot /šot/ n. 1. rana, výstrel 2. strelec
should /šəd/ mal by si
shoulder /'šəuldə/ n. rameno, plece
shout /šaut/ v. kričať, revať
shout n. krik, rev
shove /šav/ v. strčiť
shovel /'šavəl/ n. lopata
show /šəu/ *showed, shown/showed*
v.1. ukázať 2.prejaviť 3. vidieť 4. vysvetliť 5. dokázať
show
n.1. predstavenie 2. výstava 3. ukážka
showcase /'šəukeiz/ n. výkladná skriňa, vitrína
shower /'šauə/
n.1. prehánka, spŕška 2. sprcha
shown /šəun/ p. show
shrank /šræŋk/ p. shrink

shred /šred/ n.zdrap, útržok
shrewd /šru:d/ adj. bystrý, inteligentný
shrink /šriŋk/ *shrank, shrunk* v. znížiť sa, klesnúť
shrub /šrab/ n. ker
shrug /šrag/ *-gg-* v. pokrčiť/myknúť plecom
shrunk /šraŋk/ p. shrink
shudder /'šadə/ v. chvieť sa, triasť sa
shun /šan/ *-nn-* v. vyhýbať sa
shut /šat/ *-tt-, shut* v. 1. zatvoriť 2. privrieť
shut /šat/ p. shut
shutdown /'šatdaun/ n. ukončenie *prevádzky*
shutter /'šatə/ n. 1. okenica
shuttle /'šatl/ n. raketoplán

shy /šai/ adj. plachý, nesmelý
sibling /'siblin/ n. súrodenec
sick /sik/ adj. 1. chorý 2. znechutený
sickness /'siknəs/ n. choroba
sickness benefit /'siknəs ,benəfit/ n. nemocenské davky
side /said/ n. bočná strana, bok
sideboard /'saidbo: d/ n. príborník, kredenc
sidetrack /'saidtræk/ v. odviesť, odlákať pozornosť
sidewalk /'saidwo: k/ AmE n. chodník
siege /si: dž/ n. obliehanie, obkľúčenie
sieve /si: v/ n. sito
sift /sift/ v. 1. /pre/osiať 2. dôkladne prehľadať
sigh /sai/ v. vzdychať, povzdychnúť
sigh n. /po/vzdych

sight /sait/ n. 1. zrak 2. pohľad /of na/
sightseeing /'sait,si: iŋ/ n. prehliadka pamätihodností
sign /sain/ n. 1. znak, značka 2. znamenie, signál
sign v podpísať /sa/
signal /'signəl/ n. 1. znamenie, signál 2. semafór
signature /'signəčə/ n. podpis
significant /sig'nifikənt/ adj. významný, dôležitý
signify /'signəfai/ /-ie-/ v. 1. znamenať, značiť 2. naznačiť
silage /'sailidž/ n. siláž
silence /'sailəns/ n. 1. ticho 2. mlčanie
silence v. umlčať
silent /'sailənt/ adj. 1. tichý, mĺkvy 2. mlčiaci 3. nemý

silhouette

silhouette /ˌsiluˈet/ n. silueta
silk /silk/ n. hodváb
sill /sil/ n. parapet
silly /ˈsili/ /-ie-/ adj. hlúpy, pochabý
silt /silt/ n. nános, bahno
silver /ˈsilvə/ n. striebro
similar /ˈsimələ/ adj. podobný /to čomu/
simmer /ˈsimə/ v. nechať slabo vrieť, klokotať
simper /ˈsimpə/ v. uškrnúť sa
simple /ˈsimpəl/ adj.
  1. jednoduchý nekomplikovaný
  2. obyčajný
simple-minded /ˌsimpəl ˈmaindid/ adj. hlúpy, obmedzený
simplify /ˈsimpləfai/ /-ie-/ v. zjednodušiť
simulate /ˈsimjəleit/ v.
  1. napodobniť, imitovať
  2. simulovať
sin /sin/ n. 1. hriech
  2. priestupok

sin v /-nn-/ zhrešiť, previniť sa against proti
since /sins/ adv. odvtedy
sincere /sinˈsiə/ adj.
  1. úprimný 2. pravý
sincerely /sinˈsiəli/ adv. úprimne, skutočne, Yours s. s úctou
sinew /ˈsinju:/ n. šľacha
sinful /ˈsinfəl/ adj. hriešny
sing /siŋ/ sang, sung v. spievať
singe /sindž/ v. spáliť
single /ˈsiŋgəl/ adj.
  1. jeden, jediný
  2. slobodný
  3. samostatný
sinister /ˈsinəstə/ adj. zlovestný, hrozivý
sink /siŋk/ v /sank, sunk/
  1. loď/predmet po/topiť /sa 2. klesať
sink n. kuchynská výlevka

sip /sip/ /-pp-/ v. srkať, popíjať
sir /sə/ n. pane
Sir n. titul rytiera/baróna
siren /ˈsaiərən/ n. siréna
sirloin /ˈsə: loin/ n. kuch. sviečkovica
sister /ˈsistə/ n. 1. sestra 2. ošetrovateľka 3. mníška
sister-in-law /ˈsistə in ˌlo:/ pl. sisters-in-law/sister-in-laws švagriná
sit /sit/ /-tt,sat/ v. 1. sedieť, sadnúť si, posadiť /sa/ 2. zastávať funkciu /as koho/, s. down sadnúť si
site /sait/ n. miesto, poloha
site v. 1. umiestniť 2. nachádzať sa
sitting room /ˈsitiŋ ruːm/ n. obývacia izba
situate /ˈsitjueit/ v. umiestniť, situovať

situation /ˌsitjuˈeišən/ n. 1. stav, situácia 2. pomery
six /siks/ num. šesť
sixteen /ˌsikˈstiːn/ num. šestnásť
sixty /ˈsiksti/ /-ie-/ num. šesťdesiat, the s-ies šesťdesiate roky
size /saiz/ n. 1. veľkosť 2. číslo odevu/topánok
skate /skeit/ n. korčuľa
skate v. korčuľovať sa
skateboard /ˈskeitbo: d/ n. skateboard
skeleton /ˈskelətən/ n. 1. ľudská kostra 2. skelet
sketch /skeč/ n. 1. náčrt, skica 2. opis
skew /skju:/ v. skresliť údaje/fakty
skew adj. šikmý, kosý
skewer /ˈskju: ə/ n. špajdľa, ražeň
ski /ski:/ n. lyža
ski v. lyžovať sa

skid /skid/ /-dd-/
v. šmyknúť sa,
dostať šmyk
skid n. šmyk
ski lift /ˈski lift/
lyžiarsky vlek
skill /skil/ n. zručnosť,
šikovnosť
skilled /skild/ adj.
kvalifikovaný
skimp /skimp/ v. šetriť
skin /skin/
n. 1. pokožka 2 koža
skip /skip/ /-pp-/ v.
1. skákať, poskakovať
2. preskočiť
skipping rope /ˈskipiŋ
rəup/ n. švihadlo
skirmish /ˈskə: miš/ n.
šarvátka, potýčka
skirt /skə: t/ n. sukňa
skittles /ˈskitlz/ n. kolky
skulk /skalk/ v. skrývať sa
skull /skal/ n. lebka
sky /skai/ /-ie-/
obloha, in the s. na
oblohe
skylark /ˈskaila: k/ n.
škovránok

skyline /ˈskailain/ n.
silueta, kontúra
skyscraper
/ˈskai,skreipə/ n.
mrakodrap
slab /slæb/ n. doska,
tabuľa
slack /slæk/ adj.
1. uvoľnený
2. ľahostajný
slain /slein/ p. slay
slam /slæm/ /-mm-/ v.
1. zabuchnúť
2. tres/k/núť
slant /sla: nt/ n. svah,
úbočie
slap /slæp/ n. facka
slap v. /-pp-/ udrieť,
vylepiť facku
slash /slæš/ v. sekať,
/roz/seknúť
slat /stæt/ n. latka, lišta
slate /sleit/ n. 1. bridlica
2. bridlicová škridla
slaughter /ˈslo: tə/ n.
1. hromadné
zabíjanie, masaker
2. zakáľačka
Slav /sla: v/ n. Slovan

slave /sleiv/ n. otrok, otrokyňa
slavery /'sleivəri/ n. otrokárstvo, otroctvo
slay /slei/ /slew, slain/ v. zabiť, zavraždiť
sledge /sledž/ n. sane, sánky
sledge v. sánkovať sa
sleek /sli:k/ adj.
1. vlasy uhladený, upravený
sleep /sli:p/ n. spánok
sleep v. /slept/ spať
sleeping car /'sli: piŋ ka: / n. spací vozeň
sleeplessness /'sli: pləsnəs/ n. nespavosť
sleepy /'sli: pi/ /-ie-/ adj. ospalý
sleet /sli: t/ n. plušť, čľapkanica
sleeve /sli: v/ n.
1. rukáv 2. puzdro
sleigh /slei/ n. veľké sane
slender /'slendə/ adj.
1. štíhly, útly 2. tenký

slept /slept/ p. sleep
slew /slu: / p. slay
slice /slais/ n. krajec, okrušok, plátok
slice v. krájať, rezať na plátky
slick /slik/ adj.
1. šikovný, schopný
2. šmykľavý
slick n. ropná škvrna na vode
slid /slid/ p. slide
slide /slaid/ v. /slid/
1. kĺzať sa, šmýkať sa 2. klesnúť
slide n. 1. šmyk, šmyknutie
2. pokles
slide rule /'slaid ru: l/ n. logaritmické pravítko
slight /slait/ adj slabý, nepatrný
slight v. pohŕdať, podceňovať
slightly /'slaitli/ adv. trochu, nepatrne
slim /slim/ adj. /-mm-/ štíhly

slime /slaim/ n.
bahno, blato
sling /sliŋ/ v. /slung/
zavesiť
sling n. slučka, remeň pušky
slip /slip/ v. /-pp-/
1. šmyknúť sa, pokĺznuť /sa/
2. obliecť si /on čo/
3. uniknúť pozornosti
4. urobiť chybu
slip n. 1. pošmyknutie
2. malá chyba, omyl
slipper /'slipə/ n. papuča
slit /slit/ n. štrbina
sloe /slou/ n. trnka
slogan /'slougən/ n. heslo
slop /slop/ v. /-pp-/
pretiecť, preliať
slope n. 1. svah, úbočie 2. sklon
sloppy /'slopi/ /-ie-/ adj. nedbanlivý, lajdácky
slot /slot/ n. štrbina, otvor
slough /slau/ n. močiar, slatina

Slovak /'slouvæk/
n. Slovák, slovenčina
Slovak adj. slovenský
Slovakia /slou'va: kiə/
n. Slovensko
Slovakian /slou'va: kiən/ adj. slovenský
slovenly /'slavənli/ adj.
1. špinavý 2. nedbalý
slow /slou/ adj.
1. pomalý
2. dlhotrvajúci
slow v. spomaliť
sluggish /'slagiš/ adj.
pomalý, lenivý
slum /slam/ n. brlohy, štvrť chudobných
slumber /'slambə/ v.
driemať
slump /slamp/ v. ceny prudko klesnúť
slung /slaŋ/ p. sling
slush /slaš/ n. čľapkanica
sly /slai/ /-ie-/ adj.
prešibaný, prefíkaný
smack /smæk/ v.
capnúť, plesknúť
small /smo: l/ adj. malý

small change /ˌsmoːl ˈčeindž/ n. drobné peniaze, mince

smallpox /ˈsmoːlpoks/ n. kiahne

smart /smaːt/ adj. 1. elegantný, moderný 2. bystrý

smart n. 1. pálčivá bolesť 2. muka

smash /smæš/ v. 1. rozbiť /sa/ 2. rozdrviť nepriateľa

smear /smiə/ v. 1. rozmazať 2. zamazať /with čím/

smell /smel/ v. /smelled/ smelt, smelt/ 1. /za/cítiť, /za/voňať 2. voňať /of /like/ čím/ako/po čom/ 3. páchnuť

smell sn. 1. čuch 2. vôňa 3. zápach

smelt /smelt/ p. smell

smile /smail/ n. úsmev

smile v. usmievať sa

smith /smiθ/ n. kováč

smoke /sməuk/ n. 1. dym 2. fajčenie

smoke v. 1. fajčiť 2. dymiť 3. /vy/údiť

smoker /ˈsməukə/ n. 1. fajčiar 2. fajčiarsky vozeň

smooth /smuːð/ adj. 1. hladký, rovný 2. jemný 3. plynulý

smother /ˈsmaðə/ v. zakryť, zahaliť

smoulder /ˈsməuldə/ v. tlieť

smudge /smadž/ n. rozmazaná škvrna

smuggle /ˈsmagəl/ v. pašovať

snack /snæk/ n. rýchle malé občestvenie, desiata/olovrant

snag /snæg/ n. 1. problém, prekážka

snag v. /-gg-/ zachytiť, zavadiť /on o/

snail /sneil/ n. slimák

snake /sneik/ n. had
snap /snæp/ v. /-pp-/
 1. prasknúť, prelomiť sa 2. fotiť
snare /sneə/ n. pasca, klepec
snarl /sna:l/ v. zviera vrčať
snatch /snæč/ v. chmatnúť, chňapnúť
sneak /sni:k/ v. /snuck/ 1. priblížiť sa, prikradnúť sa 2. žalovať, donášať
sneer /sniə/ v. posmievať sa /at čomu/
sneeze /sni:z/ v. kýchať
sniff /snif/ v. smrkať, oňuchať
snigger /'snigə/ v. chichotať sa
snip /snip/ /-pp-/ v. strihať, odstrihnúť
snipe /snaip/ v. ostreľovať z krytu
snivel /'snivəl/ v. fňukať, fikať
snooze /snu:z/ v. zdriemnuť si hovor.

snow /snəu/ n. sneh
snow v. snežiť
snowdrift /'snəu,drift/ n. snehový závej
snowfall /'snəufo:l/ n. sneženie
snowman /'snəumæn/ n. pl. snowmen /'snəumən/ snehuliak
snowstorm /'snəusto:m/ n. snehová búrka, fujavica
snuck /snak/ p. sneak
snuff /snaf/ n. šnupavý tabak
snug /snag/ adj. pohodlný, útulný
so /səu/ adv. 1. tak, takto 2. takisto 3. tiež
so adj. pravdivý, skutočný
soak /səuk/ v. 1. namočiť 2. presiaknuť
soap /səup/ n. mydlo
soapsuds /səupsadz/ mydliny
soar /so:/ v. 1. vzlietnuť, vyletieť 2. vznášať sa

sob /sob/ /-bb-/ v. vzlykať, nariekať

sober /'səubə/ adj. triezvy

soccer /'sokə/ n. futbal

sociable /'səušəbəl/ adj. spoločenský, priateľský

social /'səušəl/ adj. spoločenský, sociálny

social service /,səušəl 'sə: vəs/ n. štátny sektor

social services /,səušəl 'sə: vəsi: z/ n. verejné služby

social work /'səušəl wə: k/ n. sociálna starostlivosť

society /sə'saiəti/ /-ie/ n. 1. spoločnosť ľudstvo, spoločenstvo 2. spolok, združenie

sock /sok/ n. ponožka

socket /'sokət/ n. 1. dutina 2. elektr. zásuvka

sodium /'səudiəm/ n. sodík

sofa /'səufə/ n. gauč, pohovka

soft /soft/ adj. 1. mäkký 2. jemný 3. tichý 4. ľahký

softhearted /,soft'ha: təd/ adj. dobromyseľný, láskavý

software /'softweə/ n. funkčné vybavenie počítača

soil /soil/ n. pôda, zem

sojourn /'sodžə: n/ v. pobudnúť, zostať

solace /'soləs/ n. útecha, potešenie

solar energy /,səulə 'enədži/ n. slnečná energia

solar system n. /,səulə,sistəm/ slnečná sústava

solder

solder /'soldə/ n. spájka
soldier /'səuldžə/ n. vojak
sole /səul/ n. 1. chodidlo 2. podošva
sole adj. jediný
solemn /'soləm/ adj.
 1. záväzný
 2. pohľad vážny
 3. slávnostný
solicitor /sə'lisətə/ n. právny poradca
solid /'solid/ adj.
 1. tuhý, pevný 2. silný
 3. vážny, seriózny
solid n. 1. tuhá látka
solidarity /,solə'dærəti/ n. súdržnosť, solidarita
solitary /'solətəri/ adj. osamelý, odrezaný od sveta
solitary confinement /,solətəri kən'fainmənt/ n. samoväzba
solitude /'solətju:d/ n. samota
solution /sə'lu:šən/ n. 1. riešenie 2. roztok

solve /solv/ v. rozriešiť, vyriešiť
sombre /'sombə/ adj. smutný, chmúrny
some /səm/ determ trochu, niekoľko
some determ
 1. niektorý 2. nejaký
 3. určitý, istý
somebody /'sambodi/ pron. niekto
somehow /'samhau/ adv. akosi, nejako
something /'samθiŋ/ pron. niečo, voľačo
sometime /'samtaim/ adv. niekedy, voľakedy
sometime adj. niekdajší, bývalý
sometimes /'samtaimz/ adv. občas, niekedy
somewhat /'samwot/ adv. trochu, tak trochu
somewhere /'samweə/ adv. niekde
somnolent /'somnələnt/ adj. ospalý
son /san/ n. syn

388

song /soŋ/ n. pieseň
songbook /'soŋbuk/ n. spevník
son-in-low /'san in,lo:/ pl. sons-in-law/son-in-laws zať
sonorous /'sonərəs/ adj. zvučný
soon /su:n/ adv. 1. skoro, čoskoro 2. rýchlo
soothe /su:ð/ v. 1. upokojiť, utíšiť
sorcerer /'so:sərə/ n. čarodejník, černokňažník
sordid /'so:dəd/ adj. špinavý
sore /so:/ adj. boľavý
sorrow /'sorəu/ n. smútok, žiaľ
sorry /'sori/ interj. bohužiaľ, ľutujem
sort /so:t/ n. druh, typ, sorta
sort v. triediť, deliť
sought /so:t/ p. seek
soul /səul/ n. 1. duša, podstata

sound /saund/ n. 1. zvuk 2. hlasitosť
sound v. 1. znieť 2. byť, javiť sa
sound adj. 1. zdravý 2. rozumný
soundproof /'saundpru:f/ adj. zvukotesný
soup /su:p/ n. polievka
sour /sauə/ adj. 1. kyslý 2. skysnutý
source /so:s/ n. 1. zdroj 2. príčina 3. prameň
sour cream /,sauə 'kri:m/ n. kyslá smotana
south /sauθ/ n. juh
south adj. južný
souvenir /,su:və'niə/ n. pamiatka, suvenír
sovereign /'sovrən/ n. panovník, vládca
sovereignty /'sovrənti/ n. /-ie-/ zvrchovanosť, nezávislosť
sow /səu/ /sowed, sown/sowed/ v. siať, rozosievať
sown /səun/ p. sow
spa /spa:/ n. kúpele

space /speis/ n.
1. priestor 2. odstup
3. vesmír 4. obdobie
spacecraft /'speis-kra:ft/ pl spacecraft n.
kozmická loď
space shuttle /'speis,šatl/ n.
kozmický raketoplán
spacing /'speisiŋ/ n.
vzdialenosť, odstup
spade /speid/ n. rýľ
Spain /spein/ n.
Španielsko
span /spæn/ p. spin
span n. rozpätie, rozstup
span v. /-nn-/ 1. preklenúť, premostiť 2. siahať, pokrývať
Spaniard /'spænjəd/ n.
Španiel
Spanish /'spæniš/ n. španielčina
Spanish adj. španielsky
spank /spæŋk/ v.
vyplieskať po zadku

spanner /'spænə/ n.
kľúč na matice
spare /speə/
v. 1. poskytnúť, dať, venovať 2. ušetriť
spare adj. 1. náhradný, rezervný 2. čas voľný, prebytočný
spark /spa:k/
n. 1. iskra 2. elektr. výboj
spark v. 1. iskriť 2. podnietiť
sparkle /'spa:kəl/ v.
trblietať sa, blyšťať sa
sparrow /'spærəu/ n.
vrabec
spasm /'spæzəm/ n. kŕč
spat /spæt/ p. spit
spate /speit/ n. veľké množstvo
spatter /'spætə/
v. ofŕkať, ostriekať
spawn /spo:n/ n. ikry
speak /spi:k/ /spoke, spoken/ v. 1. hovoriť, vravieť 2. s. up ozvať sa

speaker /'spi: kə/ n.
1. rečník
2. reproduktor

spear /spiə/ n. oštep, kopija

spearmint /'spiə,mint/ n. bot. mäta

special /'speʃəl/ adj. zvláštny, mimoriadny

specialist /'speʃələst/ n. odborník, špecialista

specific /spə'sifik/ adj. 1. presný, určitý 2. osobitný

specifically /spə'sifikli/ adv. 1. výhradne, výlučne 2. jasne, zreteľne

specify /'spesəfai/ /-ie-/ v. presne uviesť

specious /'spi: ʃəs/ adj. zdanlivý, domnelý

speck /spek/ n. škvrnka, fliačik

spectacle /'spektəkəl/ n. predstavenie, show

spectacles /'spektəkəlz/ n. okuliare

spectator /spek'teitə/ n. divák

spectre /'spektə/ n. duch, prízrak

spectrum /'spektrəm/ pl. spectra /spektrə/ n.
1. farebné spektrum
2. stupnica, škála

speculate /'spekjəleit/ v. 1. uvažovať, premýšľať

sped /sped/ p. speed

speech /spi: č/ n.
1. reč 2. prejav

speed /spi: d/ n. 1. rýchlosť, tempo

speed v. /speeded, sped/ 1. rýchlo ísť, uháňať

speed limit /'spi: d ,limit/ n. najvyššia dovolená rýchlosť

speedometer /spi'domətə/ n. rýchlomer, tachometer

speedy /'spi: di/ /-ie-/ adj. rýchly, skorý

391

spell /spel/ v. /spelt/ hláskovať

spell n. obdobie, doba

spell n. kúzlo, čaro

spelt /spelt/ p. spell

spend /spend/ /spent/ v. 1. vydať, minúť peniaze 2. /s/tráviť

spent /spent/ p. spend

spew /spju:/ v. chŕliť /sa/

sphere /sfiə/ n. 1. guľa 2. okruh, oblasť

spice /spais/ n. korenie

spicy /'spaisi/ /-ie-/ adj. /o/korenený

spider /'spaidə/ n. pavúk

spike /spaik/ n. 1. hrot, bodec 2. klas

spill /spil/ spilt v. 1. rozliať /sa/, vyliať /sa/

spilt /spilt/ p. spill

spin /spin/ v. span, spun 1. otáčať /sa/, krútiť /sa/ 2. priasť

spinach /'spinidž/ n. špenát

spindle /'spindl/ n. hriadeľ, os

spine /spain/ n. 1. chrbtica, chrbtová kosť 2. tŕň

spinster /'spinstə/ n. stará dievka

spiral /'spaiərəl/ n. špirála

spirit /'spirət/ n. 1. duch, duša 2. elán, odhodlanie

spirits /'spirəts/ n. nálada

spiritual /'spirətjuəl/ adj. 1. duchovný 2. náboženský

spit /spit/ v. spat /vy/pľuť

spit n. 1. ražeň 2. ostroh

spite /spait/ n. priek, protiveň, in s. of napriek čomu

spiteful /'spaitfəl/ adj. zlomyseľný

splash /splæš/ v. špliechať /sa/

spleen /spli:n/ n. 1. slezina 2. zlá nálada

splendid /'splendəd/ adj. nádherný, veľkolepý

splint /splint/ n. lek. dlaha
split /split/ v. /-tt-, split/ 1. štiepať drevo 2. /roz/deliť /sa/
split n. 1. puklina, trhlina 2. rozdelenie
split /split/ p. split
spoil /spoił/ v. /spoiled, spoilt/ /po/kaziť /sa/
spoil n. korisť
spoilage /'spoilidž/ n. znehodnotenie
spoilt /spoilt/ p. spoil
spoke /spəuk/ p. speak
spoke n. špica kolesa
spoken /spəukən/ p. speak
spokesman /'spəuks,mən/ n. pl. spokesmen /spəuks,mən/ hovorca
spoliation /,spəuli'eišən/ n. ničenie

sponsor /'sponsə/ n. 1. ručiteľ, garant 2. sponzor
spool /spu:l/ n. cievka
spoon /spu:n/ n. lyžica, lyžička
spoor /spo:/ n. stopa
sport /spo:t/ n. šport, go in for s- s pestovať šport
sportsman /'spo:tsmən/ n. pl. sportsmen /'spo:tsmən/ športovec
spot /spot/ n. 1. malá bodka, škvrna 2. miesto
spot v. /-tt-/ zbadať, zazrieť
spot cash /,spot 'kæš/ n. hotovosť, platba v hotovosti
spotless /'spotləs/ adj. čistý
spout /spaut/ v. /vy/chŕliť
sprain /sprein/ v. končatina vytknúť sa/si
sprang /spræŋ/ p. spring

sprawl /spro:l/ v. vystrieť sa
spray /sprei/ v. striekať, postrekovať
spray n. 1. postrek 2. rozprašovač
spray n. halúzka, vetvička
spread /spred/ v. /spread/ 1. šíriť /sa/ 2. rozprestierať /sa/
spread /spred/ p. spread
spree /spri:/ n. záťah slang
spring /spriŋ/ v. /sprang, sprung/ 1. vy/preskočiť 2. vzniknúť
spring n. 1. jar, in /the/ s. na jar 2. aj pl. s-s prameň 3. struna
springboard /'spriŋbo:d/ n. skokanská doska
sprinkle /'spriŋkəl/ v. pokvapkať, posypať
sprint /sprint/ v. šprintovať, finišovať

sprite /sprait/ n. 1. víla, škriatok 2. duch, prízrak
sprout /spraut/ v. 1. klíčiť 2. vlas rásť
sprout n. 1. klíčok, výhonok 2. kel ružičkový
spruce /spru:s/ n. smrek
sprung /spraŋ/ p. spring
spry /sprai/ /-ie-/ adj. čulý, svižný
spun /span/ p. spin
spur /spə:/ n. 1. ostroha 2. podnet, popud
spur v. /-rr-/ pohnať, posúriť
spurn /spə:n/ v. zavrhnúť, odmietnuť
spurt /spə:t/ v. vystreknúť, vyraziť
spy /spai/ /-ie-/ n. špión
spy v. 1. robiť špionáž 2. špehovať

squad /skwod/ n.
1. družstvo, tím
2. komando
squadron /'skwodrən/ n. eskadra, letka
squalid /'skwoləd/ adj. špinavý, zanedbaný
squallor /'skwolə/ n. špina
squander /'skwondə/ v. márniť, mrhať
square /skwə:/ n. štvorec, námestie
squash /skwoš/ v. pogniaviť, rozmliaždiť
squash n. 1. tlačenica 2. oranžáda/citronáda
squash n. tekvica
squat /skwot/ /-tt-/ v. čupieť, kvočať
squeak /skwi:k/ v. pišťať
squeamish /'skwi:miš/ adj. chúlostivý, háklivý
squeeze /skwi:z/ v. stlačiť, vytlačiť
squeeze n. 1. stisk ruky, stlačenie
2. tlačenica
3. nepriaznivá finančná situácia
squint /skwint/ v.
1. /pri/žmúriť /sa/
2. škúliť
squirm /skwəm/ v. zvíjať sa
squirrel /'skwirəl/ n. veverička
Sr skr. Senior st. starší/za mužským menom/
St skr. 1. Street ulica
2. Saint svätý
stab /stæb/ /-bb-/ v. /pre/bodnúť
stability /stə'biləti/ n. stabilita
stable /'steibəl/ adj. stály, pevný, ustálený
stable n. stajňa
stack /stæk/ n. kopa, hromada
stadium /'steidiəm/ n. pl. aj stadia /steidiə/ štadión

staff /sta: f/ n.
1. podagogický zbor, štáb 2. personál
stag /stæg/ n. jeleň
stage /steidž/ n.
1. pódium
2. obdobie, štádium
stage fright /'steidž frait/ n. tréma
stagger /'stægə/ v.
1. tackať sa, klátiť sa
2. vydesiť
stagnate /stæg'neit/ v. strnúť, stagnovať
stain /stein/ v. 1. tkanina znečistiť sa, špiniť sa 2. sfarbiť
stain n. škvrna
stainless /'steinləs/ adj. 1. nehrdzavejúci
2. bezúhonný
stair /steə/ n. schod
staircase /'steəkeis/ n. schodisko
stake /steik/ n. 1. kôl, stĺp 2. stávka
stake v. 1. staviť /sa/, riskovať 2. podoprieť

stalk /sto: k/ n. byľ, steblo
stall /sto: l/ n. 1. stánok, kiosk 2. sprchovací kút, kabína, box
stall v. motor zastaviť sa
stallion /'stæljən/ n. žrebec
stalls /sto: lz/ n. kreslá v divadle/v kine
stamina /'stæmənə/ n. výdrž, vytrvalosť
stammer /'stæmə/ v. zajakávať sa, jachtať
stamp /stæmp/ v. 1. dupať, šliapať 2. pečiatkovať 3. frankovať
stamp n. 1. poštová známka 2. pečiatka 3. dupot
stance /sta: ns/ n. postoj, prístup
stand /stænd/ v. /stood, stood/ 1. stáť 2. postaviť /sa/, vstať, s. together zostať spolu

stand n. 1. stánok
2. stojan 3. aj pl s-
s tribúna
4. stanovisko
standard /'stændəd/
n. 1. miera, kritérium
2. úroveň, štandard
standard of living
/,stændəd əv 'liviŋ/
n. životná úroveň
standby /'stændbai/ n.
záloha, rezerva
standing room
/'stændiŋ ru: m/ n.
miesto na státie
standpoint
/'stændpoint/ n.
stanovisko, hľadisko
standstill /'stænd,stil/
n. zastavenie,
nečinnosť
stank /stæŋk/ p. stink
stanza /'stænzə/ n.
sloha, strofa
staple /'steipəl/ n. skoba
staple adj. hlavný,
základný
staple n. základná
potravina, surovina

star /sta: / n. hviezda
star v. /-rr-/ hrať
hlavnú úlohu
starch /sta: č/ n. škrob
stare /steə/ v.
pozerať/hľadieť uprene
stark /sta: k/ adj.
nevľúdny, drsný
starling /'sta:liŋ/ n.
škorec
start /sta: t/ v. 1. začať
/sa/ 2. spôsobiť
3. vydať sa na cestu
4. šport. štartovať
start n. 1. začiatok
2. šport. štart
startle /'sta: tl/ v.
vyľakať, vydesiť
starve /sta: v/ v.
1. hladovať 2. trpieť
nedostatkom
state /steit/ n. 1. stav,
situácia 2. štát
statement /'steitmənt/
n. vyhlásenie,
vyjadrenie, výrok
state-of-the-art /,steit
əv ði: 'a: t/ adj.
najmodernejší

statesman /ˈsteitsmən/
pl. statesmen n.
/ˈsteitsmən/ štátnik

station /ˈsteišən/
n. stanica

stationery /ˈsteišənəri/
n. kancelárske potreby

statistics /stəˈtistiks/
n. štatistika

statuary /ˈstætjuəri/ n.
sochy, sochárstvo

statue /ˈstætju/ n. socha

stature /ˈstæčə/ n.
význam, veľkosť,
hodnota človeka

status /ˈsteitəs/ n. 1.
stav, postavenie, štatút

statute /ˈstætju: t/ n.
zákon, predpis

staunch /sto: nč/ adj.
verný, oddaný

stay /stei/ v. 1. zostať,
zotrvať 2. prechodne
bývať

steadfast /ˈstedfa: st/
adj. 1. verný,
oddaný 2. stály

steady /ˈstedi/ /-ie-/ adj.
1. pevný, upevnený
2. pravidelný 3. stály,
spoľahlivý

steak /steik/ n. rezeň,
biftek

steal /sti: l/ v. /stole,
stolen/ u/kradnúť

steam /sti:m/
n. 1. para 2. výpar

steam v. 1. vyparovať
sa 2. pariť

steamboat /ˈsti: mbəut/
n. riečny parník

steamer /ˈsti: mə/ n.
parník

steamroller /ˈsti: m
ˌrəulə/ n. parný valec

steel /sti: l/ n. 1. oceľ
2. zbraň

steelworks /ˈsti: lwə:
ks/ pl. steelworks n.
oceliareň

steep /sti: p/ adj.
strmý

steeplechase /ˈsti:
pəlčeis/ n.
prekážkový beh

steer /stiə/ v.
kormidlovať loď,
viesť

steering wheel
/'stiəriŋ wi: l/ n.
volant, kormidlo

stem /stem/ n. adj.
1. kmeň, peň
2. stonka, steblo

stem v. /-mm-/
zastaviť

step /step/ n. 1. krok
2. krátka
vzdialenosť 3. schod

step v. /-pp-/ kráčať,
vykročiť

stepbrother
/'step,braðə/ n.
nevlastný brat

stepchild /'stepčaild/
pl. stepchildren
/stepčildrən/ n.
nevlastné dieťa

stepparent
/'step,peərənt/ n.
nevlastný rodič

stepsister /'step,sistə/
n. nevlastná sestra

sterile /'sterail/ adj.
1. neplodný, sterilný
2. neúrodný

sterling /'stə: liŋ/ n.
britská mena, libra
šterling

stern /stə: n/ 1. prísny
2. nevľúdny

stew /stju:/ v. kuch.
dusiť

steward /'stju: əd/ n.
1. steward
2. usporiadateľ,
správca klubu

stick /stik/
n. 1. haluzina,
raždie 2. palica

stick v. /stuck/
1. vpichnúť,
nabodnúť
2. /pri/lepiť /sa/

sticking plaster /'stikiŋ
,pla: stə/ n. leukoplast

sticky /'stiki/ /-ie-/
adj. lepkavý

stiff /stiff/ adj. 1. tvrdý
2. zmeravený

stifle /'staifəl/ v. dusiť
sa 2. potlačiť

still /stil/ adv. 1. stále
ešte 2. dokonca

still adj. 1. nehybný,
pokojný 3. tichý

stimulate /'stimjəleit/ v.
povzbudiť, podnietiť
sting /stiŋ/ v. /strung/
pichnúť, bodnúť
sting n. 1. žihadlo,
sosák 2. pichnutie
stink /stiŋk/ v.
/stank/stunk, stunk/
smrdieť, zapáchať
stint /stint/ n. služba,
povinnosť
stipulate /'stipjəleit/ n.
vymôcť si, presadiť
stir /stə: / /-rr-/ v.
1. miešať 2. hýbať
sa 3. ponáhľať sa
4. vyvolať pocity
stitch /stič/ n. 1. steh
stitch v. zošiť, prišiť
stock /stok/
n. 1. zásoba,
materiál 2. akciový
kapitál 3. cenný
papier, akcia
stock v. mať na
sklade, skladovať
stockbroker
/'stok,brəukə/ n.
burzový maklér

stock exchange /'stok
iks,čeindž/ n. burza
stocking /'stokiŋ/ n.
pančucha
stockroom /'stokrum/
n. sklad
stocktaking
/'stok,teikiŋ/ n.
inventúra
stoke /stəuk/ v.
priložiť do pece
stole /stəul/ p. steal
stolen /'stəulən/ p.
steal
stomach /'staměk/
n. 1. žalúdok
2. brucho
stone /stəun/ n. 1.
kameň 2. kôstka, jadro
stood /stud/ p. stand
stool /stu: l/ n.
1. stolička bez
operadla 2. stolica
výkaly
stoop /stu: p/ v.
skloniť sa, zhrbiť sa
stop /stop/ v. /-pp-/
1. zastaviť /sa/
2. zabrániť 3. prestať

stop n. 1. zastavenie 2. zastávka 3. bodka

stopper /'stopə/ n. uzáver, zátka

stopwatch /'stopwoč/ n. stopky

storage /'sto: ridž/ n. 1. uskladnenie 2. sklad

store /sto: / v. 1. zásobiť /sa/, nahromadiť zásoby, uskladniť

store n. 1. zásoba 2. sklad

storey /'sto: ri/ n. podlažie, poschodie

storm /sto: m/ n. búrka, víchrica

story /'sto: ri/ /-ie-/ n. príbeh, historka, rozprávanie

stout /staut/ adj. 1. človek silný, tučný

stove /stəuv/ n. pec, kachle

stow /stəu/ v. uložiť, odložiť

straight /streit/ adj. 1. priamy, rovný 2. upravený 3. úprimný

straight adv. 1. priamo, rovno 2. jasne, zreteľne

straightforward /,streit'fo: wəd/ adj. priamy, úprimný

strain /strein/ v. 1. preťažiť/presiliť 2. cediť 3. namáhať sa

strain n. 1. odroda, plemeno 2. tón

strait /streit/ aj pl. straits n. morská úžina, prieliv

straitjacket /'streit,džækət/ n. zvieracia kazajka

strange /streindž/ 1. zvláštny, čudný 2. neznámy

stranger /streindžə/ adj. neznámy človek, cudzinec

strangle /'stræŋgəl/ v. 1. uškrtiť 2. škrtiť

strap /stræp/ n. remeň
strap v. /-pp-/ zviazať, stiahnuť
strata /'stra: tə/ p. stratum
strategy /'strætədži/ -ie- n. stratégia, taktika
straw /stro: / n. 1. slama 2. slamka
strawberry /'stro: bəri/ -ie- n. jahoda
stray /strei/ v. 1. zatúlať sa, zablúdiť 2. odbočiť
stray adj. 1. zviera túlavý 2. náhodný 3. sporadický
streak /stri: k/ n. 1. prúžok, pásik 2. sklon
stream /stri: m/ n. 1. vodný prúd, tok, prameň
stream v. 1. prúdiť, tiecť 2. zástava viať
street /stri: t/ n. ulica
strength /streŋθ/ n. fyzická/morálna sila, moc
strengthen /'streŋθən/ v. 1. zosilniť, spevniť 2. zosilnieť
stress /stres/ n. 1. psychická záťaž, vypätie, stres
stretch /streč/ v. 1. materiál roztiahnuť /sa/, natiahnuť /sa/ 2. rozprestierať sa
stretchy /'streči/ /-ie-/ adj. pružný, elastický
strew /stru: / /strewed, strewn/strewed/ v. /po/rozhadzovať
strewn /stru: n/ p. strew
stricken /'strikən/ adj. postihnutý, zasiahnutý
strict /strikt/ adj. prísny
strife /straif/ n. spor, konflikt
strike /straik/ v. /struck/ 1. udrieť 2. zasiahnuť

3. škrtnúť zápalkou
4. hodiny odbiť
5. štrajkovať
6. dospieť k čomu
7. raziť mince

strike n. 1. štrajk
2. letecký úder, útok

striking /ˈstraikiŋ/ adj. neobyčajný, pozoruhodný

string /striŋ/ n.
1. povraz, špagát
2. struna

strip /strip/ v. -pp-
1. stiahnuť, zvliecť
2. vyzliecť sa

strip n. pás, pruh

stripe /straip/ n. pruh farebný

striven /ˈstrivən/ v. p. strive

stroke n. 1. úder, zásah 2. mŕtvica
3. štýl 4. úder hodín

stroll /stroul/ v. zatúlať sa, potulovať sa

strong /stroŋ/ adj.
1. silný, mocný, zdravý 2. účinný

stronghold /ˈstroŋhəuld/ n. pevnosť

strove /strəuv/ v. p. strike

struck /strak/ v. p. strike

structure /ˈstrakčə/ n.
1. štrukúra
2. konštrukcia

struggle /ˈstragəl/ v.
1. bojovať, zápasiť
2. namáhať sa

struggle n. boj, zápas o /for/

strung /straŋ/ p. string

stuck /stak/ p. stick

student /ˈstju: dənt/ n. študent

studio /ˈstju: diəu/ n.
1. štúdio 2. ateliér

study v. 1. šudovať
2. skúmať

stuff /staf/ n. vec, materiál, výrobok

stuff v. naplniť, napchať

stuffing /'stafiŋ/ n. 1. vypchávka 2. plnka

stuffy /'stafi/ -ie- adj. dusný, nevetraný

stumble /'stambəl/ v. zakopnúť, potknúť sa

stun /stan/ -nn- v. 1. omráčiť 2. ohromiť

stung /staŋ/ p. sting

stunk /staŋk/ p. stink

stunt /stant/ v. zamedziť, brániť

stunt man /'stant mən/ pl. stunt men /'stant mən/ n. kaskadér

stupendous /stju:'pendəs/ adj. úžasný, vynikajúci

stupid /'stju:pəd/ adj. hlúpy, sprostý

sturdy /'stə:di/ /-ie-/ adj. 1. statný, mocný 2. pevný

sturgeon /'stə:džən/ n. jeseter

style /stail/ n. štýl, spôsob správania/myslenia/konania/vyjadrovania, ap.

subdue /səb'dju:/ v. potlačiť hnev, podmaniť

subject /'sabdžikt/ n. s 1. námet, téma 2. občan

subject /səb'džekt/ v. podmaniť si, podrobiť si koho

submarine /'sabməri:n/ ponorka

submerge /səb'mə:dž/ v. ponoriť /sa/

submission /səb'mišən/ n. 1. podriadenie sa, poslušnosť

submit /səb'mit/ -tt- v. 1. vzdať sa /to komu/čomu/ 2. predložiť, odovzdať

subordinate /sə'bo:dənət/ adj. podriadený

subscribe /səb'skraib/ v. 1. prispie/va/ť, dať/dávať peniaze /to

na čo/ 2. predplatiť si časopis
subscription /səb'skripšən/ n. 1. predplatné 2. telefónny poplatok
subsequent /'sabsəkwənt/ adj. nasledujúci, ďalší
subsidy /'sabsədi/ -ie- n. dotácia, príspevok
substance /'sabstəns/ n. 1. materiál, látka 2. podstata
substitute /'sabstəju: t/ n. náhradník, zástupca
substitute v. 1. nahradiť 2. zastúpiť koho
subtle /'satl/ adj. nepatrný, jemný
subtract /səb'trækt/ v. odrátať, odčítať
suburb /'sabə: b/ n. predmestie

succeed /sək'si: d/ v. 1. podariť sa /in čo/ 2. mať úspech, byť nástupcom
success /sək'ses/ n. úspech
successful /sək'sesfəl/ adj. úspešný
successor /sək'sesə/ n. následník, nástupca
such /sač/ adj. takýto, taký
suck /sak/ v. cicať, cmúľať
sucker /'sakə/ n. dojča
suckle /'sakəl/ v. kojiť
sudden /'sadn/ adj. náhly, nepredvídaný, all of a s. zrazu hovor.
suddenly /'sadnli/ adv. zrazu, náhle
sue /sju: / v. podať žalobu
suffer /'safə/ v. 1. trpieť 2. pykať
sufficient /sə'fišənt/ adj. dostatočný, postačujúci

suffrage /'safridž/ n.
volebné/hlasovacie
právo
sugar /'šugə/ n. cukor
sugar beet /šugə bi: t/
n. cukrová repa
suggest /sə'džest/ v.
1. navrhnúť
2. naznačiť
suggestion
/sə'džesčən/ n.
1. návrh 2. náznak,
domnienka
suicide /'su: əsaid/ n.
samovražda,
commit s. spáchať
samovraždu
suit /su: t/ n. 1. oblek,
kostým 2. súdne
pojednávanie
suit v. 1. vyhovovať
2. hodiť sa
suitable /'su: təbəl/ adj.
vhodný, vyhovujúci
suitcase /'su: tkeis/ n.
kufor
sulphur /'salfə/ n. síra
sum /sam/ n. 1. suma,
obnos 2. súčet

sum v. -mm- s. up
zhrnúť, /zo/
sumarizovať
summary /'saməri/ -ie-
n. zhrnutie, prehľad
summer /'samə/ n.
leto, in /the/ s. v lete
summit /'samət/ n. 1.
vrchol hory 2. samit
summon /'samən/ v.
predvolať, povolať
sun /san/ n. slnko
sunbathe /'sanbeið/ v.
slniť, opaľovať sa
Sunday /'sandi/ n.
nedeľa
sunflower /'san,flauə/
n. slnečnica
sung /saŋ/ p. sing
sunglasses /'san,gla:
səz/ n. slnečné
okuliare
sunk /saŋk/ p. sink
sunlight /'sanlait/ n.
slnečné svetlo
sunrise /'sanraiz/ n.
východ slnka
sunset /'sanset/ n.
západ slnka

sunshade /'sanšeid/ n. slnečník

sunstroke /'sanstrəuk/ n. úpal

super /su: pə/ adj. senzačný hovor.

superb /sju: 'pə: b/ adj. vynikajúci, znamenitý

superficial /,su: pə'fišəl/ adj.
1. povrchový
2. povrchný

superintendent /,su: pərin'tendənt/ n.
1. vedúci, správca
2. hodnosť policajta

superior /su: 'piəriə/ adj. 1. nadriadený 2. lepší, kvalitnejší

supermarket /'su: pə,ma: kət/ n. veľká samoobsluha

supersede /,su: pə'si: d/ v. vymeniť, nahradiť

supersound /su: pəsaund/ n. ultrazvuk

superstition /,su: pə'stišən/ n. povera

supertanker /'supə,tæŋkə/ n. obrovská tanková loď

supervise /'su: pəvaiz/ v. riadiť, dozerať

supervisor /'su: pəvaizə/ n. vedúci, dozorca

supper /'sapə/ n. večera

supple /'sapəl/ adj. ohybný, pružný, poddajný

supplement /'sapləmənt/ n. doplnok, dodatok

supplementary benefit /,sapləməntəri 'benəfit/ n. štátna podpora dôchodcom/ nezamestnaným

supplier /sə'plaiə/ n. dodávateľ, zásobovateľ

supply /sə'plai/ /-ie-/ v. dodať, zásobiť

support /sə'po: t/ v. 1. podoprieť, podporiť, financovať, vydržiavať

support n. 1. podpera, opora 2. pilier
suppose /sə'pəuz/ v. domnievať sa, nazdávať sa
supposition /,sapə'zišən/ n. 1. domnienka 2. predpoklad
suppress /sə'pres/ v. potlačiť, zlikvidovať
supremacy /sə'preməsi/ -ie- n. prevaha
supreme /su:'pri:m/ adj. vrchný, najvyšší
sure /šuə/ adj. istý, zaručený, bezpečný
sure adv. určite, iste
surf /səf:/ v. šport. surfovať
surface /'sə:fəs/ n. 1. povrch 2. hladina
surge /sə:dž/ n. nával
surgeon /'sə:džən/ n. chirurg
surgery /'sə:džərə/ -ie- n. 1. chirurgický zákrok 2. ordinácia

surly /'sə:li/ -ie- adj. nevrlý
surname /'sə:neim/ n. priezvisko
surpass /sə'pa:s/ v. prekonať očakávanie, prevýšiť
surprise /sə'praiz/ n. prekvapenie
surprise v. prekvapiť
surrender /sə'rendə/ v. vzdať sa, kapitulovať
surround /sə'raund/ v. 1. obklopiť 2. obkĺúčiť
surroundings /sə'raundiŋz/ n. okolie, prostredie
survey /sə'vei/ v. 1. prezrieť si, pozorovať 2. urobiť prieskum
survive /sə'vaiv/ v. prežiť, zostať nažive
survivor /sə'vaivə/ n. kto prežil /of čo/
suspect /sə'spekt/ v. 1. mať podozrenie, tušiť 2. podozrievať

suspend /sə'spend/ v. prerušiť, vylúčiť, zbaviť miesta

suspense /sə'spens/ n. napätie, neistota

suspicion /sə'spišən/ n. 1. podozrenie 2. tušenie

sustain /sə'stein/ v. 1. dodať silu/odvahu, povzbudiť 2. zotrvať

swab /swob/ n. tampón

swallow /swoləu/ v. hltať, prehltnúť

swallow n. lastovička

swam /swæm/ p. swim

swamp /swomp/ n. močiar

swan /swon/ n. labuť

swap /swop/ -pp- v. hovor. vymeniť /si/

swarm /swo: m/ n. roj

swat /swot/ -tt- v. zabiť muchu

sway /swei/ v. kolísať /sa/, hojdať /sa/

swear /sweə/ /swore, sworn/ v. 1. hrešiť, nadávať 2. prisahať

sweat /swet/ v. 1. potiť sa 2. vlhnúť

sweat n. pot, drina, lopota

Sweden /'swi: dn/ n. Švédsko

sweep /swi: p/ v. /swept/ 1. zamiesť 2. hnať sa

sweet /swi: t/ adj. sladký

sweet n. sladkosť

swell /swel/ /swelled, swollen/swelled/ v. puchnúť

swelling /'sweliŋ/ n. opuchlina, zdurenina

swept /swept/ p. sweep

swerve /swə: v/ v. náhle/prudko zmeniť smer, stočiť volantom

swift /swift/ adj. 1. rýchly 2. okamžitý

swim /swim/ -mm-, swam, swum/ v. plávať
swimming costume /'swimiŋ ˌkostjum/ n. dámske plavky
swimming pool /'swimiŋ pu:l/ n. plaváreň
swimming trunks /'swimiŋ traŋks/ n. pánske plavky
swindle /'swindl/ v. podvádzať, švindľovať
swing /swiŋ/ /swung/ v. hojdať sa, knísať sa
switch /swič/ n. 1. elektr. spínač, vypínač 2. prút/ik/
switch v. zmeniť, vymeniť, s. off vypnúť, s. on zapnúť
Switzerland /'switsələnd/ n. Švajčiarsko
swivel chair /'swivəl čeə/ n. otáčavá stolička

swollen /'swəulən/ p. swell
sword /so:d/ n. 1. meč 2. šabľa
swore /swo:/ p. swear
sworn /swo:n/ p. swear
swum /swam/ p. swim
swung /swaŋ/ p. swing
symbol /'simbəl/ n. symbol, znak
sympathetic /ˌsimpə'θetik/ adj. 1. súcitný 2. naklonený
sympathy /'simpəθi/ n. 1. súcit, sústrasť 2. pochopenie
symphony /'simfəni/ -ie- n. symfónia
synagogue /'sinəgog/ n. synagóga
syringe /sə'rindž/ n. injekčná striekačka
syrup /'sirəp/ n. sirup
system /'sistəm/ n. 1. systém, sústava 2. spoločenský poriadok

T

table /ˈteibəl/ n.
1. stôl 2. výbor
3. tabuľka, *table of exchanges* kurzový lístok

tablespoon /ˈteibəlspu:n/ n. polievková lyžica

tablet /ˈtæblət/ n.
1. tabuľka, doska
2. tabletka

tactic /ˈtæktik/ n. plán postupu, taktika

tag /tæg/ -gg- v.
1. povesiť visačku
2. označiť

tail /teil/ n. chvost

tailor /ˈteilə/ n. pánsky krajčír

tailor v. šiť

taint /teint/ n. škvrna, špina čoho *of*

take /teik/ took, taken v. 1. vziať si, odniesť /si/
3. považovať za
4. zniesť, vydržať
5. trvať časovo, *take after* podobať sa na,
take in zahŕňať,
take off vyzliecť si,
take on zamestnať

taken /ˈteikn/ v. p. take

takeover /ˈteik,əuvə/ n. prevrat

takings /ˈteikiŋz/ n. tržba

tale /teil/ n. príbeh o *about*

talent /ˈtælənt/ n. talent na *for*

talk /tɔ:k/ v.
1. hovoriť, rozprávať

411

talk

s *to/with*, *talk out of* odhovoriť od, *talk over* prediskutovať s *with*

talk n. 1. rozhovor s *with*, o *about* 2. prednáška o *on/about*

tall /tо: l/ adj. vysoký, veľký

tame /teim/ adj. krotký

tangerine /,tændžə'ri:n/ n. mandarínka

tangle /'tæŋgəl/ v. zamotať /sa/, zauzliť /sa/

tank /tæŋk/ n. 1. nádrž, kontajner 2. voj. tank

tap /tæp/ n. ventil, kohútik

tape /teip/ n. 1. páska, šnúra 2. magnetofónová páska, kazeta

tape v. nahrať na pásku

tape recorder /'teip rə,ko: də/ n. magnetofón

tar /ta: / n. 1. decht 2. smola

target /'ta: gət/ n. 1. terč čoho *of* 2. voj. cieľ

tariff /'tærəf/ n. 1. sadzba, clo 2. cenník

tart /ta: t/ adj. ostrý, kyslý

task /ta: sk/ n. 1. povinnosť, úloha 2. práca

taste /teist/ n. 1. chuť 2. vkus 4. záľuba v *in*

taste v. ochutnať

tasty /'teisti/ -ie- adj. chutný

taught /to: t/ v. p. teach

tax /tæks/ n. 1. daň z *on* 2. poplatok za *on*, *income tax* daň z príjmu, *tax evasion* daňový únik

412

tax v. 1. zdaniť 2. vymerať poplatok

taxi /'tæksi/ n. taxík

tea /ti:/ n. čaj

teach /ti:č/ *taught* v. 1. učiť, vyučovať koho *to* 2. vštepiť

teacher /'ti:čə/ n. 1. učiteľ 2. inštruktor

team /ti:m/ n. družstvo, skupina

teapot /'ti:pot/ n. čajník

tear /tiə/ n. slza

tear /teə/ *tore, torn* v. 1. roztrhať /sa/ 2. odtrhnúť /sa/, *tear apart* roztrhnúť, *tear down* zrúcať

tear n. diera, trhlina

tease /ti:z/ v. uťahovať si z

technician /tek'nišən/ n. 1. odborník 2. technik

technique /tek'ni:k/ n. spôsob, metóda, technika

technology /tek'nolədži/ n. technológia *odbor*, prístrojové vybavenie

tedious /'ti:diəs/ adj. nudný, nezáživný

teenager /'ti:neidžə/ n. človek medzi 13. a 19. rokom života

teeth /ti:θ/ n. pl. *tooth, set of teeth* chrup

telegram /'teləgræm/ n. telegram

telegraph /'teləgra:f/ n. telegraf

telephone /'teləfəun/ n. telefón, *be on the telephone* telefonovať

telephone v. telefonovať komu *to*

telescope /'teləskəup/ n. ďalekohľad

television /'telə,vižən/ n. 1. televízor 2. televízny program

tell /tel/ told v.
1. povedať, oznámiť
2. rozprávať o *about*, *you can never tell* človek nikdy nevie, *tell /you/ the truth* úprimne povedané

telling /'teliŋ/ adj. významný, dôležitý

temper /'tempə/ n.
1. povaha 2. nálada
3. podráždenosť *hovor.*
4. konzistencia materiálu

temperament /'tempərəmənt/ n. povaha

temperate /'tempərət/ adj. mierny

temperature /'tempərəčə/ n.
1. teplota 2. horúčka

temple /'tempəl/ n. chrám, svätyňa

temporary /'tempərəri/ adj. dočasný, prechodný

tempt /tempt/ v.
1. nahovárať na *into*
2. zvádzať, pokúšať čím *by*

temptation /temp'teišən/ n.
1. nahováranie
2. pokušenie

ten /ten/ num. desať

tenant /'tenənt/ n.
1. nájomník 2. práv. majiteľ

tend /tend/ v. mať sklon

tendency /'tendənsi/ *-ie-* n. 1. sklon na *to*
2. smer, tendencia k *to*

tender /'tendə/ adj.
1. jedlo mäkký
2. nežný, milujúci

tendon /'tendən/ n. šľachta

tenement /'tenəmənt/ n. obytný dom, barák

tennis /'tenəs/ n. tenis

tenor /'tenə/ n.
1. tenor 2. tenorista

tense /tens/ adj.
1. nervózny
2. napnutý

tense n. gram. čas

tent /tent/ n. stan

tepid /'tepəd/ adj. vlažný

term /tə:m/ n. obdobie, lehota

termination /,tə:mə'neišən/ n. ukončenie

terrace /'terəs/ n.
1. rad domov
2. tribúna 3. terasa

terrain /te'rein/ n. terén

terrible /'terəbəl/ adj.
1. hrozný, strašný
2. nepríjemný

terribly /'terəbli/ adv. hrozne, strašne

terrify /'terəfai/ -ie- v. vystrašiť, vyľakať

territory /'terətəri/ -ie- n. územie, kraj, oblasť

terror /'terə/ n. hrôza z of

terrorism /'terərizəm/ n. terorizmus

terse /tə:s/ adj.
1. stručný, jadrný
2. strohý

test /test/ n.
1. previerka
2. skúška, test

testament /'testəmənt/ n. závet

testify /'testəfai/ -ie- v. 1. vyhlásiť
2. potvrdiť, svedčiť

testimonial /,testə'məuniəl/ n. osvedčenie, odporúčanie

testimony /'testəməni/ -ie- n. 1. svedectvo, výpoveď 2. dôkaz čoho of

test tube /'test tju:b/ n. skúmavka

testy /'testy/ -ie- adj. podráždený, nevrlý

text /tekst/ n. text

textbook /'tekstbuk/ n. učebnica

textile /'tekstail/ n. tkanina

than /ðən, ðæn/ conj. 1. po 2. st. príd. m. ako, než 2. okrem, len, *no sooner ... t. ...* hneď ako, *rather ... t.* radšej ... než

thank /θæŋk/ v. 1. ďakovať za *for* 2. vďačiť

thankful /'θæŋkfəl/ adj. 1. rád, povďačný 2. vďačný za *for*

thanks /θæŋks/ n. 1. vďačnosť 2. poďakovanie

thanks interj. vďaka, ďakujem

that /ðæt/ pl. *those* /ðəuz/ pron. 1. ten, tento 2. tamten, onen, *that's life* taký je život

that /ðət, ðæt/ conj. 1. že 2. aby, nech

thaw /θo:/ v. 1. topiť /sa/ 2. otepliť sa

thaw n. odmäk

the /ðə, pred samohláskou ði, ði:/ určitý člen

the /ðə/ adv. s 2. st. príd. m. *the ... the ...* čím ... tým ..., *the sooner the better* čím skôr, tým lepšie

theatre /'θiətə/ n. divadlo

theft /θeft/ n. krádež

their /ðə, ðeə/ determ. 1. ich 2. svoj

theirs /ðeəz/ pron. *samostatne* 1. ich 2. svoj

them /ðəm, ðem/ pron. nich, im, ich, nimi

theme /θi:m/ n. téma, námet, motív

themeselves /ðəm'selvz/ pron. 1. seba, sa, sebe, si 2. sami, samy, osobne

then /ðen/ adv.
1. vtedy 2. neskôr,
from then on
odvtedy

thence /ðens/ adv.
1. odtiaľ 2. preto

theology /θi'olədži/ n.
teológia

theory /'θiəri/ n.
teória

therapy /'θerəpi/ *-ie-*
n. liečba

there /ðeə/ adv. tam,
tamto, hentam,
there you are nech
sa ti páči

therefore /'ðeəfo:/
adv. 1. preto
2. teda

thermal /'θə:məl/ adj.
1. tepelný,
teplotný 2. prírodne
teplý

thermometer
/θə'momətə/ n.
teplomer

these /ði:z/ p. this

they /ðei/ pron. 1. oni,
ony 2. ľudia

thick /θik/ adj.
1. hrubý 2. hustý

thief /θi:f/ pl. *thieves*
/θi:vz/ n. zlodej

thigh /θai/ n. stehno
zool.

thin /θin/ -nn- adj.
1. tenký 2. chudý,
štíhly

thing /θiŋ/ n.1. vec,
predmet 2.
záležitosť

things /θiŋz/
n.1. osobné veci
2. udalosti

think /θiŋk/ *thought* v.
1. myslieť
2. premýšľať
3. domnievať sa,
veriť, *think up*
vymyslieť

third /θə:d/ n. tretina

thirst /θə:st/ n. smäd

thirsty /'θə:sti/ adj.
smädný

thirteen /,θə:'ti:n/
num. trinásť

thirty /'θə:ti/ num.
tridsať

this /ðis / pl. *these* /ði:z/ pron. ten, tento, táto

this pron. to

thistle /'θisəl/ n. bodliak

thorn /θo: n/ n. 1. tŕň 2. tŕnie

thorough /'θarə/ adj. 1. dôkladný 2. svedomitý

those /ðəuz/ p. that

though /ðəu/ adv. hoci, i keď

thought /θo: t/ v. p. think

thought n. 1. myslenie, uvažovanie 2. zmýšľanie

thoughtless /'θo: tləs/ adj. 1. nepozorný 2. nepremyslený

thousand /'θauzənd/ num. tisíc

thrash /θræš/ v. biť, mlátiť, *trash out* prediskutovať

thread /θred/ n: vlákno, priadza

threat /θret/ n. hrozba

threaten /'θretn/ v. 1. vyhrážať sa 2. hroziť 3. ohroziť

three /θri: / num. tri, traja

threshold /'θrešhəuld/ n. prah

threw /θru: / v. p. throw

thrill /θril/ n. napätie, vzrušenie

thrill v. rozochvieť sa

thriller /'θrilə/ n. thriller

throat /θrəut/ n. hrdlo

throne /θrəun/ n. trón

through /θru: / prep. 1. cez, krížom 2. počas

through adv. úplne, celkom

throughout /θru: 'aut/ prep. v, na, po celom

throw /θrəu/ *threw, thrown* v. 1. hodiť 2. vrhnúť sa na *at/on, throw off*

zbaviť sa, *throw out* vyhodiť
throw n. hod, vrh
throwback /'θrəubæk/ n. návrat, krok späť
thrown /θrəun/ v. p. throw
thrush /θraš/ n. drozd
thrust /θrast/ v. strčiť, sotiť do *into*
thrust n. útok na *to*
thumb /θam/ n. palec na ruke
thump /θamp/ v. 1. mlátiť 2. búšiť
thunder /'θandə/ n. 1. hrom 2. dunenie
thunder v. 1. hrmieť 2. dunieť
Thursday /'θə: zdi/ n. štvrtok
thus /ðas/ adv. takýmto spôsobom
tick /tik/ v. tikať
tick n. kliešť
ticket /'tikət/ n. 1. lístok cestovný 2. vstupenka

tickle /'tikəl/ v. 1. štekliť 2. svrbieť
tide /taid/ n. 1. príliv a odliv 2. prúd, vlna
tidy /'taidi/ adj. upravený, úhľadný
tidy v. 1. tidy up upratať, upraviť
tie /tai/ n. 1. kravata 2. šnúrka 3. puto 4. záväzok
tie v. 1. previazať 2. priviazať, pripútať
tiger /'taigə/ n. tiger
tight /tait/ adj. 1. tesný, utesnený 2. priliehavý
tights /taits/ n. pančuchové nohavičky
tile /tail/ n. 1. škridla 2. obkladačka
till /til/ prep. až, do časovo
till conj. až, dokiaľ nie
till n. 1. zásuvka na peniaze 2. príručná pokladňa

419

tilt /tilt/ v. 1. nakloniť sa
2. prevrhnúť sa
timber /'timbə/ n.
1. stavebné drevo
2. guľatina
time /taim/ n.1. čas
2. doba, lehota
3. obdobie
4. chvíľa, okamih,
time and again
znovu a znovu, *all the time* po celý čas, *from time to time*, *next time* nabudúce
time-keeper /'taim,ki:pə/ n. časomerač
time-lag /'taimlæg/ n. časový rozdiel
timeless /'taimləs/ adj. večný, trvalý
timetable /'taim,teibl/ n. 1. cestovný poriadok
2. rozvrh hodín
timid /'timəd/ adj.
1. bojazlivý
2. plachý

tin /tin/ n. 1. cín
2. konzerva
tin v. zavárať
ting /tiŋ/ n. cinknutie, štrngnutie
tinge /tindž/ v. sfarbiť sa
tinkle /'tiŋkəl/ v.cengať
tiny /'taini/ *-ie-* adj. maličký, drobnučký
tip /tip/ n. končeck, špička
tip *-pp-* v. 1. *tip up* prevrhnúť 2. dať sprepitné 3. tipovať
tipsy /'tipsi/ adj. opilý
tiptoe /'tiptəu/ n. špička na nohe
tire /taiə/ v. unaviť sa
tired /taiəd/ adj. unavený, vyčerpaný
tireless /'taiələs/ adj. neúnavný, vytrvalý
tiresome /'taiəsəm/ adj. dotieravý, otravný
tit /tit/ n. sýkorka
titbit /'tit,bit/ n. pochúťka, maškrta

420

title /'taitl/ n. 1. názov 2. hodnosť, titul
to /tə, tu, tu:/ prep. 1. k, do, na miesto 2. do čas, *as to* pokiaľ ide o
to neurčitok
toad /təud/ n. ropucha
toadstool /'təudstu:l/ n. muchotrávka
toast /təust/ n. 1. hrianka 2. prípitok komu *to*
tobacco /tə'bækəu/ pl. *tobaccos* n. tabak
tobacconist /tə'bækənəst/ n. trafikant
today /tə'dei/ adv. 1. dnes 2. v súčasnosti
today n. 1. dnešok 2. súčasnosť, prítomnosť
toe /təu/ n. prst na nohe
toffee /'tofi/ n. karamel

together /tə'geðə/ adv. 1. spolu 2. navzájom
toilet /'toilət/ n. 1. záchodová misa 2. záchod
token /'təukən/ n. 1. príznak 2. dôkaz
told /təuld/ v. p. tell
tolerance /'tolərəns/ n. tolerantný postoj
toleration /,tolə'reišən/ 1. znášanlivosť 2. ohľaduplnosť
toll /təul/ n. 1. poplatok, mýto 2. zvonenie
tomato /tə'ma:təu/ pl. *tomatoes* n. paradajka
tomb /tu:m/ n. 1. hrob 2. hrobka
tombstone /'tu:m stəun/ n. náhrobný kameň
tomorrow /tə'morəu/ adv. zajtra
ton /tan/ n. tona

tone

tone /təun/ n. tón
tongs /toŋz/ n. kliešte
tongue /taŋ/ n. jazyk
tonic /'tonik/ adj. posilňujúci, povzbudzujúci
tonight /tə'nait/ n. dnešný večer
tonsil /'tonsəl/ n. mandľa *lek.*
too /tu:/ adv. 1. priveľmi 2. veľmi 3. tiež, aj
took /tuk/ v. p. take
tool /tu:l/ n. nástroj
tooth /tu:θ/ pl. *teeth* n. zub
top /top/ n. 1. vrch 2. vrchol, *on top* navrchu, hore, *from top to toe* od hlavy po päty
top adj. 1. vrchný 2. najvyšší
top -*pp*- v. prevýšiť
top hat /,top 'hæt/ n. cylinder

topic /'topik/ n. predmet rozhovoru, námet
topical /'topikəl/ adj. aktuálny
topmost /'topməust/ adj. najvyšší
top-secret /,top 'si: krət/ adj. prísne tajný
torch /to:č/ n. baterka
tore /to:/ v. p. tear
torment /'to: mənt/ pl. *torments* n. bolesť, muky
torment /to: 'ment/ v. mučiť
torn /to:n/ v. p. tear
torrent /'torənt/ n. bystrina, potok
torrential /to'renšəl/ adj. silný, prudký
torrid /'torəd/ adj. 1. horúci 2. vášnivý
tort /to:t/ n. delikt
tortoise /'to: təs/ n. korytnačka
torture /'to: čə/ n. mučenie

torture v. mučiť
toss /tos/ v. 1. vrhnúť, hodiť 2. zmietať sa
toss n. hod, vrh
total /'təutl/ adj. 1. úplný, dokonalý 2. celkový
total n. 1. súčet, súhrn 2. celok
totalitarian /təu,tælə'teəriən/ n. totalita
totality /təʊ'tæləti/ n. 1. celok 2. súhrn
touch /tač/ v. 1. dotknúť sa 2. ohmatať, *touch down* pristáť, *touch off* odpáliť, *touch up* popraviť
touch n. 1. hmat 2. dotyk
touching /'tačiŋ/ adj. dojemný
tough /taf/ adj. 1. pevný 2. vytrvalý 3. ťažký, zložitý
tour /tuə/ n. cesta, zájazd, túra
tour v. cestovať, jazdiť

tourist /'tuərəst/ n. turista
tow /təu/ v. vliecť, ťahať
towards /təwo:dz/ prep. ku, do
towel /'tauəl/ n. 1. uterák 2. utierka
tower /'tauə/ n. veža
tower v. prevyšovať, týčiť sa
town /taun/ n. mesto
town hall /,taun 'ho:l/ n. radnica
toy /toi/ n. hračka
trace /treis/ v. zistiť, objaviť
trace n. stopa, odtlačok
track /træk/ n. 1. šľapaje, brázda 2. cestička 3. koľaj 4. dráha
track v. sledovať stopu
track event /'træk i,vent/ n. bežecká disciplína
trade /treid/ n. obchodovanie

trade

trade v. 1.obchodovať s kým *with* 2.vymeniť za *for*
trade-mark /'treidma:k/ n. obchodná značka
tradesman /'treidzmən/ n. obchodník
tradition /trə'dišən/ n. 1. tradícia 2. zvyk
traffic /'træfik/ n. 1. doprava 2. premávka
tragedy /'trædžədi/ *-ie-* n. tragédia
trail /treil/ v. 1. ťahať za sebou 2.vliecť sa 3. sledovať
trail n. 1. stopa 2. cestička
trailer /'treilə/ n. príves
train /trein/ n. 1. vlak 2. kolóna
train v. 1. školiť sa 2. trénovať
trait /trei/ n. 1. črta 2. vlastnosť

traitor /'treitə/ n. zradca
tram /træm/ n. električka
tramp /træmp/ v. 1. dupať, šliapať 2. túlať sa
tramp n. 1. tulák 2. AmE flandra 3. peší výlet
trample /'træmpəl/ v. dupať, šliapať
tranquil /'træŋkwel/ adj. pokojný, tichý
transfer /træns'fə:/ *-rr-* v. preniesť, presunúť
transform /træns'fo:m/ v. zmeniť sa, pretvoriť sa
transfusion /træns'fju:žən/ n. transfúzia
transit /'trænsət/ n. 1. prechod, tranzit 2. preprava
translate /træns'leit/ v. preložiť
transmission /trænz'mišən/ n. prenos čoho *of*

transmit /trænz'mit/ -*tt*- v. 1. vysielať, prenášať rozhlasom, televíziou 2. preniesť chorobu
transmitter /trænz'mitə/ n. 1. vysielač 2. vysielačka
transparent /træn'spærənt/ adj. 1. priehľadný 2. priesvitný
transpire /træn'spaiə/ v. vyjsť najavo, rozchýriť sa
transplant /træns'plant/ v. 1. presadiť 2. transplantovať
transport /træn'spo:t/ v. prepravovať
trap /træp/ n. pasca
trapper /'træpə/ n. lovec
travel /'trævəl/ -*ll*- v. 1. cestovať 2. navštíviť
travel agency /'trævəl,eidžənsi/ -*ie*- n. cestovná kancelária
traveller /'trævələ/ n. 1. cestovateľ 2. cestujúci
tray /trei/ n. podnos, tácka
treachery /'trečəri/ -*ie*- n. spronevera, zrada
tread /tred/ *trod, trodden* v. šliapnuť na
treason /'tri:zən/ n. velezrada
treasure /'trežə/ n. poklad
treasury /'trežəri/ -*ie*- n. 1. štátna pokladňa 2. pokladnica
treat /tri:t/ v. správať sa
treatment /'tri:tmənt/ n. 1. liečba 2. zaobchádzanie
treaty /'tri:ti/ n. zmluva, dohoda
tree /tri:/ n. 1. strom 2. ker

tremble /'trembəl/ v.
1. chvieť sa 2. triasť sa

tremendous
/tri'mendəs/ adj.
1. obrovský 2. skvelý

trench /trenč/ n.
brázda, jama

trend /trend/ n. smer, trend

trial /'traiəl/ n. 1. pojednávanie, proces 2. skúška

triangle /'traiæŋgəl/ n. trojuholník

tribe /traib/ n. kmeň

tribunal /trai'bju:nəl/ n. súd, tribunál

tribute /'tribju:t/ n. pocta, poklona

trick /trik/ n. 1. kúzlo 2. podvod

trifle /'traifəl/ n. maličkosť, drobnosť

trigger /'trigə/ n. kohútik

trill /tril/ n. trilkovanie

trim /trim/ -*mm*- v. 1. ozdobiť 2. *trim off* zarovnať

trim -*mm*- adj.
1. uprataný
2. upravený

trip /trip/ -*pp*- v. zakopnúť, potknúť sa

trip n. výlet

triple jump
/'traipəl džamp/ n. trojskok

triplet /'triplət/ n. trojča

triumph /'traiəmf/ n. víťazstvo

trod /trod/ v. p. tread

trodden /'trodn/ v. p. tread

trolley /'troli/ n. vozík nákupný

troop /tru:p/ n. 1. húf, skupina 2. jednotka

troops /tru:ps/ n. vojsko, vojenské jednotky

trophy /'trəufi/ n.
1. cena, trofej
2. korisť

tropical /'tropikəl/ adj.
1. tropický 2. horúci

tropics /tropiks/ n. *the* tropics trópy
trot /trot/ n. klus
trouble /'trabəl/ n. starosť, ťažkosť, problém
trouble v.
  1. znepokojiť 2. robiť si starosti
trousers /'trauzəs/ n. nohavice
trout /traut/ n. pstruh
truce /tru:s/ n. prímerie
truck /trak/ n. nákladné vozidlo
trucker /'trakə/ n. AmE vodič
true /tru:/ adj. pravdivý, skutočný, verný
trump /tramp/ n. tromf
trumpet /'trampət/ n.
  1. trúbka 2. trúbenie
truncheon /'transən/ n. obušok
trunk /traŋk/ n.
  1. chobot 2. kmeň
  3. trup

trust /trast/ n. dôvera
trust v. 1. dôverovať
  2. spoľahnúť sa na
trustee /,tras'ti:/ n.
  1. správca majetku
  2. kurátor
truth /tru:θ/ n. 1. *the* t. pravda
  2. pravdivosť
try /trai/ v. 1. pokúsiť sa 2. usilovať sa
try *-ie-* n. pokus o *at*
tsar /za:/ n. cár
T-shirt /'ti:šə:t/ n. tričko s krátkym rukávom
tub /tab/ n. sud
tube /tju:b/ n.
  1. rúra, potrubie
  2. hadica
tuberculosis /tju,bə:kjə'ləusəs/ n. tuberkulóza
Tuesday /'tju:zdi/ n. utorok
tug /tag/ *-gg-* v. ťahať
tug n. remorkér
tuition /tju'išən/ n. školné

tulip /'tju: 'ləp/ v.
1. zrútiť sa
2. klesnúť cena
3. rozpadnúť sa

tumbler /'tamblə/ n. pohár

tummy /'tami/ n. bruško

tumour /'tju: mə/ n. nádor

tumult /'tju: malt/ n. ruch, hluk

tune /tju: n/ n.
1. melódia, nápev
2. súlad

tune v. 1. *tune up* ladiť
2. nastaviť motor

tuner /'tju: nə/ n. tuner

tunnel /'tanl/ n. tunel

tunny /'tani/ tuniak

turbine /'tə: bain/ n. turbína

turbojet /'tə: bəudžet/ n. prúdový motor

turbulence /'tə: bjələns/ n. nepokoj

tureen /tju'ri: n/ n. polievková misa

turf /tə: f/ n. trávnik

turkey /'tə: ki/ n. moriak

turmoil /'tə: moil/ n. rozruch, zmätok

turn /tə: n/ v. 1. krútiť sa 2. obrátiť sa
3. odbočiť
4. stať sa, *turn away* odohnať, *turn down* spomaliť, *tur in* vrátiť, *turn off* vypnúť, *turn on* zapnúť, *turn up* zrýchliť

turn n. 1. obrat
2. odbočka
3. zmena

turning /'tə: niŋ/ n. odbočka, rázcestie

turnover /'tə: n,əuvə/ n. 1. odbyt 2. obrat
3. zisk

turquoise /'tə: kwoiz/ n. tyrkys

turtle /'tə: tl/ n. korytnačka morská

turtledove /'tə: tldav/ n. hrdlička

tusk /task/ n. 1. kel 2. tesák
tussle /'tasəl/ v. biť sa, zápasiť
tutor /'tju: tə/ n. 1. domáci učiteľ 2. konzultant
tutorial /tju: 'to: riəl/ n. konzultácia
TV /,ti: 'vi: / n. televízia
tweed /twi: d/ n. tvíd
tweezers /'twi: zəz/ n. pinzeta
twelve /twelv/ num. dvanásť
twenty /'twenti/ num. dvadsať
twice /twais/ pred. dvakrát
twiddle /'twidl/ v. hrať sa s *with*
twig /twig/ n. vetvička, prútik
twilight /'twailait/ n. 1. súmrak 2. šero
twin /twin/ n. dvojča
twine /twain/ n. povraz, motúz

twine v. ovinúť sa
twinkle /'twiŋkəl/ v. mihotať sa
twirl /twə: l/ v. krúžiť, víriť
twist /twist/ v. 1. skrútiť sa 2. vinúť sa
twisted /'twistəd/ adj. zvrátený, zvrhlý
twister /'twistə/ n. klamár, darebák
twitter /'twitə/ v. švitoriť, štebotať
two /tu: / num. dva, dvaja
twopence /'tapəns/ n. dvojpencová minca
twoply /'tu: ,plai/ adj. dvojitý
tycoon /tai'ku: n/ n. magnát
tying /'taiiŋ/ v. p. tie
type /taip/ n. 1. druh, typ 2. sadzba
type v. písať na stroji
typewriter /'taip,raitə/ n. písací stroj
typhoid /'taifoid/ n. brušný týfus

429

typhoon /ˌtaiˈfu: n/ n.
tajfún

typical /ˈtipikəl/ adj.
svojský,
typický

typist /ˈtaipəst/ n.
sekretár, pisár

tyrannize /ˈtirənaiz/ v.
tyranizovať

tyranny /ˈtirəni/ n. -ie-
tyrania

tyrant /ˈtaiərənt/ n. tyran

tyre /taiə/ n.
pneumatika

U

ugly /'agli/ -ie- adj.
  1. škaredý
  2. odporný
UK /,ju:'kei/ n. skr.
  the United Kingdom
  Veľká Británia
ulcer /'alsə/ n. vred
ultimate /'altəmət/ n.
  the ultimate koniec,
  záver
umbrella /am'brelə/ n.
  dáždnik
UN /,ju:'en/ n. skr.
  the United Nations
  OSN Organizácia
  Spojených národov
unacceptable
  /,anək'septəbəl/ adj.
  neprijateľný,
  nevhodný
unaccustomed
  /,anə'kastəmd/ adj.
  nezvyčajný

unanimous /ju:
  'nænəməs/ adj.
  jednomyseľný
unbeliever /,anbə'li:
  və/ n. neveriaci
uncertain /an'sə:tn/
  adj. 1. neistý,
  pochybujúci
  2. neurčitý
unchecked /,an'čekt/
  adj. neobmedzený
uncle /'aŋkəl/ n.
  strýko
uncomfortable
  /an'kamftəbəl/ adj.
  nepohodlný
uncommitted
  /,ankə'mitəd/ adj.
  nezávislý
uncorcerned
  /,ankən'sə:nd/
  adj. nezaujímajúci
  sa

unconscious
/an'konšəs/ adj.
1. v bezvedomí
2. neuvedomujúci si

unconsidered
/,ankən'sidəd/ adj.
nepremyslený

uncountable
/an'kauntəbəl/ adj.
nespočítateľný

uncover /an'kavə/ v.
odkryť, odhaliť

undaunted /an'do: n təd/ adj. smelý, nebojácny

undecided
/,andi'saidəd/ adj.
váhajúci

under /andə/ prep.
pod, popod

underage /,andər'eidž/
adj. neplnoletý

undercover
/,andə'kavə/ adj.
tajný, zatajovaný

underestimate
/,andər'estəmeit/ v.
1. podhodnotiť
2. podceniť

undergo /,andə'gəu/
*underwent,
undergone* v.
podrobiť sa čomu,
podstúpiť

undergone /,andə'gon/
v. p. undergo

undergraduate
/,andə'grædjuət/ n.
vysokoškolák

underground
/,andə'graund/ adv.
1. pod zemou 2. tajne

underground n. *the underground* podzemná dráha, metro

underline /,andə'lain/
v. 1. podčiarknuť
2. zdôrazniť

undermine
/,andə'main/ v.
podkopať

underneath /,andə'ni:θ/ prep. pod, popod

underneath adv. dole

underpass /'andəpa:s/
n. podchod, podjazd

undersell /ˌandə'sel/ *undersold* v. predávať lacnejšie
undersold /ˌandə'səuld/ v. p. undersell
understand /ˌandə'stænd/ *understood* v. 1. rozumieť, chápať 2. vyznať sa
understanding /ˌandə'stændiŋ/ n. 1. rozum 2. vedomosť 3. znalosť, súhlas
undestood /ˌandə'stu:d/ v. p. understand
undertake /ˌandə'teik/ *undertook*, *undertaken* v. podujať sa, prevziať
undertaken /ˌandə'teikən/ v. p. undertake
undertaking /ˌandə'teikiŋ/ n. podujatie
undertook /ˌandə'tuk/ v. p. undertake

undervalue /ˌandə'vælju:/ v. 1. podhodnotiť 2. nedoceniť
underwear /'andəweə/ n. spodná bielizeň
underwent /ˌandə'went/ v. p. undergo
underworld /'andəwə:ld/ n. podsvetie
underwrite /ˌandə'rait/ *underwrote*, *underwritten* v. 1. poskytnúť financie 2. uzavrieť poistku
underwriter /'andəˌraitə/ n. 1. agent poisťovací 2. ručiteľ
underwritten /ˌandə'ritn/ v. p. underwrite
underwrote /ˌandə'rəut/ v. p. underwrite
undid /an'did/ v. p. undo

undo /an'du:/ *undid, undone* v. rozviazať, rozopnúť

undone /an'dan/ v. p. undo

undoubted /an'dautəd/ adj. nepochybný, jasný

unearthly /an'ə: θli/ adj. nadpozemský, nadprirodzený

uneasy /an'i: zi/ adj. stiesnený, nesvoj

unemployed /,anim'ploid/ adj. nezamestnaný

unemployment /,anim'ploimənt/ n. nezamestnanosť

uneven /an'i: vən/ adj. hrboľatý, kostrbatý

unfair /,an'feə/ adj.
1. nespravodlivý
2. nečestný

unfaithful /an'feiθfəl/ adj. neverný

unfortunate /an'fo: čənit/ adj. nešťastný

unfortunately /an'fo: čənətli/ bohužiaľ, nanešťastie

unhappy /an'hæpi/ *-ie-* adj. nešťastný, smutný

uniform /'ju: nəfo: m/ n. uniforma

uniform adj. rovnaký, nemenný

unify /'ju: nəfai/ *-ie-* v. zjednotiť, spojiť

union /'ju: njən/ n. zväz, spolok

unionism /'ju: njənizəm/ n. odborové hnutie

unique /ju: 'ni: k/ adj.
1. unikátny
2. zvláštny

unit /'ju: nət/ n.
1. jednotka, útvar
2. skupina
3. oddelenie

unite /ju: 'nait/ v. zjednotiť sa

universal /,ju: nə'və: səl / adj. 1. všeobecný
2. všestranný

universe /'juːnəvɜːs/ n. *the* universe vesmír
university /ˌjuːnəˈvɜːsəti/ n. 1. univerzita 2. vysoká škola
unknown /ˌʌnˈnəʊn/ adj. neznámy, nepoznaný
unless /ʌnˈles/ conj. ak nie, kým nie
unlike /ˌʌnˈlaɪk/ adj. odlišný
unload /ʌnˈləʊd/ v. vyložiť
unlock /ʌnˈlɒk/ v. odomknúť
unmoved /ʌnˈmuːvd/ adj. 1. chladný 2. pokojný
unpack /ʌnˈpæk/ v. vybaliť, rozbaliť
unqualified /ʌnˈkwɒləfaɪd/ adj. nekvalifikovaný
unreasonable /ʌnˈriːzənəbəl/ adj. nezmyselný, nerozumný

unrest /ʌnˈrest/ n. nepokoje
unsettle /ʌnˈsetl/ v. znepokojiť, rozrušiť
unskilled /ˌʌnˈskɪld/ adj. nekvalifikovaný, neodborný
until /ʌnˈtɪl/ prep. až do časovo
until conj. kým nie
untimely /ʌnˈtaɪmli/ adj. 1. predčasný 2. nevhodný
unusual /ʌnˈjuːʒuəl/ adj. nezvyčajný, zriedkavý
up /ʌp/ adv. 1. dohora 2. hore, vyššie, *speak up* hovor hlasnejšie, *add up* pridaj, *up and down* hore-dole
update /ʌpˈdeɪt/ v. zmodernizovať
upon /əˈpɒn/ prep. on
upper /ˈʌpə/ adj. horný, vrchný

upright /'aprait/ adj.
 1. vzpriamený
 2. čestný

uprising /'ap, raiziŋ/ n. vzbura, povstanie

upset /ap'set/ -tt- upset v. 1. prevrátiť, prevrhnúť 2. prekaziť

upshot /'apšot/ n. výsledok, záver

upside /'apsaid/ adj. sľubný, perspektívny

upstairs /,ap'steəz/ adv. hore na poschodí

upturn /'aptə: n/ n. zlepšenie, zvýšenie

uranium /ju'reiniəm/ n. urán

urban /'ə: bən/ adj. mestský, veľkomestský

urge /ə: dž/ v.
 1. nahovárať, nútiť
 2. naliehať

urge n. 1. túžba 2. pud

urgent /'ə: džənt/ adj. naliehavý, bezodkladný

urine /'juərən/ n. moč

urn /ə: n/ n. 1. urna
 2. samovar

US /,ju: 'es/ n. *also USA* /,ju: es'ei/ *the United States of America*

us /əs,s, as/ pron. nás, nám, nami

use /ju: z/ v.
 1. používať
 2. spotrebovať
 3. využiť

use /ju: s/ n. 1. spotreba 2. použitie

used /ju: zd/ adj. starý, opotrebovaný

usual /'ju: žuəl/ adj. bežný, zvyčajný

utensil /ju: 'tensəl/ n. nástroj, potreba

utility /ju: 'tiləti/ -*ie*- n. užitočnosť, prospešnosť

utter /'atə/ adj. naprostý, úplný

utter v. 1. vydať zvuk
 2. vyjadriť

V

vac /væk/ n.
prázdniny
vacancy /'veikənsi/
-*ie*- n. 1. voľná izba
2. voľné pracovné
miesto
vacation /və'keišən/ n.
1. AmE dovolenka
2. prázdniny
vacuum cleaner
/'vækjuəm,kli:nə/
n. vysávač
vacuum-packed
/'vækjuəm,pækt/
adj. vákuovo balený
vague /veig/ adj.
1. hmlistý, rozmazaný
2. nejasný
vain /vein/ adj.
márnivý, márny
valid /'væləd/ adj.
1. pádny,
presvedčivý 2. platný

valley /'væli/ n.
údolie
valuable /'væljuəbəl/
adj. 1. cenný,
vzácny 2. hodnotný
valuation /,vælju
'eišən/ n.
oceňovanie,
hodnotenie
value /'vælju:/ n.
1. hodnota, význam
2. cena
value v. odhadnúť
cenu
valve /vælv/ n.
1. klapka, ventil
2. chlopňa
van /væn/ n. dodávka
vanguard /'vænga:d/
n. *the* vanguard
predvoj
vanish /'væniš/ v.
zmiznúť, stratiť sa

437

vanity /'vænəti/ n. márnivosť, samoľúbosť
vapour /'veipə/ n. 1. hmla 2. para
variable /'veəriəbəl/ adj. 1. premenlivý 2. regulovateľný
variance /'veəriəns/ n. zmena, nestálosť
variant /'veəriənt/ adj. iný, inakší, odlišný
variation /ˌveəri'eišən/ n. odchýlka
variety /və'raiəti/ -ie- n. rozmanitosť, rôznorodosť
various /'veəriəs/ adj. rôzny, rozličný
varnish /'va:niš/ n. lak
vary /'veəri/ -ie- v. 1. líšiť sa 2. meniť sa
vase /va:z/ n. váza
vast /va:st/ adj. 1. nekonečný, rozľahlý 2. obrovský
vault /vo:lt/ n. 1. trezor 2. krypta 3. skok

veal /vi:l/ n. teľacie mäso
vegetable /'vedžtəbəl/ n. *the* vegetables zelenina
vegetate /'vedžəteit/ v. 1. živoriť 2. rásť
vehement /'viəmənt/ adj. 1. energický 2. prudký
vehicle /'vi:ikəl/ n. vozidlo
veil /veil/ n. závoj
veil v. zahaliť
vein /vein/ n. žila, žilka
velocity /və'losəti/ -ie- n. rýchlosť
velvet /'velvət/ n. zamat
vendor /'vendə/ n. predavač na ulici
venerable /'venərəbəl/ adj. 1. starobylý 2. posvätný
venetian blind /vəˌni:šən 'blaind/ n. žalúzia

vengeance /'vendžəns/ n. pomsta
venison /'venəzən/ n. srnčie/jelenie mäso
venom /'venəm/ n. jed zvieraťa
venomous /'venəməs/ adj. 1. jedovatý 2. otrávený
vent /vent/ n. otvor, diera
ventilate /'ventəleit/ v. vetrať
venture /'venčə/ n. riziko, hazard
venture v. 1. trúfať si 2. hazardovať
verb /və: b/ n. sloveso
verbal /'və: bəl/ adj. 1. ústny 2. slovný
verdict /'və: dikt/ n. 1. rozsudok 2. rozhodnutie
verge /və: dž/ n. krajnica
verify /'verəfai/ -ie- v. podložiť dôkazmi, overiť si

vermin /'və: mən/ n. 1. škodci 2. parazit
versatile /'və: sətail/ adj. mnohostranný, všestranný
verse /və: s/ n. verše
version /'və: šən/ n. podoba, verzia
vertical /'və: tikəl/ adj. kolmý, zvislý
verve /və: v/ n. elán, energia
very /'veri/ adv. 1. veľmi 2. úplne, *not very*, vôbec nie
vessel /'vesəl/ n. 1. plavidlo 2. cieva
vest /vest/ n. 1. tričko, košieľka 2. vesta
vest v. *vest with* udeliť právo
vet /vet/ n. veterinár
veteran /'vetərən/ n. veterán
veto /'vi: təu/ v. zakázať
vicar /'vikə/ n. vikár
vice /vais/n. 1. neresť 2. zlozvyk

vice n. zverák
vicinity /və'sinəti/ n. okolie, susedstvo
vicious /'višəs/ adj.
 1. násilnícky
 2. zákerný
victim /'viktəm/ n. obeť
victory /'viktəri/ -*ie*- n. víťazstvo
video /'vidiəu/ n.
 1. obrazový záznam
 2. videorekordér
video v. nahrať
video cassette /,vidiəu kə'set/ n. videokazeta
videotape /'vidiəuteip/ n. 1. videopáska
 2. videokazeta
view /vju:/ n. 1. pohľad
 2. vyhliadka
 3. výhľad na *of*
 4. prehľad o *of*
 5. názor
view v. 1. prezrieť si
 2. sledovať
vigor /'vigə/ AmE n. sila, energia

village /'vilidž/ n. dedina
villager /'vilidžə/ n. dedinčan
villain /'vilən/ n.
 1. zlosyn
 2. darebák, uličník
vindictive /vin'diktiv/ adj. mstivý, pomstychtivý
vine /vain/ n. vinič
vinegar /'vinigə/ n. ocot
vineyard /'vinjəd/ n. vinica, vinohrad
violate /'vaiəleit/ v. zhanobiť
violence /'vaiələns/ n.
 1. sila 2. násilie
violet /'vaiələt/ n. fialka
violet adj. fialový
violin /,vaiə'lin/ n. husle
viper /'vaipə/ n. zmija
viral /'vaiərəl/ adj. vírusový
virgin /'və:džən/ n. panna

virile /'virail/ adj.
1. mužný 2. mužský
virtual /'və: čuəl/ adj.
skutočný,
neoficiálny
virtue /'və: čə/ n.
cnosť, počestnosť
virtuoso /,və:
ču'əusəu/ n. virtuóz
virtuous /'və: čuəs/
adj. cnostný,
počestný,
bezúhonný
virus /'vaiərəs/ n.
vírus
visa /'vi: zə/ n. vízum
visible /'vizəbəl/ adj.
1. viditeľný
2. očividný
visibly /'vizəbli/ adv.
1. viditeľne
2. zjavne
vision /'vižən/ n.
1. zrak 2. prelud
visit /'vizət/ v.
navštíviť
visit n. návšteva
visiting card /'vizitiŋ
ka: d/ n. vizitka

visitor /'vizətə/ n.
1. návštevník
2. hosť 3. inšpektor
vital /'vaitl/ adj.
životne dôležitý
vitamin /'vitəmən/ n.
vitamín
vivid /'vivəd/ adj.
jasný
vixen /'viksən/ n.
líška
vocabulary
/və'kæbjələri/ n.
slovná zásoba,
slovník
vocal /'vəukəl/ adj.
1. hlasový, rečový
2. spievaný
vocal n. spev, vokál
vocal cords
/'vəukəl ko: dz/ n.
hlasivky
vocation
/vəu'keišən/ n.
1. predpoklad
2. povolanie,
zamestnanie
vogue /vəug/ n. móda
voice /vois/ n. hlas

voice v. vyjadriť, vysloviť
void /void/ adj. neplatný
volcano /vol'keinəu/ n. sopka
volley /'voli/ n. salva
volleyball /'volibo: l/ n. volejbal
voltage /'vəultidž/ n. napätie
volume /'volju: m/ n. 1. hlasitosť 2. objem 3. počet
voluntary /'volənteri/ adj. 1. dobrovoľný 2. dobročinný
volunteer /,volən'tiə/ n. dobrovoľník

vomit /'vomət/ v. zvracať
vote /vəut/ n. 1. hlasovanie 2. hlas
vote v. hlasovať
voucher /'vaučə/ n. poukaz, poukážka
voyage /'voiidž/ n. plavba loďou
vulgar /'valgə/ adj. 1. nevkusný 2. neotesaný
vulnerable /'valnərəbəl/ adj. nechránený, zraniteľný
vulture /'valčə/ n. sup

W

wad /wod/ n. 1. kôpka 2. chumáč 3. tampón
wade /weid/ v. brodiť sa, predierať sa
wafer /'weifə/ n. oblátka
wag /wæg/ -gg- v. vrtieť sa
wage /weidž/ n. mzda, plat
wage v. viesť vojnu
wagon /'wægən/ n. 1. povoz 2. vagón
waist /weist/ n. pás, driek
wait /weit/ v. 1. čakať na 2. striehnuť na
waiter /'weitə/ n. čašník
waitress /'weitrəs/ n. čašníčka

wake /weik/ woke, woken v. wake up zobudiť sa, prebrať sa
walk /wo: k/ v. 1. kráčať, ísť peši 2. túlať sa
wall /wo: l/ n. 1. hradba 2. múr 3. stena
wallet /'wolət/ n. náprsná taška u mužov
wallpaper /'wo: l ,peipə/ n. tapeta
walnut /'wo: lnat/ n. orech
walrus /'wo: lrəs/ n. mrož
wander /'wondə/ v. pobehovať
wane /wein/ v. ubúdať, zmenšovať sa

wanna /ˈwonə/ want to *skrátený tvar*
want /wont/ v. chcieť, želať si
wanton /ˈwontən/ adj. bezuzdný, bezohľadný
war /wo:/ n. vojna
ward /wo: d/ n. 1. izba *nemocničná* 2. obvod
wardrobe /ˈwo: drəub/ n. 1. skriňa 2. šatník
warehouse /ˈweəhaus/ n. veľkosklad
warm /wo: m/ adj. 1. teplý 2. srdečný
warm v. zohriať, zahriať
warn /wo: n/ v. 1. vystríhať 2. upozorniť
warning /ˈwo: niŋ/ n. varovanie, výstraha
warrant /ˈworənt/ n. písomný príkaz, zatykač
warrant v. 1. oprávniť 2. ručiť za

wart /wo: t/ n. bradavica
wary /ˈweəri/ -ie - adj. opatrný, ostražitý
was /wəz, woz/ v. p. be
wash /woš/ v.1. umyť sa 2. *wash up* umyť riad
wash n. 1. umytie 2. pranie
washbasin /ˈwoš,beisən/ n. umývadlo
washer /ˈwošə/ n. 1. tesnenie 2. práčka
washing /ˈwošiŋ/ n. 1. pranie prádla 2. vyprané prádlo
washout /ˈwošaut/ n. fiasko, neúspech
wasp /wosp/ n. osa
waste /weist/ n. 1. plytvanie, mrhanie 2. odpad
waste v. plytvať, mrhať
watch /woč/ v. 1. sledovať, dívať sa 2. pozorovať

444

watch n. 1. hodinky 2. sledovanie 3. strážca, dozorca

water /'wo: tə/ n. voda

water v. 1. poliať, postriekať 2. slziť

watercolour /'wo: tə,kalə/ n. 1. vodová farba 2. akvarel

waterfall /'wo: təfo: l/ n. vodopád

waterproof /'wo: təpru: f/ adj. nepremokavý, vodotesný

waterworks /'wo: təwə: ks/ n. vodáreň

wave /weiv/ v. 1. mávať 2. viať 3. vlniť sa

wave n. vlna morská

wax /wæks/ n. vosk

wax v. pribúdať, rásť, zväčšovať sa

way /wei/ n. 1. cesta 2. smer 3. spôsob, metóda

we /wi, wi: / pron. my

weak /wi: k/ adj. 1. slabý 2. bezradný

weaken /'wi: kən/ v. oslabiť sa

wealth /welθ/ n. bohatstvo, majetok

wealthy /'welθi/ -*ie*- adj. zámožný, bohatý

weapon /'wepən/ n. zbraň

wear /weə/ wore, worn v. nosiť, mať *oblečené/obuté*

wearing /'weəriŋ/ adj. namáhavý, únavný

weary /'wiəri/ adj. uťahaný, vyčerpaný

weasel /'wi: zəl/ n. lasica

weather /'weðə/ n. počasie

weather station /'weðə,steišən/ n. meteorologická stanica

weave /wi: v/ *wove, woven* v. tkať

weaver /'wi: və/ n. tkáč
web /web/ n. 1. pavučina 2. sieť
wedding /'wediŋ/ n. svadba, sobáš
wedge /wedž/ n. klin
Wednesday /'wenzdi/ n. streda
weed /wi: d/ n. burina
weed v. plieť
week /wi: k/ n. týždeň
weekday /'wi: kdei/ n. pracovný deň
weekend /,wi: k'end/ n. víkend
weekly /'wi: kli/ adj. týždenný
weep /wi: p/ *wept* v. 1. roniť slzy 2. vlhnúť
weigh /wei/ v. 1. vážiť 2. odvážiť
weight /weit/ n. 1. hmotnosť, váha 2. závažie
weighted /'weitəd/ adj. výhodný, priaznivý

weighting /'weitiŋ/ n. prídavok
weight lifting /'weit,liftiŋ/ n. vzpieranie
weird /wiəd/ adj. 1. tajomný, záhadný 2. osudový
welcome /'welkəm/ interj. vitaj
welcome v. 1. vítať 2. uvítať
welcome n. privítanie, prijatie
welder /'weldə/ n. zvárač
welfare /'welfeə/ n. 1. blahobyt, prosperita 2. sociálna starostlivosť
well /wel/ *better, best* adv. dobre, *well done* ! výborne !
well n. 1. studňa 2. vrt ropný
wellbeing /,wel'bi: iŋ/ n. pohoda

well-chosen /,wel'čəuzən/ adj. 1. vyberaný 2. výstižný

well-know /,wel'nəun/ adj. známy

well-off /,wel'of/ adj. bohatý, zámožný

went /went/ v. p. go

wept /wept/ v. p. weep

were /wə, wə:/ v. p. be

west /west/ n. *the* west západ *svetová strana*

west adj. západný

wet /wet/ *-tt-* adj. 1. mokrý 2. daždivý

wet *wet, wetted* v. namočiť, navlhčiť

whale /weil/ n. veľryba

what /wot/ pron. čo

whatever /wot'evə/ pron. 1. každý, akýkoľvek 2. čokoľvek

wheat /wi: t/ n. pšenica

wheel /wi: l/ n. 1. koleso 2. *the* wheel volant, kormidlo

wheel v. tlačiť, tisnúť

wheelbarrow /'wi: l ,bærəu/ n. fúrik

wheelchair /'wi: lčə/ n. invalidný vozík

wheeze /wi: z/ v. ťažko dýchať

when /wen/ adv. kedy

when conj. keď

whenever /wen'eə/ adv. inokedy, hocikedy

where /weə/ adv. kde

whereas /weər'æz/ conj. ale, kým

whether /'weðə/ conj. či

which /wič/ pron. ktorý,-á v otázke

while /wail/ n. chvíľa, okamih

while conj. 1. zatiaľ čo 2. pokým

whimper /'wimpə/ v. kvičať

whimsy

whimsy /ˈwimzi/ -ie- n. rozmar

whine /wain/ v. zavýjať, kňučať

whip /wip/ n. bič

whip -pp- v. bičovať, mlátiť

whirl /wə: l/ v. krútiť sa, víriť

whirlpool /ˈwə: lpu: l/ n. vír

whisk / wisk/ n. šľahnutie

whisker /ˈwiskə/ n. fúz zvieraťa

whiskey /ˈwiski/ n. whisky *americká*

whisky /ˈwiski/ n. whisky *škótska*

whisper /ˈwispə/ v. šepkať si

whisper n. šepot

whistle /ˈwisəl/ n. píšťalka

whistle v. pískať, hvízdať

white /wait/ adj. biely, bledý

white n. 1. beloch 2. bielok

whizz /wiz/ v. hnať sa

who /hu: / pron. 1. kto 2. ktorý

whoever /hu: ˈevə/ pron. 1. každý 2. ktokoľvek

whole /həul/ adj. celý, všetok

whole n. súhrn, súčet

wholesale /ˈhəulseil/ n. veľkoobchod

wholesaler /ˈhəul,seilə/ n. veľkoobchodník

wholesome /ˈhəulsəm/ adj. 1. zdravý 2. vhodný

whole wheat /ˈhəul wi: t/ adj. celozrnný

whom /hu: m/ pron. who

whoop /wu: p/ v. výskať

whop /wop/ -pp- v. AmE biť, mlátiť

whose /hu: z/ pron. wo čí

windsurfing

why /wai/ adv. načo, prečo

wicked /'wikəd/ adj. 1. zlý, nehanebný 2. hriešny

wicker /'wikə/ adj. prútený

wide /waid/ adj. 1. široký 2. šíry

widely /'waidli/ adv. široko-ďaleko

widow /'widəu/ n. vdova

widower /'widəuvə/ n. vdovec

width /widθ/ n. šírka

wife /waif/ pl. *wives* n. manželka

wig /wig/ n. parochňa

wild /waild/ adj. 1. divý 2. nespútaný

wild n. divočina

wild boar /,waild 'bo:/ n. diviak

wildcat /'waildkæt/ n. divá mačka

will /wil / *would* v. vyjadruje *budúci čas*

will n. 1. vôľa, želanie 2. úmysel

will v. chcieť, želať si

willing /'wiliŋ/ adj. 1. ochotný 2. dobrovoľný

wilow /'wiləu/ n. vŕba

wilt /wilt/ v. vädnúť

win /win/ *won -nn-* v. 1. vyhrať, zvíťaziť 2. získať

win n. 1. výhra, víťazstvo 2. odmena

wind /wind/ n. 1. vietor, víchor 2. dych

wind /waind/ *wound* v. 1. krútiť 2. vinúť sa

wind instrument /'wind,instrəmənt/ n. dychový nástroj

windmill /'wind,mil/ n. veterný mlyn

window /'windəu/ n. okno

windsurfing /'wind,sə:fiŋ/ n. surfing

windy /'windi/ adj.
veterný, búrlivý
wine /wain/ n. víno
wine bar /'wain ba:/
n. vináreň
wing /wiŋ/ n. 1. krídlo
2. blatník
wink /wiŋk/ v.
1. mrkať 2. blikať
winkers /'wiŋkəz/ n.
smerovky svetlá
winner /'winə/ n.
víťaz
winter /'wintə/ n.
zima *ročné obdobie*
wipe /waip/ v. 1. utrieť
si 2. zotrieť si
wire /waiə/ n. 1. drôt
2. AmE telegram
wisdom /'wizdəm/ n.
1. múdrosť
2. vedomosti
wise /waiz/ adj.
múdry, vzdelaný
wish /wiš/ v. želať si
wish n. želanie, túžba
wisp /wisp/ n.
1. prameň *vlasov*
2. snop

wistful /'wistfəl/ adj.
1. zamyslený
2. roztúžený
wit /wit/ n. vtip
witch /wič/ n.
čarodejnica
witchcraft /'wičkra:ft/
n. čarodejníctvo
with /wið/ prep. u,
pri, s
withdraw /wið'dro:/
withdrew,
withdrawn v.
1. vziať späť
2. stiahnuť sa
withdrawn v. p.
withdraw
withdrew /wið'dru:/
v. p. withdraw
wither /'wiðə/ v.
wither away
vädnúť,
schnúť
within /wið'in/ prep.
1. o, do, cez
2. v rozsahu,
v rámci
without /wið'aut/
prep. bez

450

withstand /wið'stænd/ *withstood* v. odraziť, čeliť
withstood /wið'stud/ v. p. withstand
witness /'witnəs/ n. svedok
witness v. svedčiť o
witty /'witi/ -ie- adj. 1. vtipný 2. inteligentný
wizard /'wizəd/ n. čarodejník
woke /wəuk/ v. p. wake
woken /'wəukən/ v. p. wake
wolf /wulf/ n. vlk
woman /'wumən/ pl. *women* n. žena
won /won/ v. p. win
wonder /'wandə/ v. 1. byť zvedavý 2. čudovať sa
wonder n. údiv, úžas
wonderful /'wandəfəl/ adj. skvelý, úžasný
wood /wud/ n. 1. drevo 2. *the* woods les, hora

woodcraft /'wudkra:ft/ n. lesníctvo
woodcutter /'wud,katə/ n. drevorubač
wooden /'wudn/ adj. drevený
woodpecker /'wud,pekə/ n. ďateľ
woody /'wudi/ adj. 1. drevený 2. lesnatý
wool /wul/ n. vlna
woolen /'wulən/ adj. vlnený
word /wə:d/ n. 1. slovo 2. výrok
word processor /'wə:d ,prəusəsə/ n. textový editor
wore /wo:/ v. p. wear
work /wə:k/ n. 1. práca 2. zamestnanie
work v. 1. pracovať, robiť 2. fungovať
worker /'wə:kə/ n. 1. pracovník 2. robotník

workforce /'wə: kfo: s/ n. pracovné sily

workman /'wə: kmən/ n. 1. robotník, remeselník 2. odborník

workplace /'wə: k pleis/ n. *the* workplace pracovisko

workshop /'wə: kšop/ n. dielňa

world /wə: ld/ n. *the* world svet

world power /, wə: ld 'pauə/ n. svetová veľmoc

worldwide /, wə: ld'waild/ adj. celosvetový

worm /wə: m/ n. červík

worn /wo: n/ v. p. wear

worry /'wari/ -ie- v. robiť si starosti, znepokojovať sa

worry -ie- n. 1. nepokoj 2. starosť 3. trápenie

worse /wə: s/ adj. p. bad horší

worship /'wə: šip/ n. 1. uctievanie 2. bohoslužba

worst /wə: st/ adj. p. bad

worth /wə: θ/ n. hodnota, cena

worthy /'wə: ði/ adj. ctihodný, dôstojný

would /wud/ v. p. will

wound /waund/ v. p. wind

wound /wu: nd/ n. zranenie, rana

wound v. zraniť

wounded /'wu: ndəd/ adj. zranený

wove /wəuv/ v. p. weave

woven /'wəuvən/ v. p. weave

wow /wau/ interj. skvelé !, fantastické!

wrangle /'ræŋgəl/ v. hádať sa, vadiť sa

wrap /ræp/ -pp- v. *wrap up* baliť do in

wrap n. 1. šál, šatka 2. deka
wrath /roθ/ n. hnev, pobúrenie
wreck /rek/ n. 1. vrak 2. stroskotanie
wrench /renč/ v. vyvrtnúť si
wrestle /ˈresəl/ v. bojovať, zápasiť
wring /riŋ/ *wrung* v. 1. vykrútiť 2. stisnúť
wrinkle /ˈriŋkəl/ n. vráska, záhyb
wrist /rist/ n. zápästie

write /rait/ *wrote, written* v. písať
writer /ˈraitə/ n. spisovateľ
written /ˈritn/ v. p. write
wrong /roŋ/ adj. nesprávny, zlý
wrong adv. nesprávne, zle
wrong n. 1. zlo 2. krivda
wrote /rəut/ v. p. write
wrung /raŋ/ v. p. wring

X

xerox /ˈziəroks/ n.
xerografia,
fotografické
kopírovanie
Xmas /ˈeksməs/ n.
Vianoce

x-ray /ˈeksrei/ v.
röntgenovať
xylophone /ˈzailə,fəun/ n.
xylofón

Y

yacht /jot/ n. jachta
yard /ja: d/ n. yard, 91 m
yard n. dvor
yarn /ja: n/ AmE n. priadza, vlákno
yawn /jo: n/ v. zívať
year /jiə/ n. rok
yearly /'jiəli/ adv. každoročne, raz za rok
yearn /jə: n/ v. túžiť, dychtiť
yell /jel/ v. *yell out* vrieskať
yellow /'jeləu/ adj. žltý
yelp /jelp/ v. skríknuť, zvresknúť
yeoman /'jəumən/ n. sedliak
yes /jes/ adv. áno

yesterday '/jestədi/ adv. 1. včera 2. nedávno
yet /jet/ adv. ešte
yet conj. ale predsa len
yield /ji: ld/ v. poskytovať, prinášať
yoghurt /'joguət/ n. jogurt
yoke /jəuk/ n. jarmo
yolk /jəuk/ n. žĺtok
you /jə, ju, ju: / pron. 1. ty, teba, ťa, tebe, ti, tebou 2. vy, vás, vám, vami
young /jaŋ/ adj. 1. mladý 2. malý
young n. *the* young mládež
youngster /'jaŋstə/ n. mladík, mládenec, dievča, deva

your /jə, jo:/ determ.
1. tvoj 2. váš 3. svoj
yours /jo:z/ pron.
1. tvoj 2. váš 3. svoj
yourself /jə'self/ pron.
pl. *yourselves*
1. seba, sa, sebe, si 2. osobne, sám, sami
youth /ju:θ/ n.
1. mladosť, dospievanie
2. *the* youths mládež

Z

zealous /'zeləs/ adj.
1. horlivý
2. zanietený
pre *for*

zebra /'zi: brə/ n. zebra

zebra crossing /ˌzi: brə 'krosiŋ/ n. prechod pre chodcov

zero /'ziərəu/ pl. *zeros* n. nula

zest /zest/ n. čaro, pôvab

zinc /ziŋk/ n. zinok

zip /zip/ n. zips

zip code /'zip kəud/ AmE n. poštové smerovacie číslo

zone /zəun/ n. pásmo, oblasť, zóna

zoo /zu:/ n. ZOO

zoology /zu: 'olədži/ n. zoológia

SLOVENSKO - ANGLICKÝ SLOVNÍK

A

a and & and so on *a tak ďalej*
abeceda 1. alphabet 2. ABC
abiturient school-leaver
abnormalita abnormality
abnormálny abnormal
absencia absence
absolutizmus absolutism
absolútny absolute, perfect
absolvent graduate, school-leaver
absolvovať *univerzitu* graduate, finish
abstinencia total abstinence
abstinent abstainer
abstrakcia abstraction
absurdita absurdity

aby that, in order that, so that
acylpyrín aspirin
adaptácia 1. adaptation 2. adaptability
adaptovať adapt, alter
adekvátny adequate
administratíva administration, authorities *úrady*
adopcia adoption
adoptovať adopt
adresa address, place of residence *bydlisko*
adresár address book, directory
adresát addressee, recipient *príjemca*
adresný addressed to
adresovať 1. address 2. direct

advokát advocate, barrister *súdny,* counsel *Am.*
afektovaný affected
afektovať pose
aféra scandal, sensation
aforizmus aphorism
africký African
Afričan African
Afrika Africa
agát acacia
agent agent, traveller *cestujúci & insurance broker* poisťovací agent & *estate agent* realitný agent
agentúra agency, bureau & *advertising agency* reklamná agentúra
agilný agile
agitácia agitation, propaganda
agitátor agitator, propagandist
agitovať make° propaganda
agónia agony
agresia aggression
agresivita aggressivity
agresívny aggresive
agresor aggressor
agronóm agronomist
ahoj hallo, hello, hi *Am.*
ach oh, ah
achát agate
aj *spoj.* and, also
ak if
akadémia academy, college & *Academy of Sciences* akadémia vied & *business college* obchodná akadémia
akademický academic/al/, university *vysokoškolský*
akademik 1. member of an academy 2. academician
akcent accent
akceptovať accept
akiste probably

aklimatizácia

aklimatizácia acclimatization
aklimatizovať sa acclimatize
ako how, what *v otázke* & *how are you?* ako sa máš?
ako as, like, than *pri porovnaní* & *tall as his brother* vysoký ako jeho brat & *taller than his brother* vyšší ako jeho brat
akoby as if
akord chord *hud.*
akosi in a certain manner, somewhat
akosť quality, class
akostný of good quality
akože what, surely
akrobat acrobat
akt act *čin*
aktív members' meeting
aktivita activity
aktívny active
aktovka 1. briefcase 2. portfolio

aktualizovať actualize
aktuálny actual, present-day
akty acts, documents
akupunktúra acupuncture
akurát just, exactly
akustika acoustics
akútny acute
akvarel watercolour
akvárium aquarium
aký 1. what *opyt.* & *what's his name?* ako sa volá? 2. what *zvolanie,* how & *what a pretty girl!* aké pekné dievča!
akýkoľvek any, whatever, whichever
akýsi a certain, some
alarm alarm
album album
ale but, still, yet
alebo or & *either ... or* alebo ... alebo
aleja alley
alergia allergy

angličtina

alergický allergic
alfa alpha
algebra algebra
alchymista alchemist
aliancia alliance, union
alibi *pl.* alibi
alibista buck-passer
aligátor alligator
alimenty *pl.* aliment, alimony
alkohol alcohol, spirits
alkoholik hard drinker, drunkard
alkoholizmus alcoholism, drinking
almužna alms, charity
alobal kitchen foil
alpský alpine
alt alto, contralto *ženský*
alternatíva alternative
amatér amateur
amatérsky amateur
ambasáda embassy
ambícia ambition
ambiciózny ambitious
ambulancia ambulance *auto*

americký American
Američan American
Amerika America
amnestia amnesty
amorálny amoral
amplión loudspeaker
amputácia amputation
amputovať amputate
analfabet illiterate
analytický analytic/al/
analytik analyst
analýza analysis°
analyzovať analyze
ananás pineapple
anarchia anarchy
anarchista anarchist
anatómia anatomy
anekdota anecdote
angažovať engage
angína angina
Anglicko England
anglický English
Angličan Englishman°
Angličania the English *národ*
Angličanka Englishwoman°
angličtina English *language*

ani

ani 1. not even 2. ...*neither* ... *nor*... ...ani ... ani...
animácia animation
animátor cartoon-film maker
animovaný animated & *animated cartoon* animovaný film
anjel angel *náb.*, guardian *strážny*
anketa inquiry
áno 1. yes 2. right *správne*
anonym anonym
anonymný anonymous
antagonistický antagonistic
antagonizmus antagonism
anténa aerial, antenna
antibiotikum antibiotic
antický ancient
antifašista anti-fascist
antika antiquity
antikoncepcia contraception
antikoncepčný contraceptive

antikvariát secondhand bookshop
antilopa antelope
antipatia antipathy, aversion *odpor*
antisemista anti-Semite
antisemitizmus anti-Semitism
antropológ anthropologist
antropológia anthropology
aparatúra apparatus
apatia apathy
apatický apathetic
apelovať na appeal to
aperitív aperitif
aplikácia application, appliqué *ozdoba*
aplikovať na apply to
apokalypsa apocalypse
apostrof apostrophe
apoštol apostle
apoštolský apostolic
apríl April & *All Fools'Day* 1. apríl

aprobácia 1. approval 2. qualification *učiteľská*
ár are
Arab Arab
Arábia Arabia
arabský Arabian
arabština Arabic
aranžér window dresser *výkladov*
aranžovať 1. dress *výklad* 2. arrange *usporiadať*
arašid peanut
arbitráž arbitration
arcibiskup archbishop
arcibiskupstvo archbishopric
areál area
aréna arena, bull-ring *býčia*
argument argument for *za*, against *proti*
argumentovať reason, argue
archa ark
archaický archaic
archaizmus archaism
archanjel archangel

archeológ archaeologist
archeológia archaeology
architekt architect
architektúra architecture
archív *pl.* archives, record office *úrad*
archivár archivist
archívny archival
ária air, tune
aristokracia aristocracy
aristokrat aristocrat
aritmetika arithmetic
arktický arctic
Arktída the Arctic
armáda army, the forces, troops, the military *všeobecne*
arogantný arrogant
aróma aroma
aromatický aromatic
arzenál arsenal
asfalt asphalt
asi 1. perhaps, maybe *azda* 2. about *okolo*
asimilácia assimilation

465

asimilovať

asimilovať assimilate
asistent assistant, lecturer *vysokoškolský*
asistovať assist in *pri*, to *komu*, be°present *prítomný*
askéta ascetic
asketický ascetic
asociácia association
asociál lout
aspekt aspect
aspik aspic
aspoň at least, anyway
astma asthma
astrológ astrologer
astrológia astrology
astrologický astrological
astronóm astronomer
astronómia astronomy
astronomický astronomic/al/
ašpirant aspirant *uchádzač*, postgraduate student
ašpirovať na aspire to
ataše attaché

atď *skr.* etc. etcetera *plný tvar*
ateista atheist
ateizmus atheism
ateliér atelier, studio
atentát plot, attempt
atest attestation, certificate
atlas atlas
atlét athlete
atletický athletic
atletika *pl.* athletics
atmosféra atmosphere
atóm atom
atómový atomic & *atom bomb* atómová bomba & *atomic energy* atómová energia
atraktívny attractive
atrament ink
audiencia u audience *with*, reception
august August
aula hall
Austrálčan Australian
Austrália Australia
austrálsky Australian
autentický authentic

auto car, auto *Am.*
autobus bus, coach *diaľkový*
autogram autograph
automapa road map
automat 1. automat 2. slot machine
automobil /motor/car, automobile *Am.*
automobilista motorist
automobilizmus motoring
autonehoda traffic accident
autor author, writer *spisovateľ*
autorita 1. authority 2. celebrity
autorka authoress
autorský author's & *copyright* autorské právo. & *author's fee* autorský honorár

autorstvo authorship
autosalón motor show
autoservis garage, service station
autostop hitch-hiking
autoškola driving school
avantgarda avant-garde
averzia aversion
avízo advice, word *varovanie*
avizovať advise *dať vedieť*
avšak but, however
azda perhaps, maybe
Ázia Asia
ázijský Asian
azyl asylum, shelter
až 1. till, until *časove*, 2. to, up to, as far as *miestne*

B

ba of course, certainly
baba old woman° *pejor.muž* & *blindman's buff* slepá baba *hra*
bábä baby
babica midwife° *hovor.*
babička grandmother, granny *hovor.*
bábika doll
babka *p.* babička
bábka puppet, marionette
babrák bungler *hovor.*
bác bang, bump
bacil germ *neodb.*, bacterium°, bacillus° *lek.*
baculatý dumpy
bača shepherd
bádanie research *výskum*, investigation

badať notice
bádať investigate, inquire, search into
bádateľ investigator, research-worker *vedec*, scholar
badyán badian
bafkať puff, pull
bager excavator
bagrovať excavate
bahniatka *pl.* catkins
bahnistý marshy *pôda*
bahno swamp, marsh
báj myth, fable, tale
báječný wonderful
bájka 1.fable 2. fiction *výmysel*
bakalár bachelor
bakalárstvo bachelorship
baklažán egg-plant
bakuľa crook
bál ball, dance

bal bale, bundle
balada ballad
balenie packing, wrapping
balerína ballerina
balet ballet
baletka ballerine
baliaci packing, wrapping & *packing paper* baliaci papier
baliareň packing-room
balíček package, small parcel & *pack of cards* balíček kariet
balík 1. parcel, packet 2. package
baliť pack up, wrap, roll up
balkón balcony *div.* & *upper circle* druhý balkón
balón balloon
balvan boulder, rock
balzam balm, balsam
bambus bamboo
baňa mine, pit
banalita banality
banálny banal, trivial

banán 1. banana tree *banánovník* 2. banana *plod*
banda gang *pejor.*
bandaska can
bandita bandit, gangster
banícky mining
baníctvo mining industry
baník miner, pitman°
bank the bank
banka bank *inštitúcia* & *National bank* Národná banka
banket banquet
bankovka note /banknote /, bill *Am.* & *false banknote* falošná bankovka
bankový bank, banking
bar 1. bar 2. night-club
barak hut
baran ram, lamb *jahňa*
baranica sheepskin cap

469

baranina mutton *mäso*
barbar barbarian
barbarský barbarian, barbarous *krutý*
bariéra barrier
barikáda barricade
barla crutch
barman barman°
barok baroque style
barometer barometer
barón baron
barónka baroness
barytón baritone
bas bass *hud.*
basa contrabass, double bass
báseň poem
basista bass-singer *spevák*, bass player *hráč*
basketbal basketball
basketbalista basketball player
básnický poetic
básnik poet
báť sa 1. fear 2. be° afraid of *obávať sa čoho*
baterka torch

batoh knapsack, rucksack
batožina luggage, baggage *Am.*
baviť amuse
bavlna cotton
bavlnený cotton
bavlník cotton-plant
baza elder-tree *strom*
bazár bazaar
bazén basin, reservoir *nádrž*, tank
bažant pheasant
bažina moorland
bažiť po long *for*
bdelosť wariness, vigilance
bdelý vigilant, wakeful
bdieť 1. be°awake *byť hore* 2. watch over *dozerať nad*
beda *cit.* alas
bedač the poor
bedákanie lamentation
bedákať wail, lament
bedľa parasol mushroom

beh run, race *šport. & long-distance run* beh na dlhé vzdialenosti & *trate sprint* beh na krátke vzdialenosti & *hurdle race* prekážkový beh
behať run°, race
belasý blue, azure
beletria fiction
Belgicko Belgium
belgický Belgian
Belgičan Belgian
beloch white man°
beloška white woman°
benzín petrol, gas *Am.*
beseda chat, talk
besedovať chat, converse
besiedka arbour *záhradná*, gardenhouse *domček*
besnieť be°in a rage, go° mad
besný wild, mad, furious
bestseller best-seller

beštia beast, brute *človek*
beštiálny bestial
beta beta
betón concrete
betonárka mixing plant
betónový concrete
bez 1. without, out of 2. minus *mat.*
bezatómový nuclear-free
bezbolestný painless
bezbožný irreligious
bezbranný defenceless
bezcenný valueless, worthless
bezcieľny aimless
bezcitný unfeeling, heartless
bezcolný duty-free
bezdetný childless
bezdomovec homeless person
bezdôvodný causeless, unfounded
bezfarebný colourless
bezcharakterný characterless

bezchybný faultless
bezmocnosť impotence
bezmocný powerless, impotent
bezmyšlienkovitý thoughtless
beznádejný hopelessness
bezoblačný cloudless
bezočivosť barefacedness
bezočivý barefaced
bezohľadný inconsiderate, regardless
bezpečnosť safety, security
bezpečnostný secure, safety & *safety appliance* bezpečnostné zariadenie
bezpečný safe
bezplatne gratis, free /of charge/
bezplatný free of charge, unpaid, gratis

bezpodmienečne unconditionally
bezpodmienečný categorical, unconditional
bezpochyby doubtless, without doubt
bezprávie anarchy, injustice
bezpredmetný faint, subjectless
bezprostredne immediately
bezprostredný direct, immediate & *immediate contact* bezprostredný kontakt
bezradný bewildered
bezstarostný careless
beztrestný non-punishable
beztriedny classless
beztvárny shapeless
bezúhonnosť integrity
bezúhonný blameless, clean hands
bezvedomie unconsciousness

bezvetrie calm
bezvládie anarchy
bezvýhradný implicit, unconditional
bezvýznamný insignificant, trivial
bezzásadový unprincipled
bezzubý toothless
bezženstvo celibacy
bežať run°, hurry *ponáhľať sa*
bežec runner, sprinter
bežky cross-country ski
bežne currently
bežný current, common *obvyklý* & *current account* bežný účet
biblia the Bible
biblický biblical
bibliografia bibliohraphy
bicykel bicycle, bike *hovor.*
bicyklista cyclist
bič whip
bičovať whip

bieda misery, penury, want *nedostatok*
biediť be° in great want
biedny 1. poor *chudobný* 2. miserable, wretched *úbohý* 3. pitiful *žalostný*
bielizeň linen, underclothes *spodná*, bed clothes *posteľná*
bielko white of an eye
bielkovina albumen
bielok white of an egg
bielovlasý white-haired
biely white, pale *bledý*
bifľovať swot
biftek beefsteak
biliard billiards
biografia biography
biochémia biochemistry
biológ biologist
biológia biology
biologický biological
biosféra biosphere

birmovať confirm
birmovka Confirmation
biskup bishop
biskupský episcopal & *Christmas cake* biskupský chlebíček
bistro bistro°
biť 1. beat° 2. chastise *dieťa* 3. strike°*hodiny* 4. throb *srdce* 5. ring°*zvon*
biť sa fight°with *s*, for *za*
bitka fight, battle
bitúnok shambles
bizón bison
bižutéria jewellery
blabot prattle
blaho 1. bliss, happiness 2. welfare *verejné*
blahobyt welfare, prosperity
blahodarný beneficial, healthy *zdravý*
blahoprajný congratulatory
blahoslavený blessed
blahoželanie congratulation
blahoželať k congratulate on
blamáž scandal, shame
blankyt azure
blato mud, slush
blázinec madhouse, lunatic asylum
blázniť be°mad
blázniť drive°crazy, go°crazy blázniť sa
bláznivý crazy, foolish *pochabý*
blázon 1. insane person *duševne chorý* 2. madman°
blažený 1. blessed 2. happy
blčať blaze
blbosť trifle *maličkosť*
blednúť turn pale
bledosť paleness
blesk 1. lightning 2. flashlight *fot.*
blcha flea

blikať flicker *plameň*, blink, twinkle *svetlo*
blízko close, near, near at hand *po ruke*
blízky close, near & *close relative* blízky príbuzný
blížiť sa approach, come°near
blok 1. block & *block of flats* činžiak 2. pad *zápisník*
blokáda blockade
blokovať block, blockade
blond blond *hovor.*
blondín fair-haired man°, blonde *blondínka*
bludisko maze, labyrinth
blúdiť go°astray, wander
blues blues
blúzka blouse
blúznenie delirium
blúzniť be°delirious *v chorobe*

blýskať sa light *blesk* & *it is lightning* blýska sa
blyšťať sa glimmer
bobor beaver
bobuľa berry
bocian stork
bod 1. point *mat.* & *freezing point* bod mrazu & *boiling point* bod varu 2. dot *bodka* 3. full stop *interpunkčné znamienko* 4. score *šport.*
bodať prick
bodkočiarka semicolon
bodkovaný dotted, spotted
bodliak thistle *rastlina*
bodnúť stab *nožom*, prick *ihlou*, sting° *hmyzom*
boh God *náb.*
boháč rich man°, man°of property
boháčka rich woman°

bohatnúť
become°/get°rich
bohatstvo riches, wealth, fortune *majetok*
bohatý rich in *na*, with *čím*, wealthy
bohém bohemian
bohoslužba divine service, mass *omša*
bohužiaľ alas
bohvie who knows *hovor.*
bohyňa goddess
bochník loaf° & loaf of bread bochník chleba
boj battle *voj.*, fight *bitka*, struggle *zápas*
bojazlivý timid, shy
bojisko battlefield
bojko a timid fellow
bojovať battle, fight° *v boji*, struggle
bojovník fighter, combatant *účastník*
bojovnosť fighting mood
bojovný warlike, militant
bojový military, war
bok 1. side *strana* 2. hip *anat.*
bokom sideways
bokombrady whiskers
bolesť pain, ache & *headache* bolesť hlavy & *toothache* bolesť zubov
bolestivý painful, aching
boliet hurt°, ache, grieve *duševne*
bomba bomb, shell *vojnová*
bombardovať bombard, blitz
bonbón bonbon, candy *Am.*
bonboniéra sweet-box, bonboniere
borievka 1. juniper tree *ker* 2. juniper berry *bobuľa*
boriť destroy, demolish *ničiť*
borovica pine

borovička gin
bos boss
boso barefoot
bosorka witch
bosý barefooted
botanik botanist
botanika botany
box booth
boxer boxer
boxovať box
bozk kiss
bozkať kiss
bože good Lord, my goodness
božský divine, godlike
božstvo divinity
bôb bean *strukovina*
bôčik belly-pork
bôľ grief, sorrow
brada 1. chin *časť tváre* 2. beard *mužská*
bradatý bearded
bradavica wart & *small wart* bradavička
bradlá *pl.* parallel bars
bralo cliff

brána gate, door, goal *šport.*
brániť defend, protect from *pred*, against *proti*
bránka *p.* brána
brankár goalkeeper
brať 1. take° 2. take°away from *odobrať z & drug* brať drogy
brat brother & *stepbrother* nevlastný brat & *whole brother* vlastný brat
brať sa 1. undertake°*podujímať sa* 2. get°married *ženiť sa, vydávať sa*
bratranec cousin
bratský brotherly, brotherlike
bratstvo brotherhood *spolok*
bravčovina pork
brázda furrow, track *stopa*

brázdiť

brázdiť furrow *cestu*, cruise *vzduch*
Brazília Brazil
brčkavý curly
brečtan ivy
breh 1. bank *rieky* 2. coast *morský*
brechať bark
bremeno burden, load
brest elm
breza birch
brieždenie dawning
briezdiť sa dawn
briežok knoll
brigáda 1. brigade *voj.* 2. working group, work-team *pracovná skupina* 3. temporary job *výpomoc*
brigádnik team-worker, voluntary worker
Brit 1. British 2. Briton *hist.*
Británia Britain, Great Britain
britský British
britva razor

brloh den, lair *zvierat*
brnkať jingle, tingle
brodiť sa ford *cez čo*, wade in *v čom*
brokovnica shot-gun
bróm bromine
bronz bronze, brass *zliatina*
broskyňa 1. peach tree *strom* 2. peach *plod*
brošňa brooch
bruchatý big-bellied
brucho belly, abdomen
brunet dark-haired man°, brunette *brunetka*
brúsiť grind°
brusnica red bilberry
brutalita brutality
brutálny brutal, cruel
bryndza sheep-cheese
brzda brake & *emergency brake* záchranná brzda
brzdiť brake

Bulharsko

bubeník drummer
bublanina fruit sponge-cake
bublina bubble
bubnovať drum, thrum *prstami*
bubon drum
buď ...*either ... or*... ...buď ... alebo...
búda 1. shed *kôlňa* 2. kennel *psia*
budíček reveille
budík alarm-clock
budiť wake°up, knock up *zaklopaním*, call up *hosťa*
buditeľ revivalist
budova building, house & *White House* vládna budova
budovať build°, construct, rig up *zostaviť*
budovateľ builder, creator *tvorca*
budúci future & *future tense* budúci čas *gram.*

budúcnosť future
bufet 1. refreshment bar, snackbar, milk bar *mliečny* 2. buffet
bufetárka snackbar girl
búchať knock, bang, beat°, strike°*udrieť*
buchot banging, slamming
buchta 1. baked yeast dumpling 2. bird *slang. žena*
bujak bull
bujný brisk, high-spirited *neviazaný*, rich *fantázia*
bujón beef tea, broth
buk beech & *as fit as a fiddle* zdravý ako buk
bukvica beech-nut
buldog bull-dog
buldozér bulldozer
Bulhar Bulgarian
bulharčina Bulgarian
Bulharsko Bulgaria

bunda anorak
športová, sport jacket
buničina cellulose, pulp
bunka cell
bunker bunker, shelter
burácať roar, storm
burák monkey-nut *Am.*
búrať demolish
burčiak new wine, must
burič rioter, rebel
burina weed
búriť sa rebel, revolt
búrka storm, thunderstorm *silná*
búrlivý stormy
burza auction, exchange & *stock exchange* burza cenných papierov
buržoázia bourgeoisie
buržoázny bourgeois
bútľavieť rot
bútľavý rotten
býček bullock

bydlisko dwelling, house, place of residence & *home address* trvalé bydlisko & *alternative accomodations* prechodné bydlisko
býk bull
byľ stalk, stem
bylina herb *liečivá*, plant *rastlina*
bylinkárka herbalist
bylinný herbal
bylinožravce herbivore
byrokracia bureaucracy
byrokrat bureaucrat
byrokratický bureaucratic
bystrina torrent
bystrosť sharpness, cleverness
bystrozraký sharp-sighted
bystrý keen, alert, clever *rozumovo*

byť be°, exist
byt flat, apartment *Am.*
bytie being, existence
bytosť being, entity
bytovka housing unit
bytový residential
bývalý former, late

bývanie accomodation, dwelling, lodging
bývať dwell°, reside, live *žiť*
byvol buffalo
bzučať buzz
bzukot buzz

C

cap billy goat
cár czar, tsar
cárizmus czarism
cárovná czarina
céčko C-string *hud.*
cedidlo strainer, filter *jemné*
cediť strain, filter
cedula bill *hovor.*, label *nálepka*
cech guild
cela cell
celibát celibacy, celibate
celistvosť integrity, totality, wholeness
celkom 1. altogether, in all 2. entirely, wholly, totally
celkový total *úplný*, all inclusive, complete

celodenný all-day, whole day's
celofán cellophane
celok 1. unit *jednotka* 2. whole, complex
celonárodný national, nation-wide
celoročný all the year round, whole year's
celospoločenský universal
celosvetový world-wide
celoštátny state, national
celulóza cellulose
celý 1. all, whole *všetok* 2. entire *celistvý*
cena 1. price 2. cost *náklady* 3. value *hodnota*
cencúľ icicle

cengať ring°, clink
cenný valuable, valued
cenovka price label
cenový price
centimeter centimetre
centrála central, exchange *telefónna*
centralizmus centralism
centrálny central
centrum centre, center *Am.*
cenzor censor
cenzúra censorship
ceremoniál ceremonial
certifikát certificate
ceruza pencil
cesnak garlic
cesta 1. road *hradská*, path *cestička* 2. way *spôsob* 3. journey, voyage, travel *cestovanie*
cesto dough, paste
cestovať travel, make°a journey
cestovateľ traveller, tourist
cestovina *pl.* pastries
cestovné fare, carfare
cestovný travelling & *passport* cestovný pas & *timetable* cestovný poriadok
cestujúci traveller, passenger *pasažier*
cez *predl.* across *smer*, through, over, via
cibuľa onion
cicať suck
cicavec mammal°
cieľ 1. aim, goal *zámer* 2. mark *terč* 3. target *voj.*
cieľavedomý strong-minded
ciferník dial
Cigán Gipsy
cigániť lie° *klamať hovor.*, cheat
Cigánka Gipsy woman°
cigara cigar
cigareta cigarette
cimbal cymbal
cín tin

cintorín cemetery, churchyard *pri kostole*
cirkev church
cirkevný ecclesiastic
cirkulácia circulation
cirkulárka circular saw
cirkulovať circulate
cirkus circus
cisár emperor, empress *cisárovná*
cisárstvo empire
cisterna tank *nádrž*
cit 1. feeling *vnímanie* 2. sense *zmysel*
cítenie feeling
cítiť 1. feel° *dotykom* 2. perceive *vnímať zmyslami* 3. smell *čuchom*
cítiť sa feel°
citlivý sensitive
citoslovce interjection
citovať quote, cite
citovosť sentimentality, emotionality

citrón 1. lemon, lime *zelený* 2. lemon-tree *strom*
citronáda lemonade
civil civilian *život*, plain clothes *uniforma*
civilista civilian, citizen *Am.*
civilizácia civilization
civilný civil, civilian
clivosť melancholy, nostalgia
clo duty, customs, tariff & *customs free* bez cla & *import duty* dovozné clo & *dutiable* podliehajúci clu
cloniť shade *tieniť*
cmar buttermilk
cmúľať suck *expr.*
cnieť sa pine for *po* & be°homesick cnieť sa po domove
cnosť virtue, chastity
cnostný virtuous

colnica Customs, custom house°
colník customs officer
colný customs & *customs, duties* colné poplatky
ctihodnosť venerability, honourableness
ctiť honour, esteem *mať v úcte*
ctiteľ admirer *obdivovateľ*
ctižiadosť ambition
cudný clean-living, shy *plachý*
cudzí 1. foreign, alien 2. strange *neznámy*
cudzina foreign country & abroad v cudzine
cudzinec foreigner, alien, stranger
cudzoložnica adulteress
cudzoložník adulterer
cudzoložstvo adultery
cudzopasník parasite

cudzorodý heterogeneous
cukor sugar & *lum sugar* kockový cukor
cukornička sugar-basin
cukrár confectioner
cukráreň confectionery, confectioner's
cukrík candy, toffy
cukrovar sugar-mill
cukrovinky sweets, candies
cumeľ dummy
cvak click
cválať gallop
cvengot jingle
cverna thread *hovor.*
cvičebnica exercise-book, textbook
cvičiť 1. exercise 2. train *trénovať* 3. drill *opakovaním*
cvičky gym-shoes
cvikla red beet

cvrček cricket
cvrkot twitter,
chirping
cyklista cyclist
cyklistika cycling

cyklus cycle, series
cylinder top hat
cynický cynical
cynik cynic
cynizmus cynicism

Č

čaj tea & *five o'clock tea* čaj o piatej
čajka gull, seagull *morská*
čajník teapot
čajovňa tea-room
čakanka chicory
čakanka waiting-room & *nursery* pre matky s deťmi
čakať 1. wait for *na* 2. expect *očakávať*
čalamáda *pl.* pickles
čalúniť upholstery
čapica cap, head *na pive*
čaptavý bandy-legged
čarbať scrawl, scribble
čaro charm
čarodejnica witch
čarodejník wizard, magician *kúzelník*
čarovný charming, magical
čas 1. time & *working hours* pracovný čas 2. tense *gram.* 3. weather *počasie*
časopis journal *odborný*, newspaper
časť 1. part, side *aspekt* 2. share *podiel*
častica piece, small part, element
často often, frequently
častokrát many times, many a time
častý frequent
čaša cup, bowl
čašníčka waitress, waiter *čašník*
čata troop, squad *voj.*, gang *pracovná*
čečina pine-branch

Čech Czech, Bohemian
Čechy Bohemia
čeliť confront, face
čelo 1. forehead *anat.* 2. front *predná časť* 3. violoncello *hud. nástroj*
čeľusť jaw bone
čepiec hood
čerešňa 1. cherry-tree *strom* 2. cherry *plod*
černieť become°black
černica blackberry
černoch black, negro, negress *černoška*
čerpadlo pump, water engine *vodné* & petrol station benzínové čerpadlo
čerpať pump, draw° *naberať*
čerstvý 1. fresh 2. latest *najnovší* 3. cool *chladivý*
čert devil
červ worm, little worm *červík*, grub *larva*

červenať sa blush, redden
červenkastý reddish
červený red & *Red Cross* Červený kríž
červotoč woodworm
česať comb
český Czech & *the Czech Republic* Česká republika
česť honour, credit
čestný honest, clean hands, honorary & *parole* čestné slovo
Češka Czech woman°
čeština Czech *language*
či if, whether
čí, čia, čie whose
čiapka cap
čiara line
čiarka 1. short line 2. comma *interpunkčné znamienko*
čiastočný partial
čičíkať lull
čierňava black soil

čierny 1. black *farba* 2. dark *tmavý*
čin act, action & *criminal act* trestný čin
Čína China
Číňan Chinese°
činiteľ 1. factor *sila* 2. representative *politický*
činka dumbbell, barbell *šport.*
činnosť action, activity
činný active, effective
činohra play, drama *div.hra*
činorodý active, constructive
čínsky Chinese
čínština Chinese
činžiak block of flats
čiperný smart, bright *duševne*
čipka lace
číselný numeral
číslica digit, figure, numeral
číslicový digital

číslo code, number, size *veľkosť* & *post code* poštové smerovacie číslo & *area code* volacie číslo
číslovať number, page *stránky*
číslovka numeral
čistiaci cleaning & *detergent* čistiaci prostriedok & *sewage farm* čistiaca stanica
čistiareň cleaning shop
čistiť clean, clear, polish *obuv*
čistokrvný thoroughbred
čistota 1. cleanliness 2. purity *mravná*
čistotný hygiene-minded
čistý 1. clean 2. pure *rýdzi*
čítať read°, read°out *nahlas*
čiže that is, or, alias

čižma high boot
čkanie hiccup
článok 1. joint *prsta* 2. article *v novinách*
čľapnúť splash *expr.*
člen 1. member 2. article *gram.* & cabinet minister člen vlády & honorary member čestný člen
členiť articulate, analyze
členok ankle
členstvo membership
čln boat
člnkovať sa row
človek body, human being, man°, person
čmárať scribble *expr.*, scrawl
čmeliak bumblebee
čnieť tower *týčiť sa*, stick° up *trčať*
čo 1. what *opyt. zámeno* & *what is it?* čo je to? 2. that, which *vzťaž. zámeno*
čokoláda chocolate

čokoľvek what/so/ever
čosi 1. anything *hocičo* 2. something *niečo*
čoskoro directly, soon
čpavok ammonia
črepina splinter
črepník flowerpot
črevo gut, intestine *lek.* & appendix slepé črevo
črieda flock, herd
črta 1. sketch *náčrt* 2. feature *charakteristická*
čučoriedka bilberry
čudák queer fellow
čudný strange, odd *zvláštny*
čudovať sa wonder, be°surprised
čuch smell
čuchať smell°
čulý active, brisk, lively
čupieť squat
čušať be°quiet, be°silent
čvirikať chirp

D

dačo 1. something 2. anything *hocičo*
dajako somehow
dajaký some
dakde somewhere
dakedy sometimes
ďakovať thank & *thank you, thanks* ďakujem
dakto 1. somebody 2. anybody *hocikto*
ďalej further°
ďaleko far°, far° off
ďalekohľad telescope
ďalekopis teletype
ďaleký far°, faraway, distant
ďalší 1. further° *miestne* 2. further *časovo* 3. next *nasledujúci* 4. another *ešte jeden*

dáma lady, queen *šach.*
daniel fallow-deer
dar gift, present, grant
darca giver, donor, grantor
darček gift, present & *goodwill gift* reklamný darček
dariť sa 1. succeed *mať úspech*, be°successful in 2. thrive° *prospievať* & *how are you getting on?* ako sa vám darí?
darovať present to *komu*, give°
dať 1. give° 2. grant *udeliť* 3. put° *položiť* & *to pay°attention* dať pozor
dáta *pl.* data

ďateľ woodpecker
ďatelina clover
datľa date
datľovník date-palm
datovať date from
dátum date
dav crowd, throng *veľký*
dáviť vomit
dávka dose *porcia*, ration *prídel* & *the benefits* dávky sociálneho poistenia & *maternity benefits* materské dávky & *medical benefit* nemocenské dávky
dávkovať dose
dávno long ago, for a long time
dávnovek antiquity
dávnoveký ancient
dávny former *niekdajší*, ancient *starodávny*
dážď rain, shower *prehánka*
daždivý rainy, showery

dáždnik umbrella
dážďovka earthworm
dcéra daughter & *little daughter* dcérka & *stepdaughter* nevlastná dcéra & *goddaughter* krstná dcéra
debata debate *formálna*, discussion
debatovať argue *búrlivo*, debate *formálne*, discuss
december December
decentralizácia decentralization
decentralizovať decentralize
dedič heir, *heiress* dedička
dedičstvo heritage, inheritance
dedina village
dedinčan villager
dediť inherit
dedko granddaddy
dedo grandfather, old man°*starec*

defekt defect *chyba*, breakdown *na aute*
definícia definition
definitívny definite, final
definovať define
deformácia deformation
deformovať deform
degenerácia degeneration
degenerovať degenerate
degradácia degradation
degradovať degrade
decht tar
dej 1. plot *hry* 2. process *chem.*
dejepis history
dejinný historical
dejiny *pl.* history
dejisko scene, theatre, scenery
dejstvo act *div.*
dekáda decade
dekan dean

dekanát deanery
deklarácia declaration & *Declaration of the Rights of Man* Deklarácia ľudských práv
deklarovať declare
dekompozícia decomposition
dekontaminácia decontamination
dekorácia decoration, ornament *ozdoba*
dekrét order, decree
deľba division, dividing *rozdeľovanie*, distribution
delegácia delegation, deputation
delegát delegate, representative *zástupca*
delenie division, distribution
delfín dolphin
delikátnosť delicacy
delírium delirium

deliť 1. divide
2. separate
oddeľovať
deliť sa 1. share
2. divide into *členiť sa na*
delo gun, cannon
delostrelec gunner
demagóg demagogue
demagógia demagogy
demisia demission, resignation & *hand in resignation* podať demisiu
demižón demijohn
demobilizácia demobilization
demobilizovať demobilize
demografia demography
demokracia democracy
demokrat democrat
demokratický democratic
demolovať break°down, demolish

démon demon
demonštrácia 1. riot
2. demonstration
3. procession
sprievod
demonštrant rioter, demonstrator
demonštrovať riot, demonstrate
demontáž dismantling
demontovať dismantle, take°down
deň day & *every day* každý deň, *day by day* deň čo deň, *day and night* vo dne v noci & *calendar day* kalendárny deň
denne every day, daily
denník 1. diary *zápisník* 2. daily *noviny*
denný daily
depilácia depilation
depilátor depilatory
deportácia deportation
deportovať deport
depozit deposit
depresia depression

depresívny depressive
deprimovať depress, oppress
deptať tread°down
deravý full of holes, holey
des horror, fright
desať ten
desaťdňový of ten days
desatina one tenth part
desatinný decimal
desaťboj decathlon
desaťkrát ten times
desaťnásobný tenfold
Desatoro The Ten Commandments, the Decalogie
desaťročie decade
desaťročný decennial
desiata snack
desiť sa be°horrified
desivý horrible, dreadful
detail detail
detektív detective & *inquiry agent* súkromný detektív

detektívka detective story
deti *pl.* children, kids *hovor.*
detinskosť childishness
detinský childish
detský baby's, children's
detstvo childhood
detto ditto
deva girl, maiden
deväť nine
deväťdesiat ninety
deväťdesiatnik nonagenarian
devätina one ninth part
devätnásť nineteen
dezinfekcia disinfection
dezinfikovať disinfect
dezinformácia misinformation
dezintegrácia disintegration
dezorientácia disorientation
diabetik diabetic

diabol

diabol devil
diagnóza diagnosis°
diagram diagram, chart
diaľava distance
diaľka distance
diaľnica motorway, freeway *Am.*
dialóg dialogue, dialog *Am.*
diamant diamond
diapozitív slide
diaprojektor diascope
diať sa happen, take°place
diel 1. part, portion, volume *knihy* 2. share *podiel*
dielňa workshop, factory hall *továrenská*
dielo work & *work of art* umelecké dielo
diera hole, gap
dieťa baby, child°, kid *hovor.* & *illegitimate child* nemanželské dieťa & *stepchild* nevlastné dieťa

diéta diet
dievča 1. girl 2. girlfriend *priateľka* 3. little girl *dievčatko* & *maiden name* dievčenské meno
diktát 1. dictate *polit.* 2. dictation
diktátor dictator
diktatúra dictatorship
diktovať dictate
dimenzia dimension
dinosaurus dinosaur
dioptria diopter
diplom certificate, diploma, degree *vysokoškolský*
diplomacia diplomacy
diplomat diplomat
diplomatický diplomatic
diplomovaný qualified
dirigent conductor
dirigovať 1. conduct *hud.* 2. manage *riadiť*
disciplína 1. discipline 2. science *odborná*

disciplinovaný disciplined, disciplinary
disk 1. discus *šport.* 2. disc *tech.*
disketa floppy disc
diskotéka disco *hovor.*
diskriminácia discrimination & *colour bar, racial discrimination* rasová diskriminácia
diskusia controversy, discussion
diskutovať argue, consult, debate
diskvalifikovať disqualify
dispečer production manager
displej display unit
dispozícia 1. disposal 2. inclination *predpoklad*
div wonder, miracle *zázrak*
divadelný theatrical
divadlo theatre

divák onlooker, spectator *šport.*, viewer *televízny*
diviak wild boar
divina 1. game *zver* 2. venison *mäso*
divízia division
divný strange, odd
divočina wilderness
divoch savage
divoký 1. wild, savage 2. violent *zúrivý*
divý wild, savage
dlaha splint
dlaň palm
dláto chisel
dlaždica tile, paving stone
dláždiť pave
dlážka floor
dlh debt & *on credit* na dlh
dlho 1. a long time 2. long *dávno*
dlhopis bond, obligation
dlhotrvajúci long-lasting

dlhovať be°in debt, owe
dlhý 1. long 2. tall *o človeku*
dĺžeň diacritic mark
dĺžka lenght
dlžník debtor
dlžoba debt
dnes today, this day, nowadays *prítomnosť* & *this morning* dnes ráno
dno bottom
dnu in, inside
do 1. to, into *smerovo* 2. to, by, till, untill *časovo* & *from beginning to end* od začiatku do konca
doba 1. era, epoch, period & *nowadays* v našej dobe 2. time *čas* & *business hours* pracovná doba
ďobať peck
dobiť 1. beat° 2. charge *batériu*

dobrák good-natured fellow
dobre 1. well°, good 2. right, alright *v poriadku* & *I am all right, I am well* Mám sa dobre
dobro the good, welfare *blaho*
dobročinnosť charity
dobrodruh adventurer
dobrodružstvo adventure
dobrosrdečný kind-hearted
dobrota 1. benevolence *vlastnosť* 2. candy *sladkosť*
dobrovoľník volunteer
dobrovoľný free, voluntary
dobrý 1. good°2. kind *láskavý* & *good morning* dobré ráno & *good afternoon* dobrý deň & *good evening* dobrý večer

dobyť gain, capture
dobytok cattle *hovädzí*, livestock, stock *na farme*
dobývať 1. extract, mine *ťažiť* 2. conquer *pevnosť* 3. gain, acquire *získavať*
dobyvateľ conqueror
docieliť achieve
dočasný temporary, provisory
dočiahnuť reach
dočkať sa wait for
dodať 1. add *pridať* 2. deliver *doručiť* 3. supply *zásobovať*
dodatočný additional, supplementary
dodatok addition, supplement
dodávateľ supplier, partner
dodávka delivery, supply
doga bulldog
dogma dogma, doctrine
dogmatik dogmatist
dogmatizmus dogmatism
dohad conjecture, guess *náhodný*, speculation
dohadovať sa argue *s kým*, squabble
dohľad 1. view 2. supervision *dozor*
dohliadnuť 1. see° as far as *dovidieť kam* 2. oversee° *dozrieť*
dohoda agreement, alliance, treaty *politická* & peace treaty *mierová dohoda* & trade agreement *obchodná dohoda*
dohodnúť sa agree on *na*, settle on *na*
dohola bare
dohoniť catch°, overtake°
dohovárať blame
dohromady together, in common

dochádzať attend *navštevovať*, visit a place *pravidelne*
dochádzka attendance *kam* & *compulsory education* povinná školská
dojatie emotion
dojatý moved, touched
dojča baby, infant
dojednať sa agree
dojem effect, impression & *impress* urobiť dojem
dojenie milking
dojič milkman°
dojička milkmaid
dojiť milk
dojka wet-nurse
dojnica milch cow
doklad document *listina*, certificate *potvrdenie*
dokola round about, round and round
dokonalý absolute *bezvýhradný*, perfect
dokonať pass away
dokonca 1. even 2. throughout, fully *celkom*
dokončiť achieve, finish, complete
dokopy together
dokorán wide open
doktor doctor, physician *lekár*
dokument act, document
doľava to the left
dolina valley, lowland *nížina*
dolný lower, low & *House of Commons* Dolná snemovňa
dolovať mine, dig°
doložiť attest, add
dolu 1. below *poloha* 2. downwards *smer*
dom 1. house 2. small house *domček* & *White House* Biely dom
dóm cathedral, dome

doma at home, inside *vo vnútri*
domáca
1. housekeeper
2. housewife°*žena v domácnosti*

domáci 1. homely
2. domestic *zviera* & *homework* domáca úloha & *housework* domáce práce

domácnosť household & *joint family* spoločná domácnosť

domáhať sa claim *nárokovať si*, demand *žiadať*

domček 1. small house
2. shell *ulita*

domino *pl.* dominoes *hra*

domnievať sa suppose, presume, believe

domobrana homeguard

domorodec native, aboriginal

domorodý native

domov 1. home
2. native country *vlasť* & *homeless* bez domova & *rest home* domov dôchodcov

domovina homeland, native country

domovník porter, caretaker

donášať 1. carry *nosiť*
2. inform against *udávať*

doniesť 1. bring°
2. carry *dopraviť*
3. inform about *na koho*

doobeda in the morning, a.m.

dookola all around

dopisovateľ correspondent

dopiť drink°up, finish up

doplniť 1. fill up *naplniť* 2. complete

doplnok addition, suplementation, complement

dopodrobna in detail
dopoludnia in the morning, a.m.
dopoludnie morning
dopoly half°
doprava *prísl.* to the right
doprava 1. transit, transport, traffic *čestná* 2. sending *odoslanie*
dopravný transport, traffic & *traffic jam* dopravná zápcha & *traffic lights* semafory
dopredu 1. forward, ahead, on 2. in advance *časovo*
dopriať si allow, afford
dopustiť allow, let°
dorásť grow°up, grow° *koho*
dorezať cut° up
dorozumenie understanding, agreement

dorozumieť sa come°to an understanding, arrange, settle *dohodnúť sa*, speak° *cudzou rečou*
doručiť deliver
doručovateľ postman°, letter-carrier *Am.*
dosah 1. reach 2. range 3. import *význam*
dosiahnuť 1. reach & *within reach* na dosah 2. achieve *cieľ*
dosiaľ till now
doska board, plank *drevená* & *memorial tablet* pamätná doska
doskočisko pit
doskok landing, jump-down
doslov epilogue
dospelosť adult age, maturity & *school-leaving examination* skúška dospelosti

dospelý grown-up, adult
dospieť 1. achieve, attain *dosiahnuť* 2. reach 3. grow°up *vyspieť*
dosť enough, plenty of
dostať 1. get°, receive, be°given 2. obtain *získať* & *catch flue* dostať chrípku
dostihnúť catch°up with *dohoniť*, overtake°
dostihy the races & *steeplechase* prekážkový beh
dostrel range, shot
dostupný available
doširoka broadly, wide
dotazník form, questionnaire *anketový*
doteraz till now, up to the present time
dotiaľ till then
dotieravý intrusive, obtrusive

dotknúť sa 1. touch 2. mention *spomenúť* 3. affect *citovo*
dotyk touch, contact *vzájomný*
dovážať import
dovidieť see° as far as
doviesť 1. bring° 2. lead°
doviezť carry
dovnútra inside, into
dovolenka leave, holiday & *be°on holiday* byť na dovolenke & *maternity leave* materská dovolenka
dovoliť allow, permit
dovoliť si afford
dovoz supply, import *zo zahraničia*
dovtípiť sa find°out, guess
dozadu backwards, to the back
dozerať control, oversee°

dozor control, supervision, inspection

dozorca supervisor, inspector, custodian *múzea*

dožadovať sa demand, claim *domáhať sa*

dožičiť allow

dožičiť si afford

dožiť sa live to see

doživotný lifelong

dôchodca pensioner & *old-age pensioners* dôchodcovia & *retirement age* dôchodkový vek

dôchodok 1. income *príjem*, annuity *renta* 2. pension *penzia* & *old age pension* starobný dôchodok

dôjsť 1. come°, arrive 2. reach *dosiahnuť*

dôkaz argument, evidence

dôkladný thorough, solid

dôležitosť importance, significance

dôležitý important, significant

dôraz stress, emphasis°, accent

dôsledok consequence, result

dôstojník officer

dôvera confidence, faith in *v*

dôverný 1. familiar *známy* 2. confidential *tajný*

dôverovať trust, have° confide in *komu*

dôvod argument for *za*, against *proti*, reason, cause *príčina*

dráha 1. course, track *šport.* 2. railway *železničná* 3. orbit *obežná* & *Milky Way* mliečna dráha

drahý adj. 1. dear *milý*, expensive *cenovo* 2. precious *vzácny*

drahý dear *oslovenie*
drak 1. dragon 2. kite *šarkan*
dráma drama, play
dramatik dramatist, playwright
dramaturg dramaturgist
drastický drastic
dravý wild, rapacious
dráždiť excite, stimulate
drep squatting posture
dres sports dress
dreváreň woodshed
drevenica wooden cottage
drevený wooden
drevo wood, timber *stavebné*
drevorubač woodworker
drgať bump
driapať scratch
driapať sa climb up
driblovať dribble
driek trunk, bodice
driemať doze
dril drill

drina drudgery, toil
drkotať rattle
drnčať clink
drobizg kids, the little ones
drobné small change
drobnosť trifle
droga drug & *hard drug* tvrdá droga
drogéria drugstore *Am.*, chemist's
drogista druggist *Am.*, chemist
drozd thrush
droždie leaven, yeast
drôt wire
drsný rough, coarse
druh kind, sort, type
druhoradý second-rate
druhorodený second-born
druhý 1. second 2. another *iný* 3. next *ďalší*
družba 1. best man°*ženícha na svatbe* 2. friendship *priateľstvo*
družica satellite

družička bridesmaid
družina suite, retinue, after-school centre *školská*
družka female companion, common-law wife°*práv.*
družný companionable, sociable
družstevný cooperative
družstvo 1. cooperative 2. housing society *bytové* & *consumer cooperative* spotrebné družstvo & *cooperative society* výrobné družstvo
drviť crush, grind°
drzosť arrogance, cheek, impertinence
drzý arrogant, impertinent, cheeky

držať 1. hold° 2. keep° *v tajnosti*, hold°fast *pevne*
držať sa 1. hold°on to *čoho* 2. abide°by *predpisov*
držky tripe
dub oak
dúfať hope, believe *veriť*
dúha rainbow
duch 1. spirit 2. ghost *strašidlo* & *Holy Spirit* Duch svätý
dúchať blow°
duchovný clergyman°, priest *katolícky*
dumať ponder over *nad*, meditate
duo duo°
dupačky *pl.* baby tights
dupať stamp, trample
duplikát duplicate
dupot stamping
dusený stewed
dusík nitrogen
dusiť sa suffocate
duša soul, mind

duševný mental, psychic
Dušičky *pl.* All Souls
dúšok draught
dutý concave, hollow
dužina stave
dva two
dvadsať twenty
dvadsiatnik a twenty-heller piece
dvakrát twice
dvanásť twelve
dvere door
dvestoročný bicentenary
dvíhať lift, raise *zvyšovať*
dvíhať sa rise°
dvojaký twofold, double
dvojbodka colon
dvojča twin
dvojčíslo coupled issue
dvojdielny bipartite
dvojdom pair of semidetached houses

dvojfarebný in two colours
dvojhlavý double-headed
dvojica couple, pair
dvojjazyčný bilingual
dvojmo double, in duplicate
dvojnásobný double
dvojník double
dvojpohlavný bisexual
dvojposchodový two-storeyed
dvojposteľový & *a double room* dvojposteľová izba
dvojramenný two shouldered
dvojročný two years old
dvojstranný bilateral
dvojzmyselný ambiguous, double
dvor yard, court
dvoriť court *komu*
dych breath & *in one breath* jedným dychom

dýchať breathe, respire *odb.*
dychčať pant
dychtivý eager, keen
dýka dagger
dym smoke, fume *výpar*
dymiť smoke, fum
dyňa watermelon
dynamický dynamic
dynamika dynamics

dynastia dynasty
džavot warble
džbán jug, pitcher *Am.*
džem jam, marmalade
džez jazz
džínsy *pl.* jeans
džíp jeep
džudo judo
džungľa jungle
džús juice

E

eben ebony
efekt effect, result *výsledok*
efektívnosť efficiency
efektívny effective *účinný*, efficient *výkonný*, actual *skutočný*
efektný impressive *pôsobivý*
egoista egoist
egoistický egoistic
egoizmus egoism
egreš gooseberry
echo echo
ekológ ecologist
ekológia ecology
ekologický ecological
ekonóm economist
ekonómia economy
ekonomický economical

ekonomika economy, economics *veda*
elán ardour, vigour
elegán smart fellow
elegancia elegance, smartness
elegantný elegant, smart *odevom*
elektráreň power station
elektrický electric & *electric flex* elektrická šnúra
električka tram, trolley *Am.*
elektrikár electrician
elektrina electricity
elektrón electron
elektronický electronic
elektronika *pl.* electronics

elektrospotrebič
  electric
  appliance
elektrotechnik
  electrical engineer
elektrotechnika
  electrical
  engineering
element element
elementárny
  elementary
eliminovať eliminate
elipsa ellipse *mat.*
elita élite
elixír elixir
emancipácia
  emancipation
emancipovať
  emancipate
emblém emblem
embryo embryo
emigrácia emigration
emigrant emigrant
emigrovať emigrate
emócia emotion
emulzia emulsion
encyklopédia
  encyclopedia
energetika energetics

energia energy, power
  priemyslová
enormný enormous
entuziazmus
  enthusiasm
epidémia epidemic
epika epic poetry
epilóg epilogue
epizóda episode
epocha epoch
epos epos
éra era, epoch
erb coat of arms
erdžať neigh
erekcia erection
erotický erotic
erotika erotics
  pôsobenie
erotoman sex-maniac
erózia erosion
erudovaný erudite,
  proficient
erupcia eruption
esej essay
esejista essayist
esencia essence
eso ace *šport.*, top
  man°*človek*
estét aesthete

estetický aesthetic
estetika aesthetics
estráda music hall art, show
ešte 1. still 2. yet *po zápore* & *once more* ešte raz
etapa stage
éter ether
éterický ethereal
etika ethics
etiketa etiquette *súhrn pravidiel*, label *nálepka*
etnický ethnic
etnograf ethnographer
etnografia ethnography
eufória euphoria
Európa Europe, Continent
Európan European
európsky European, continental
evakuácia evacuation
evakuovať evacuate
evanjelik Lutheran, Protestant
evanjelium gospel

eventualita alternative *z dvoch*
evidencia record, files *usporiadaná*, evidence
evidentný evident, apparent *zrejmý*
evidovať keep°files of, register
evolúcia evolution
exaktný exact
exekúcia execution *výkon*
exekútor bailiff, distrainer
exemplár copy *výtlačok*, sample *vzorka*
exhalovať exhale
exhibícia exhibition *šport.*
exhibicionista exhibitionist
exhibicionizmus exhibitionism
exhumácia exhumation
exhumovať exhume
exil exile

existencia being, existence
existenčný existential
existovať exist, be °in existence
exotický exotic
exotika the exotic
expanzia expansion
expedícia expedition *výprava*
experiment experiment
experimentovať experiment
expert expert
expertíza expertise, expert opinion
explodovať explode
explózia explosion
exponát exhibit
export export
exportovať export
expozícia exposure
expres express
expresívny expressive
extáza ecstasy
exteriér exterior, the outside
externý outside *vonkajší*, extern/al/
extra specially, separate *oddelene*
extrakt extract
extrém extreme

F

fabrika factory, manufacture
facka slap in the face *hovor.* & *Aunt Sally* fackovací panák
fádnosť drabness, monotony
fádny dull, monotonous
fagot bassoon
fajčiar smoker
fajčiť smoke
fajka pipe
fakľa torch
fakt fact, matter of fact
faktor factor
faktúra invoice, bill
fakturovať invoice
fakulta faculty, college
faloš falsehood, falsity, lie
falošnica deceitful woman°
falošník deceitful man°
falošný 1. false *neúprimný* 2. wrong *nesprávny* 3. delusive *klamný*
falšovať falsify, forge
falšovateľ falsifier
falzifikácia falsification
falzifikát falsification, counterfeit, fake
fáma rumour
familiárny familiar
fanatik bigot *náb.*, fanatic
fanatizmus fanaticism
fantastický fantastic, imaginary *vymyslený*

fantázia fancy, imagination *umelecká*, fantasy
fantazírovať be°delirious
fanúšik fun
fara 1. parsonage *úrad hovor.* 2. parish *farnosť*
faraón pharaoh
farár priest *kresťanský*, parson *protestantský*
fárať mine, go°down
farba 1. colour 2. paint *maliarska* 3. dye *farbivo*
farbička crayon, pastel
farbiť colour, paint, dye *látku*
farbivo dye *na tkaniny*, colouring *potravinárska*
farbosleposť daltonism
farboslepý colour-blind
farebný colour
farma farm
farmaceut pharmacist
farmaceutický pharmaceutical
farmácia pharmacy
farmakológ pharmacologist
farmakológia pharmacology
farmár farmer
farský parochial
fasáda front, facade
fascikel file
fascinovať intrigue, fascinate
fašiangy carnival
fašírka mincemeat
fašista fascist
fašistický fascist
fašizmus fascism
fatalista fatalist
faul faul *šport.*
fauna fauna
fax fax
fáza phase, period
fazóna fashion, style
fazuľa bean
február February
federácia federation
federalista federalist

federalizácia federalization
federálny federal
federatívny federative
fejtón feuilleton
fekálie sewage
feminizmus feminism *aj hnutie*
fén hair-drier
fenikel fennel
fenomén phenomenon°
festival festival
fetišista fetishist
fetišizmus fetishism
fetovať dope, drug
feudál feudalist
feudalizmus feudalism
feudálny feudal
fialka violet
fialový purple, violet
fičať 1. whizz 2. sough *autom*
figa fig
fígeľ trick *hovor.*
figliar wag, jester
figliarstvo roguery
figúra figure *postava*, wax figure *vosková*

figúrka chessman° *šach.*
filatelia philately
filatelista philatelist
filatelistický philatelic
filé fillet
filharmónia philharmonic orchestra
filharmonický philharmonic
filiálka agency, branch office
film 1. film, moving pictures 2. movies *hovor.* & silent film nemý film
filmár film producer
filmotéka film collection
filmovať make° a film, shoot° *záber*
filmový film
filológ philologist
filológia philology
filozof philosopher
filozofia philosophy
filter filter
filtrovať filter

finále 1. finale *hud.* 2. final *šport.*
finalista finalist
Fínsko Finland
firma firm, business *podnik*
fixka felt-tip pen
fízel copper *pejor.*
fľak stain, blot *machuľa*
flám spree, booze-up
flámovať be°out on a spree *hovor.*
flanel flannel
fľaša bottle
fľaškový bottled
flauta flute
flautista flautist
flegmatický phlegmatic
flegmatik phlegmatic person
flirt flirt
flóra flora
flotila fleet
fluktuácia changing jobs, fluctuation *všeob.*
fluktuant job-changer

fóbia phobia
fólia foil
folklór folklore
fond 1. fund *fin.* *prostriedky* 2. stocks *zásoba*
fonetický phonetic
fonetika phonetics
fonológia phonology
fontána fountain & *drinking water fountain* fontánka
forma form *tvar*, shape, model
formácia formation
formalita formality & *customs formalities* colné formality
formálny formal, ceremonial
formát form, size
formovať form, shape
formula formula
formulár form, blank & *application form* formulár žiadosti
formulovať formulate, draw°up
fosfor phosphorus

fotel armchair
fotoaparát camera
fotobunka photocell
fotogenický photogenic
fotograf photographer
fotografia photograph, photo
fotografovať take°a snap, photograph
fotokópia photocopy
fotomontáž /photo-/montage
fotoreportáž picture report
fotosyntéza photosynthesis
fragment fragment
frajer 1.boyfriend *milý* 2. dandy *švihák*
frak evening suit, tails *hovor.*
Francúz Frenchman°
Francúzka Frenchwoman°
Francúzsko France
francúzsky French

francúzština French *language*
fráza phrase & *closing* zdvorilostná fráza
frazeológia phraseology
frazeologický phraseological & *locution* frazeologický zvrat & *dictionary of phrases* frazeologický slovník
frekvencia frequency
frekventovaný frequent
frigidita frigidity
frkať spatter *špliechať*
front 1. front *voj.* 2. queue *rad*
frustrácia frustration
fučať 1. whizz *vietor* 2. snort *dýchať*
fuj fie, pshaw
fujara shepherd's pipe
fujavica blizzard *snehová*
fúkať blow°

fungovať work, function, operate
funkcia function, working
funkcionár official, functionary
funkčnosť functionality
funkčný functional
fúrik wheelbarrow
fusak baby warmer *detský*
fušer bungler
fušovať bungle, botch
futbal football
futbalista footballer
futbalový football & *football* futbalová lopta & *football match* futbalový zápas
fúzatý bearded
fúzy *pl.* moustache
fyzický physical
fyzik physicist
fyzika physics

G

gágať cackle
gágor throat
gagot cackle
gajdy bagpipe
galantéria 1. fancy goods *tovar* 2. haberdashery *obchod*
galantný gallant, polite
galaxia galaxy
galeje galley
galéria art-gallery
gang gang
gangster gangster
garantovať guarantee, warrant
garáž garage
garbiar tanner
garda guard, homeguard *dobrovoľníkov*
garderóba wardrobe
garníža console
garsoniéra *pl.* chambers
gastronóm gastronomist
gastronómia gastronomy
gašparko Punch
gaštan 1. chestnut tree *strom* 2. chestnut *plod*
gauč couch, sofa
gavalier gentleman°
gáza gauze
gazda farmer
gazdiná housewife°
gazdovať farm
gazdovstvo farming
gejzír geyser
generácia generation
generál general
generálny general
generátor generator

generálplukovník lieutenant general
genetika genetics
genéza genesis
genialita charisma, geniousness
geniálny 1. ingenious *dômyselný* 2. highly gifted, talented *nadaný*
genitálie *pl.* genitals
génius genius
genocída genocide
gentleman gentleman°
geodézia geodesy
geografia geography
geografický geographical
geológ geologist
geológia geology
geologický geological & *geological map* geologická mapa
geometria geometry
gepard cheetah
gestapák Gestapo man°
gestikulácia gesticulation

gestikulovať gesticulate
gesto gesture *posunok*
geto ghetto
gigant giant
gigantický giant, gigantic
gilotína guillotine
git putty
gitara guitar
gitarista guitarist
gladiátor gladiator
gladiola gladiolus
glazúra glaze
glej glue
glejiť glue
glg draught, draft *Am.*
glgať gulp
globálny global
glóbus globe
glorifikovať glorify
glukóza glucose
glycerín glycerine
gnozeológia epistemology
gnozeologický epistemological
gobelín gobelin
gól goal

golf golf & *golfer* hráč
golier collar
gombík button
gong gong
gorila gorilla
gotický Gothic
gotika Gothic
gradácia gradation
graf graph, diagram
grafický graphic/al/
grafik graphic artist
grafika graphics
grafikon flow sheet
grafológ handwriting expert
grafológia handwriting analysis
gram gramme
gramatický grammatical
gramatika grammar
gramofón record player, gramophone
gramotný literate
granát 1. garnet *minerál* 2. grenade, shell *voj.*
granulovať granulate

grapefruit grapefruit
gratulácia congratulation
gratulant congratulant
gratulovať congratulate
gravitácia gravitation
Grécko Greece
grécky Greek
gréčtina Greek
Grék Greek
grgať eructate
gril grill
grilovať grill, broil *Am.*
grimasa grimace
gróf count, earl
grófka countess
grófstvo county
Grónsko Greenland
groteska grotesque, animated cartoon
groteskný grotesque
grúň grassy slope
guľa globe, ball & *shot put* vrh guľou & *snowball* snehová guľa
guláš goulash

gúľať sa

gúľať sa roll
guľatý round
guľka bullet *náboj*
guľomet machinegun
guľovať sa snowball
guma 1. rubber, eraser *Am.* 2. tyre *pneumatika* 3. rubber strink *šnúra*
gumárenstvo rubber industry
gumovať rub out, erase

gumový rubber
gunár gander
guráž pluck
gusto taste
guvernér governor
gymnastika gymnastics
gymnázium grammar school, high school *Am.*
gynekológ gynaecologist
gynekológia gynaecology

H

habarka twirling-stick
habkať fumble
háčik little hook, fish hook *na ryby*, crochet *na háčkovanie*
háčkovanie crochet work
háčkovať crochet
had snake
hádam perhaps
hádanka riddle, puzzle
hádať 1. guess 2. solve *hádanku*
hádať sa argue, quarrel, wrangle
hádavý quarrelsome
hadica hose, tube *trubica*
hádka quarrel, dispute
hádzaná handball *šport.*
hádzať throw°

háj grove, wood
hájiť defend, protect *chrániť*
hajlovať heil
hájnik gamekeeper
hájovňa gamekeeper's cottage
hák hook, crook
hala hall, entry
halena smock-frock
halier heller
haliť veil *závoj*, wrap
haló hello, hey *volanie*
halogén halogen
halucinácia hallucination
haluška dumpling
haluz branch, twig
hanba shame, infamy *verejná*
hanbiť sa be°ashamed of *za*

523

hanblivosť modesty
handicap disability, handicap
handra rag
hanebnosť infamy, shamefulness
hanebný shameful, infamous
hánka knuckle
hanobiť abuse, insult *urážať*
haraburda rubbish
hárem harem
harfa harp
haring herring
harmanček camomile
harmónia harmony
harmonický harmonic, harmonious
harmonika accordion, harmonica *ústna*
harmonizovať harmonize
harmonogram flow chart, graphic schedule
hárok sheet /of paper/
harpúna harpoon
hasič fireman°

hasiť 1.extinguish *oheň* 2. quench *smäd*
hašiš hashish
hašlerka cough lozenge
hašteriť sa quarrel, squabble
hašterivý quarrelsome
havária crash *náraz*, breakdown, accident *nehoda*
havarovať crash, break°down
háveď rabble
havkať bark *expr.*
havran rook
hazard hazard, gambling
hazardér gambler
hazardný hazardous
hazardovať risk
hebkosť softness
hebký soft, fine
hegemónia hegemony
hej hi, yes
hektár hectare
hektoliter hectolitre
helikoptéra helicopter

helma helmet
hemžiť sa be° crowded
herbár herbarium
herec actor, star *hviezda*
herečka actress
hermelín ermine *úrad aj syr*
hermetický hermetic
herňa gambling house, playroom *detská*
heslo 1. password 2. slogan *myšlienka*
heterogénny heterogeneous
hever jack, lever
hierarchia hierarchy
hierarchický hierarchic
hieroglyf hieroglyph
híkať 1. bray 2. hee-haw *somár*
história history
historický historic/al/
historik historian
historka story
hľa lo, look

hlad hunger, starvation & *starve* umierať hladom
hľadaný wanted
hľadať look for, seek°
hladička iron
hľadieť 1. look at *na* 2. stare at *zízať na*
hladina surface, level *úroveň*
hľadisko 1. standpoint *stanovisko* 2. auditorium *v divadle*
hladkať caress, stroke
hladký smooth *rovný*
hladný hungry & *I am hungry* som hladný
hladomor famine
hladomorňa dungeon
hladovať starve
hladovka hunger strike
hladovkár hunger-striker
hlas 1. voice 2. vote *pri voľbách*
hlásať proclaim, declare

hlásateľ announcer *rozhlasový, televízny*, newscaster *spravodajský*, commentator *športový*
hlásiť 1. notify *úradne* 2. report to *komu* 3. announce *v rozhlase, televízii*
hlásiť sa 1. register *kde*, report to *komu* 2. hold°up o.s. hand *v škole*
hlasitý loud, noisy
hláska sound
hláskovať spell° *písmenká*
hlásnik watchman°
hlasno aloud, loudly
hlásny loudhaller
hlasný loud, noisy
hlasovací voting, of vote, polling *volebný* & ballot paper hlasovací lístok
hlasovať vote, poll

hlava 1. head *anat.* & *I have a headache* bolí ma hlava 2. chapter *kapitola* 3. chief, leader *vodca* & cheer up hlavu hore & *goodman* hlava rodiny
hlavica 1. capital *stĺpu* 2. warhead *rakety*
hlavne mainly
hlavolam brain-twister
hlavný basic, main, chief
hĺbať meditate
hĺbiť dig°
hĺbka depth
hĺbkomer bathometer
hlbočina depth
hlboký deep
hliadka watch, guard *stráž*
hlien slime
hlina earth, clay *hrnčiarska*
hliník aluminium
hlísta worm

hliva truffle
hlivieť idle
hlodať gnaw, nibble at *kúsky*
hlodavec rodent
hloh hawthorn
hlt draught, draft *Am.*
hltan gullet, pharynx *lek.*
hltať swallow, gobble *jesť*
hltavý greedy
hlúb stump
hlúčik small crowd
hlučný noisy
hluchonemý deaf and dumb
hluchý deaf
hluk noise, din *silný*, clamour *vrava*
hlupák blockhead *expr.*, dunce
hlúposť stupidity
hlúpy stupid, silly
hlušiť strike°
hmat touch
hmatať touch, feel°about *po čom*
hmatateľný tangible, material *hmotný*

hmkať hem
hmla mist, fog
hmlistý misty, foggy
hmota 1. substance *podstata* 2. material, matter & *fuels* pohonné hmoty & *plastic* umelá hmota
hmotnosť weight, materiality & *gross weight* celková hmotnosť
hmotný material
hmýriť sa be° swarming with
hmyz insect
hnací driving & *driving wheel* hnacie koleso
hnát bone, limb
hnať 1. drive° *poháňať* 2. sweep°
hnať sa 1. rush 2. run°after *za kým*
hneď at once, instantly, in a moment
hnedý brown
hnev anger, irritation *podráždenosť*

hnevať angry, make°angry, irritate *dráždiť*
hnevať sa be°angry
hniezdiť nest
hniezdiť sa fidget
hniezdo nest
hniloba decay
hnilý rotten
hnis pus
hnisať fester, suppurate
hnisavý suppurative, festering
hniť rot, decay *rozkladať sa*
hnoj manure, dung
hnojisko dunghill
hnojiť manure, dung, fertilize *chemicky*
hnojivo manure
hnojovka dung-water
hnus disgust, loathing *odpor*
hnusiť sa loathe, be°disgusted
hnusný loathsome, disgusting

hnúť stir
hnúť sa move
hnutie movement
hoblík plane
hobliny shavings
hobľovať plane
hoboj oboe
hobojista oboist
hoci though, although
hocičo anything, whatever
hocijaký whatever, of any kind
hocikde anywhere, wherever
hocikedy whenever, at any time
hocikto whoever, anyone, anybody
hociktorý anyone, whichever, whoever
hod throw *vrh & throwing the discus* hod diskom & *throwing the javelin* hod oštepom & *grenade throwing* hod granátom

hodina 1. hour 2. lesson *vyučovacia* & *what time is it?* koľko je hodín?
hodinár watchmaker
hodinky watch
hodiny clock *nástenné*
hodiť sa suit, be°fit *pristať*
hodiť throw°, cast°
hodnosť dignity *úrad*, rank *vojenská*, degree *akademická*
hodnota value, worth, virtue *prednosť* & *market value* trhová hodnota
hodnotiť value, appraise *znalcom*
hodnotný valuable, of value
hodnoverný trustworthy, authoritative
hodovať feast, banquet
hodovník banquester, feaster
hodváb silk & *artificial silk* umelý hodváb
hojdačka swing
hojdať sa swing°
hojiť sa heal, cure
hojivý healing, curative
hojnosť abundance, plenty of *dostatok čoho*
hokej hockey
hokejista hockey player
hokejka hockey-stick
hokejový hockey
Holanďan Dutchman°
Holanďanka Dutchwoman°
Holandsko the Netherlands
holandský Dutch
holenie shaving
holiaci shaving & *safety razor* holiaci strojček
holič barber
holičstvo barber's
holiť sa shave

holohlavý bald
holub pigeon & *carrier pigeon* poštový holub
holubica dove *pren.*, hen pigeon
holubník dove-cot
holý bare, naked, broke *bez peňazí*
homogénny homogeneous
homosexuál homosexual, gay
homosexualita homosexuality
hon chase *lov*, hunt
honba chase, haunt
honiť hunt, chase
honorár fee, royalty *opakovaný*
honorovať pay° a fee
honosiť sa brag
hora 1. mountain 2. forest, wood *les*
horák burner & *gas burner* plynový horák
horár gamekeeper
horáreň gamekeeper's cottage
horčica mustard
horčík magnesium
hore above, up & *upstairs* hore po schodoch
horekovať lament
horieť burn°, be°on fire
horizont horizon
horizontálny horizontal
horko heat
horkokrvnosť hot blood
horko-ťažko barely
horký bitter
horľavý combustible
horlivec zealot
horlivý zealous, eager
hormón hormone
hormonálny hormonal
hornatina uplands, hilly country
hornatý mountainous, hilly
hornina rock
horný upper, top

horolezec mountaineer
horolezectvo mountaineering
horor horror film
horoskop horoscope
horský mountain
horší worse
horšiť sa grow° worse
horúci hot
horúčava heat
horúčka fever
hospitalizovať hospitalize
hospodáriť 1. manage 2. economize 3. farm
hospodársky 1. economical 2. agricultural, farming
hospodárstvo 1. economy 2. management *hospodárenie* 3. farm
Hospodin God
hosť 1. guest 2. visitor *návštevník* 3. resident *ubytovaný* 4. customer *zákazník*
hosteska hostess
hostina banquet, feast
hostinec pub, inn
hostinský innkeeper
hostiteľ host
hotel hotel
hotoviť make°
hotovosť cash, ready money *peniaze*
hotový 1. finished, completed 2. ready *pripravený*
hovädo head of cattle
hovädzina beef
hovor talk, conversation *rozhovor*, call *telefónny* & *local call* miestny hovor & *long-distance call* medzimestský hovor & *international call* medzinárodný hovor
hovorca speaker, voice
hovoriť say°, talk, speak°

hovorový talkative
hra play, game & *the Olympic Games* Olympijské hry & *game* milostná hra
hrabať rake
hrable rake
hraboš fieldmouse
hráč 1. player 2. gambler *hazardný*
hračka toy
hračkárstvo toy-shop
hrad castle
hradba *pl.* walls
hradiť compensate, cover, refund, repay *platiť*
hrádza dike, dam *priehrada*
hrach *pl.* peas, pea *zrnko*
hrana edge, corner
hranatý angular
hranica 1. frontier, border 2. boundary *medza* 3. limit *situácia*
hraničiť border, neighbour *susediť*

hraničný border, frontier
hranol prism
hranolky *pl.* chips *hovor.*
hranostaj ermine
hraný acted, affected *predstieraný*
hrať 1. play 2. perform *div.* 3. gamble *hazardne*
hrať sa play
hrb hump
hŕba pile
hrbiť sa stoop, crook
hrča lump
hrdina hero
hrdinka heroine
hrdlička turtle-dove
hrdlo throat, neck *fľaše* & *I have a sore throat* bolí ma hrdlo
hrdosť pride
hrdý proud of *na*
hrdza rust
hrdzavieť rust
hrdzavý rusty
hrebeň comb

hrešiť 1. sin 2. rebuke *karhať* 3. curse *kliať*
hrianka toast
hriať warm
hríb mushroom
hriech sin & *capital sin* smrteľný hriech
hriešnik sinner
hriva mane
hrkálka rattle
hrkať rattle
hrkútať coo
hrmieť thunder
hrmot din
hrnček little pot
hrniec pot
hrob grave
hrobár sexton, gravedigger
hrobka tomb
hroch hippopotamus, hippo
hrom thunder
hromada heap, pile
hromadiť accumulate, heap up, pile up
hromadný collective, mass
Hromnice Candlemas
hromobitie thunderstorm
hromozvod lightning-conductor
hromžiť swear°
hrot point, edge
hrozba threat, menace
hroziť threaten
hrozivý threatening
hrozno grape
hrozný horrible, terrible
hrôza horror, terror
hrsť handful of *čoho*
hrubnúť grow° thick
hrubý 1. thick 2. coarse *drsný*
hruď chest
hruda clod, lump
hrudník chest
hruška 1. pear tree *strom* 2. pear *plod*
hrvoľ goitre, crop
hrýzť gnaw, bite°
huba sponge *špongia*
hubár mushroom-picker
hubiť destroy
huckať incite

hučať roar, rumble
hudba music
hudobník musician
hudobný musical & *musical instrument* hudobný nástroj
húf crowd, flight *vtákov*
hulákať shout, brawl
humanista humanist
humanita humanity
humanizmus humanism
humánny humanitarian
humno barn
humor humour & *sense of humour* zmysel pre humor
humorista humorist
humorný humorous, witty *vtipný*
humus humus
huncút rogue
huncútstvo roguery
hundrať grumble *expr.*
hurá hurrah, hurray
hurhaj tumult
hus goose°

husacina goose-meat
húsenica caterpillar
husle violin, fiddle & *play the violin* hrať na husliach
huslista violinist, fiddler
huspenina brawn, aspic
hustiť condense
hustnúť thicken
hustota density, thickness
hustý dense, thick
húština thicket
húťať meditate
hutníctvo foundry industry, metallurgy
hutník founder
húževnatosť toughness
húževnatý tough, stubborn
hvezdár astronomer
hvezdáreň observatory
hvezdárstvo astronomy
hviezda star
hvizd whistle

hvízdanie whistling
hvízdať whistle
hýbať sa
　make°a move, stir
hybný mobile, lively
　živý
hybrid hybrid
hydina poultry
hyena hyena
hygiena hygiene
hygienický hygienic
hygienik hygienist
hymna anthem, hymn
hynúť 1. perish
　2. decay *upadať*
hypnotický hypnotic

hypnotizér hypnotist
hypnotizovať
　hypnotize
hypnóza hypnosis°
hypochonder
　hypochondriac
hypochondria
　hypochondria
hypotéza inference,
　hypothesis°
hýriť revel, be°
　prodigal
hystéria hysterics
hysterický hysteric
hysterka hysteric
　female

CH

chabý feeble, faint
 nejasný, weak *slabý*
chalan boy
chalupa cottage
chalúpka little cottage
chameleón chameleon
chamtivec grasping fellow
chamtivý grasping
chaos chaos
chaotický chaotic
chápať understand°, comprehend
chápavý apprehensive, comprehensive
charakter character
charakteristický characteristic, specific
charakteristika characterization, characteristic *rys*
charakterizovať characterize

charita charity
charta charter & *the Charter of the United Nations* Charta OSN
chasa youth *mládež*
chata hut *domček*, cottage *víkendová*, chalet *turistická*
chatár cottage owner
chátrať wear°out, waste away
chatrč shanty, hovel
chatrný 1. shabby 2. flimsy *slabý*
chcieť 1. want, wish *želať si* 2. will
chémia chemistry
chemický chemical
chemik chemist
chemikálie *pl.* chemicals

chichotať sa giggle *expr.*, titter
chirurg surgeon
chirurgia surgery
chirurgický surgical
chlad cold, cool
chladený cooled
chladiaci cooling
chladiť cool, ice *ľadom*
chladnička fridge, icebox *Am.*
chladno cold
chladnokrvnosť cold blood
chladnokrvný cold-blooded
chladnúť get° cool
chladný cool, cold *nepríjemne*
chládok freshness *tieň*
chlácholiť soothe, appease
chlap 1. man° 2. husband *manžel*
chlapčenský boyish
chlapec boy, youth *mladík*
chlapík chap, fellow
chlast booze, drink *pitie*
chlastať tipple
chlebník knapsack, bread-bin *nádoba*
chlieb bread & *loaf*° *of bread* bochník chleba & *bread and butter* chlieb s maslom
chliev pigsty *pre ošípané*, cowhouse°, goat-shed *pre kozy*
chlípať sip *expr.*
chlór chlorine
chlórovať chlorinate
chlp hair, trichome *bot.*
chlpáč hairy fellow
chlpatieť grow° hairy
chlpatý hairy, thick-haired *vlasatý*, thick-bearded *fúzatý*
chmára black cloud *mrak*
chmatnúť snatch
chmeľ 1. hop *rastlina* 2. hops *plody* & *pick hops* česať chmeľ

chmeľnica hop-garden
chmúriť sa cloud over, darken
chmúrny cloudy, dark *zatiahnutý*
chobot trunk
chobotnica octopus
chod 1. work *fungovanie* 2. run *činnosť*, process *priebeh*
chodba corridor, passage *priechod*, underground passage *podzemná*
chodec walker, pedestrian
chodiť 1. go° 2. walk *ísť peši* 3. attend *navštevovať* 4. go° with *mať známosť*
chodník pavement, sidewalk *Am.*
cholerik choleric
cholesterol cholesterol
chopiť sa seize, grasp, take° up
chór choir *spevácky*, chorus *zbor*

choreografia choreography
chorľavieť be° ailing
chorľavý ailing
choroba illness, disease, malady *vážna* & *insanity* duševná choroba
chorobopis clinical picture
choroboplodný infectious
choromyseľný insane, mad
Chorvátsko Croatia
chorý sick, diseased, ill, insane *duševne*
chov breeding, raising, rearing *pestovanie*
chovať 1. breed°, raise *zvieratá* 2. feed° *kŕmiť*
chradnúť fade
chrám temple, cathedral *kresťanský*, church
chrániť protect, defend *brániť*

chrániť sa beware of *pred*
chrápať snore
chrapčať crackle
chraplavý hoarse
chrapot hoarseness
chrasta scab
chrbát back
chrbtica spine, backbone
chrčať rattle
chren horse raddish
chripieť speak°hoarsely
chrípka influenza, flu *hovor.*
chŕliť spout out
chrobák insect, beetle
chrochtanie grunting
chromý lame *krivý*, crippled *ochrnutý*, limp *bezvládny*
chronický chronic
chronológia chronology
chronologický chronological
chrt greyhound

chrúmať crunch
chrumkavý crunching
chrup set of teeth & *false teeth* umelý chrup
chrúst cock-chafer
chúďa poor thing, poor child°
chudák poor man°
chudera poor woman°
chudnúť lose°weigh
chudoba poverty, penury
chudobinec alms-house°
chudobnieť become° poor
chudobný 1. poor, miserable 2. lacking in *majúci nedostatok*
chudokrvný anaemic
chudý thin, slim *štíhly*
chuligán hooligan
chúliť sa cower
chúlostivosť delicacy
chumáč tuft *vlasov*, wisp *slamy*
chumeliť sa snow

chuť 1. taste, savour *ostrá* 2. appetite *apetít* 3. liking for *chuť na*
chutiť taste
chutný tasteful, savoury *pikantný*
chvála 1. praise 2. repute, name, glory *sláva*
chvalabohu fortunately
chváliť praise, commend *vyzdvihovať*
chvastať sa talk big, brag of *čím*
chvastúň braggart
chvat hurry, rush
chvieť sa tremble *triasť sa*, shiver
chvíľa while, short time, moment & *constantly* každú chvíľu
chvost tail
chyba defect *vada*, mistake, fault *zavinenie*, error *omyl*

chýbať 1. be° lacking in *mať nedostatok čoho* 2. be°missing, be°absent *byť neprítomný*
chybiť err, make°a mistake
chybný wrong, incorrect *nesprávny*, faulty
chýliť sa be° inclined, come°near *blížiť sa*
chýr rumour, news
chystať prepare, make°ready, set°up
chytať catch°, take°
chytiť 1. catch° 2. seize *uchopiť* 3. overtake° *dohoniť*
chytiť sa 1. catch° at *čoho* 2. catch° fire *začať horieť*
chytrý 1. quick, fast *rýchly* 2. clever *dôvtipný*
chyžná chambermaid

I

i *spoj.* 1. and 2. also *aj*, 3. even *dokonca*
iba only, just, merely
idea idea, thought *myšlienka*
ideál ideal
idealista idealist
idealistický idealist
idealizmus idealism
idealizovať idealize
ideálny ideal
identický identical
identifikácia identification
identifikovať identify
identita identity
ideológia ideology
idióm idiom
idiot idiot
idol idol
idyla idyll
igelit plastic

ignorovať ignore
ihla 1. needle *na šitie* 2. stylus *gramof.*
ihlica pin
ihličie pine-needles
ihneď immediately, at once, instantly
ihrisko playground
ich their
ikona icon
ikra spawn
íl clay
ilegalita illegality
ilegálny illegal, illegitimate
ilustrácia illustration
ilustrátor illustrator
ilustrovať illustrate
ilúzia illusion & *disillusioned* bez ilúzií
iluzionista illusionist, dreamer

iluzórny imaginary, illusory
imaginárny imaginary
imanie capital, property
imatrikulácia matriculation
imbecil moron
imelo mistletoe
imitácia imitation, imitant
imitátor imitator
imitovať imitate
imperátor emperor
imperialista imperialist
imperialistický imperialist
imperializmus imperialism
impérium empire
implantácia implantation
implantovať implant
imponovať impress
import import
importovať import
impotencia impotence
impotent impotent
impotentný impotent
impozantný imposing
impresionizmus Impressionism
improvizovať improvise
impulz impulse
impulzívny impulsive
imunita immunity & *privilege of Parliament* poslanecká imunita
imúnny immune
imunológia immunology
ináč otherwise, in a different way
incident incident
Ind Indian
inde elsewhere
index index°, calendar
India India
Indián Red Indian
indiánsky Indian
indický Indian
indigo indigo°
indiskrétny indiscreet
indisponovaný indisposed

individualita
  1. individuality
  2. personality
individualista
  individualist
individualizmus
  individualism
individuálny
  individual,
  several
indivíduum specimen°
indukcia induction
induktívny inductive
industrializácia
  industrialization
industrializmus
  industrialism
infarkt heart-attack
  hovor.
infekcia infection
infekčný infectious
infikovať infect with
  čím
inflácia inflation
informácia
  information°&
  Inquiry Office
  informačná
  kancelária

informácie
  1. information
  2. public relations &
  inside dôverné
  informácie
informačný
  information,
  informative
informátor informant
informovať 1. inform,
  advise 2. report
informovať sa ask for
  information, inquire
infračervený infra-red
infúzia infusion
inhalovať inhale
iniciálka initial
iniciatíva initiative &
  civic initiative
  občianska iniciatíva
iniciatívny initiative,
  enterprising
iniciátor initiator
injekcia injection &
  syringe injekčná
  striekačka
inkaso cash in hand,
  collection, collecting
inkognito incognito

inkubačný & *period of incubation* inkubačná doba
inkubátor incubator
inokedy another time, next time *nabudúce*
inovácia innovation
inovovať innovate
inšpekcia inspection
inšpektor inspector & *police inspector* policajný inšpektor & *inspector of schools* školský inšpektor
inšpirácia inspiration
inštalatér plumber
inštalovať install, fit *zaviesť*
inštinkt instinct
inštitúcia institution, establishment *verejná*
inštitút institute
inštrukcia directive, instruction
inštruktáž briefing
inštruktor instructor
inštruovať instruct

integrácia integration
integrita integrity
intelekt intellect, mind
intelektuál intellectual
inteligencia intelligence, brain
inteligentný intelligent
intenzita intensity
intenzívny intensive
interiér interior, inside
internát boarding house, hostel
interpelácia interpellation
interprét interpreter
interpretácia 1. interpretation 2. construction
interpunkcia punctuation
interupcia abortion
interval interval
intervencia intervention
interview interview
intímny close, intimate, familiar
intonácia intonation
intriga intrigue, plot

intrigán intriguer, conspirator
intrigovať intrigue, cabal, plot
intuícia intuition
invalid invalid
invalidný invalid, disabled
invázia invasion
inventár inventory, stock *zásoba*
inventúra inventory, stock-taking
investovať invest in *do*
iný other, different, another
inzerát advertisement
inzerovať advertise *robiť reklamu*
inžinier engineer
inžinierstvo engineering
Ír Irishman°
írečitosť originality
irelevantný irrelevant
irónia irony
ironický ironic/al/
ironizovať speak°ironically

Írsko & *Northern Ireland* Severné Írsko
írsky Irish
iskra spark
iskriť sa sparkle
islam Islam
Island Iceland
ísť 1. go°, walk *pešo* 2. travel *cestovať* 3. work *fungovať* 4. be°good at *dariť sa* & *go to school* ísť do školy & *go for a walk* ísť na prechádzku & *go away* ísť preč
iste, isto certainly, surely
istota 1. certitude, assurance 2. safety
istý 1. certain, sure & *be sure* byť si istý 2. secure, safe *bezpečný*
izba 1. room 2. small room *izbička*
izolácia isolation, separation
izolovať isolate

J

ja 1. I 2. ego°
jablko apple & *apple pie* jablkový koláč
jabloň apple-tree
jačať scream *expr.*, yell
jačmeň barley
jadro 1. kernel *orecha*, stone *kôstka*, grain *zrnko* 2. nucleus° *odb.*
jagať sa glitter, sparkle
jagavý glittering
jaguár jaguar
jahňa lamb
jahoda strawberry
jachta yacht
jachtať stammer
jaj alas
jajkať whine
jalovica heifer
jama hole *zvieraťa*, pit, ditch *priekopa*

jamka dimple *lícna*, hole *golfová*
jantár amber
január January
japončina the Japanese
Japonec Japanese
Japonsko Japan
japonský Japanese
jar spring
jarabica partridge
jarabina muntain ash
jarmo yoke
jarmok fair, market *trh*
jarník spring coat
jarný spring, fresh *svieži*
jarok ditch *pri ceste*, brook *potôčik*
jas brightness
jasať rejoice at *od expr.*
jaseň ash-tree *strom*

jaskyňa cave
jasle nursery, crèche
jasnovidec clairvoyant
jasnovidectvo clairvoyance
jasný 1. bright, clear 2. evident *zrejmý*
jaspis jasper
jastrab hawk
jastriť strain
jašo rash fellow
jašter lizard, saurian
jašterica lizard
jav phenomenon°, occurence
javisko stage, scene
javiskový stage, staging
javiť sa 1. become°known *prejaviť sa ako* 2. show° up *ukázať sa* 3. appear *objaviť sa*
javor maple
jazda ride *na koni*, drive *na dopr. prostr.* & *carriageway* jazdný pruh

jazdec rider
jazdiť ride°, drive°
jazero lake, loch, sea *veľké* & *little lake* jazierko
jazmín jasmine
jazva scar
jazvec badger
jazvečík basset, dachshund
jazviť bite°
jazyčnica gossip
jazyk 1. tongue *anat.* 2. language *reč* & *mother tongue* materinský jazyk & *computer language* počítačový jazyk
jazykoveda linguistics
jazykovedec linguist
jed poison
jedák eater
jedáleň 1. dining room 2. refreshment room *verejná* 3. canteen *závodná*
jedálny dining & *menu* jedálny lístok

jeden one & *one by one* po jednom & *one another* jeden - druhý
jedenásť eleven
jedenástka football eleven
jedináčik the only child°
jedinec individual, person
jedinečný unique
jediný only, sole
jedľa fir tree *strom*
jedlo 1.food, meal *pravidelné* & pastry *múčne* jedlo 2. dish *chod*
jedlý eatable, consumable
jednať sa bargain
jednodenný one-day
jednoducho simply
jednoduchosť simplicity
jednoduchý simple
jednofarebný unicoloured

jednohlasný unanimous, with one voice
jednojazyčný monolingual
jednoliaty compact
jednomyseľne unanimously
jednomyseľný unanimous
jednooký one-eyed, single-eyed
jednoposchodový two-storeyed
jednoradový 1. of one row 2. single-breasted *kabát*
jednorazový single
jednoročný annual, one-year
jednoslabičný monosyllabic
jednosmerný one-way
jednostranný 1. one-sided 2. partial *neobjektívny*
jednota unity, union *spoločnosť*, association

jednotiť unite
jednotka 1. first, best mark *známka* 2. unit *mat.* 3. unit *základ mier*
jednotlivec individual
jednotlivo separately
jednotlivý several, individual, single
jednotnosť accord, uniformity
jednotný united *zjednotený*, uniform & *uniform price* jednotná cena
jednotvárnosť uniformity, monotony
jednotvárny monotonous, uniform
jednoznačný unambiguous
jedovatý poisonous, toxic
jeho his
jej her
jeleň stag, red deer
jelenica 1. deer-skin 2. chamois *kus látky*
jelša alder
jemnocit sensitiveness
jemnocitný sensitive
jemnosť fineness
jemný 1. fine, soft *materiál* 2. gentle *mierny* 3. sensitive *citlivý*
jeseň autumn
jesenný autumnal
jeseter sturgeon
jesť eat°, have° meals *pravidelne*
jestvovať be°, exist
jež hedgehog, sea-urchin *morský*
ježibaba witch
Ježiš Jesus
ježiško Christchild, Santa Claus *cez Vianoce*
jód iodine & *iodine tincture* jódová tinktúra
jóga yoga
jogurt yoghurt
joj ah, oh

jubileum anniversary *výročie*, jubilee
juh south & *in the south* na juhu
juhovýchod southeast
juhovýchodný southeastern
juhozápad southwest
juhozápadný southwestern

júl July
jún June
junák brave young man°
junior junior
justícia judiciary, justice
juta jute
južný 1. southern 2. tropical *ovocie*

K

k 1. *predl.* to *smer*, towards *smerom* k 2. as far as *až po*
kabát coat, overcoat, jacket *sako*
kábel cable
kabelka handbag
kabína cabin, cab *Am.*, booth *pri voľbách*
kabinet cabinet, museum *školský*
kacír heretic
kacírstvo heresy
káčer drake
kačiatko duckling
kačica 1. duck, teal *divá* 2. canard *novinárska*
kaďa vat
kade which way, where & here and there kade-tade
kadečo whatever, all sorts of things
kadejaký whosoever
kadekoľvek whichever way
kadekto whoever
kader lock, curl *kučera*
káder cadre *voj.*
kaderníctvo hairdresser's *dámske*, barber's *pánske*
kaderník hairdresser *dámsky*, barber *pánsky*
kadiaľ which way
kádrovák personnel officer
kádrový personnel
kahan burner *horák*
kachle tile stove
kachlička tile
kachličkovať tile

551

kajať sa repent of z, feel° regret
kajuta cabin
kakao cocoa
kakaovník cacaotree
kakaový cocoa
kaktus cactus
kalamita calamity
kálať chop
kalendár 1. calendar 2. diary *zápisník*
kaleráb kohlrabi
kaličiť maim
kalich chalice *na bohoslužbe*, goblet *na víno*, calix° *rastliny*
kaliť make°muddy, temper *železo*
kalkulácia calculation, speculation
kalkulačka calculator
kalkulovať calculate, speculate *uvažovať*
kalný thick, muddy
kalória calorie
kalorický caloric
kaluž puddle, pool
kam where, to what place

kamarát friend, mate, good fellow
kamarátiť sa be°friends, get°on together
kamarátsky familiar, friendly
kamarátstvo friendship
kamelot newsboy
kameň stone, rock *Am. & millstone* mlynský kameň & *grave stone* náhrobný kameň
kamenistý stony
kamenný 1. stone 2. stony *bezcitný*
kameňolom quarry, stone-pit
kamera camera
kameraman cameraman°
kamión lorry, truck
kamkoľvek anywhere, wherever
kampaň campaign, drive & *hustings* volebná kampaň

kamzík chamois°
Kanada Canada
Kanaďan Canadian
kanadský Canadian & *practical joke* kanadský žartík
kanál 1. drain, sewer *stoka* 2. canal *vnútrozemský* 3. channel *morský,televízny* 4. tunnel *podzemný*
kanalizácia sewerage, canalization
kanárik canary
kancelár chancellor
kancelária office, bureau & *land agency* realitná kancelária
kandidát 1. candidate 2. competitor 3. nominee *volebný* & *list of candidates* zoznam kandidátov
kandidatúra candidature

kandidovať go°in, run°, stand°for *uchádzať sa na*
kanec boar
kanón cannon
kantáta cantata
kantína canteen
kántriť destroy
kanva can
kapacita capacity, volume *objem* & *memory capacity* kapacita pamäti
kapela band
kapelník bandmaster
kapitál capital, stock, funds & *financial capital* finančný kapitál
kapitalista capitalist
kapitalistický capitalist
kapitalizmus capitalism
kapitálový capital
kapitán captain
kapitola chapter
kapitulácia capitulation

553

kapitulovať capitulate, surrender
kaplnka chapel
kapor carp
kapucňa hood
kapusta 1. cabbage 2. sauerkraut *kyslá kapusta*
kapustnica soup of sauerkraut juice
kar funeral festival
kára pushcart
karambol clash, collision
karamel caramel
karamelka toffee
karanténa quarantine
karavan caravan
karavána caravan
kardinál cardinal
kardiológ cardiologist
karé cutlet *druh mäsa*
karfiol cauliflower
karhať rebuke, admonish *napomínať*
kariéra career, course of life
kariérista careerhunter

karierizmus careerism
karikatúra caricature, cartoon *séria*
karikaturista caricaturist
karma geyser
karneval carnival
kárny punitive, disciplinary
káro check, *pl.* diamonds *karty*
karotka carrot
karpavý blear-eyed
karta 1. card 2. postcard *pohľadnica* & *play at cards* hrať karty & *credit card* úverová karta
kartár card-player
kartel cartel, trust
kartografia cartography
kartón 1. cardboard 2. carton, box *krabica*
kartotéka card index°, file *evidencia*
kasíno casino°, club

kaskáda cascade
kaskadér stunt-man°
kasta caste
kastrácia castration
kastról saucepan, pot
kaša 1. pulp, porridge *ovsená* 2. gruel *pokrm* & *mashed potatoes* zemiaková kaša
kašeľ cough
kašička pap
kašľať cough
kašovitý pulpy, pasty, pappy
kaštieľ manor house°
kat executioner, hangman°
katalóg catalogue, card index°, register
katalyzátor catalyzer
katapult catapult
katapultovať catapult
katar catarrh
kataster land register
katastrálny cadastral
katastrofa catastrophe, disaster

katedra
 1. teacher's desk
 2. faculty *oddelenie*
katedrála cathedral
kategória 1. category 2. class
kategorický categorical
kategorizácia categorization
katechéta catechist
katechizmus catechism
katolícky Catholic *hovor.*
katolíctvo Catholicism
katolík Catholic
kaučuk India rubber
kaučukovník gum-tree
kauza case, lawsuit
káva coffee & *ground coffee* mletá káva & *coffee with milk* biela káva
kaviár caviar
kaviareň coffee-house°, teashop
kaviarnička café
kavka daw

kávovar coffee maker
kávovník coffee plant
kávový coffee & *teaspoon* kávová lyžička
kaz faw, blemish, defect, fault *chyba* & *dental caries* zubný kaz
kázať 1. order, command 2. preach *v kostole*
kazateľ preacher
kázeň sermon, preaching *kázanie*
kazeta 1. casket *ozdobná* 2. cassette
kaziť sa get°out of order, break°, spoil°
kaziť spoil°, damage *poškodiť*
každodenne every day
každodenný daily, everyday
každoročne every year
každoročný annual, yearly

každý 1. each, every 2. everyone, everybody, anyone *človek*
kde where & *once upon a time* kde bolo, tam bolo
kdečo anything
kdejaký anybody, whatever
kdekto anybody
kdekoľvek wherever, anywhere
kdesi somewhere
keby if
kečup ketchup
keď 1. when *časovo* 2. if *ak*
kedy when
kedykoľvek whenever, at any time
kedysi once, at one time
keďže because, since
kefa brush, hairbrush *na vlasy*
kefír kefir
kefka toothbrush *na zuby*

keks biscuit, cracker, cookie *Am.*
kel 1. cabbage *zelenina* 2. fang *sloní*
kemp camp *hovor.*
kengura cangaroo
ker bush
keramický ceramic
keramika 1. ceramics *umenie* 2. pottery, chinaware *výrobky*
kiahne smallpox, chicken pox *ovčie*
kiež if only
kikiríkať crow, cock-a-doodle-doo
kilogram kilogramme
kilometer kilometre
kilowatt kilowatt
kino cinema, movies *Am.*
kiosk kiosk, stall
kivi kiwi fruit
kľačať kneel°
klad virtue *stránka*, positive side
kladina balancing form *šport.*
kladivko mallet *malé*
kladivo hammer, beetle *veľké*
kladný positive, affirmative, optimistic *optimistický*
kľakať kneel° down
klam 1. illusion 2. fraud *podvod*
klamár cheat, deceiver, liar
klamať deceive, cheat, tell °a lie
klamlivý illusory
klamstvo lie, fraud, deceit
klan clan
klaňať sa bow down, make°a bow
klapka flap, lid
klarinet clarinet
klas ear of grain
klasicizmus classicism
klasický classical
klasifikácia classification, marking *v škole*

klasifikovať

klasifikovať 1. classify 2. grade, mark *známkovať*
klasik classic
klasika classicism
klásť put° *kam*, lay°& *lay°eggs* klásť vajcia & *put° questions* klásť otázky
kláštor nunnery *pre mníšky*, monastery *pre mníchov*
kláštorný monastical
klát beam
klátiť sa shake°
klaun clown, buffoon
klauzula clause
kláves key
klávesnica keyboard
klavír piano° & *play the piano* hrať na klavíri
klavirista pianist
kĺb joint
klbčiť sa fight° *expr.*, scrap
klbko ball, clew
klčovať grub, stub
klebeta gossip, tale

klebetiť gossip
klebetnica gossiper
klebety hearsay
klenba vault, arch *oblúk*
klenot stone, jewel
klenotnica treasury *miestnosť*
klenotník jeweller
klenúť sa vault, arch *oblúkovito*
klepať 1. type *na stroji* 2. beat° *mäso*
klepeto claw, pincer
klepnúť give° a knock
kleptoman kleptomaniac
kliať curse, swear°
kliatba curse, ban
klíčiť germinate
klient client, customer & *clientage* klientela
kliešť tick
klietka cage
klimatizácia air conditioning
klin wedge, spike
klinec nail

klinický clinical
klinika clinical hospital
klipkať blink *očami*, wink
klobása sausage
klobúk hat, bonnet *ženský*
klokan kangaroo
klokotať bubble, seethe
kloktadlo gargling water
kloktať gargle
kloniť incline, bend° *ohnutím*
klopať knock, rap
klopiť cast°down one's eyes
klub club, clubhouse° *budova*
klubovňa clubroom
kľúč key & *lockpicker* *pakľúč*
kľučka knob, handle *dverová*
kľud calm, quiet
kľukatý crooked
klusať trot

klzačka slide
klzať sa slide°, glide
klzisko skating rink
klzký slippery
kmásať tear°
kmeň 1. trunk, stem *stromu* 2. family, clan *rod*
kmit oscillation, flash, twinkle *oka*
kmitať 1. oscillate *fyz.* 2. glimmer, flash *svetlo*
kmitočet frequency
kmotor godfather
kmotra godmother
kmotrovci godparents
kňaz priest *katolícky*, clergyman° *evanjelický*
kňazský priestley, clerical
kňažná 1. princess 2. countess
knedľa dumpling
knieža prince
kniežatstvo principality

kniha

kniha book, textbook *učebnica* & *book of complaints* kniha sťažností
knihárstvo bindery
kníhkupec bookseller
kníhkupectvo bookshop, bookstore *Am.*
knihovník librarian
kníhtlačiareň printing house°
knísať sa swing°
knižnica 1. library *inštitúcia* 2. bookcase *kus nábytku*
knižôčka booklet
knokaut knockout, K.O.
knôt wick
kňučať whine
koalícia coalition & *coalition government* koaličná vláda & *National Government* vládna koalícia

koberček rug
koberec carpet, tapestry *na stenu*
kobka cell
kobra cobra
kobyla mare
kobylka 1. young mare 2. grasshoper *lúčna*, locust *hmyz*
kocka 1. cube 2. dice *na hranie*
kocúr tom-cat, male cat
Kocúrkovo Gotham
koč carriage *ťažký*, cart *ľahký*
kočík baby carriage, pram *hovor.* & *doll's pram* pre bábiku
kód code
kódex codex
kódovanie coding
koexistencia co-existence
koexistovať coexist
kofeín caffeine
kohút cock, rooster *Am.*

kohútik cockerel, cock *uzáver*, trigger *spúšť*
kochať sa delight in *v*
kojenec suckling
kojiť breastfeed°, nurse
kokaín cocaine, coke *slang.*
kokakola coca-cola, coke *hovor.*
koketa coquette
koketný coquettish
koketovať coquet, flirt
kokos coconut
kokosovník coconut palm, coconut tree
kokosový coconut & *grated coconut* kokosová múčka
kokršpaniel cocker-spaniel
koks coke
koktať stammer, stutter *zajakávať sa*
koktavý stammering, stuttering

kokteil 1. coctail, milk-shade *nealkoholický* 2. party *spoločnosť*
kolaborácia collaboration
kolaborant collaborator
kolaborovať collaborate
koláč 1.cake, cookie *Am.* 2. small cake *koláčik* 3. pie
koľaj 1. rut *stopa* 2. rail *železničná*
koľajnica rail
kolaudácia approval
kolaudovať pass, approve
koleda carol & *Christmas carol* vianočná koleda
koledovať 1. carol 2. ask for *si o niečo*
kolega 1.colleague, fellow-worker 2. partner
kolégium 1. board 2. college *inštitúcia*

561

kolekcia set, collection & *assortment of Christmas tree sweets* vianočná kolekcia
kolektív collective, team, group
kolektívny collective, team
kolenačky kneeling
koleno 1. knee 2. knee-joint *rúry*
koleso wheel, gear *ozubené*
koliba shelter
kolík peg *na zavesenie*, pin
kolísať sa rock, swing° *hojdať sa*
kolíska cradle
kolízia collision, clash *časová*
kolkáreň bowling-alley
koľko how much, how many & *what's the time?* koľko je hodín? & *how much is it?* koľko to stojí?

koľkokoľvek as many as
koľkokrát how many times, how often
koľkoraký of how many kinds
kolkovať stamp
koľký which
kolmo vertically
kolmý vertical
kolo 1. circle, ring 2. round *šport.*
kolobeh circulation, cycle, run
kolobežka scooter
kolok stamp
kolóna convoy
kolónia colony
kolonialista colonialist
kolonialistický colonial
kolonializmus colonialism
kolónka column
kolotoč merry-go-round
kolovať circulate, go° round

kolportér book-hawker, distributor
kolt colt
kóma coma°
komando 1. command *velenie* 2. commando° *skupina*
komár mosquito, gnat *Am.*
kombajn combine harvester
kombajnista combine operator
kombinácia combination
kombinačky *pl.* pliers
kombinát combine
kombiné slip *hovor.*
kombinéza *pl.* overalls
kombinovať 1. accompany 2. combine 3. speculate
komédia comedy
komediant comedian, baffoon *pren.*
komentár commentary, gloss

komentátor commentator
komentovať comment
komerčný commercial
kométa comet
komfortný comfortable *pohodlný*, luxury
komický comic
komik comedian
komín chimney, stact *továrenský*
kominár chimney sweep
komisár commissioner
komisariát 1. commissariat 2. police station
komisia committee, commission, board
komodita commodity
komoliť mutilate
komora 1. pantry, storeroom 2. chamber *všeob.* & *chamber of commerce* obchodná komora

komorný chamber & *chamber orchestra* komorný orchester
kompa ferry
kompaktný compact, close
kompas compass
kompenzácia compensation
kompenzovať compensate, offset°
kompetencia competence *práv.*, powers
kompetentný competent, qualified
kompletný complete, full, entire *v plnom rozsahu*
komplex 1. set *celok* 2. complex pocity & *inferior complex* pocit menejcennosti
komplikácia complication
komplikovaný complicated
komplikovať complicate

kompliment compliment
komponovať compose
kompost compost
kompostovať fertilize with compost
kompót compote *v náleve*, stewed fruit, fruit salad
kompótovať preserve
kompozícia composition
kompromis compromise
kompromitovať compromise
komunálny communal, municipal
komunikácia communication
komuniké communiqué
komunikovať communicate
komunista communist
komunizmus communism
koňak cognac, brandy

konanie action, doing
konár 1. branch, bough 2. twig *konárik*
konať 1. do°*robiť*, act 2. make°*podnikať*, take°
konať sa take°place
koncentrácia concentration
koncentračný concentration & *concentration camp* koncentračný tábor
koncentrovať concentrate
koncepcia conception *predstava*, concept *myšlienka*, idea
koncept rough draft, sketch *náčrt*
koncern concern, trust, syndicate
koncert concert, concerto° *skladba*
koncertovať give°a concert, tour
koncesia concession, licence *povolenie*

koncesionár concessionaire *Am.*, licensee
koncipovať draft, draw°
koncovka 1. ending *jaz.* 2. terminal *el.*, end piece *tech.*
koncový final, end
končatina limb
končekˇ tip *jazyka*, end
končiar peak
končina region, part
končistý pointed
končiť 1. end, finish, make°an end 2. finalize, close
končiť sa end, make°an end, finish up
kondenzovať condense & *evaporated milk* kondenzované mlieko
kondícia physical condition, fittness *telesná*
kondolencia condolence

kondolovať

kondolovať condole
kondom condom
konečný closing, final, ultimate
konfederácia confederation
konfekcia manufacture
konferencia conference, convention *Am.*, table, staff meeting *školská*
konferovať confer, announce
konfident informer
konfigurácia configuration
konfirmácia confirmation
konfirmovať confirm
konfiškácia confiscation
konfiškovať confiscate, seize
konflikt conflict, clash
konfrontácia confrontation, collation *urovnanie*

konfrontovať confront, face
kongres congress
koniareň stable, mews
koníček 1. hobby *záľuba* 2. little horse, pony *poník*
koniec end, tip *špička*, expiry *doby*, conclusion *záver*, result *výsledok*, the rest *zvyšok*
konjunktúra conjuncture, prosperity, boom
konkretizovať concretize
konkrétny concrete, particular *určitý*, special
konkubína concubine
konkurencia competition, rivalry *súperenie*
konkurenčný competing
konkurent competitor, rival & *competitress* konkurentka

konkurovať compete with *komu, čomu*
konkurz competition
konsenzus consensus
konský horse
konsolidácia consolidation
konsolidovať consolidate
konspekt abstract
konšpirácia conspiration
konšpirátor conspirator
konšpirovať conspire, plot
konštanta constant
konštatovať state, make°out, claim *tvrdiť*
konštitúcia constitution
konštituovať constitute
konštrukcia construction *zostrojenie*, design *návrh*
konštrukčný constructional
konštruktér constructor, designer
konštruktívny constructive
konštruovať design *zostaviť*, build° *budovať*, construct
kontajner container
kontakt contact, communication
kontaktný contact & *a contact lens* kontaktné šošovky
kontext context
kontinent continent *svetadiel*, the Continent *Európa*
kontinentálny continental
kontinuálny continual
kontinuita continuity
konto account & *bank account* bankové konto
kontra versus
kontrakcia contraction
kontrakt contract

kontrarevolúcia
 counter-revolution
kontrarozviedka
 counter-intelligence
kontrast contrast
kontraverzia conflict, controversy
kontrola
 1. examination *prehliadka*, inspection *detailná*
 2. control
kontrolór examiner, inspector
kontrolovať check, examine, inspect
kontúra contour, outline
konvalinka lily of the valley
konvencia convention
konvenčnosť conventionality
konvenčný conventional
konvertibilita convertibility
konverzácia conversation, talk
konverzia conversion
konzerva tin, can *Am.*
konzervatívec conservative
konzervatívny conservative
konzervovať conserve, tin
konzorcium consortium, syndicate
konzul consul
konzulát consulate
konzultácia consultation & *tutorial hours* konzultačné hodiny
konzultant adviser, tutor *na škole*
konzultovať consult
konzument consumer
konzumovať consume, use up
kooperácia cooperation
kooperovať cooperate
koordinácia coordination

koordinovať coordinate
kop kick & *penalty kick* pokutový kop
kopa heap, pile, stack *sena*
kopanec kick
kopanica solitary cottages
kopať dig°, kick *nohami*
kopcovitý hilly
kopec 1. hill, mount 2. slope *svah*
kópia copy, duplicate *duplikát*
kopírovať copy, imitate
kopiť heap up *vŕšiť*, pile up
kopnúť kick
kopov setter
koprodukcia co-production
kopyto 1. hoof *zvieraťa* 2. last *obuvnícke*
koráb ark
koral coral
koralový coralline

korčuľa *pl.* skates
korčuliar skater
korčuľovať sa skate
korektný correct, tactful
korektúra correction
koreň root *rastliny*
korenie spices & *pepper* čierne korenie
korenina seasoning
koreniť 1. root 2. originate *mať pôvod* 3. season *jedlo*
korešpondencia correspondence
korešpondent correspondent
korešpondovať correspond
koridor corridor
korisť capture, prey *úlovok*
koristiť plunder *drancovať*, take°booty *lúpiť*
koriť sa worship, adore

569

kormidelník

kormidelník helsman°, pilot
kormidlo helm
kormidlovať steer, pilot
korodovať corrode
korok cork
korózia corrosion
korporácia association, corporation *obchodná Am.*
korumpovať corrupt
koruna 1. crown *platidlo aj kráľovská* 2. head *stromu*
korunka 1. coronet *šľachtická* 2. crown cap *zubu*
korunovácia coronation
korunovať crown
korupcia corruption, jobbery
korytnačka tortoise, turtle *morská*
koryto trough *nádoba*, riverbed *rieky*
korzo promenade
kosa scythe
kosačka mower, landmower
kosák sickle
kosba mowing, cutting
kosec mower
kosiť mow°, cut°
kosodrevina dwarfed pine
kosť 1. bone 2. horn *rohovina*
kostnatý bony
kostol church
kostolník verger
kostra 1. skeleton 2. frame *motora* 3. outline *osnova*
kostrbatý rugged, knobby
kostým 1. suit 2. costume
košatý bushy, spreading
košeľa shirt & *night shirt nočná košeľa*
košiar pen, sheepfold
košík basket
košťiaľ bone
kotiť sa drop *zvieratá*, kitten *mačka*

kotkodákať cackle
kotleta chop, cutlet
kotlík small kettle
kotlina basin, hollow
kotol kettle, cauldron *veľký*
kotolňa boiler room
kotrmelec somersault
kotúč disc, wheel, roll
kotúľať sa roll
kotva anchor *na lodi*
kotviť anchor
kov metal
kováč blacksmith
kováčsky blacksmith's
kovať forge, plate
kovopriemysel metal industry
kovorytec engraver
kovový metallic
kovral fitted carpet
koza goat, she-goat
kozľa kid
kozľacina kid flesh, goat meat
kozmetička cosmetician
kozmetika cosmetics

kozmický cosmic, space
kozmonaut cosmonaut, astronaut
kozmopolita cosmopolitan
kozmos cosmos
kozub hearth, fireplace
koža skin *pokožka*, leather
koženka leatherette
kožený leather
kožný skin, dermal *odb.*
kožuch fur coat
kožušina fur
kožušník furrier
kôl pile, stake
kôlňa shed
kôň horse, knight *šach.*
kôpor dill
kôra bark *drevín*, peel *šupka*
kôrka crust *z chleba*
kôstka stone *z ovocia*
kôš basket

krab crab
krabica box
kráčať walk, march, proceed *dopredu*
krádež theft, burglary *vlámanie*, shoplifting *v obchode*
kradmo furtively
kradnúť steal°, thieve, lift *v obchode*
krach bankruptcy, failure
kraj 1. edge, border *okraj* 2. country *krajina*, region *oblasť*
krájač cutter
krajan fellow-countryman°
krajanka fellow-countrywoman°
krájať cut°, slice *na plátky*
krajčír tailor, dressmaker *dámsky*
krajec slice of *plátok čoho*
krajina country, region
krajka lace

krajný end, outer *vonkajší*, extreme
krajový regional
krajský district
krákať caw, croak
kráľ king & *king of hearts* srdcový kráľ & *The Three Magi* Traja králi
králik rabbit
kráľovná queen
kráľovský royal, kingly
kráľovstvo kingdom, royalty
krám 1. shop, stall 2. trash *nepotrebná vec hovor.*
kras karst
krása beauty
krásavec a handsome man°
kráska beauty
kraslica painted Easter egg
krásny beautiful, lovely
krasokorčuliar figure skater

krasokorčuľovanie figure skating

krášliť sa beautify, adorn *zdobiť*

krát times & *how many times?* koľkokrát? & *once* jedenkrát, *twice* dvakrát, *three times* trikrát

kráter crater

krátiť sa become°/get°shorter

krátko shortly

krátkodobý short, short-term

krátkovlnný short-wave

krátkozraký shortsighted

krátky 1. short 2. brief *stručný*

kraul crawl

krava cow

kravata tie

kravín cowshed

krb hearth, fireplace

kŕč cramp, spasm

krčah jug

krčiť sa shrink°, wrinkle, shrug *plecami*

krčma inn, pub

krčmár inkeeper, publican

kŕčový spasmodic & *varicose veins* kŕčové žily

kŕdeľ flock

kredenc sideboard *hovor.*, cupboard

kredit credit

krédo credo

krehkosť brittleness, fragility

krehký fragile, brittle *sklo*

krém shoe wax, cream *kozmetický*

kremácia cremation

krematórium crematorium, crematory

kremeň flint

krémovať cream, polish *obuv*

krémový cream-coloured

krepčiť

krepčiť dance, frisk
kresať hew° *tesať*
kresba drawing, picture, sketch
kreslič designer, draftsman°
kresliť draw°, sketch
kreslo armchair & *electric chair* elektrické kreslo
kresťan Christian
kresťanský Christian
kresťanstvo Christianity
kretén cretin
kreveta shrimp, prawn
krhla can
kričať 1. shout, scream *dieťa*, yell *jačať* 2. shout to *volať na*
krídlo wing, grand piano *hud.*
krieda chalk
kriesenie reviving
kriesiť bring°round, revive
kriesiteľ resuscitater

krík bush
krik shouting, scream, cry
kriket cricket
krikľúň loudmouth, bawler
kriminál prison, jail *Am.*
kriminalista criminalist
kriminalita crime, criminality
kriminálnik criminal, jailbird
kriminológia criminology
Kristus Christ & *before christ /BC/* pred Kristom
krištáľ crystal
krištáľový crystal
kritérium criterion°, standard
kritický critical
kritik critic
kritika criticism
kritizovať criticize, express
krívať limp

krivda wrong, injustice
krivdiť do°wrong
kriviť bend°, twist
kriviť sa stoop *hrbiť*, twist
krivka curve
krivý 1. crooked, curved, twisted *skrivený* 2. lame *chromý*
kríza crisis°, depression *hospodárska* & *cabinet crisis* vládna kríza
kríž cross, crucifix *kresť.*
kríže loins, back *anat.*
kríženec crossbreed, hybrid
kríženie cross breeding
krížiť 1. cross 2. crossbreed *plemenne*
krížiť sa intersect, cross
krížom across
križovať sa cross, intersect *cesty*

križovatka crossroad, crossing
krížovka crossword
krížový cross & *the way of the cross* krížová cesta & *cross examination* krížový výsluch
krk neck, throat *hrdlo*
krkolomný break-neck
krkovička pork neck
kŕmič feeder
kŕmidlo feeder
kŕmiť feed°
krmivo fodder, feedstuff
krmník pigsty
krmovina fodder crop, forage
kročiť step
krochkať grunt
kroj costume & *national costume* národný kroj
krok 1. step, stride *veľký* 2. measure *opatrenie* & *step by step* krok za krokom

krokodíl crocodile, croc *hovor.*
krompáč pick, pickaxe
kronika chronicle
kronikár annalist
kropaj drop, trickle
kropiť sprinkle, water *rastlinky*
krotiť sa control
krotiť tame, break°in *koňa*
krotiteľ tamer
krotký tame, gentle *mierny*
krovie bush, shrubbery
krpatieť become° stunted
krpatý dwarfish, puny
krst baptism, christening *krstenie*
krstenie christening
krstiny christening party
krstiť baptize, christen
krstiteľ baptist
krstiteľnica font
krstňa godchild° *hovor.*
krstný godfather *otec*, godmother *mama* & *Christian name* krstné meno
krt mole
krtinec molehill
kruh 1. circle *geom.* & polar circle *polárny kruh* 2. ring
kruhový round, circular
krúpa 1. peeled barley 2. hail *ľadovec*
krupica semolina, grits
krupobitie hailstorm
krušný hard, severe
krútiť 1. turn, wag *chvostom* 2. twist *skrúcať*
krútiť sa turn round, dance, twirl, spin°*rýchlo*
krútňava whirlpool
krutosť cruelty, severity, grimness
krutovláda tyranny
krutovládca tyrant
krutý cruel, severe, hard

kružidlo compasses
krúžiť turn round, rotate *rotovať*, revolve *okolo stredu*
kružnica circle
krv blood & *blood donor* darca krvi
krvácať bleed°
krvavý bloody, blood stained
krvilačný bloodthirsty
krvipreliatie bloodshed
krvismilstvo incest
krvný blood & *blood pressure* krvný tlak
krycí covering & *pseudonym* krycie meno
kryha floe
krypta crypt
krysa rat, swine *o človeku*
kryštáľ crystal & *granulated sugar* kryštáľový cukor
kryštalický crystallic
kryštálový crystal

kryt cover, guard *ochranný*, shelter *úkryt*
kryť 1. cover, shelter 2. protect *chrániť*
krytina covering, roofing
kto who, which *z viacerých* & *which of you?* kto z vás?
ktokoľvek whoever, anyone
ktorý 1. who *osoba*, which *než*. 2. that *vypustiteľná spojka*
ktorý pron. 1. what *opyt.* 2. which *opyt.*
ktorýkoľvek whichever, whoever
ktorýsi certain, some
ktosi somebody, someone
ktovie who knows
kubický cubic
kubík cubic metre
kučera curl, lock
kučeravý curly
kúdoľ cloud, wreath *dymu*

kufor suitcase, boot *auta*
kufrík briefcase, small suitcase
kuchár cook & *chef* šéfkuchár
kuchársky cooking, culinary & *cookery* kuchárska kniha
kuchyňa 1. kitchen *miestnosť* 2. cuisine *príprava jedál*
kukať look *pozerať*, peep out *vykukovať*
kukla hood, cap
kukučka cuckoo
kukurica maize, corn *Am.*
kulma curling iron
kulminácia culmination
kulminovať culminate
kult cult, worship
kultivácia cultivation
kultivovaný polished
kultivovať cultivate
kultúra civilization, culture *duchovná*
kulturista bodybuilder
kulturistika body building *šport.*
kultúrny cultured, civilized
kumulácia accumulation
kumulovať acumulate
kúpa purchase, bargain *výhodná*
kúpalisko swimming pool, bathing pool
kúpať give°a bath *umývať*, bathe *plávať*
kúpať sa have°a bath *umývať sa*
kupé compartment *vo vozni*
kupec buyer, purchaser, trader *obchodník*
kúpeľ bath
kúpele spa
kúpeľňa bathroom
kúpiť buy°, purchase
kupón coupon, voucher

kvapeľ

kupovať buy°, purchase
kupujúci buyer, customer *zákazník*
kúra cure, treatment
kura chicken, hen
kurča chicken
kúrenie heating
kurič stoker, fireman°
kuriér courier
kurín chicken-house°
kuriozita curiosity, rarity
kuriózny rare *zriedkavý*, odd
kúriť make°fire *zakúriť*, heat *vykurovať*
kurivo fuel, firewood
kurt court *šport.* & *tennist court* tenisový kurt
kurva whore *vulg.*
kurz course, direction *smer*
kus piece, bit *časť*
kúskovať divide into pieces

kusý fragmentary, incomplete *neúplný*
kút 1. corner *roh* 2. spot, place *miesto*
kútik hook
kutiť stir, dabble *robiť*
kuvik barn owl
kuvikať screech
kúzelník magician
kúzlo 1. trick 2. charm *čaro*
kvákať quack, blab *tárať*
kvalifikácia qualification
kvalifikačný qualificatory
kvalifikovať qualify
kvalita quality, class, standard
kvalitný high quality
kvantita quantity
kvantitatívny quantitative
kvapalina fluid, liquid
kvapalný liquid
kvapeľ stalactite, stalagmite

kvapka drop
kvapkať drop, drip
kvárič molest *sužovať*
kvartál quarter
kvarteto quartette
kvas ferment, leaven *kvások*
kvasenie fermentation
kvasiť sa ferment, leaven
kvasnice leaven
kvet flower
kvetináč flowerpot
kvetinový flower & *flower bed* kvetinový záhon
kvičať squeal
kvíkať squeak
kvíliť wail, lament
kvitnúť blossom, bloom, flourish
kvíz quiz
kvočať squat
kvočka clucking-hen
kvokať cluck
kvoknúť si squat, crouch
kvóta quota

kvôli for the sake of sth.
kýbeľ bucket *hovor.*
kybernetický cybernetic
kybernetika cybernetics
kydať muck, pitch *vidlami*
kýchanie sneezing
kýchať sneeze
kyjak club, cudgel
kýl keel
kým 1. while *zatiaľ čo* 2. till, untill *až, do časovo*
kynológ cynologist
kynológia cynology
kynožiť exterminate, annihilate
kypieť boil over, run°
kypriť mellow
kyprý light, mellow
kyselina acid
kyselka mineral water
kyslastý sourish
kyslík oxygen

kýnuť

kyslý 1. sour 2. acid *chem.*
kysnúť 1. go°sour 2. rise°cesto
kysnutie 1. souring *skyselenie* 2. fermentation *cesto*
kýška curdled milk

kytica bunch of flowers
kyvadlo pendulum
kývať oscillate, move *hýbať*, wave *mávať*
kývať sa swing°
kývnuť move, nod *súhlasiť*

L

laba paw, claw
labilný labile, unstable
laborant laboratorian
laboratórium laboratory
labuť swan
labužník gourmet
labyrint labyrinth
lacnieť cheapen, become° cheap
lacný cheap *cenovo*
lačný 1. hungry *hladný* 2. desirous *dychtivý*
ľad ice
ladič tuner
ladiť tune
ladnosť neatness
ladný neat, graceful
ľadoborec icebreaker
ľadovec glacier *horský*, iceberg *ľadový*

ľadový ice, icy & *ice hockey* ľadový hokej
ľadvina kidney
ľahko easily, lightly
ľahkomyseľný frivolous, thoughtless
ľahkovážny light-hearted
ľahký 1. light *hmotnosť*, soft *jemný* 2. easy *obsahom* & *English is easy* Angličtina je ľahká
ľahnúť si 1. lie°down 2. go°to bed ísť spať
lahodiť please, be° pleasing
lahodný sweet, lovely, delicious *chuť*, pleasant *príjemný*

láska

ľahostajnosť indifference
ľahostajný indifferent
lahôdka titbit, delicasy
laik layman°
lajdačiť hang°about
lajdák lazybones, skiver
lajno dirt, dung
ľak fright
lak lacquer *jemný*, polish, nail-varnish *na nechty*, hairspray *na vlasy*
lákať attract, entice *vábiť*
ľakať sa be°frightened
lakeť elbow
lakomec miser, niggard
lakomosť avarice
lakomý close, miserly, greedy
lakovať varnish, lacquer, paint
ľalia lily
lalok lobe, fold *časť tváre*
lama llama
lámať break°

lamentácia lamentation
lamentovať lament, wail *expr.*
lampa 1. lamp 2. valve *elektr.*
lampáš lantern, torch
lampión Chinese lantern
lán hide, field *poľne*
ľan linen *tkan.*
laň roe, hind
langusta lobster
lano rope, cable *kovové*
lanolín lanoline
ľanovisko flax-field
lanovka cableway
lapač catcher, snatcher
lapaj scamp, rogue
lapať catch°
larva larva°, grub
lasica weasel
láska 1. love, affection *náchylnosť* 2. liking *záľuba* 3. love *milovaná osoba* 4. charity *kresťanská láska*

láskať sa caress
láskavo kindly
láskavosť 1. kindness 2. favour *čin*
láskavý attentive, kind, good, amiable
laso lasso
lastovička swallow
lastúra shell
lata lath
látať patch, darn *pančuchy*
latinčina Latin
latinský Latin, Roman *písmo*
látka 1. matter, material, substance *hmota* 2. cloth, fabric, material *tkanina*
latrína latrine
laureát laureate
láva lava
ľavák left-handed person
lavica bench, desk *v škole*, dock *na súde*, pew *v kostole*
ľavica left-hand

ľavičiar leftist *polit.*
lavička bench
lavína avalanche
lávka footbridge
lavór washbasin
ľavý left, clumsy *neobratný*
laz mountain settlement
lebo because *pretože*
lečo vegetable stew
ledabolo carelessly
ledačo all sorts of things
ledva 1. as soon as *len čo* 2. hardly *takmer nie*
legalizovať legalize
legálny legal, legitimate
legenda legend, caption
legendárny legendary, fabulous
legislatíva legislation, legislature *moc*
legislatívny legislative
legitimácia identity card & party card *členská legitimácia*

legitimita legitimacy
legitímny lawful, legitimate
legitimovať legitimate, entitle, seek° identity
lehota term, time limit & *term of delivery* dodacia lehota
lejak downpour, heavy rain
lekár doctor, physician, surgeon *chirurg*, dentist *zubár*
lekáreň pharmacy
lekárnička first aid box
lekárnik pharmacist
lekársky medical
lekcia lesson
lekno water lily
lektor lecturer *na VŠ*, lector *zahraničný*
lektorovať read°
lekvár jam
lem hem *odevu*, rim *nádob*, border *obruba*

lemovať border, edge, hem
len only, just *práve*, merely
leniť sa be°lazy to do
lenivec idler, lazybones
lenivosť laziness
lenivý lazy, idle
leňošiť idle away, lie°about
lentilky *pl.* smarties
lenže but
leopard leopard
lep glue, paste
lepenka cardboard
lepiť glue, paste, affix *pripevňovať*
lepiť sa stick°
lepkavý sticky, adhesive
lepší better
lepšiť sa become°better, improve
leptať etch
les wood, forest & *green-wood* listnatý & *fir-wood* ihličnatý

lesík

lesík grove
lesk lustre, gloss, glitter *zlata*
lesklý lustrous, glossy, brilliant *jasný*
lesknúť sa shine°, glitter *jagať sa*
lesnatý woody
lesník forester
lešenie scaffold
let flight
letec pilot
letecký air, aerial & *air base* letecká základňa
letectvo airnavigation, air force *voj.*
letenka air ticket
letieť fly°, glide *vznášať sa*
letisko airport
letný summer
leto summer
letohrádok villa, country seat
letokruh annual ring
letopočet 1. era, epoch 2. date & *AD* nášho letopočtu, *BC* pred naším letopočtom
letovisko summer-resort, holiday-inn
letún plane
lev lion
levanduľa lavender
levíča lion's cub
lexika vocabulary
lexikón lexicon
ležadlo lawn chair, deck
ležať 1. lie° 2. be°in bed *spať* 3. be°situated *rozprestierať sa*
ležiak 1. lager *pivo* 2. dead stock *tovar*
liahnuť sa hatch
liať pour, shed°
liberál liberal
liberalizmus liberalism
liberálny liberal
libra pound & *English pound* anglická libra
libreto libretto
líce 1. cheek, face 2. right side, front *vonkajšia strana*
licencia licence

lícny facial
líčidlo cosmetics
líčiť 1. paint *natierať* 2. make°up *maskovať* 3. describe *opisovať*
líčiť sa put°on make-up
liečba treatment, therapy
liečebňa treatment centre, sanatorium
liečebný healing
liečenie cure
liečiť heal, cure, treat
liečivý healing
lieh alcohol, spirit
liehovar distillery
liehovina liquor
liek cure, remedy, medicine, drug
lienka lady-bird
lieska hazel
lieskovec hazel-nut
lietadlo aircraft, aeroplane
lietať fly°, soar *plachtiť*
lietať *p.* **letieť**

lievanec griddle cake
lievik funnel
liezť 1. creep°, crawl 2. climb *škriabať sa*
liga league
ligotať sa shine°, glitter
ligotavý glittering
líhať si lie° down
lichotiť flatter, butter up
lichotivý flattering
lichôtka compliment
likér liqueur
likvidácia disposal, liquidation
likvidátor liquidator
likvidovať adjust *škodu*, liquidate
limit limit
limitovať limit
limonáda lemonade
limuzína limousine
lingvista linguist
lingvistický linguistical
lingvistika linguistics
línia 1. line *čiara* 2. outline, contour *obrys*

linka line & *hold the line, please* držte linku pri telefonovaní
linoleum linoleum
lipa lime, linden
lipnúť adhere to, cling°on, hold°on
lis press
lisovať press, squeeze
list 2. leaf° *stromu* 2. sheet *papiera* 3. letter *písomná správa* & *registered letter* doporučený list & *certificate of baptism* krstný list & *birth certificate* rodný list & *certificate of marriage* sobášny list & *certificate of death* úmrtný list
listár postman°
lístie foliage, leaves
listina act, document, certificate, paper & *official document* úradná listina

listnatý leafy, deciduous *les*
lístok 1. menu *jedálny* 2. ticket *cestovný* 3. voting paper *hlasovací*
listovať turn the pages
lišajník lichen, moss
lišiak fox
líšiť sa differ from *od*, vary
líška fox
líškať sa fawn upon
lišta lath, ledge
liter litre
literárny literary
literát man° of letters
literatúra literature
liturgia liturgy
liturgický liturgical
lízanie licking
lízanka lollipop
lízať lick, lap
loď ship, boat *čln* & *space ship* kozmická loď & *cargo boat* nákladná loď & *wrecker* záchranná loď

lodenica shipyard, dockyard
lodiar shipbuilder
lodník boatman°, seaman°
lodný ship, naval
loďstvo fleet, navy *voj.*
logický logical, argumentative
logika logic
loj tallow
lokál bar, local
lokalita locality
lokalizovať locate
lokomotíva engine, locomotive *Am.*
lom break, crack *trhlina*, quarry *kameňolom*
lomcovať shake°, toss
lomiť bend°
lomoz noise, uproar
Londýn London & *the City* londýnska city
Londýnčan Londoner
lono lap
lopár cutting board
lopata shovel
lopatka spade, dustpan *na smetie*
lopota toil *expr.*, drudgery
lopotiť sa toil *expr.*, drudge
lopta ball
los elk
lós lottery ticket
losos salmon
losovať draw°lots
lotéria lottery
lotor villain, blackguard *zločinec*, scamp, rascal *lapaj*
lov hunt, chase
lovec hunter, chaser
loviť hunt, chase *zver*, fish *ryby*
loziť crawl, creep°
lož lie, falsehood
ložisko bed, deposit
lôžko bed, berth *vo vlaku*
lstivosť cunning
lstivý cunning, sly
ľúbezný sweet, lovely
ľúbiť 1. love *milovať* 2. like *mať rád*

ľúbostný love-
ľubovoľný arbitrary, optional
ľubovôľa despotism
ľúbozvučný harmonious, melodious
ľúby beloved, dear
lúč beam, ray & X-ray röntgen
lúčina meadow, grassland
lúčiť sa part with s, say° good-bye
ľud people, nation
ľudia people, men, humans
ľudnatosť populousness
ľudnatý populous
ľudoprázdny empty, depopulated
ľudový popular, folk & *folk song* ľudová pieseň
ľudožrút cannibal
ľudskosť humanity
ľudský human

ľudstvo mankind, human race
luhár liar
luhať lie°, tell°lies
luk bow
lúka meadow
lump drunkard *pijan*, knave *expr. darebák*
luna moon
lunapark fair, funfair
lup heist, plunder, loot
lupa magnifying glass, pocket lens
lúpať peel, shell *hrach*, husk *obilie*
lúpať sa peel, come°off
lúpež robbery, burglary, heist
lúpežník looter, bandit
lupič robber, burglar *v noci*
lupina dandruff
lúpiť rob, plunder, heist
lúskať crack, snap *prstami*
luster chandelier

lúštiť solve *krížovku*
ľúto feel°sorry & *I am sorry* ľutujem
ľútosť pity, compassion, sorrow *žiaľ*
ľútostivý sorrowful
ľutovať be°sorry for *súcit*
luxus luxury
lýceum lycée
lyko bast
lynčovať lynch
lýra lyre

lyrický lyric/al/
lyrik lyric writer
lyrika lyric poetry
lysina blaze, bald spot
lysý bald *bez vlasov*, hairless
lýtko calf°
lyže ski
lyžiar skier
lyžica spoon
lyžička teaspoon
lyžovať sa ski, go°skiing

M

macko teddy bear
maco bear, bruin
macocha stepmother
mača kitten
máčať 1. soak *bielizeň* 2. dip *ponoriť*
mačka cat
Maďar Hungarian
maďarčina Hungarian
Maďarsko Hungary
maďarský Hungarian
mafia maffia, cabal
mág magician
magazín magazine
mágia magic art, magic
magický magical, magic
magister master *akad. hodnosť*, qualified pharmacist
magistrála artery, arterial road
magistrát council

magnát magnate
magnet magnet
magnetický magnetic
magnetka magnetic needle
magnetofón tape recorder, casette recorder
mahagón mahagony
mach moss
macher macho *hovor.*, crack, an old hand
machinácia machination, plotting
machuľa blot, blotch & *ink blot* atramentová machuľa
máj May & *May Day* 1. Máj
maják lighthouse, lightship *loď*
majáles May festival
majer farm

majetkový possessive, property
majetný well-to-do, wealthy, rich
majetnícky proprietary
majetok possession, property, wealth, belongings *osobný* & *patrimony* cirkevný majetok & *family estate* rodinný
majiteľ holder, keeper, owner & *householder* domu
majonéza mayonnaise, salad-cream
major major
majorán marjoram
májovka St George's mushroom
májový May-
majster 1. master, craftsman° *remeselník* 2. foreman° *predák* 3. master *maliar* 4. champion *šport.*
majstrovský masterly & *masterpiece* majstrovské dielo

majstrovstvo masterliness
mak poppy, poppy-seed *zrnko*
makaróny macaroni
makať slog away, low
maketa dummy, model, maquette
maklér broker
maklérstvo broker's job/trade, broking
makovica poppy-head, nut *expr. hlava*
makovník poppy-cake
makrela mackerel
makroštruktúra macrostructure
malária malaria
malátnosť sickliness, torpidity
malátny 1. languid 2. weary *unavený*, 3. downcast *skleslý*
maľba 1. painting 2. picture *obraz* 3. paint *náter*
malebný picturesque

malér mishap *hovor.*, trouble, tough luck *smola*

maliar 1. painter, artist *umelec* 2. decorator *izieb* 3. cartoonist *karikatúr* 4. portraitist *portrétov*

maliarka paintress

maliarstvo art of painting, painting and decoration *izieb*

malíček little finger

máličko little bit, a little

maličkosť trifle, bagatelle

maličký tiny, minute *drobný*, measly *úbohý*

malígny malign, malignant

malichernosť captiousness, illiberality, trifle *bezvýznamnosť*

malicherný captious, little-minded, small-minded, trifling *bezvýznamný*

malina raspberry

malinčie raspberry bushes & *raspberry bed* záhon

malinová šťava raspberry juice

malinovka raspberry drink

malinový raspberry

málo *adv.* little, a little/a bit, few, little of *málo z*, for a little while *čas. krátko*, far too little/few/ *až príliš*, at /the very/ least *aspoň*, no less/fewer than *nie menej než*

máločo hardly anything

málokde hardly anywhere

málokedy seldom, rarely *zriedkavo*

málokto hardly anybody
máloktorý hardly any
maloletý under age, minor
malomestský provincial, small-town
malomeštiak philistine, bourgeois
malomocný leprous, leper
málomyseľný faint-hearted, spiritless
maloobchod retail-trade
maloobchodník retailer, retail dealer, shop-keeper
maľovať paint *farbami*, decorate
maľovka paint
málovravný silent
malovýroba small-scale production
malovýrobca small-scale producer

malý small, little, short *výškovo*, less *nepočítateľné*
mama mother & *godmother* krstná mama
mamička mum, mummy, mammy
mámiť stupify, narcotize, cheat *niečo*
mámivý deceptive
mamut mammoth
manažér manager
manažérka manageress
manažérsky managerial, managing
manažérstvo managing
mandarínka tangerine, mandarine
mandát mandate
mandľa almond *bot.*
mandľovník almond-tree
manekýn dummy
manekýnka 1. model 2. mannequin *figurína*

manéver game, manoeuvre
manévrovať manoeuvre
manéž circus ring
mango mango
mangovník mango-tree
mánia mania
maniak maniac
manifest manifesto
manifestácia demonstration, manifestation, mass meeting
manifestovať manifest, take° part in a demonstration, demonstrate
manikúra manicure & *manicure set* súprava
manipulácia 1. handling 2. manipulation
manipulačný manipulative, handling

manipulátor manipulator
manipulovať 1. handle. 2. manipulate
manko deficit, shortage, difference
mantinel barrier, chicane *pri pretekoch*
manuálne by work of hand, manual worker
manuálny manual
manufaktúra manufacture
manzarda attic, garret
manžel goodman°, partner, husband & *a married couple* manželia & *a young couple* mladomanželia & *wedded husband* zákonitý manžel
manželka wife°, partner & *wedded wife* zákonitá manželka

manželský marital, married, matrimonial & *merital status* manželský stav & *family loan* manželská pôžička

manželstvo marriage, married life & *digamy* druhé manželstvo & *wed* vstúpiť do manželstva & *marriage of convenience* manželstvo z rozumu

manžeta cuff & *buttons* manžetové gombíčky

mapa map, chart

mapovať map, map out *detailne,* chart

maratón marathon

maratónec marathon runner

maratónsky race *beh, preteky*

marcipán marchpane, marzipan

marec March

margarín margarine, marge *hovor.*

marhuľa 1. apricot tree *strom* 2. apricot *plod*

marihuana marijuana, marihuana, grass *hovor.*, Maryjohn *hovor.*

marinovať marinade

mariť spoil °, waste *mrhať,* cross *ničiť*

mariť sa seem

marka mark

marketing marketing

markíz marquis, marquess

markíza marchioness, marquise

marmeláda marmalade

márnica mortuary, dead-house°

márniť waste, squander

márnivý vainglorious, vain

márny useless *zbytočný,* worthless *bezcenný*

marš march *hud.* marching *pochodovanie*
marxista Marxist
marxistický Marxian, Marxist
marxizmus Marxism
masa mass, crowd
masakrovať massacre, slaughter
masáž massage
masér masseur
masérka masseuse
masírovať massage
masív massif
masívny massive, solid, heavy
maska 1. mask 2. fancy dress *karnevalová*
maskér visagiste, make-up man°
maskérka make-up woman°
maskovať 1. mask, make°up 2. camouflage *zastierať*
maslo butter & *bread and butter* chlieb s maslom

maslový butter
masmédium massmedium°
masochista masochist
masochizmus masochism
masový mass, solid *mohutný*
masť 1. lard, fat 2. ointment *mazadlo*
mastiť 1. grease 2. lard *natierať*, lubricate *mazadlom*
mastiť sa get°greasy
mastnota fat, grease
mastný fat, greasy, oily
mašírovať march, troop
maškara 1. scarecrow 2. mask
maškaráda masquerade
maškrta dainties
mašľa 1. tie *uzol* 2. ribbon *stužka*
maštaľ stable

mať 1. have°, have°got 2. possess, own *vlastniť*, have°to *mať povinnosť*, ought to *mať vykonať*

mat mate & *chess and mate* šach mat

mať mother

mať sa be°*žiť*, have°a time & *how are you?* ako sa máš?

mátať haunt

matematik mathematician

matematika mathematics

materčina mother tongue

materský mother

materiál material, matter *látka*, stuff *hovor.*

materialista materialist

materialistický materialist, materialistic

materializmus materialism

materiálny material

materinský maternal & *mother tongue* materinský jazyk

materský maternal, parent, maternity & *maternity leave* materská dovolenka & *maternity benefits* materské dávky & *kindergarten, nursery school* materská škola

materstvo maternity, motherhood

matika maths *hovor.*

matka 1. mother 2. dam, female *u zvierat* & *stepmother* nevlastná matka & *grass widow* slobodná matka & *queen bee* včelia matka & *Queen Mother* Kráľovná Matka & *Mother Superior* Matka predstavená

matný 1. dim, dull 2. obscure *nejasný*
mátoha ghost, phantom
mátožiť haunt *expr.*
matrac mattress
matriarchát matriarchy
matrika register of ..., registry
matrikár registrar
maturant graduate from secondary school
maturita school-leaving examination, final examination, GSE examination 'A' Levels, examination for school-leaving certificate, matric *hovor.*
maturovať matriculate, sit°for GCE 'A' Levels in *z*
mávať wave to *na*, swing°, flourish *triumfálne*

maximalista maximalist
maximalizovať maximize
maximálny maximum, maximal *veľmi veľký*
maximum maximum
mazadlo lubricant, grease, polish *leštidlo*
mazať 1. grease, annoint *natierať* 2. lubricate *stroj* 3. spread°, smear *maslo* 4. scribble, scrawl *čmárať*
mazľavý sticky
maznať sa caress, make° love, fret with *s*
mažiar mortar
mädliť knead, rub
mäkčeň diacritic mark
mäkkosť softness
mäkký 1. soft 2. gentle *jemný*
mäsiar butcher
mäsiarstvo butchery, butcher's *obchod*

mäsitý fleshy, meat
mäso meat, flesh
mäta mint, peppermint *pieporná*
mdlý faint, feeble, week
mé baa
meč sword
meď copper *chem.*
med honey
medaila medal, commemorative coin *pamätný peniaz*
medailón medallion
medený copper, coppery *obsahujúci meď*
medicína medicine *veda*
medik medic, medical student
meditácia meditation, pondering
meditovať meditate, ponder over *nad*
médium medium
medňatý coppery, cupreous

medovina 1. mead 2. nectar
medovník honey-cake, gingerbread
medový honey, honey-sweet
medúza jelly fish
medveď bear, she-bear *medvedica*
medvedík teddy-bear *hračka*
medvieďa bear cub
medza balk *poľná*, limit *hranica*
medzera space, blank *miesto*, interval *čas*
medzi between *dvomi*, among *viacerými*
medzičasom in the meantime
medziiným among other things
medzimestský intercity, trunk call *hovor*
medzinárodný international
medzník boundary stone *kameň*

megalomániá megalomania
mech sack, leather bag
mechanický mechanical
mechanik mechanic
mechanika mechanics
mechanizmus mechanism
mechúr bladder
melanchólia melancholy
melancholický melancholy
melódia 1. melody 2. tune *pieseň*
melodický melodious
melodika melody
melón 1. honeydew, melon *žltý* 2. watermelon *dyňa*
membrána membrane
memoáre *pl.* memoirs
memorandum memorandum, memo°
memorovať memorize

mena currency, exchange & *fixed currency* pevná mena
menej less, fewer & *less time* menej času
menejcennosť inferiority & *inferiority complex* komplex menejcennosti
menejcenný inferior, second-rate
meniny name day
meniť 1. change, transform *premeniť* 2. change *vymeniť*, exchange, replace
meniť sa 1. change into *na*, turn 2. interchange *striedať sa*, vary
meno 1. name 2. reputation *povesť* & *Christian name* krstné meno & *maiden name* dievčenské meno & *first name* rodné meno

menovanie appointment, nomination
menovať 1. name, entitle 2. call *nazývať* 3. appoint *vymenúvať*
menovať sa be°called
menší smaller, fewer
menšina minority, smaller part
menštruácia menstruation
menštruovať menstruate
mentalita mentality, temper *povaha*
mentálny mental & *mental disorder* mentálna porucha
mentolka menthol drop
merač measurer
meradlo 1. measure, scale *mierka* 2. criterion°
merať 1. measure, tape *páskou* 2. compare with *porovnávať s*

meravý numb
mesačník monthly
mesačný monthly
mesiac moon *planéta*, month *obdobie*
mestečko small town
mesto town, city & *capital* hlavné & *county seat* krajské/okresné mesto & *port* prístavné
mestský urban *patriaci mestu* & *townhall* mestská radnica & *municipal office* mestský úrad
meškať 1. be°late, come°late 2. delay *oneskorovať sa*
mešťan townsman°, citizen
metabolizmus metabolism
metafora metaphor
metafyzika metaphysics
metalurgia metallurgy

metalurgický
  metallurgical
metastáza metastasis°
metať throw°,
  fling° *vrhať*, cast°
metelica blizzard,
  squall
meteorit meteorite
meteorológ
  meteorologist
meteorológia
  meteorology
meter 1. metre
  2. measuring tape
  meradlo
metla broom, whisk
  kuchynská
metóda method,
  process
metodik methodologist
metodika
  methodology
metodológia complex
  of methods
metrák quintal
metrický metric
metro underground,
  tube, subway *Am.*
metropola metropolis°

miasť confuse,
  bewilder, puzzle,
  muddle *pliesť*,
  disorder
mieniť mean °, think°,
  intend *zamýšľať,*
  mať v úmysle
mienka opinion, view
  & *in my opinion*
  podľa mňa & *public*
  opinion verejná
  mienka
mier peace &
  make°*peace*
  uzavrieť mier &
  break °*peace* porušiť
  mier
miera 1. measure,
  standard *predpísaná*,
  rate *sadzba* 2. scale
  3. bounds, limits
  hranica
mieriť aim at *cieliť na*,
  point to *na*
mierniť sa restrain,
  control
mierny mild,
  moderate, temperate
mierový peaceful

miesiť knead *cesto*, mix *miešať*
miestenka seat reservation
miestnosť room, office *kancelárska*
miestny civic, local
miesto 1. place, seat *na sedenie* 2. locality *geogr.* & *birthplace* miesto narodenia
miešačka mixer
miešanec cross-breed, hybrid *bot.*
miešať mix, stir *lyžicou*, scrumble *silno*
miešať sa meddle in *zasahovať* do, interfere *medzi*
migrácia migration
migréna migraine, megrim
mih 1. wink *oka* 2. moment *okamih*
mihalnica eyelash
mihať sa twinkle, flash *rýchlo*

mihotavý flashing, sparkling
mikrobiológia microbiology
mikrofilm microfilm
mikrofón microphone
mikroorganizmus microorganism
mikroprocesor microprocessor
mikroskop microscope
míľa mile
milá sweetheart, girlfriend, beloved
miláčik darling
milenec lover
milenka mistress, sweetheart
miliarda milliard, billion *Am.*
miliardár billionaire
miligram milligramme
mililiter millilitre
milimeter millimetre
milión million
milionár millionaire
militarista militarist
militarizmus militarism

militarizovať
militarize

míľnik milestone, milepost

milodar gift out of charity, charitable gift

milosrdenstvo 1. mercy, pity *súcit* 2. charity *skutok*

milosrdný merciful, charitable *dobročinný*

milosť 1. grace, favour *priazeň* 2. pardon *omilostenie*, amnesty

milostivý gracious

milostný love, amorous & *affair* milostný pomer

milovanie love, amour

milovaný beloved, cherished *vec*

milovať love

milučký sweet

milý 1. dear, favourite *obľúbený*, nice *v správaní* 2. graceful *pôvabný* & *dear friend* milý priateľ

mím mime

mimický mimic

mimika mimic art

mimo 1. out of, outside of *miesto, dej* 2. out of order *nefunkčný* 3. above, past, aside, on the side

mimochodom by the way

mimomanželský extramarital

mimoriadny 1. special, extra, emergency *naliehavý* 2. remarkable *pozoruhodný*

mína mine

míňať sa pass, spend°, consume

míňať spend° *peniaze*, consume *zásoby*

minca coin

mincovňa mint

minerál mineral

minerálka mineral water

mineralóg mineralogist

mineralógia mineralogy
miniatúra miniature
miniaturista miniature painter
minigolf minigolf
minimalizovať minimalize
minimálny minimum, minimal
minimax fire-extinguisher
minimum minimum
minister minister & *Minister of Foreign Affairs* minister zahraničia
ministerský ministerial
ministerský predseda Prime Minister, Premier
ministerstvo ministry, department *Am.* & *Ministry of Foreign Affairs/Foreign Office* ministerstvo zahraničných vecí & *Home Office* ministerstvo vnútra & *the Exchequer* ministerstvo financií & *Board of Health* ministerstvo zdravotníctva
minisukňa miniskirt
minuloročný last year's
minulosť 1. the past 2. history *dejiny*
minulý 1. past, old *dávny* 2. previous *predošlý* & *past tense* minulý čas, *last week* minulý týždeň
mínus minus
minúť spend°
minúť sa 1. pass *čas* 2. miss *netrafiť*
minúta minute
misa bowl, dish *pokrm*
misia mission
misionár missionary
mixér mixer *technik*, blender *Am. prístroj*
mixovať mix, blend

mizéria misery, poverty
mizerný wretched, miserable
mizina ruin
miznúť disappear, fade° away
mláďa young one
mládenec young man° *milenec* & *bachelor* starý mládenec
mládež young people, youth, teenagers *dospievajúci*
mladík youngman°, youngster
mladnúť grow° young
mladomanželia newly married couple
mladosť youth
mladoženích bridegroom
mladučký very young
mladucha bride
mladý young, teen, junior *mladší*
mláka puddle, pool
mľandravý flabby, soft *slabý*

mľaskať 1. click 2. smack *pri jedle*
mláťačka threshing machine, thresher
mlátiť thresh, strike° *udierať*, whip *bičom*
mlčanie silence
mlčanlivý taciturn, silent *tichý*
mlčať be°/keep°silent, say°nothing
mlčky in silence, silently
mletý ground
mliečny milk, milky
mliekár dairyman°
mliekárka dairywoman°
mliekáreň dairy
mlieko milk & *sour milk* kyslé mlieko
mlieť 1. grind°, mill *v mlyne* 2. rattle away *rozprávať*
mlok salamander
mlyn mill, watermill *vodný mlyn*, windmill *veterný mlyn*

608

mlynár miller
mlynček grinder, mincing machine *na mäso*, pepper-mill *na korenie*
mňau miaow
mních monk
mníška nun
mnohí plenty of, lot of & *plenty of people* mnohí ľudia
mnoho much *nepočítateľné*, many *počítateľné*, lot/lots of
mnohokrát many times
mnohonásobný multiple, manifold *rozmanitý*
mnohostranný many-sided, multirateral
mnohotvárny of many forms
mnohoženstvo polygamy
množiť sa multiply *pestovaním*, breed°*zvieratá*, increase, reproduce

množstvo
1. multitude, quantity 2. plenty *hojnosť*
mobilizácia mobilization
mobilizovať mobilize
mobilný mobile, portable *prenosný*
moc 1. power, strength 2. ability *schopnosť* 3. power, authority *právomoc* 4. force *vojenská*
mocnár monarch
mocnárstvo monarchy
mocnieť grow°strong
mocný 1. powerful, mighty 2. strong *statný*
moč urine
močarisko moor, marsh
močiar marsh
močiť 1. soak, wet° 2. urinate *vylučovať moč*
močovka dung water

močový urinary & *calculus* močový kameň
móda 1. fashion, style, vogue 2. craze *bláznivá* & *the latest fashion* najnovšia móda
model model, pattern *vzor*
modelár designer
modelárstvo modelling
modelka model, mannequin
modelovať model
moderátor moderator
modernizovať modernize, bring°up to date
moderný modern, fashionable *módny*, up-to-date *súčasný*
modifikácia modification
modifikovať modify
modistka dressmaker, milliner
modla idol, image *zobrazenie*
modlikať beg, plead°for o
modliť sa pray
modlitba prayer, grace *pred jedlom*
modlitebňa chapel, house°of prayer
modlitebník prayer-book
módny fashionable *dobový*, stylish & *fashion show* módna prehliadka
modrina bruise
modrooký blue-eyed
modrý blue
mohér mohair
mohutnieť grow°strong, intensity
mohutný robust, powerful
mok potion *nápoj*
mokasína moccasin
moknúť 1. be°out in the rain 2. get°/become°wet, soaked *premočiť celkom*

mokro 1. wet 2. rain weather *počasie*
mokrý wet, drenched *premočený*, soaked *premočený*
mokvať trickle
moľa moth
molekula molecule
mólo mole
moment moment *fyz.*, instant *okamih*, factor *činiteľ*
momentálny momentary *prechodný*
monarchia monarchy
monarchista monarchist
monarchistický monarchical
monitor monitor
monogamia monogamy
monogram *pl.* initials, monogram
monokel eyeglass, black eye *pod okom*
monológ monologue
monopol monopoly

monopolistický monopolistic
monoskop test-card
monotónny monotonous
montér fitter, mechanic, installer
montérky *pl.* overalls
montovať assemble, set up°, mount *pripevňovať*
monzún monsoon
mor plague, pestilence *i zvierat*, rinderpest *dobytka*
mora nightmare *sen*
moralista moralist
moralizovať moralize
morálka morality, morals *osobný život*
morálny moral, ethical
moratórium moratorium
morča guinea-pig
mordovať 1. torture 2. kill, murder *zabíjať*
mordovať sa plod *hovor.*, struggle with *s*

more

more sea, ocean, flood & *high seas* šíre more
moreplavba voyage, seafaring
moreplavec seafarer, mariner
morfium morphine
morfológia morphology
moriak turkey
moridlo tan
moriť 1. torment, torture *trápiť* 2. tan, stain *napúšťať moridlom*
moriť sa struggle with *s*
morka turkey hen
morský sea, ocean, naval *voj.* & *seasickness* morská choroba
moruša mulberry *plod*
morušovník mulberry tree
mosadz brass
mosadzný brass
most bridge
mostík 1. footbridge 2. springboard *šport.*

mosúriť sa frown
motať reel, wind°
motať sa roam, rove
motív ground, motive, reason *príčina*
motivácia motivation
motivovať motivate
motlitba prayer
motocykel motorbike
motocyklista motorcyclist
motor motor, engine
motorest roadhouse°
motorista motorist
motorizmus motoring
motorka motor-bike, bike *hovor.*
motto epigraph
motúz twine *silný*, string, cord
motyka hoe
motýľ butterfly *zool.*
motýlik 1. tiny butterfly 2. bowtie *ku košeli*
mozaika mosaic
mozog brain, brains *rozum*
mozoľ callosity

možno maybe, perhaps & *it is possible* je možné

možnosť alternative, possibility, opportunity *príležitosť*

možný acceptable, possible, feasible

môcť can°, be°capable, may°, be° able to *dovolenie*

môj, moja, moje my, mine *samostatné*

môžbyť perhaps, maybe

mračiť sa 1. be°cloudy *o počasí* 2. frown, look sour *o ľuďoch*

mrak dark, cloud

mrákava heavy clouds

mrakodrap scyscraper

mramor marble

mraštiť sa wrinkle, frown

mraučať whine, miaow

mrav 1. *pl.* manners *správanie* 2. custom *obyčaj* & *morality* mravné zásady

mravec ant

mravenisko ant-hill

mravnosť morality

mravný moral, ethical *morálny*

mravy *pl.* morals, ethics

mráz freeze, cold zima & *freezing point* bod mrazu

mrazený frozen, iced *ľadový*

mraziareň chamber

mraziť freeze°, chill *studeniť*

mrazivý frosty

mraznička freezer

mreža bar, lattice, grate

mrhať waste, squander

mrholiť drizzle

mrieť die

mrk dusk, twilight

mrkať blink, wink at *na*

mrkať

613

mrkva carrot
mrmlať growl, murmer, grumble *šomrať*
mrnčať whimper *expr.*, grizzle
mrož walrus
mŕtvica stroke, paralysis *ochrnutie*, heart failure *srdca*
mŕtvola corpse *človeka*, dead body
mŕtvolný cadaverous, deadly
mŕtvy dead, deceased
mrviť crumble *drobiť*
mrviť sa fidget, wiggle
mrzačiť maim, cripple
mrzák cripple
mrzieť vex *sužovať*, worry about, feel° grieved
mrzkosť ugliness
mrzký ugly, nasty
mrznúť freeze°
mrzutosť trouble
mučenie torture

mučiť agonize *duševne*, torture, torment
mučivý torturing
múčka fine flour
múčnik pastry, dessert
mudrc sage, wise man°
múdrieť become° wise
múdrosť wisdom
múdry wise, intelligent, clever
mucha fly
mucholapka fly-paper
muchotrávka toadstole
múka flour, meal *hrubá*
muknúť peep
muky pain, torture & *agony* smrteľné muky
mulica mule
multimilionár multimillionaire
múmia mummy
mumifikovať mummify

mumlať mumble, mutter
munícia munition
múr wall, rampart *hradba*
murár mason, bricklayer
murárstvo masonry
murovať lay°bricks, build°in brick
musieť must°, have°to, be°obliged *byť povinný*
mušelín muslin
muškát muscatel & *nutmeg* muškátový oriešok
mušľa shell
mušľovitý shell-shaped
mušt must, grape-juice & *cider* jablčný mušt
mutácia mutation *biol.*, version *verzia*
mútiť stir, muddy
mútny muddy, troubled
mutovať break°voice

múza muse *inšpirácia*
múzeum museum
muzika music
muzikál musical
muzikant musician
muž man°, husband *manžel*
mužatka virago°
mužíček 1. little man°2. goblin *škriatok*
mužnieť grow°into manhood, become°a man °
mužnosť manliness, manhood *zrelosť*
mužný manly, masculine, manful *statočný*
mužský musculine *rysy*, male
mužstvo team, troops *voj.*, crew *posádka*
my we & *both of us* my obaja & *all of us* všetci
mydliť soap, lather *pri holení*
mydlo soap

mykať

mykať jerk, jolt
mýliť puzzle, confuse, mislead°
mýliť sa be°mistaken, be°in the wrong, make°a mistake
mýlka error, mistake *chyba*
mys cape, promontory
myseľ mind
myslieť believe, think°, have°in mind *mať na mysli*, gather *usudzovať*
mystika mysticism
myš mouse°
myšacinec mouse-daung
myšička mousie
myšlienka thought, idea *nápad*
myť wash
mýto toll, duty
mytológia mythology
mýtus myth
mzda day *denná*, wage *týždenná*, salary *mesačná*, earning *zárobok*
mzdový wage- & pay-roll *mzdová listina* & wage bracket *mzdová kategória*

N

na *predl.* 1. on, upon *miestne* 2. for *účel* 3. to, into *smer* 4. for, towards *časovo*
nabádať spur on, prompt to *na*
nabažiť sa have° enough, get° fed up
nábeh tendency, inclination *sklon*
nabehnúť run° on *nárazom*
naberačka ladle *kuch.*, table spoon
naberať gather, fold *záhyby*
nabiť beat° up *zbiť*, hammer in *do*, load *pušku*
nablízku near by, around

nabodnúť 1. stick° 2. stab *prebodnúť*
nabok aside
naboso barefoot
náboženský religious
náboženstvo religion
nabrať 1. take° 2. fill up *naplniť* 3. draw° *tekutinu*
nábrežie embankment
nabrúsiť sharpen, grind°
nabudúce next time, in future
nábytkárstvo furniture-making
nábytok furniture
nacionalista nationalist
nacionalizmus nationalism
nacista Nazi
nacizmus Nazism

nácvik training, drill, practice
načas on time, in time *včas*
náčelník chief, leader, head
načerpať draw°, obtain *získať*
načiahnuť reach
načierno without licence, without paying
náčinie tools, implements *náradie*, *pl.* utensils *kuchynské*
načisto absolutely, quite, wholly *celkom*
načmárať scribble
načo 1. what for *účel* 2. why *príčina*
náčrt outline *obrys*, sketch *skica*
načrtnúť 1. draft, sketch 2. outline *opísať*
načúvať listen to

nad, nado over, beyond, above
nadácia foundation, grant
nadájať nurse, breastfeed°
nadanie talent, gift *dar*
nadaný talented, gifted
nadarmo in vain, no purpose *bezdôvodne*
nadávať 1. call names 2. swear° *kliať*
nadávka abuse *niekomu*, swear-word, insult *urážka*
nadbiehať outrun° *komu*
nadbytočný redundant
nadbytok abundance, redundance, surplus *prebytok*
nadčas overtime
nádej 1. hope 2. expectation *očakávanie*
nádejný hopeful, promising
nádhera magnificence, luxury *prepych*

nádherný 1. splendid *skvelý*, magnificent 2. luxurious
nadhľad bird's eye view
nadhodiť 1. throw°up 2. lift *zdvihnúť*
nádcha cold
nadchnúť inspire, enthuse *hovor.*
nádielka gift
nádievka force-meat
nadjazd overpass, viaduct
nadľahčiť lighten *uľahčiť*
nadlho for long
nadmerný oversized
nadmorský above sea level & *altitude above sea level* nadmorská výška
nadnes for today
nádoba vessel, bin & *dustbin* smetná nádoba
nadobro for good, completely *úplne*

nadobudnúť acquire, obtain, gain
nadol down, downwards
nadosmrti for life
nadovšetko above all
nadpis title *titul*, heading *hlavička v novinách*
nadporučík first lieutenant
nadpozemský unearthly
nadpriemerný above the average
nadprirodzený supernatural
nadradený superior
nadránom at dawn
nadriadený 1. superior, senior *starší* 2. chief, superior *osoba*
nadrieť sa drudge *hovor.*, work very hard
nadrobno in small pieces

nádrž 1. container, basin *vodná* 2. dam *priehrada*
nadŕžať favour, side with *komu*
nadskočiť skip
nadšenec enthusiast, bug *hovor.*
nadšenie enthusiasm
nadšený enthusiastic, zealous *horlivý*
nadurdiť sa make° angry
nadutý haughty
nadúvať sa swell°
nadváha overweight
nadviazať 1. tie into, fasten *zviazať*, connect *spojiť* 2. establish relations *styky*
nadvihnúť lift up
nadvláda 1. rule 2. hegemony
nádvorie courtyard
nádych 1. breath 2. shade *odtieň*
nadýchnuť sa breathe in, take°in *vdýchnuť*

nafarbiť paint, stain, dye *vlasy*
nafta crude oil, oil, petroleum
naftár oilman°
nafúkaný conceited
nafukovací blow-up
naháč naked person, nude
naháňať chase
nahlas aloud, loudly *hlasno*
náhle all of a sudden, suddenly *zrazu*
nahliadnuť examine, peep into *do*, look into
náhliť 1. urge 2. hurry, rush *ponáhľať*
náhly sudden, unexpected
nahmatať touch
nahnevaný angry, cross
nahnevať make°angry, anger
nahnitý half-rotten
nahnúť bend°
náhoda chance, accident

náhodný accidental, casual

náhodou by chance, by accident

nahor up

náhorný upland

nahota nakedness, nudity

nahovoriť 1. incite 2. persuade *nanútiť*

nahrabať make°a pile

náhrada 1. compensation 2. substitution *zastúpenie*

nahradiť 1. compensate, cover 2. substitute *zastúpiť*

náhradník substitute, stand in *šport.*

náhradný compensatory

nahrať record, tape

nahrávka recording, pass *šport.*

náhrdelník necklace, necklet

nahrnúť sa crowd

náhrobný grave & *gravestone* náhrobný kameň & *epitaph* náhrobný nápis

nahromadiť accumulate, pile up *navŕšiť*

náhubok muzzle *zvierací*

nahuckať incite

nahusto thickly

nahý naked, nude

nachádzať find°

nachádzať sa be° situated

nachladnúť catch°a cold

náchylnosť propensity, disposition

náchylný disposed to *na*, tending to *na*

nachystať prepare

nachytať 1. catch°2. fool *nalákať*, take°in *hovor.*

naisto for sure, for certain, surely

naivný naive, simple
najať hire, rent
najať si hire, take°, retain
najavo come°to light, become°evident
nájazd raid, invasion *prepad*
najbližšie the next time *časovo*
najedovať make°angry
najesť sa eat°to one's fill
naježiť sa bristle
najmä especially, particularly
najmenej the least, in the least, at least *aspoň*
najnovšie most recently
nájom rent, lease, hire
nájomné rent, mail
nájomník lodger, renter, tenant
najprv first, at first, first of all

najskôr in the first place, the soonest & *as soon as possible* čo najskôr
nájsť find°, discover
najviac most°, at most, the most°
nákaza contagion *stykom*, infection *infekcia*
nakaziť infect, contaminate
náklad load, cargo *lodný*, freight *tovar*
nakladateľ publisher
nakladateľstvo publishing firm
nákladný 1. goods, cargo, freight 2. costly, expensive *drahý*
naklásť 1. load, pile 2. build°
naklepať 1. type 2. beat° *mäso*
nakloniť lean° *v smere*
náklonnosť 1. favour 2. inclination *sklon*

nakoniec finally, in the end
nakradnúť make°away with, steal°
nakrátko for a short time, in short, briefly
nákres drawing, sketch
nakresliť draw°, sketch
nakrivo obliquely
nakŕmiť feed°
nakrútiť 1. wind° 2. shoot° *film* 3. record *platňu*
nákup purchase, shopping & *shopping-list* zoznam
nakúpiť buy°, purchase
nákupný purchase, shopping & *shopping centre* nákupné stredisko
nakupovať do°shopping, go°shopping

nakvapkať drip into
nákyp soufflé, pudding, pud *hovor*. & *rice pudding* ryžový nákyp
nakysnúť rise° *cesto*
nálada mood, temper, humour & *be° in a good mood* mať dobrú náladu & *be°in a bad mood* mať zlú náladu
naladiť tune *hud*.
naľahko lightly
naľakať frighten, scare
naľakať sa get°scared
nalakovať varnish
naľavo on the left
nalepiť stick°, glue
nálepka label, sticker, ticket
nálet air raid, blitz *veľký*
nález 1. discovery *objav* 2. finding *zistenie*
nálezisko discovery site, finding-place
naliať pour

naliehať

naliehať press, urge, insist on *na*
naliehavý urgent, instant
nalodiť sa embark *cestujúci*, take°on board
nálož charge
naložiť load up, preserve *konzervovať*
námaha strain, effort *úsilie*
namáhať 1. tire 2. strain *napínať*
namáhavý difficult, tiring *únavný*
namaľovať paint
námesačník sleepwalker
námestie square
námet theme, topic
namieriť aim at *na*, point *zbraň*
namiesto instead of, in place of
namiešať prepare, mix
namietať dispute, take°objection, reply

námietka objection, protest
namočiť dip, moisten *navlhčiť*
namoknúť get° wet, get°soaked
namontovať install, mount
námorníctvo navy *voj.*
námorník seaman°, sailor, mariner
námorný marine, sea, naval *lodný*
namosúrený angry
namotať roll up, wind, reel
namydliť soap
naneštastie unfortunately
naničhodník idler, loafer
naničhodný worthless
nános deposit, sediment, silt *piesku*
nanovo anew, afresh
naobedovať sa have°lunch/dinner
naokolo around, round about

naolejovať oil
naopak upside down, the wrong way, on the contrary *protiklad*
naozaj really, indeed
naozajstný true, real
nápad idea, fancy
nápaditý inventine, creative
nápadník suitor, follower *hovor.*
napadnúť 1. fall° down 2. attack *zaútočiť*
nápadný striking, shouting *farba*
napájadlo watering place
napájať water
napajediť sa get° angry
naparovať sa brag
napätie strain, stress
nápev melody, tune
napichnúť stick°, pin on *na*
napínavý thrilling, exciting
nápis notice *výveska*, sign *firemný*

napísať write°down
napiť sa have° a drink
naplánovať plan, schedule
náplasť plaster
náplň 1. filling 2. contents *obsah*
naplniť fill with *čím*, bottle *do fliaš*
naplno fully
napodobniť imitate, simulate
nápoj drink & *soft drink* nealkoholický nápoj
napojiť give°a drink, water *zviera*
napokon at last *konečne*, eventually, in the end
napoludnie at noon
napoly in two, half
nápor impact, stress
naposledy 1. last time, for the last time *posledný raz* 2. lastly, finally *nakoniec*

napospas at the mercy of *čoho*

napraviť set°/put°/make°right, correct, repair

nápravný corrective & *house°of correction* nápravné zariadenie

napravo on the right

naprázdno in vain *márne*

napred 1. forward, ahead of, in front of 2. beforehand *skôr*

napredovať 1. advance, go°forward 2. make°progress

napriamiť straighten up

napriek on purpose, out of spite, in spite of *navzdor*

napríklad for instance, for example

naprostred in the middle

naproti on the opposite side, opposite *oproti*

náprstník foxglove

náprstok thimble

napuchnúť swell°

napustiť 1. let°in *do* 2. fill *naplniť* 3. stain *farbou*

narábať handle, use

náradie *pl.* implements, tools

náramok bracelet

naraňajkovať sa have°breakfast

narásť grow°up

naraz at the same time, suddenly *zrazu*

náraz stroke *úder*, collision *zrážka*

naraziť collide with *do*, clash, strike°against *na*

nárečie dialect

nárek lament

nariadenie act, order, decree *úradné*

nariadiť order, direct, decree

nariekať lament

narkoman drug addict, habitual
narkotický narcotic
narkotikum narcotic, drug
narkóza narcosis° & *under narcosis* v narkóze
náročný 1. exacting, demanding 2. difficult *ťažký*
národ 1. nation 2. people 3. community *spoločenstvo*
narodenie birth
narodeniny birthday & *birthday present* darček k narodeninám
narodený born
narodiť sa be°born & *I was born* ... Narodil som sa ...
národnosť nationality
národný national, popular *ľudový* & *National Theatre* Národné divadlo

nárok 1. right *právo*, title *oprávnenie* 2. claim *požiadavka*
nárokovať si claim, require
náruč armful
narukovať enlist *hovor.*, join the army, join up
narušiť affect *zasiahnuť*, break° *prerušiť*, disturb *vyrušiť*
náruživosť passion, fancy
náruživý passionate
nárys drawing, project, design
narysovať draw°, design
nás us
nasadiť fix *silno*, set°, put°
nasadnúť get°on, board
nasať suck in, take°in
naschvál deliberately, on purpose *úmyselne*

nasiaknuť soak
nasiať sow°
násilie force *fyzické*, brutality
násilník brute, tyrant
násilnosť brutality
naskočiť jump on *na*, start *fungovať*
náskok start & get° *a start* získať náskok
naskytnúť sa occur, happen
následok effect, result
nasledovať 1. follow 2. come°next
nasledovník follower
nasledujúci following, next
naslepo at random
nasoliť salt
naspamäť by heart
naspäť back
naspodu at the bottom, below
nasporiť save
nasťahovať sa move in, migrate *do inej krajiny*
nastať begin°, happen

nástenka notice board, wall newspaper
nástojiť insist upon *na*
nastrašiť scare, frighten
nastriekať spray
nástroj tool, instrument *jemný & musical instrument* hudobný nástroj
nástup 1. getting on 2. line-up *zoradenie*
nástupište platform
nastúpiť 1. get°, board *Am. do čoho* 2. fall°in, form up *zoradiť sa* 3. begin°, start *začať* 4. enter
nasypať fill
nasýtiť feed°, satiate
náš our, ours *samostatné*
našepkať whisper
našinec one of us, fellow countryman°*krajan*
naškrobiť starch
naštartovať start

našťastie fortunately, by luck, happily
naštudovať study, learn°
nátačka curler, roller
náter coat, polish, varnish, paint material
natiahnuť stretch, pull°, spread°, tighten *napnúť*
natierať paint *farbou*, varnish *lakom*
natierač painter, coater
nátlak pressure & *under pressure* pod nátlakom
nato 1. for that purpose, to that effect *preto* 2. afterwards *potom*
natočiť curl *vlasy*, shoot° *film*, record *pieseň*
nátura temper, nature
naučiť sa learn°
naučiť teach°

náuka 1. science, study 2. theory *učenie*
náušnica ear-ring
navádzať direct, instigate
nával 1. crowd, crush 2. flush *hnevu*
navariť make°, cook
navečerať sa have°supper
naveky for ever
naviesť 1. induce, instigate 2. vector *nasmerovať*
navigovať navigate
navliecť 1. put°on, slip on 2. thread *niť*
návnada bait
navnivoč nothing
návod instruction, guide, *pl.* directions *pokyny*
navonok outwardly
navôkol all around
návrat return, coming-back, returning, home-coming *domov*

návrh proposal, project *plán*, proposition *Am.*
návrhár designer
navrhnúť propose, draw°up, design *vzor*
navrch to the top, up, upwards *smer*
navrchu on top, up
navŕšiť heap up
navŕtať sink°a hole
návšteva visit, call, stay *pobyt*
návštevník visitor, guest, customer *zákazník*
návštevnosť attendance
navštívenka visiting card
navštíviť 1. attend 2. visit, call on, go°to see
návyk habit, custom
navyknúť si 1. get°accustomed 2. get°into the habit of

navzájom one another, each other
navždy forever
nazad backwards, back
nazbierať gather, collect
nazlostiť anger
nazmar go°to pot, come° to naught
naznačiť 1. indicate 2. hint, suggest 3. sketch
náznak hint, sign
názor opinion, view
názov title, name, term *termín*
nazrieť look into *do*, have°a look
nazvať call, name
názvoslovie terminology
nažívať get°along with, get° on
nažive alive, living
nealkoholický nonalcoholic, soft & *soft drink* nealkoholický nápoj

neaktuálny untopical
nebesá *pl.* heavens
nebeský heavenly
nebezpečenstvo danger, risk, jeopardy
nebezpečný dangerous, perilous, risky
nebo 1. the sky *obloha* 2. heaven *náb.*
nebohý dead, deceased
nebojácny fearless, daring
nebožtík late, decedent
necitlivý insensitive
necudný shameless, immoral, obscene
nečakaný unexpected
nečestnosť dishonesty
nečestný dishonest, dishonourable
nečinný inactive, idle *nepracujúci*
nečistota impurity, dirtiness
nečistý dirty *špinavý*, unclean
nečitateľný illegible
nečudo no wonder
neďaleko not far off, close, near
nedávno recently, not long ago, short time
nedávny recent, late
nedbalý negligent, careless
nedbať neglect
nedeľa Sunday
nedisciplinovaný undisciplined
nedobrovoľný compulsory, involuntary
nedobytný impregnable
nedoceniť undervalue
nedočkavosť impatience
nedočkavý impatient
nedokonalosť imperfection
nedokonalý imperfect
nedokončiť drop
nedorozumenie misunderstanding
nedospelosť minority

nedospelý minor, underage, immature *nezrelý*
nedostatočný insufficient
nedostatok absence from, shortage, insufficiency
nedotknutý untouched
nedovoliť forbid°
nedôvera distrust, mistrust
nedôverovať distrust, mistrust
neefektívny inefficient
neestetický tasteless
neexistujúci non-existent
nefajčiar nonsmoker
nefalšovaný pure, simple
neforemný formless, shapeless *beztvarý*
neformálny informal
negatív negative
negatívny negative
negramotný illiterate
neharmonický disharmonic

nehmotný immaterial
nehoda accident
nehoráznosť rudeness
nehorázny wicked
nehybnosť immobility
nehybný immobile, fixed *pevný*
nech 1. let *príkaz nepriamy* 2. may, will *želanie*
nechať 1. let° *dopustiť* 2. leave° *odísť* 3. keep° *uschovať*
nechránený unprotected, uncovered
necht nail
nechuť dislike, disgust, aversion *odpor*
nechutný 1. tasteless *o jedle* 2. disgusting *odporný*
neistota uncertainty, doubt
neistý uncertain, doubtful
nejako somehow, anyhow, in some way

nejaký 1. some, any, some sort of 2. certain *určitý*
nejasný 1. obscure, vague 2. unclear
nejednotný heterogeneous
nejestvujúci absent, non-existent
nekalý unfair, wicked
nekonečný 1. infinite, boundless 2. endless *bez konca*
nekrológ necrologue
nekrytý uncovered
nektár nectar
nekultúrny uncivilized, uncultured
nekvalifikovaný unqualified, incompetent
nekvalitný of inferior quality, low quality
neláskavý unkind, unfriendly
nelegálny illegal
neľúbosť dislike
neľudskosť inhumanity
neľudský inhuman
neľútostný pitiless
nemajetný indigent, poor person *chudobný*
nemálo not a few *počítateľné*, not a little *nepočítateľné*
nemanželský illegitimate
nemčina German
Nemec German
Nemecko Germany
nemecký German
nemilosrdne mercilessly
nemilosrdný merciless, ruthless, cruel
nemilý unpleasant
nemluvňa baby, infant
nemoc illness, disease
nemocnica hospital
nemohúcnosť impotence
nemotorný clumsy, awkward *pohybovo*
nemožný impossible, unfeasible

nemravný immoral, indecent, obscene
nemý mute & *silent film* nemý film
nenáročný modest *skromný*, unpretentious
nenásilný unforced
nenávidieť hate, detest
nenávisť hatred, hate
nenávistný hateful
nenazdajky suddenly, unexpectedly
nenormálny abnormal
neoblomný firm, hard-hearted
neobľúbený unpopular
neobmedzený unlimited, unrestricted
neobratný unskilful, awkward *pohybovo*
neobsadený vacant
neobvyklý unusual, uncommon, strange *zvláštny*
neobyčajný extraordinary, unusual

neočakávaný unexpected
neodborník layman°*laik*, nonspecialist, nonexpert
neodborný lay, unskilled, incompetent *zlý*
neodkladný urgent, pressing
neohrabaný clumsy
neohybný inflexible
neochota unwillingness
neochotný unwilling
neón neon
neopatrnosť carelessness
neopatrný careless
neosobný impersonal
nepárny odd
nepatrný slight, slender, trivial *bezvýznamný*
neplatnosť invalidity
neplatný bad, invalid
neplnoletý underage, minor

neplodnosť sterility
neplodný sterile, barren *pôda*
nepohoda bad weather, disharmony
nepohodlný uncomfortable
nepohyblivý immovable
nepokoj disorder, uneasiness, stir *rozruch*
nepokojný restless, stormy *rušný*
nepomer disproportion
neporiadny untidy, disorderly
neporiadok disorder, mess *hovor.*, chaos
neposlušnosť disobedience
neposlušný disobedient, disorderly
nepotrebný unnecessary, useless *zbytočný*

nepovinný optional
nepovolaný incompetent, unauthorized
nepozorný inattentive, careless
nepraktický unpractical
nepravda falsehood, untruth
nepravdepodobnosť improbability, unlikelihood
nepravdepodobný improbable
nepravdivosť untruthfulness
nepravdivý untrue, false, truthless
nepravidelný irregular
nepravý wrong, false *falošný*
nepremokavý waterproof
neprenosný stationary
nepretržitý continuous, uninterrupted
nepriamo indirectly

nepriamy indirect
nepriateľ 1. enemy 2. adversary, rival *protivník*
nepriateľský unfriendly
neprijateľný unacceptable
nepríjemný unpleasant, bad
neprirodzený unnatural, affected *strojený*
neprítomnosť absence
neprítomný 1. absent 2. missing 3. absent-minded *duchom*
nerád unwillingly
neradostný cheerless
nerast mineral
neraz not once, many a time
nereálny unreal, unrealistic
nerest vice
nerovný uneven *povrch*, curved, different *odlišný*
nerozhodnosť irresoluteness *vlastnosť*
nerozhodný indecisive, undecided
nerozpustný insoluble
nerozum imprudence *nerozvážnosť*, foolishness *pochabosť*
nerozumný unreasonable, imprudent, foolish *pochabý*
nerv nerve & *it gets on my nerves* lezie mi to na nervy
nervový nervous
nervozita nervousness
nervózny nervous
neschopnosť inability, impotence, incapability, disability
neschopný impotent, incapable, unable
neskoro late

neskorý late
neskôr later, later on, afterward
neskromný immodest
neskúsený inexperienced
neskutočnosť unreality
neskutočný unreal, imaginary
neslušný indecent, rude *hrubý*
nesmelo timidly
nesmelosť timidity, shyness
nesmelý timid, shy *plachý*
nesmrteľný immortal, undying
nespôsobilý unfit
nesprávny wrong, incorrect
nespravodlivosť injustice, wrong *krivda*
nespravodlivý unjust, unfair
nestály unstable, unsteady
nesúhlas disagreement, disapproval *neschválenie*
nesúlad disharmony & *matrimonial disharmony* manželský nesúlad
nesúmerný unsymmetrical
nesúrodý heterogeneous
nesúvislý incoherent, discontinuous
nešikovný clumsy
nešťastie misfortune, calamity, accident *nehoda*, bad luck *smola*
nešťastník wretch
nešťastný unfortunate, unhappy, unlucky
netaktný tactless
neter niece
netopier bat
netrpezlivo impatiently
netrpezlivý impatient
netvor monster

netypický untypical
neúcta disrespect
neúctivý disrespectful, impolite
neúčasť nonparticipation, absence
neúčinný ineffectual
neúhľadný untidy
neúplný incomplete, defective
neúprimný insincere
neurčitý indeterminate, undetermined
neúroda bad harvest, crop failure
neúrodnosť barrenness
neúrodný barren, infertile *pôda*
neurológ neurologist
neuróza neurosis°
neúspech failure
neúspešný unsuccessful
neuspokojený unsatisfied
neustály constant, permanent

neutrálny neutral
neuveriteľný unbelievable, incredible
nevďačný ungrateful
nevedomosť ignorance
nevedomý ignorant
nevela not very much
nevernosť infidelity
nevesta 1. bride *žena* 2. daughter-in-law *synova manželka*
nevhodný unsuitable, inapt
neviditeľný invisible
nevinný 1. innocent 2. clear, chaste *čistý*
nevkus bad taste
nevkusný tasteless
nevľúdny unfriendly
nevojak citizen, civilian
nevšedný remarkable, extraordinary
nevšímať si ignore
nevyhnutnosť necessity, inevitability
nevyhnutný inevitable

nevýhoda
  disadvantage
nevychovaný
  uneducated, ill-mannered *neslušný*
nevýrazný blank
nevyrovnaný unsettled
nevyspytateľný
  inscrutable
nevzdelaný
  uneducated
nezábudka forget-me-not *bot.*
nezabudnuteľný
  unforgettable
nezákonný illegal, unlawful
nezamestnanosť
  unemployment & *unemployment benefit* podpora v nezamestnanosti
nezamestnaný
  unemployed, jobless
nezáujem lack of interest, indifference *ľahostajnosť*
nezávisle
  independently
nezávislosť
  independence
nezávislý
  independent, single
nezbedný naughty
nezdvorilosť
  impoliteness
nezdvorilý impolite, rude *hrubý*
nezmysel nonsense
nezmyselný
  nonsensical
neznámy unknown
neznášanlivosť
  intolerance
neznášanlivý
  intolerant
nezodpovednosť
  irresponsibility
nezodpovedný
  irresponsible
nezrelý unripe *ovocie*
nezrozumiteľný
  unintelligible
nezvestný missing
nezvyčajne unusually
nezvyčajný unusual
než 1. than *ako*
  2. before *skôr*

nežnosť tenderness
nežný tender, gentle
nič nothing, nought *mat.*
ničiť destroy, devastate *pustošiť*, kill *zabíjať*
ničivý destructive
ničomný vile
nie 1. no 2. not *záporná častica po slovese* & *not at all* vôbec nie
niečo something
niekam somewhere, anywhere
niekdajší former, one-time
niekde somewhere, anywhere
niekedy sometimes & *once upon a time* kedysi dávno
niekoľko several, a few, some
niekoľkokrát several times
niekoľkoročný of some years

niekto somebody, someone
niektorý some, any
niesť 1. carry 2. bring° *prinášať* 3. bear° *znášať* 4. lay° *vajíčka*
nijaký 1. no 2. no kind of *neurčitý*
nik nobody
nikde nowhere
nikdy never & *never ever, never more* nikdy viac
nikotín nicotine
nikto nobody, no one, none
niť thread
nivočiť devastate, destroy
nízky 1. short 2. low *nízky*
nížina lowland
no *cit.* well *dobre*, *spoj.* but
noc night
nocľah night's lodging, overnight accommodation

nocľažník lodger
nocovať stay overnight, spend°the night
nočník chamber pot
noha leg, foot° *chodidlo*
nohavice trousers
nohavičky *pl.* panties, underpants
nominovať nominate
nora den, lair
norma norm, code
normálny average, regular, normal
Nórsko Norway
nos nose
nosič porter, carrier *prenášač*
nosiť carry, wear°*na sebe*
nosorožec rhinoceros *zool.*
nota note *hud.*
notár notary
notárstvo notary's office
notes notebook
notorický notorious

noty music
nováčik beginner, novice
november November
novina news
novinár journalist
novinárstvo journalism
noviny newspaper, the daily press *denná tlač*
novodobý modern
novomanželia newly-married couple, newlyweds
novoročný New Year's
novorodenec newborn child°
novostavba new building
novota novelty
Nový zákon the New Testament
nový new, recent *nedávny*, fresh *čerstvý*, latest *najnovší*
nozdra nostril

nožnice *pl.* scissors
nôta tune, melody
nôtiť tune
nôž knife°
nuda boredom
nudiť sa be°bored
núdza poverty,
  penury *chudoba*,
  shortage
  nedostatok
núdzový emergency &
  emergency exit
  núdzový východ
ňufák snout, nose
ňuch scent, smell
ňuchať sniff, scent,
  snoop *sliediť*
núkať offer, tender,
  bid°
nula zero, nought, nil
  šport.
nulový zero, null
numizmatika
  numismatics
nútiť force, compel
nutnosť necessity,
  imperative
nutný necessary,
  essential
nuž well now

O

o predl. 1. about, of 2. at *čas* & *at five o'clock* o piatej
oáza oasis°
obaja both
obal wrapper, cover
obaliť wrap up, cover *pokryť*
obálka 1. envelope *listu* 2. cover *knihy*
obariť scald with *čím*
obava 1. apprehension 2. anxiety *tieseň* 3. fear *strach*
obávať sa fear for *koho*, be°anxious *o čo*, be°afraid of *čoho, koho*
občan citizen, subject
občas occassionally, from time to time, at intervals *s prestávkami*
občasný occasional
občerstvenie refreshment, roadside *pri ceste*, snack *rýchlé*
občerstviť sa refresh
občiansky 1. civic 2. civil *civilný* & *identity card* občiansky preukaz & *civil rights* občianske práva & *civil code* občiansky zákonník
občianstvo citizenship & *nationality* štátne občianstvo
obdariť present with *čím*, make°a present
obdivovať admire
obdivovateľ admirer
obdivuhodný admirable

obdobie period, term *funkčné*, season *ročné*

obdržať obtain *získať*, receive

obec 1. municipality *samospráva*
2. community
3. locality *miesto*

obecenstvo the audience *v divadle*, the public *publikum*

obecný 1. common *spoločný* 2. public
3. municipal *obce*

obed 1. dinner *hlavné jedlo*, lunch *obed*
2. midday *poludnie*

obedovať dine, have°dinner & have for dinner mať na obed

obeh circulation, cycle *kolobeh*, orbit *po obežnej dráhe* & blood circulation krvný obeh

obehnúť run°round, make°a round of *v kruhu*

oberať pick, pluck

obesenec hanged man°

obesiť sa hang°o. s.

obeť 1. sacrifice *obeta*
2. victim

obetavý self-sacrificing *obetujúci sa*

obetovať 1. offer
2. sacrifice *venovať*
3. victimize

obežnica planet

obežník circular, tracer *Am.* & government circular vládny obežník

obhádzať throw°round

obhájiť defend, justify

obhliadka inspection, examination

obchádzať go° round *v miestnosti*, hang°round *bezcieľne*

obchádzka 1. bypass
2. detour *na ceste*

obchod 1. business, trade *vnútroštátny*

644

oblak

2. deal *výmena a predaj* 3. shop *predajňa*, store *Am. & retail trade* maloobchod & *wholesale trade* veľkoobchod
obchodník 1. businessman° 2. shopkeeper *majiteľ obchodu*
obchodovať trade, deal° in s, do°business
obchôdzka 1. walk, walk-about, tour *naplánovaná* 2. round *služobná*
obidvaja both
obilie 1. cereals *tovar* 2. corn *zrno*, grain *Am.*
obilnina cereal
obísť 1. go°round 2. pass by *popri*
objasniť explain, make°clear
objať embrace
objatie close embrace

objav discovery
objaviť 1. find°out *zistiť* 2. discover *nájsť*
objaviť sa appear
objaviteľ discoverer, inventor *vynálezca*
objednať 1. book *rezervovať* 2. order 3. reserve
objednávka 1. order 2. reservation 3. booking
objekt 1. object *predmet* 2. establishment, building
objektívny objective, open-minded
objem 1. size *rozmer* 2. volume *rozsah* 3. capacity
obkladať face *stenu*, revet *kameňom*, board *drevom*
obklopiť surround, enclose
oblačný cloudy
oblak cloud

oblasť area, region *kraj*, district *okres*, territory *územie*, zone *pásmo*
oblátka wafer, host *cirk.*
oblečenie dress
oblek suit *pánsky*, dress *šaty*
oblepiť paste round, paper *papierom*
obletieť 1. orbit 2. fly°round
obliať pour on, spill° *vyliať*
obliecť sa put°on, dress
oblievať water
oblizať lick
obloha sky
oblok window
obľuba liking, favour *priazeň*, pleasure *potešenie*
obľúbený favourite, popular *populárny*
obľúbiť si favour, become°fond of
oblúk bow, arch *stav.*, bend *ohyb*

obmedzenie limitation, restriction
obmedzený 1. narrow-minded *duševne* 2. limited
obmedziť restrict, limit, border *ohraničiť*
obmeniť alter *pozmeniť*, change *zmeniť*, modify *upraviť*
obnažiť sa strip, denude *odhaliť*
obnosiť wear°out
obnovenie innovation, restoration
obnoviť restore, renovate *prestavbou*, re-establish
obočie eyebrow & *eyebrow pencil* obočenka
obohatiť sa become°rich
objok collar
obojpohlavný bisexual

obojsmerný two-way
obojstranný double, bilateral *dvojstranný*
obor giant
obozretný cautious, vigilant *ostražitý*
obracať turn round, toss *seno*
obrad ceremony, ceremonial & *religious ceremony* náboženský obrad
obrana defence, protection *ochrana*
obranca defender, back *šport.*
obrániť defend, protect *ochrániť*
obrat 1. turn 2. change *zmena*
obrátiť sa turn about, reverse *smer*
obratnosť skill
obratný skillful, prompt *pohotový*
obraz 1. painting, picture 2. reflection *v zrkadle* 3. portrait *osoby*

obrazáreň picture/art gallery
obrázkový illustrated & *picture book* obrázková kniha
obrazotvornosť fantasy, imagination
obrazovka screen
obrniť arm *voj.*, fortify *opevniť*
obrobiť 1. cultivate, work 2. tool *nástrojom*, machine *strojom*
obrovský giant, gigantic, colossal
obrúčka 1. ring 2. wedding ring *svadobná*
obrus tablecloth
obrúsiť grind° off
obrúsok table-napkin
obrva eyebrow
obrys contour *obrys*, silhouette *silueta*
obsadiť take° *mesto*, occupy, fill up *miesto* & *take° a seat* obsadiť miesto

obsah *pl.* contents, summary *skrátený*, volume *objem*, area *plošný*
obsahovať contain, include *zahŕňať*
observatórium observatory
obsiahnuť 1. embrace 2. comprehend *pochopiť*, comprise *zahrnúť*
obsluha service, attendance
obslúžiť serve, attent
obstarať procure *zadovážiť*, provide
obšírny extensive, detailed *podrobný*
obšívať sew° round
obťažovať bother *otravovať*, trouble with *čím*
obtočiť wind° round, twist *natočiť*
obuť put°shoes on
obuv footwear, shoes
obuvník shoemaker

obväz bandage
obveseliť cheer, brighten, amuse *pobaviť*
obviazať wrap, bandage *obväzom*
obviniť accuse of *z*, charge with *z*
obvyklý customary, habitual *návykom*, usual *normálny*
obyčaj custom, habit *zvyk*
obyčajne usually
obyčajný usual *bežný*, common *všedný*, simple *jednoduchý*
obydlie dwelling *príbytok*, residence *sídlo*
obytný habitable, residential
obývačka sitting room
obývať inhabit, dwell°, live *žiť*
obyvateľ inhabitant, occupier *bytu*, resident *inštitúcie*

obyvateľstvo population, *pl.* inhabitants

obzor horizon, skyline

obzvlášť especially, namely *zvlášť*, primarily *hlavne*

obživa keeping, living, food *potrava*

oceán ocean & *the Pacific Ocean* Tichý oceán & *the Atlantic Ocean* Atlantický oceán

oceľ steel

oceniť 1. estimate *cenou* 2. evaluate *ohodnotiť*

ocko daddy

ocot vinegar & *be°left out* zostať na ocot

očakávať 1. expect from *od* 2. anticipate *predpokladať*

očariť charm, enchant

očervenieť become° red

očierniť blacken *expr.*, slander *ohovoriť*

očistiť 1. purify, cleanse 2. peel *olúpať*

očividný evident, obvious

očko mesh *pri pletení*, stitch *na pančuche*

očný eye-, optic & *eye specialist* očný lekár

od 1. from *priestor*, of, out of *miestne* 2. since, from *časovo* & *since the morning* od rána 3. by, of, for *príčina*

óda ode

odbiť 1. strike° *hodiny* 2. return *vrátiť úderom* 3. reject, refuse *odmietnuť* 4. beat° off *odraziť*

odbočiť turn, deviate *z dráhy*

odbočka turning

odbor 1. section, department *oddelenie* 2. sphere, field *oblasť*

odborník expert, specialist
odborný expert, special, professional
odčleniť set°apart
oddaný attached, given
oddať marry, wed
oddávna for a long time, since long ago
oddelenie section, department, compartment *vo vlaku*
oddeliť separate, divide, detach
oddialiť 1. move away, separate *odlúčiť* 2. postpone *časovo*
oddiel division, section, squad *policajný*
oddnes from today on
oddych relaxation, rest, break *prestávka*
oddýchnuť si rest up, take°a rest/break
odev *pl.* clothes, clothing *šatstvo*

odfúknuť blow° away
odhad estimation *ceny*, valuation *hodnoty*
odhadnúť estimate *význam*, value *hodnotu*, judge *úsudkom*
odhaliť 1. uncover, denude *obnažiť* 2. reveal *odkryť*
odháňať drive° away
odhryznúť bite°off
odchádzať go° away
odchod departure
odchovanec pupil, disciple *šport.*
odchýlka deviation, declination
odísť 1. go°away, drive°away *autom* 2. leave°opustiť
odkaz 1. message 2. heritage *dedičstvo* 3. reference
odkázať 1. send°word/message 2. leave° *poručiť*

odkiaľ from where & *where do you come from?* odkiaľ pochádzaš?
odklad delay *zdržanie*
odkloniť decline
odkopnúť kick off
odkrojiť cut° off
odkryť uncover, bare
odľahlý remote, distant *vzdialený*
odlákať entice/get°away
odlepiť unstick°, unglue
odlet take off, flight away *vtákov*
odletieť fly°away
odlíšiť differentiate
odlišný different, distinct *rozdielny*, separate
odliv low tide
odlomiť break°off, sever *silou*
odložiť put°aside, set°off, take°off *odev* & *Take off your things.* Odložte si.

odlúčiť separate, detach
odluka separation
odmäk thaw
odmena reward
odmeniť reward, compensate
odmerať measure, dose *dávkovať*
odmietnuť 1. refuse, reject 2. decline 3. disapprove, disagree *nesúhlasiť*
odmontovať dismantle, take° down
odmotať unwind°
odnášať carry away
odniekiaľ from somewhere
odniesť take°/ carry away
odohrať sa take°place
odolať resist
odolnosť resistance, immunity
odolný resistant, immune against *voči*

odomknúť

odomknúť unlock
odopnúť unbutton *gombíky*, undo°*hodinky*
odosielateľ sender
odoslať send°, post *poštou*, mail *Am.*
odostlať make° the bed
odôvodniť give°reasons for, explain *objasniť*
odpad waste, refuse, trash
odpadky *pl.* rubbish
odpadnúť 1. fall°off, drop off 2. faint *omdlieť*
odpísať 1. write°back, reply 2. copy
odplaviť wash away
odpočinok rest
odpočinúť take°a rest
odpočítať count off, count down *odrátať*
odpočívať rest, relax
odpočúvať 1. intercept *tajne* 2. wiretap *telefón*

odpojiť disconnect
odpoludnia in the afternoon
odpoludnie afternoon
odpor 1. resistance *sila* 2. disgust, antipathy *nechuť* 3. protest
odporca opponent, antagonist
odporný repulsive *odpudzujúci*, disgusting
odporovať 1. resist 2. oppose 3. protest
odporúčanie reference
odporúčať recommend, advise
odporúčenie recommendation
odpoveď response, answer, reply
odpovedať answer, reply & *answer the question* odpovedať na otázku
odprevadiť see°off, accompany
odprisahať swear°off

odprosiť ask sb. pardon, apologize *ospravedlniť sa*
odpuchnúť swell° off
odpustiť forgive°, pardon
odrastený grown up
odrátať discount
odraziť 1. strike°off, knock off 2. chip *odbiť* 3. reflect *odzrkadliť*
odrazu suddenly, all at once, at once
odrenina scratch, bruise *modrina*
odrezať cut°off
odriecť 1. cancel *zrušiť* 2. recall *odvolať* 3. refuse *odmietnuť*
odrobinka crumb
odseknúť cut°off, retort *odvrknúť*
odskočiť jump off, bounce *odraziť sa*
odsotiť shove aside, push away
odsťahovať sa move away

odstrániť abolish, do°away with *skoncovať s*
odstrčiť push away
odstrihnúť shear°, snip off
odstup interval *časový*, distance *priestorový*
odstúpiť 1. step aside 2. resign, abdicate
odsun 1. transfer *presun* 2. evacuation, displacement *dobrovoľný*
odsypať pour out
odškodniť 1. compensate, requite 2. make°good *napraviť*
odšťavovač juice extractor
odtekať flow off
odteraz from now on
odtieň shade
odtlačiť push away
odtlačok print & *fingerprint* odtlačok prsta

odtučňovať defat, free from fat
odumrelý extinct, dead
odumrieť die off, perish, die away, become°extinct *vyhynúť*
oduševnenie enthusiasm
oduševnený enthusiastic
odvábiť entice away
odvaha courage *statočnosť*, daring *trúfalosť*
odvážať carry away
odvážiť weigh out
odvážny 1. courageous, brave *statočný* 2. daring *trúfalý*
odveký everlasting, eternal *večný*
odvetvie line, branch, sector
odviať blow° away
odviazať untie
odviesť take°away, lead°away *kam*

odvliecť drag away
odvodiť derive, deduce *logicky*, infer from *vyvodiť z*
odvolanie 1. appeal *na súde* 2. recall *z funkcie*
odvolať 1. call away *z pracoviska*, call back *k návratu*, call out *z pobytu* 2. recall *koho* 3. cancel *zrušiť*
odvolať sa appeal from
odvoz carriage, transport
odvrátiť sa turn away from *od*
odvrhnúť cast° away
odvtedy since then
odzadu from behind, from the back
odznak badge, emblem
odznova again
odzvoniť ring°out *komu*, ring° off *skončiť*
ofenzíva offensive

oficiálny official, formal *odmeraný*

ofina fringe *hovor.*, hair-line

ohanbie *pl.* private parts

oheň fire

ohľad 1. regard, respect & *with regard to* s ohľadom na 2. view *hľadisko*

ohľaduplný considerate, tactful

ohlásiť report, announce *oznámiť*

ohlášky *pl.* weddings, marriage banns

ohluchnúť become°deaf

ohnisko 1. fireplace *kozub* 2. focus *fyz.*

ohňostroj *pl.* fireworks

ohňovzdorný fire-proof

ohnúť bend, crease *pokrčiť sa*

oholiť sa shave, have°a shave

ohrada fence, enclosure

ohradiť sa protest against *voči*, object to *namietať proti*

ohraničiť limit, define *vymedziť*, bound *obmedziť*

ohriať heat, warm up

ohrievač heater

ohroziť 1. endanger 2. threaten

ohryzok core

ohyb bend, curve, fold

ohybný flexible, pliable

ochabnúť become°weak

ochabnutý feeble, soft

ochladiť cool off

ochlpenie hair down

ochorenie sickness, illness

ochorieť fall° ill, become°ill

ochota willingness

ochotník amateur

ochotný willing, ready

ochrana protection, ward *osôb* & *conservation* ochrana prírody
ochranár conservationist *prírody*
ochranca protector, guardian, defender
ochrániť protect against *proti*, defend & *give protection* poskytnúť ochranu
ochranný protective, preventative
ochrnúť become°paralysed
ochutnať taste
okamih moment, instant
okamžite at once, immediately
okamžitý immediate, instant
okenica shutter
oklamať cheat, mislead°*podviesť*, lie°
okno window

oko eye & *corn* kurie oko
okolie surroundings, environment *prostredie*
okolitý surrounding
okolnosť circumstance
okolo round, around
okopávať hoe, dig°
okoreniť spice, season
okovať bind° *železom*
okovy *pl.* fetters, irons, shackles *putá*
okraj border, edge *koniec*
okrem 1. except for, apart from 2. besides, in addition
okres district, division, county
okresný district, county & *district office* okresný úrad
okruh circle *kruh*, area *oblasť*
okrúhly round
október October

okuliare *pl.* glasses, spectacles & sunglasses slnečné okuliare
okupácia occupation
okupant occupier, invader
okúpať sa have°a bath
okúzliť enchant, charm *očariť*
olej oil
olejomaľba oil painting
olejovať oil
oliva 1. olive tree *strom* 2. olive *plod*
olízať lick, lap
olovo lead
olovrant snack, afternoon tea
oltár altar
olúpať peel, strip
oľutovať regret, rue *oželieť*
olympiáda Olympiad, Olympic games, Olympics
olympijský Olympic

omáčka sauce, gravy *mäsová*
omámiť daze, narcotize, drug, dope *drogou*
omeleta omelette
omeškať sa be°late for, come°late *prísť neskoro*
omietka plaster
omilostiť pardon
omínať pinch, press *tlačiť*
omrzlina frostbite
omrznutý frozen
omša mass & *Holy Mass* svätá omša
omyl 1. error 2. mistake *chyba* 3. fault
omylom by mistake
on he
ona she
onanovať masturbate
ondatra musk-rat
onedlho soon, before long
onemieť become° dumb

onen, oná, ono that
oneskorený late, overdue
oneskoriť sa 1. be°late, come°late 2. delay
oni, ony they
ono it
opačný reverse, opposite *protiľahlý*
opadnúť drop *postupne*, fall° off
opak 1. reverse side 2. reverse, contrary, opposite *protiklad*
opakovací 1. repeating 2. revision, recapitulation
opakovanie repetition
opakovať repeat, echo *ozvena* & *repeat after me* opakujte po mne
opáliť sa 1. burn° *ohňom* 2. get° sunburnt *slnkom*
opásať belt, girdle
opasok belt, girgle
opát abbot

opatera 1. care 2. nursing
opatrenie 1. step, measure *ustanovenie* 2. disposal *individuálne*
opatriť 1. take°care of, nurse *chorého* 2. mark *značkou*
opatrný careful *starostlivý*, prudent
opatrovať take° care
opatrovateľka nurse, nursemaid
opátstvo abbey, abbacy *úrad*
opäť again
opätok heel
opätovať return
opečiatkovať stamp
opekať roast, grill, broil *na slnku*
opera opera
operácia surgery, operation & *face-lift* kozmetická operácia
opereta operetta, light opera

opevnenie fortification
opevniť fortify
opica monkey
opierať sa lean°
  against
opíjať sa drink° hard
opilec drunk, drunkard
opis description,
  characterization,
  specification
opísať characterize,
  describe, depict
  vykresliť
opiť sa get°drunk,
  booze
opitý drunk, boozy
ópium opium
oplatiť pay°back,
  refund *vrátiť*
oplešivieť get° bald
oplodnenie
  fecundation
oplodniť fecundate,
  fertilize *zem*
oplotenie fencing
oplotiť enclose, fence
  Am., hedge *živým*
  plotom
opľuť spit°on

oplývať abound
oplzlý obscene
opojenie ecstasy, high
  spirits *nálada*
opona curtain & *iron*
  curtain železná opona
oponent opponent,
  examiner
oponentúra
  opposition
oponovať oppose,
  argue *komu*, object
  to *čomu*
opora support, prop
oportunista
  opportunist
oportunizmus
  opportunism
opotrebovaný used
opovážiť sa dare
opovážlivý arrogant,
  cheeky
opozícia opposition
oprášiť dust off, brush
  kefou
oprať wash
oprava correction,
  repair, reform
  zdokonalenie

opravár repairman°
opraváreň repair shop
opraviť 1. repair, mend 2. correct
oprávnenie authorization, competence, licence & *driving licence* vodičské oprávnenie
oprávnený authorized, competent
oproti opposite, across, towards
optický optical, visual zrakový & *optical illusion* optický klam
optik optician
optika optics
optimista optimist
optimistický optimistic
optimizmus optimism
opuchlina swelling
opuchnúť swell°
opustiť 1. leave° 2. abandon *ponechať osudu*
opýtať sa ask, inquire

oráč ploughman°, plowman° *Am.*
oráčina ground
orálny oral
oranžový orange
orať plough, plow *Am.*
ordinácia medical practice, surgery, consulting room *Am.*
ordinovať receive patients, prescribe *predpísať* & *prescribe a medicine* predpísať liek
orech nut & walnut *vlašský orech* & *hazelnut* lieskový oriešok
orgán 1. organ, factor *činiteľ* 2. authority *výkonná moc*
organ organ
organizácia organization & *United Nations Organization* Organizácia spojených národov

660

organizačný administrative
organizátor organizer
organizmus organism
organizovať organize, arrange
orgazmus orgasm
orchester orchestra
orientácia orientation
orientovať sa orientate, be° orientated
originál 1. original 2. model *vzor*
originálny original
orlica female eagle
orlíča eaglet
orloj calendar clock
ornament ornament
orol eagle
ortieľ verdict *kniž.*, sentence
ortopéd orthopedist
ortopédia orthopedy & *surgical boots* ortopedická obuv
os axis *mat., fyz.*
osa wasp *zool.*
osada 1. settlement, colony
2. community *obec*
3. recreation *rekreačná*
osadník settler, colonist
osamelý single, lonely
osamostatniť sa become° independent
osedlať saddle
osem eight
osemdesiat eighty
osemdesiatnik octogenarian
osemnásť eighteen
osev sowing
oschnúť dry up
osídlenie settlement
osídliť colonize, settle *obývať*
osirieť be° orphaned
oslabiť weaken, soften
osladiť sweeten, sugar *cukrom*
oslava celebration, party & *birthday party* oslava narodenín
osláviť celebrate

oslepiť blind, dazzle *oslniť*
oslepnúť become° blind
oslniť dazzle
oslobodenie liberation
oslobodiť 1. liberate 2. acquit *zbaviť viny*
oslovenie address, addressing
osloviť address, ask, request
osmeliť sa dare
osnova rough draft, staff *notová*
osoba 1. person, body 2. individual *jednotlivec*
osobitný separate, individual
osobitosť individuality
osobnosť personality, person, authority
osobný 1. personal, single & *personal data* osobné údaje & *identity card* osobný preukaz 2. individual *subjektívny*

osočovať slander
osoh benefit, profit
osol ass, donkey *somár*
osoliť salt
osožiť benefit, do°good
osožný beneficial, useful *užitočný*
ospanlivý sleepy
ospravedlniť apologize, excuse
osprchovať sa take°a shower
ostarieť become° old
ostať 1. stay 2. keep°, go°on *pokračovať*, continue
ostatný 1. the rest *zvyšok* 2. last, final *posledný*
ostatok 1. left over *zvyšok*, the rest *zostatok* 2. end *koniec*
ostražitý wary, vigilant, watchful *bedlivý*
ostriekať spray, sprinkle

ostrihať cut°
ostriť sharpen
ostrosť sharpness
ostrov island, isle & *the British Isles* britské ostrovy
ostrúhať sharpen *ceruzku*
ostružina blackberry
ostrý sharp, acute, pointed *špicatý*
ostýchať be°shy
osud fate *strašný*, destiny, fortune *náhodnosť*
osudný fateful, fatal *ničivý*
osušiť dry up
osuška bath towel
osvedčenie certificate *listina*, testimony, attestation
osvedčiť certify, testify, verify *overiť*
osvetlenie lighting
osvetliť 1. light° *svietidlom* 2. clarify *objasniť*
osviežiť refresh, brush up *vedomosti*
osvojiť si master, acquire, adopt *prijať*
ošarpaný shabby, scrubby
ošatiť clothe, dress
ošatiť sa clothe, dress
ošedivieť become°grey, turn grey
ošetriť treat *ranu*, attend to *pacienta*
ošetrovateľ male nurse *lek.*, tender *dobytka*
ošetrovateľka nurse, tender
ošípaná pig, sow *prasnica*
ošklbať 1. pluck, plume *perie*, tear°off *otrhať* 2. deprive *obrať*
oštiepok smoked sheep-cheese
ošúchaný shabby, worn out

ošúchať rub, wear° out *obnosiť*
otáčať turn
otáľať hesitate, put°off *odkladať*
otázka question, issue *problém* & *hot issue* sporná otázka
otáznik question mark
otázny questionable
otcovský paternal
otcovstvo paternity, fatherhood
otčenáš The Lord's Prayer
otčim stepfather
otec father & *godfather* duchovný/krstný otec
otecko daddy
otehotnieť become°pregnant
otepliť sa warm up, get°warmer
otesať hew°, cut°
otlak callosity
otočiť 1. turn 2. turn round *obrátiť auto* 3. face about *o človeku*

otrava 1. poison *jed* 2. intoxication
otráviť 1. poison *jedom* 2. get° fed up *znechutiť*
otravný boring *o ľuďoch*
otriasť 1. shake°, toss 2. shake°off *striasť*
otroctvo slavery
otrok slave, captive
otrokár slaver
otupiť 1. blunt *ostrie* 2. dull *záujem*
otupný lonesome, dull *nudný*
otužilý hardy, tough
otužiť harden
otvor opening, hole *diera*
otvorený 1. open 2. free *voľný* 3. unsolved *nevyriešený*
otvoriť open
ovca sheep°
ovčiak shepherd dog
ovčiar shepherd

ovdovieť become° a widow
oveľa much & *much better* oveľa lepší
overenie attestation, verification, legalization
overiť 1. verify, attest *listinu* 2. check up *overiť si*
ovešať hang°with, decorate *ozdobiť*, adorn *ozdobami*
ovinúť wrap round, wind°round
ovisnúť hang°down, drop, droop *klesnúť*
ovládnuť get°control, master *naučiť sa*, seize *zmocniť sa*
ovocie fruit
ovocný fruit & *fruit juice* ovocná šťava
ovoňať smell°, get°a smell
ovos oats
ovplyvniť influence, affect

ovsený oat & *cornflakes* ovsené vločky
ovzdušie atmosphere
ozaj 1. by the way 2. really, indeed *naozaj*
ozajstný real, true
ozbrojený armed
ozbrojiť arm, weapon
ozdoba ornament, decoration
ozdobiť adorn, decorate
ozdobný decorative
ozdravieť recover, get°well
ozdravovňa sanatorium
oziabať feel°cold
označenie indication, signature, specification
označiť 1. mark 2. indicate *určiť*
oznámenie notification, notice & *death notice* úmrtné oznámenie

oznámiť announce, notify, inform *udať*
oznámkovať 1. mark, grade 2. stamp
ozón ozone
ozónový ozone & *ozone hole* ozónová diera
ozvať sa 1. sound, resound 2. respond *reagovať*

ozvena echo
oželieť get°over, get°over the loss *oželieť stratu*
oženiť marry, get°married
oženiť sa get°married
ožiť 1. come°back to life 2. revive *obnoviť*

P

pacient patient
páčiť sa like, please & *how do you like?* ako sa vám páči?
pád 1. fall, drop 2. decline *rozpad, fall*
padák parachute
padať fall°, drop
pádlo paddle
pahorok hill, hillock
pahreba embers
pach odour, scent, smell
páchať do°damage, commit
páchateľ offender, criminal *zločinec*
páchnuť smell°, stink° *zapáchať*
páka bar, control stick
pakľúč false key, picklock

palác palace
palacinka pancake
paľba fire
palčiak *pl.* mittens
pálčivý 1. hot, burning 2. urgent, pressing *naliehavý*
palec thumb, toe *na nohe*
pálenica distillery
pálenka brandy, spirit, whisky
paleta pallet, palette
palica stick & *hockey stick* hokejka
páliť 1. fire, heat, burn° 2. bite°, sting° *štípať* 3. fire at *strieľať na*
palivo fuel
palma palm, palm-tree *strom*

paluba 1. deck *na lodi* 2. board *priestor*
pamäť memory & *by heart* naspamäť & *from time immemorial* od nepamäti
pamätať na allow
pamätať remember, recollect, keep°in mind
pamätihodnosť sight
pamätihodný memorable
pamätník 1. album *kniha* 2. monument, memorial *socha*
pamiatka 1. memory, commemoration 2. monument *pamätihodnosť*, sight *turistická*. 3. souvenir *vec*
pán 1. gentleman° 2. master *nadriadený*, ruler *vládca* 3. boss *šéf* 4. sir, mister **Mr** *označenie osoby*

pánboh the Lord, Lord God
pancier armour
pančucha stocking, hose & *tights* pančušky
panel panel
pani 1. lady 2. mistress *nadriadená* 3. owner *majiteľka* 4. wife° *manželka* 5. **Mrs** *skr. pred menom* & *goodwife* pani domu & *baby-minder* pani k deťom
panic chaste young man°
panika panic
panna 1. virgin, girl, maid *dievča* 2. spinster *stará panna* & *the Holy Virgin* Panna Mária
panoráma panorama
panovačný imperious
panovať 1. rule over, reign, dominate, govern

2. prevail, predominate *prevažovať*

panovník sovereign, monarch, ruler *vladár*

panstvo 1. domination 2. domain, empire

pantomíma pantomime

panva pan

panvica frying pan

papagáj parrot

pápež pope

papier 1. paper 2. *pl.* papers, documents *úradné* & *bonds, stocks* cenné papiere

papiernictvo stationer's, stationery

papierový paper

paplón quilt

paprika green/red/yellow pepper *plod*, cayenne pepper *korenina*

papuča slipper

papuľa muzzle *tlama*, mouth *huba* & *shut your gob !* zavri hubu !

pár couple *ľudia*, pair *veci, zvieratá*

para steam & *full steam ahead* !plnou parou vpred !

paráda pomp

paradajka tomato°

paragraf 1. paragraph *odsek* 2. article *zákona*

parašutista parachutist

párať 1. strip *perie* 2. undo° *látku*

parazit parasite

parcela lot, site & *houselot* stavebná parcela

pardón excuse me & *I beg your pardon* prepáčte mi

parenisko bed, hotbed

parfum parfume

páriť sa 1. mate, copulate with *s* 2. pair up *spájať sa s*

park park & *national park* národný park
parketa parquet
parkovať park & *no parking* parkovanie zakázané
parkovisko parking place
párkrát a few times
parlament parliament, the House
parlamentný parliamentary
parník steamer
párny 1. paired 2. even *číslo*
paródia parody
paroháč 1. stag *zviera* 2. cuckold *človek*
parohy antlers
parochňa wig
párok sausage, frank & *hot dogs* teplé párky
partia company, group, game *hra*
partizán partisan
partner partner

partnerstvo partnership
pás 1. strip *pruh*, zone *geogr.* 2. waist *driek*
pas passport & *gun licence* zbrojný pas
pasáž passage
pasažier passenger
pasca trap
pasienok pasture
pasívny passive
páska strip, band, tape, ribbon *stužka*
pásmo zone *zóna*, area *oblasť*
pásomnica tapeworm
pásť sa graze, pasture
pasta paste
pastelka ceayon
pastier herdsman°, shepherd *oviec*
pašeráctvo smuggling
pašerák smuggler
pašovať smuggle
paštéta pie, paste
patent patent, licence, copyright
páter clergyman°, padre, priest

patológ pathologist
patológia pathology
pátranie investigation, search
pátrať search for *po*, investigate skúmať
patriot patriot
patriť 1. belong to 2. be°part of *byť súčasťou*
patrón 1. sponsor, patron *ochranca* 2. cartridge *náboj*
patronát patronage
pauza pause, break, interval
páv peacock
pavián baboon
pávica peahen
pavilón pavilion
pavučina cobweb, spider web
pavúk spider
pazucha armpit
pazúr claw, talon
pažba butt, stock
pažerák gullet
pažítka *pl.* chives
pažravý greedy

päsť fist
päť five
päta heel, foot *šľapa*
päťboj pentathlon
päťdesiat fifty
päťdesiathaliernik fifty-heller piece
päťdesiatnik quinquagenarian
pätnásť fifteen
pätolízač bootlicker
pec 1. oven 2. stove *kachle*
peceň loaf°
pečať seal, stamp
pečeň liver
pečený roast, baked
pečiatka stamp & *postmark* poštová pečiatka
pečiatkovať stamp
pečienka roast meat
pečivo baker's ware/goods
pedagóg pedagogue, teacher
pedagogický pedagogical

pedagogika pedagogy
pedál pedal
pedant pedant
pedikúra pedicure
peha freckle
pekáč frying pan, baking pan, roasting tin
pekár baker
peklo hell
pekný 1. pretty *žena*, handsome *muž* 2. nice, fine
peľ pollen
pelerína pelerine
pelikán pelican
peň trunk, stem
pena foam & *shaving foam* pena na holenie
penále penalty, damages
peňaženka purse, wallet
peňažníctvo banking
peniaz coin, piece of money & *change* drobné & *cash* v hotovosti

peniaze money, finance
penicilín penicillin
penzia pension *plat*, retirement *odpočinok* & *full board* plná penzia & *half board* polovičná penzia
penzionát boardinghouse
penzista pensioner *vekom*
pera lip
peračník pencilbox
percento percentage, per cent/percent
perfektný perfect, immaculate *bezchybný*
pergamen parchment
perie feathers
perifiéria periphery
perina eiderdown
perióda period
periodický periodic/al/
perkelt meat stew
perla pearl
permanentka pass

permanentný permanent, lasting, standing
perník gingerbread
pero 1. feather *vtáčie*, plume *ozdobné* 2. pen *na písanie* & fountain pen *plniace pero*
perón platform *hovor.*
peroxid peroxide
personál personnel, staff
personifikácia personification
perspektíva perspective
perzekúcia persecution
pes dog, hound *poľovný*
pesimista pessimist
pesnička song & folk song *ľudová pieseň*
pestovať °1. cultivate, grow° *rastliny*, breed°, rear *zvieratá* 2. promote, foster *rozvíjať*

pestovateľ cultivator, grower, breeder *chovateľ*
pestrofarebný many-coloured
pestrý fancy, varied *rozmanitý*
pestúnka nursemaid
peši on foot
petícia petition
petrolej petroleum
petržlen parsley
pevnina continent, land *zem*
pevný 1. strong *silný*, solid *masívny* 2. firm *duševne*
pianista pianist
piano piano
piatok Friday & Good Friday *Veľký piatok*
piecť 1. bake, roast 2. heat *hriať*
pieseň song
pieskovisko sand pile
piesok sand
pigment pigment

pichať stab *bodať*, bite°, °sting° *hmyz*, prick *ihlou*
pichľavý 1. captious 2. stinging 3. sarcastic, prickly
pichliač thistle
pijan drunkard, alkoholic, drunk
pijavica leech *zool.*
pikantný piquant
piknik picnic
píla saw
pilier pillar, column *stĺp*
pilina sawdust, filling
píliť saw°
pílka hand-saw
pilník file
pilot pilot
pilulka pill
pingpong ping-pong, table-tennis
pinzeta *pl.* tweezers
pionier pioneer
pirát pirate
piroh pie
písací stroj typewriter

písaný written & *holographic* ručne písaný & *handwritten* rukou písaný
pisár 1. clerk, copyist 2. typist *na stroji*
písať 1. write° 2. type *na stroji*
pisateľ writer
pískať whistle
piskot whistling
písmeno letter, type *tlačené* & *capital letter* veľké písmeno
písmo handwriting, script & *Latin script* latinské písmo & *Arabic script* arabské písmo
písomka written test
pistácia pistachio
piškóta sweet biscuit
píšťala pipe, whistle *píšťalka*
pišťať peep
pištoľ pistol

piť 1. drink° 2. guzzle *opíjať sa* & *drink°like a fish* piť ako dúha
pitný drinkable
pitva dissection
pitvať dissect, examine
pivnica cellar
pivo beer & *lager* svetlé pivo & *porter* tmavé pivo
pivovar brewery
pláca salary *plat*, wage *mzda*
placka potato pancake
plač crying, weeping
pľačkanica slush
plačlivý tearful
plagát poster, placard
plachetnica sailing-ship
plachosť shyness
plachta sheet *na posteľ*, sail *na lodi*
plachtiť 1. glide *vo vzduchu* 2. sail *plachetnica*

plachtovina canvas, duck
plachý shy, timid
plakať cry, weep°
plákať rinse
plameň flame, blaze
plameňomet flame-thrower
plán 1. plan, project 2. design *návrh*
pláň plain
planéta planet
planina plateau
plánovať 1. plan 2. design *navrhnúť*
plantáž plantation
plantážnik planter
planúť blaze, flame *plápolať*
planý 1. barren, unfruitful *neplodný* 2. bad *zlý*
plápolať flame *oheň*, flutter, flap *zástava*
pľasnúť slap
plást honeycomb
plast plastic
plastelína plasticine
plastický plastic

plašiť

plašiť frighten, scare, chase away *zver*
plášť overcoat & *raincoat* pršiplášť & *overall* pracovný
plát plate
plat pay, salary *mesačný*, wage *denný/týždenný* & *gross salary* hrubý plat & *fixed salary* pevný plat
plátať mend
platba payment
plátenný linen
platidlo means of payment, currency
platina platinum *chem.*
platiť 1. pay° 2. be°valid *byť v platnosti*
platiteľ payer
platňa 1. plate 2. record *gramofónová*
plátno linen
platnosť validity
platný valid, legal

plátok slice, steak *mäsa*
plavák float
plaváreň swimming pool
plávať swim°
plavba shipping, voyage, passage
plavčík 1. cabin boy, deckhand *na lodi* 2. life-guard *na plavárni*
plavec swimmer
plavidlo vessel, craft°
plaviť sa 1. sail *loď* 2. navigate
plavky swimming costume, swimsuit *dámske*, swimming trunks *pánske*
plavovláska blonde
plavovlasý fair-haired
plavý blond, fair
plaz reptile
plaziť sa 1. slither *had* 2. crawl *človek*
pláž beach
plece shoulder
plecniak rucksack

676

plech sheet metal, tin *tenký*
plechovka tin, can
plemeno 1. race *rasa* 2. breed *zvierat*
plénum plenary session
ples ball, fancy-dress party *maškarný*
pleseň mould *povlak*, fungus°*choroba*
plesk splash
plesnivieť mould
plesnivý mouldy, mildewy & *mouldy cheese* plesnivý syr
pleso tarn, mountain-lake
plešatý bald
plešina bald
plešivieť become°bald
pleť complexion, skin
pletka affair, trifle *hovor.*
plieniť plunder, ransack, ravage
plienka nappy, napkin
plieskať 1. crack *bičom* 2. smack, spank *po zadku*
pliesť knit°
plieť weed
plniť 1. fill up, fuel *palivom* 2. fulfil *povinnosť*
plnka forcemeat
plnokrvný full-blooded
plnoletý of age, fully-grown & *major* plnoletá osoba & *come°of age* dosiahnuť plnoletosť
plnoprávny rightful
plnoštíhly well-rounded, shapely
plný full of, filled
plod fruit, product
plodina crop, fruit *lesná*
plodiť 1. beget *deti* 2. produce *o rastlinách* 3. engender 4. breed°
plodnosť fertility
plodný fertile, fecund
plocha area, surface
plochý flat

plomba

plomba 1. seal *pečať* 2. filling *zubná*
plombovať plumb
ploský flat
plošina plateau, tableland
ploštica bug *odpočúvanie*
plot fence, hedge *živý*
plsť felt
plť raft
pľúca lungs *anat.* & pneumonia *zápaľ pľúc*
pluh plough
pluk regiment
plukovník colonel
plus plus
pľuť spit°
plutva fin, flipper
pľuzgier blister
plyn gas
plynáreň gasworks
plynovod pipeline
plynový gas & *a gas mask* plynová maska
plynulý 1. fluent 2. continuous
plynúť flow° *tiecť*, pass *čas*
plyš plush
plytčina shallows, shoal
plytký shallow
plytvať waste, burn° *čím*
plznúť moult
pneumatika tyre
po 1. to *priestor* 2. after *čas* 3. for *účel*
pobádať encourage, spur to
pobehlica wanton
poberať sa be° going
pobočka branch office, agency
pobozkať kiss
pobožnosť devotion, mass *omša*
pobrať take° away
pobrať sa be° going
pobrežie seaside, seashore, coast, shore
pobrežný coast, coastal

678

pobúriť outrage, agitate
pobyt stay, place of residence
pocestný traveller
pocikať sa wet°
pocit feeling, sense
pocítiť 1. feel° 2. perceive *uvedomiť si*
pocta honour, adoration, privilege
poctivý 1. honest 2. virgin *panenský*
počarbať scribble, scrawl
počas during, over
počasie weather
počať conceive *dieťa*
počesť honour
počestnosť honorability, respectability
počestný honourable
počet account, number, amount
počiatočný initial, elementary, early
počítač personal computer

počítadlo counter
počítať count, calculate, reckon
počkať wait for *na* & *wait a minute* počkaj chvíľku !
počudovať sa be°amazed
počuť hear° & *by hearsay* z počutia
počúvať listen to *čo*, hear°
pod 1. under 2. below *nižšie* & *alias* pod menom
poďakovať sa thank for *za*
podanie 1. submission 2. performance *umelecké* 3. tradition *ústne*
podariť sa succeed
podať 1. pass 2. shake°hands *podať si ruky* 3. give°*dať*
podateľňa mail room, filing room
podbehnúť run° under

podbradník bib
podbradok double chin
podceniť underestimate, underrate
podčiarknuť underline, emphasize *zdôrazniť*
poddajný pliable, adaptable, flexible
poddať sa surrender, give°up, submit
podhlavnica bolster, pillow
podhodiť throw° under
podchod subway
podchytiť catch°
podiel share, part, portion
podieľať sa share *na zisku*, participate *zúčastňovať sa*, take°part in
podísť approach
pódium stage, dais, podium *rečnícke*
podivuhodný admirable, remarkable *pozoruhodný*

podjazd underpass
podkasať tuck up
podkolienka knee sock
podkopať undermine
podkova horse shoe
podkrovie attic, loft
podkúriť make° a fire
podľa 1. in accordance with *v súlade s* 2. by *pôvod* & *in my opinion* podľa mňa & *according as* podľa toho
podlaha floor
podlažie storey
podlepiť paste
podliatina bruise, extravasation of blood *krvná*
podlizovať sa fawn upon *komu*
podlomiť 1. strike° 2. undermine *zdravie*
podložka base
podlý mean, vile, base

podošva

podmet subject
podmienečne conditionally
podmienečný conditional
podmienený contingent on *závislý na*
podmieniť make°dependent, condition
podmienka 1. condition 2. proviso *výhrada* & *on condition* pod podmienkou
podmieňovací conditional
podmínovať mine
podmorský submarine
podnájom lodgings, digs *hovor.*
podnájomník lodger
podnebie climate
podnecovať incite, instigate
podnet 1. impulse, initiative 2. motive, stimulus°

podnietiť 1. instigate, incite *provokovať* 2. stimulate, spur *povzbudiť*
podnik 1. enterprise, plant, firm, company 2. club *zábavný*
podnikanie enterprise, business
podnikať be°in business
podnikateľ enterpreneur, businessman° & *capital* podnikateľia
podnos tray
podoba 1. form, shape 2. appearance *výzor*
podobať peck
podobnosť likeness, similarity
podobný resembling, similar *obdobný*
podobrotky willingly
podojiť milk
podoprieť support, prop up
podošva sole

podotknúť mention, add
podozrenie suspicion
podozrievať suspect of *z*
podozrivý suspect, suspected
podpaľač firebug
podpaľačstvo fire-raising
podpáliť set°fire, set°on fire
podpalubie steerage
podpazušie armpit
podpätok heel
podpis signature
podpísať complete, sign, underwrite°
podpísať sa sign, subscribe
podplatiť bribe, sweeten
podplukovník lieutenant colonel
podpora support, prop, help *pomoc*
podporiť 1. support, back, sponzor 2. endorse *súhlasiť*
podporučík second lieutenant
podpredseda vice-chairman°, vice-president
podpriemerný below average, substandard
podprsenka bust-bodice, bra *Am.*
podradený subordinate
podradný inferior
podrásť grow° up a little
podraziť trip up *nohy*
podráždenosť irritation
podráždiť irritate
podriadený subordinate
podriadiť subordinate
podriapať tear°
podrobne in detail
podrobný detailed, particular, special
podržať hold°
podstata substance, essence & *merit* podstata veci

podstatný substantial, essential, principled *zásadný*
podstavec pedestal
podstrčiť push under
podstúpiť undergo°, submit
podsvetie underground, underworld
podšiť line
podšívka lining
podťať cut° down
podujať sa undetake°
podujatie event, happening, activity
poduška cushion, pillow
podvádzať cheat, swindle, delude
podväzok suspender belt
podvečer nightfall
podvedomie subconsciousness
podvod deceit, deception, fraud *finančný*

podvodník cheater, deceiver, fraud *finančný*
podvojný double
podvýživa malnutrition, undernourishment
podzemie 1. basement *suterén* 2. underground *podsvetie*
podzemný underground
poézia poetry
pohádať sa quarrel, have° a row with *s*
pohan pagan, heathen
poháňať drive°, urge on *súriť niekoho*
pohár 1. glass 2. jar *zavárací* 3. cup *v súťaži*
pohľad 1. look 2. view *výhľad*
pohľadať look for, seek°
pohladiť caress, fondle

pohľadnica picture postcard
pohlavie sex & *male sex* mužské & *female sex* ženské
pohlavný sexual & *sexual intercourse* pohlavný styk & *venereal disease* pohlavná choroba
pohltiť 1. absorb 2. swallow up *zmiznúť*
pohnať drive° on
pohnúť sa move
pohnútka consideration, motive, reason
pohodlie comfort
pohodlný 1. comfortable, convenient 2. indolent *lenivý*
pohorie mountains
pohoršenie offence, scandal
pohoršený indignant at *čím*

pohoršiť 1. make°worse 2. offend *rozhorčiť*
pohostenie entertainment, the full treatment, reception
pohostinstvo 1. hospitality 2. restaurant, pub *podnik*
pohostiť entertain, treat, give°the full treatment
pohotovosť emergency
pohotový ready, prompt
pohov stand easy! *voj.*
pohovka sofa, couch, settee
pohovor interview
pohraničie borderland
pohraničný frontier
pohŕdanie contempt, scorn
pohŕdať despise
pohreb funeral, burial *pochovanie*

pohrebný burial, funeral
pohroma disaster, catastrophe, calamity
pohroziť 1. threaten 2. warn *napomenúť*
pohyb motion, movement & *lack of exercise* nedostatok pohybu
pohybovať sa 1. move 2. mix
pochábeľ fool
pochabosť foolishness
pochádzať come°from *z*, originate
pochlebovať flatter
pochod march
pochodovať march
pochopenie understanding, comprehension
pochopiť understand°, comprehend
pochovať bury
pochúťka delicacy, titbit
pochvala praise
pochváliť praise
pochybnosť doubt
pochybovať doubt, question
pochytať catch°
poistenec insurant
poistenie insurance & *health insurance* nemocenské poistenie & *social insurance* sociálne poistenie
poistiť 1. secure against *proti* 2. insure *poistkou*
poistka 1. safety fuse *elektr.* 2. insurance policy *zmluva* & *life policy* životná poistka
poistné premium
poisťovňa insurance company
pojednávanie hearing, trial *súdne*
pojem notion, conception
pokálať chop
pokarhať rebuke

pokazený

pokazený broken *stroj*, spoilt *jedlo*
pokaziť 1. break° *stroj* 2. spoil° *jedlo*
pokiaľ 1. as far as *čo sa týka* 2. while *časovo* 3. as for *zreteľ* & *as for me* pokiaľ ide o mňa
poklad treasure
pokladnica 1. safe 2. checkout *v obchode* 3. Treasury *štátna*
pokladnička piggybank *detská*
pokladník 1. cashier *v obchode* 2. teller *v banke*
pokľaknúť kneel°
poklepať tap
pokles 1. fall 2. decrease *číselný* 3. slump *náhly*
poklona bow, compliment *lichôtka*
pokloniť sa bow
poklus trot
pokĺznuť sa slip, slide°

pokoj 1. rest, quiet 2. peace, calm *nerušenie*
pokojný peaceful, calm, quiet
pokolenie generation
pokora humility, submission *poslušnosť*
pokoriť sa humble
pokožka skin
pokračovať continue, go°on, carry on
pokrčiť sa crumple, crease, crinkle
pokrievka lid, cover
pokriviť sa warp
pokrm nourishment
pokročilý advanced
pokrok progress, advancement, improvement *zlepšenie* & *advance* robiť pokroky
pokrokový progressive
pokrovec carpet
pokrstiť baptize
pokryť cover, coat

pokrytectvo hypocricy
pokrývač roofer
pokrývka 1. blanket 2. cover *snehová*
pokus 1. attempt 2. trial, experiment *skúška* & *corpus vile* pokusný králik
pokúsiť sa attempt, try *snažiť sa*
pokusný experimental
pokušenie temptation, seduction
pokuta penalty, fine *peňažná* & *penalize* uložiť pokutu
pokutovať 1. fine *za priestupok* 2. penalize *šport.*
pokým as long as, till, untill
pokyn 1. sign 2. instructions
pol half & *half past six* pol siedmej
pól pole & *North Pole* severný pól & *South Pole* južný pól

poľadovica glazed frost
polárka North Star
polárny polar, artctic
poláskať caress, fondle
polčas half time
pole 1. field 2. sphere *oblasť*
polemika polemic, controversy
polemizovať polemize, controvert
poleno log, bear *o ľuďoch*
polepšiť sa grow° better
polepšovňa reform school
poletovať fly° about
polhodina half an hour
Poliak Pole
poliať splash, water
polica shelf°
policajný police
policajt policeman°, bobby *hovor.*
polícia police
polievka soup
polihovať lie° idle

poliklinika health centre
politický political
politik politician
politika politics
polkruh semicircle
polmesiac crescent
polnoc midnight
poľnohospodár farmer
poľnohospodársky agricultural
poľnohospodárstvo agriculture
pólo polo *šport.*
pologuľa hemisphere
poloha position, location *miesto*
polohluchý half-deaf
polomer radius°
polomŕtvy half-dead
polonahý half naked
poloprázdny half-empty
poloslepý half-blind
polostrov peninsula
polotovar semi-manufactured product
poľovačka hunt, chase

poľovať hunt, chase, shoot°
polovica half°
poľovníctvo hunting
poľovník hunter, huntsman°
položiť lay°down, put° down
polročný biannual
polrok half-year
Poľsko Poland
poľský Polish
poľština Polish
poltopánka moccasin, shoe
poludnie noon, midday & *at midday* na poludnie
poludník meridian & *prime meridian* nultý poludník
poľudštiť humanize
poľutovať pity
pomáhať help, aid
pomalý slow
pomaranč orange
pomarančovník orange-tree
pomätený crazy, mad

pokazený

pokazený broken *stroj*, spoilt *jedlo*
pokaziť 1. break° *stroj* 2. spoil° *jedlo*
pokiaľ 1. as far as *čo sa týka* 2. while *časovo* 3. as for *zreteľ* & *as for me* pokiaľ ide o mňa
poklad treasure
pokladnica 1. safe 2. checkout *v obchode* 3. Treasury *štátna*
pokladnička piggybank *detská*
pokladník 1. cashier *v obchode* 2. teller *v banke*
pokľaknúť kneel°
poklepať tap
pokles 1. fall 2. decrease *číselný* 3. slump *náhly*
poklona bow, compliment *lichôtka*
pokloniť sa bow
poklus trot
pokĺznuť sa slip, slide°

pokoj 1. rest, quiet 2. peace, calm *nerušenie*
pokojný peaceful, calm, quiet
pokolenie generation
pokora humility, submission *poslušnosť*
pokoriť sa humble
pokožka skin
pokračovať continue, go° on, carry on
pokrčiť sa crumple, crease, crinkle
pokrievka lid, cover
pokriviť sa warp
pokrm nourishment
pokročilý advanced
pokrok progress, advancement, improvement *zlepšenie* & *advance* robiť pokroky
pokrokový progressive
pokrovec carpet
pokrstiť baptize
pokryť cover, coat

poliklinika

poliklinika health centre
politický political
politik politician
politika politics
polkruh semicircle
polmesiac crescent
polnoc midnight
poľnohospodár farmer
poľnohospodársky agricultural
poľnohospodárstvo agriculture
pólo polo *šport.*
pologuľa hemisphere
poloha position, location *miesto*
polohluchý half-deaf
polomer radius°
polomŕtvy half-dead
polonahý half naked
poloprázdny half-empty
poloslepý half-blind
polostrov peninsula
polotovar semi-manufactured product
poľovačka hunt, chase

poľovať hunt, chase, shoot°
polovica half°
poľovníctvo hunting
poľovník hunter, huntsman°
položiť lay°down, put° down
polročný biannual
polrok half-year
Poľsko Poland
poľský Polish
poľština Polish
poltopánka moccasin, shoe
poludnie noon, midday & *at midday* na poludnie
poludník meridian & *prime meridian* nultý poludník
poľudštiť humanize
poľutovať pity
pomáhať help, aid
pomalý slow
pomaranč orange
pomarančovník orange-tree
pomätený crazy, mad

pomedzi between
pomenovať describe, name, call
pomer 1. relationship *príbuzenský* 2. ratio *číselný* 3. employment *pracovný* 4. familiarity *intímny*
pomerne relatively
pomerný proportionate
pomestiť sa accommodate
pomiasť sa go° mad
pomiešať mix up, stir *zamiešať*
pominúť sa pass away
pomlčka pause, dash *interpunkčné znamienko*
pomliaždenina bruise
pomlieť grind°, mince *mäso*
pomník monument, memorial *pamätník*
pomoc help, aid, benefit

pomocník helper, assistant, accomplice *spolupáchateľ*
pomôcka aid, device, implement
pomôcť help, aid, assist
pomsta revenge
pomstiť sa revenge
pomstiteľ revenger
pomyje slops
pomýliť mislead°, confuse *popliesť*
pomýliť sa make° a mistake
pomyslieť think° of s. t.
ponad over
ponáhľať sa hurry, be° in a hurry
ponárať sa dive
poňatie conception, idea
ponaučenie lesson, instruction
pondelok Monday
ponevierať sa potter, ramble

poník pony
ponížiť humiliate, degrade, humble
ponor dive *do vody*
ponorka submarine
ponosa complaint
ponosovať sa complain of s. t.
ponožka sock
ponuka 1. offer 2. tender 3. bit *na dražbe* & *supply and demand* ponuka a dopyt
ponúkať offer
poobedie afternoon
pop pope
popálenina burn
popáliť sa burn°
popierať deny, dispute
popíjať drink°
popis description, account
popísať describe, give°an account
poplach alarm, warning
poplašný alarming

poplatky dues & *customs* colné poplatky
poplatník payer & *taxpayer* daňový poplatník
poplatok fee, charge, duty, tax
popliesť confuse, puzzle
popliesť si confuse
popod beneath
popol ash
popolník ashtray
popoludnie afternoon & *in the afternoon* popoludní
Popoluška Cinderella
popraskať chap
poprášiť spray
poprava execution
popravca executioner
popraviť execute
popredný leading, prominent
poprehadzovať disorder
popŕhliť sa nettle
popŕchať spit°, spot, sprinkle

popri by, next to, along
poprosiť ask for *o*, beg
poprsie bosom
popud instigation, impulse *podnet*
popudiť irritate, incite *podnietiť*
populácia population
popularita popularity
populárny popular
popýtať ask
pór pore
porada meeting, session, conference
poradca adviser, consultant
poradenský advisory, consultative
poradenstvo consultancy
poradie order, sequence *sled*
poradiť advise, give°an advice
poradňa advice centre
poradovník waiting list

poranenie injury, wound *úmyselné*
poraniť injure, hurt°, wound
poraziť beat°, defeat
porážka defeat, stroke *mozgová*
porcelán porcelain, china
porcia portion
porekadlo old saying, proverb
porezať sa cut°, slice
poriadok 1. order 2. time-table *cestovný* 3. seating *zasadací* & *all right* v poriadku
pornografia pornography
porodiť give°birth to
porota jury *súťažná*, panel *konkurzná*
porovnanie comparison & *in comparison with* v porovnaní
porovnať compare

porovnávací comparative
porozumenie understanding, comprehension
porozumieť understand°, comprehend
portál portal
portrét portrait
Portugalsko Portugal
porúčať sa say° good-bye
poručík lieutenant
poručiť bequeath *v záveti*, command *rozkázať*
porucha 1. breakdown, breakage 2. disorder *mentálna*
poruke at hand, handy
porušiť 1. damage 2. break° *sľub*
posadiť place
posadiť sa sit°down, take°a seat
posádka 1. garisson *voj.* 2. crew *lode, lietadla*

posadnutý obsessed, posessed *šialený*
poschodie storey, floor
poschodový & *double decker* poschodový autobus
posielať send°
posila reinforcement *voj.*, support *podpora*
posilniť strengthen, reinforce
posilovňa fitness centre
poskočiť jump up
poskytnúť grant, provide, supply with *čo*, offer
poslanec Member of Parliament & *crossbencher* nezávislý poslanec
poslanie mission *úloha*
poslať send°, forward *zásielku*
posledný last, *current* najnovší
poslepiačky blindly
poslucháč listener

poslucháreň lecture-room
poslúchať obey
poslušnosť obedience
poslušný obedient
posmech derision, mockery
posmeliť encourage
posmievať sa ridicule, deride
posmrtný post-mortem, posthumous
posol messenger, envoy *vyjednávač*
posoliť salt
posolstvo message
pospolu together
postarať sa provide, look after *o*, take°care
postava 1. figure *telo* 2. character *v umení*
postavenie position, post
postaviť build°, erect *sochu*
postaviť sa 1. stand° up *vstať* 2. queue *do radu*

posteľ bed & *go to bed* ísť spať & *double bed* manželská posteľ
postgraduálny postgraduate
postih regress
postihnúť affect, befall°
postiť sa fast
postoj pose *telesný*, standpoint *stanovisko*, attitude *prístup*
postrčiť give° a push
postreh acumen, observation
postrehnúť perception
postrek spray
postriekať sprinkle, splash
postrieľať shoot° down
postup 1. progress, advance *voj.* 2. process, method *metóda* 3. promotion *povýšenie* 4. pay rise *platový*

postúpiť proceed
postupne gradually
postupný gradual
posúdiť judge
posudok reference, criticism & *expert opinion* odborný posudok
posudzovať review, view
posun shift, change *časový*
posunok gesture
posunúť shift, move
posúriť accelerate
posvätný holy, sacred
posypať grit *cestu*, dredge *jedlo*
pošepkať whisper, prompt *našepkať*
poškodiť damage, injure
poškrabať sa scratch
pošliapať tread° upon, trample down
pošmyknúť sa slip, slide°
pošpiniť discredit, scandalize

pošta 1. post office *inštitúcia* 2. post, mail *zásielka*
poštár postman°
poštastiť sa happen
poštípať sting°, bite° *komár*
poštovné postage
poštový postal, post & *postal order* poštová poukážka & *post office box* poštový priečinok & *P.O.Box* poštová schránka & *post code* poštové smerovacie číslo
pot sweat, perspiration
poťah covering
potajomky in secret
potápač diver
potápať sa dive
potencia potency
potenciálny potential, perspective
potešenie pleasure, joy *radosť*
potešiť cheer up, please

potichu quietly
potiť sa sweat, perspire
potkan rat
potknúť sa stumble over
potlačiť 1. push 2. press *stlačiť* 3. quell *vzburu*
potľapkať pat
potlesk applause, clap
potme in the dark
potok brook, stream
potom then, afterwards, thereafter
potomok descendant, child°
potopa flood, deluge *záplava*
potopiť sa sink°
potrat abortion
potratiť abort
potrava food, nourishment
potraviny *pl.* foodstuffs, *pl.* groceries

potvrdiť

potreba necessity, need, want
potrebný needed, necessary
potrebovať need, want
potrestať punish, chastise *telesne*
potrhať tear°
potriasť shake°
potrieť spread°
potrpieť si be°particular
potrubie pipeline
potulovať sa rove
potupa disgrace, dishonour
potupiť disgrace, dishonour, insult
potvrdenie confirmation, certificate, testification
potvrdenka receipt, check
potvrdený certified, testified
potvrdiť 1. confirm, acknowledge 2. approve *schváliť*

695

poučenie 1. advice, information 2. lesson
poučiť advise, inform, guide
poučiť sa learn° one's lesson
poukaz indication
poukázať refer to *na*, transfer
poukážka order & *money order* peňažná poukážka & *postal order* poštová poukážka
použiť use, apply *aplikovať*
použitie use, application
používateľ user
povadiť sa quarrel
povaha 1. character, nature 2. disposition, temper
povala 1. loft 2. ceiling *strop*
povaľač idler, loafer
povaľovať sa 1. idle 2. be°littered *o veciach*

považovať consider
povďačný thankful, grateful
povedať tell°, say°
povedomý familiar
povel command
povera superstition
poverčivosť superstitiousness
poverčivý superstitious
poveriť commission, charge, entrust & *delegate* poveriť niekoho
povesť 1. myth, tale, legend 2. rumour *chýr* 3. reputation *renomé* & *name* dobrá povesť & *bad name* zlá povesť
poveternostný meteorological
povetrie the air
poviedka story, tale *rozprávka*
povievať blow°
povinnosť duty, obligation *záväzok*

povinný obliged, bound, due, compulsory & *compulsory education* povinné vzdelanie & *be obligate* byť povinný
povlak covering, film
povliecť cover
povodeň flood, inundation *záplava*
povojnový postwar
povolanie profession, occupation
povolať summon, call up, conscript *voj.*
povolenie agreement, permission & *work permit* pracovné povolenie
povoliť agree, grant, allow, permit *dovoliť*
povraz rope, cord
povrch surface
povrchnosť superficiality
povrchný superficial

povrchový surface
povstalec rebel
povstanie rebellion, uprising
povstať 1. stand°up, rise°2. rebel, rise° *vzbúriť sa*
povšimnúť si notice
povýšiť promote, raise, elevate
povzbudiť encourage, cheer *skandovať*
povzdych sigh
povzdychnúť si sigh
povzniesť sa be°free
póza pose, poise
pozadie background
pozadu backward, behind
pozajtra the day after tomorrow
pozdĺž along
pozdrav greeting, salute *voj.*
pozdraviť greet, salute *voj.*
pozemkový ground & *land register* pozemková kniha

pozemok ground, lot, real estate *veľkostatok* & *common land* obecný pozemok & *close* ohradený pozemok
pozemský earthly
pozemšťan terrestrial
pozerať sa look at *na*
pozícia posture, pose, position *postavenie*
pozitívny positive
pozlátiť gild
pozmeniť alter, modify
poznačiť 1. brand, mark 2. note, make°a note *poznačiť si* 3. mark *zanechať stopu*
poznámka 1. remark, comment, observation 2. note *písomná*
poznanie 1. knowledge 2. understanding
poznať 1. know° *vedieť* 2. master *ovládať* 3. recognize *zbadať* 4. meet° *zoznámiť sa*
poznať sa know°each other, know°one another
poznatok experience, piece of information
pozor attention, care *opatrnosť* & *pay attention* dávaj pozor
pozor *interj.* ready, steady, go pripraviť, pozor, teraz
pozornosť 1. concentration 2. attention *starostlivosť*
pozorný 1. attentive 2. watchful *obozretný*
pozorovať examine, observe, watch
pozorovateľ examiner, observer
pozoruhodný remarkable, notable
pozostatok 1. remainder 2. *pl.* remains *telesné*

pozrieť sa have°a look
pozvanie invitation
pozvánka invitation card
pozvať ask, invite
požadovať require, ask, claim, demand
požehnanie blessing, benediction
požehnať bless
požiadať ask, request, suit *o ruku*
požiadavka requirement, demand, claim
požiar fire
požiarnik fireman°
požičať lend°
požičať si borrow
požierať devour, eat°
požuť chew
pôda 1. ground 2. soil, land & *arable land* orná pôda
pôdorys ground plan
pôrod delivery, parturition
pôrodnica maternity hospital

pôsobenie influence
pôsobiť 1. cause 2. influence *vplývať*
pôsobivý 1. impressive 2. telling *účinný*
pôsobnosť 1. efficiency 2. competence *kompetencia*
pôst fast
pôvab grace, charm *čaro*
pôvabný graceful, charming
pôvod 1. origin 2. source *prameň*
pôvodca originator, author
pôvodný 1. initial 2. original
pôžička loan, advance
pôžitok relish, pleasure
práca job, work, labour & *labour market* trh práce & *mental work* duševná práca & *manual work* telesná práca

pracka

pracka buckle
praclík cracknel
pracovať work, labour & *work overtime* práca nadčas
pracovisko place of work, working place
pracovitý hard-working
pracovňa office, study
pracovník worker, employee & *clerical worker* administratívny pracovník
pracovný working & *working hours* pracovný čas & *work permit* pracovné povolenie & *contract* pracovná zmluva
práčka washing machine
pračlovek primeval man°
práčovňa laundry
pradávny ancient

pradedo great grandfather
prah threshold
prach dust
práchnivieť moulder
prachovka duster
prak sling
praktický practical
prales primeval forest
pralinka praline
prameň 1. well, spring *rieky* 2. source *zdroj*
prameniť rise°
pranier pillory
pranierovať denounce
pranostika prognostic
prápor batallion *voj.*
prasa hog, pig
praskať crack
prasklina crack
prasnica brood
prášiť dust
prašivý scabby
prašný dusty
prášok 1. powder 2. medicine, pill *lek.*
prašťať crash
prať wash, do°the washing

pravda truth, right & *gospel truth* svätá pravda
pravdaže surely
pravdepodobnosť probability, likelihood
pravdepodobný probable, likely
pravdivosť truthfulness
pravdivý true, truthful
práve just, exactly, right
pravidelne regularly
pravidelný regular, continuous
pravidlo rule, axiom & *regulations* pravidlá & *ruleless* bez pravidiel
pravítko ruler
právne de jure, legally
právnička lawyeress
právnik lawyer, legist
pravnučka great granddaughter
pravnuk great grandson
právo 1. right 2. law zákony & *human rights* ľudské práva & *rights and duties* práva a povinnosti
právomoc legality, power, authority
pravopis orthography
právoplatný lawful, legitimate, valid
pravý right, genuine *nefalšovaný*, true *skutočný*
prax 1. practice 2. training, experience *skúsenosť*
prázdniny holiday, vacation & *summer holiday* letné prázdniny
prázdny empty, vacant
praženica scrambled eggs
pražiť roast, fry
pre for *zreteľ*, on account of

prebehnúť
1. run°across *cez*
2. glance *očami*
3. pass *čas*

prebodnúť stab
prebrať sa awaken
prebudovať rebuild°, restructure
prebytočný redundant, surplus *zásoby*
prebytok redundancy
precediť strain, filter
precitlivený over-sensitive
precliť go°through the customs
preč away, off
prečesať comb
prečiarknuť strike°off/out, cross off, cancel
prečítať read°
prečo why
pred 1. before, ago *časovo* 2. in front of *miestne*
predaj sale, selling, distribution & *for sale* na predaj

predajňa shop, outlet
predavač shop assistant, salesman° *Am.*
predávať sell°
predávkovať sa overdose
predbehnúť outrun°, outstrip, outdo°, overtake° *autom*
predbežne provisionally, preliminarily
predbežný preliminary, provisional
predčasne early, prematurely
predčasný premature, anterior, early
predchádzajúci preceding, previous
predizba hall, anteroom
predjedlo hors d'oeuvre
predkladať put° before
predkloniť sa bend°forward

predloha model, pattern, bill *zákona*
predložiť 1. submit, move *návrh* 2. bring°forward *dôkaz*
predložka 1. rug 2. preposition *ling.*
predĺžiť 1. lengthen, extend *priestorovo* 2. prolong *časovo*
predmestie suburb
predmet object, article, subject *vyučovací*
prednášať lecture
prednášateľ lecturer
prednáška lecture, class
prednes performance, presentation
predniesť 1. recite 2. address
prednosť priority, precedence *prednostné právo* & *right of way* prednosť v jazde
predný fore, front

predohra overture
predok ancestor, front, forefather *prarodič*
predovšetkým above all, most of all, first of all
predpis 1. rule, regulation 2. prescription *lekársky*
predpísať 1. order, command 2. prescribe *liek*
predplatiť subscribe
predpojatý biassed
predpoklad 1. supposition 2. assumption 3. ability *schopnosť*
predpokladať suppose, assume
predpoveď prediction, prognosis°, forecast & *weather forecast* predpoveď počasia
predpovedať predict, prognosticate, forecast° *počasie*

predrať 1. wear°down *šaty* 2. elbow *lakťami*
predsa yet, still, nevertheless
predsavzatie resolution, resolve & *New Year resolution* novoročné predsavzatie
predseda chairman° & *Prime Minister, Premier* ministerský predseda
predsieň hall
predslov 1. preface *v knihe* 2. introduction *úvodný*
predstava conception, idea, image
predstavenie 1. performance 2. introduction *zoznámenie*
predstaviť introduce *koho komu*, present *predviesť*

predstaviť sa introduce one's
predstaviť si imagine
predstierať pretend, sham, simulate
predstúpiť step before
predtým before, formerly
predvádzať bring°up, demonstrate
predvádzať sa parade
predvčerom the day before yesterday
predvídať foresee°, anticipate *tušiť*
predviesť bring°up, demonstrate *názorne ukázať*
predvolanie summons, call
predvolať summon, call up
predvolebný election & *election campaign* predvolebná kampaň
prefarbiť redye
prefíkaný sly, subtle

preglejka veneer
preglgnúť swallow
prehánka shower
prehľad survey, summary, résumé
prehľadať search, ransack
prehlásiť report
prehĺbiť deepen
prehliadať look over
prehliadka 1. search, examination *lekárska* 2. parade *voj.*, fashion show *módna* 3. sightseeing *pamätihodností*
prehliadnuť examine, inspect, pass *ísť okolo*
prehnúť bend°
prehovoriť make° a speech
prehra loss
prehrať lose°
prechádzka walk
prechladnúť catch° a cold
prejav 1. address 2. performance

prejsť go° through, cross, pass
prejsť sa have° a walk
prekážka barrier, obstruction
preklad translation
prekladateľ translator, interpreter *tlmočník*
preklať curse, execrate
prekročiť cross, step over
prekrútiť misrepresent, distort, falsify
prekvapenie surprise
prekvapiť surprise
prekvitať flower
preľaknúť sa get° scared
prelepiť glue over
preliezť climb over
preložiť 1. transfer, move 2. postpone, put°off *odročiť* 3. translate *z jazyka do jazyka*
premáhať overcome°
premárniť waste, squander

premávka traffic & *heavy traffic* hustá premávka
premena change, transformation, conversion
premeniť change, transform, vary
premet cartwheel, somersault *kotrmelec*
prémia premium, bonus
premiér Premier, Prime Minister
premiéra premiere, first night
premietnuť project
premoknúť get°wet, get°drenched
premôcť overcome°, overwhelm, vanquish
premrznúť freeze° through
premýšľať consider, think°over
premýšľať consider, think°, reflect on *nad*

prenáhliť sa be° rash
prenajať let°out *dom*, hire out *auto*
prenajať si rent *dom*, hire *auto*
prenájom letting, lease *zmluvný*
prenasledovanie persecution
prenasledovať pursue, persecute *stíhať*
prenášať carry over
preniknúť 1. penetrate 2. pervade *šíriť sa*
prenocovať stay the night
prenos transfer, transmission *televízny*
prenosný portable, transferable
prepáčiť excuse, be°sorry, pardon & *Sorry*. Prepáčte.
prepadnúť 1. attack, raid 2. fail *neuspieť*
prepichnúť 1. puncture 2. pierce *urobiť dierku*

prepísať 1. rewrite° 2. transribe *foneticky* 3. assign to *majetok na*

prepiť waste on drink

prepitné gratuity, tip

preplnený overcrowded

prepnúť 1. switch over 2. put°through *telef. hovor*

preprava shipment *tovaru*, transport *osôb*

prepraviť convey, transport, cross

prepustiť release, free, dismiss *zo zamestnania*

prepych luxury

prepychový fancy, luxury

prerábať redo°

preriecknuť sa make° a slip in speaking

prerokovať discuss, dispute

prerušiť 1. interrupt *rozhovor*, break°*cestu* 2. sever, break°off *styky*

preskok jump

preskúmať examine, inspect

preslaviť sa become°famous

presne exactly

presný exact, punctual, strict & exact time *presný čas*

presťahovať sa move

prestať stop, quit

prestavba reconstruction

prestávka break *školská*, pause, stop

prestieradlo blanket *posteľné*

prestrieť lay°the table

prestup change *pri cestovaní*

prestúpiť change, transfer

presun transfer, shift

presvedčenie
conviction, persuation, opinion

presvedčiť convince, persuade

pretekár competitor

pretekať compete

preteky race, competition *súťaž*

pretlačiť sa push forward

pretlak tomato puree *paradajkový*, tomato sauce

pretlmočiť interpret

preto that is why, therefore

pretože because, since, as, for°

pretrhnúť break°off

pretrvávajúci outlasting, outstanding

pretvárka dissimulation, pretence

pretvarovať sa dissimulate, pretend

preukaz card, licence, pass & *identity card* občiansky preukaz & *driving licence* vodičský preukaz

prevádzka operation, running, service

prevaha predominance, primacy

prevažne prevailingly

prevažný overwhelming

prevencia prevention

preventívny preventative

preveriť verify, check up

previesť 1. guide 2. show°, guide *sprievodca*

previezť transport, convey, ferry *cez rieku*

prevoz conveyance

prevrat overthrow, revolution

prevrátiť 1. turn inside out *šaty* 2. reverse *papier* 3. upset°, overturn *prevrhnúť*

prevziať 1. take°over 2. assume *úlohu*
prezentácia presentation
prezervatív condom
prezident president
prezídium board
prezieravý prudent, provident
prezimovať winter
prezliecť sa change
prezradiť reveal, disclose
prezrieť look, see° the sights *pamätihodnosti*
prezúvka overshoe, galosh
prezývka nickname, pet name
prežehnať sa bless, cross
prežiť 1. outlive 2. experience *skúsiť* 2. survive *nehodu*
pŕhľava nettle
pŕhliť nettle
prchký irascible
pri 1. at, by, near *miesto* 2. at *čas*

priblížne

priadza yarn
priamka straight line
priamo 1. straight *rovno* 2. directly *bezprostredne*
priamy 1. direct *rovný* 2. straight, direct *otvorený* 3. direct, proximate *bezprostredný*
prianie wish
priať wish, want
priateľ friend & *close friend* dôverný priateľ & *girl-friend* priateľka
priateliť sa be°friends
priateľský friendly
priateľstvo friendship, amity
priazeň favour, goodwill
priaznivý favourable
príbeh story
priblížiť sa come°near, approach
približne approximately

709

približný approximate, estimative
príboj surf
príbor cutlery
príborník sideboard, cupboard
pribrať put°on weight *na váhe*
pribúdať increase
príbuzenstvo relationship
príbuzný relative & *close relatives* blízki príbuzní & *closest relatives* najbližší príbuzní
príčina cause, reason *dôvod*
pričiniť sa make° an effort
pričleniť associate
pridať 1. add 2. speed°up *do kroku* 3. accelerate *plyn*
pridať sa join
prídavok addition, appendix & *child benefit* prídavky na deti

prídel ration
priebeh course, process
prieberčivý choosy
priečinok 1. drawer *zásuvka* 2. post box P.O.Box *poštový*
priečiť sa 1. resist 2. defy *klásť odpor*
priečka rung *rebríka*
priehľadný transparent
priehrada 1. enclosure 2. dam *vodná*
priehrštie handful
priechod passage & *zebra crossing* priechod pre chodcov
priekopa ditch
priekupník middleman°, drug trafficker *s drogami*
prieliv strait
priemer diameter *kruhu*, average *hodnota* & *on the average* priemerne
priemerný average

priemysel industry, trade
priemyselný industrial
priepasť chasm, gulf
prieplav canal
priepustka permit
priesada seedling
prieskum inquiry, research, opinion poll, survey *verejnej mienky*
priesmyk pass, defile
priestor 1. area 2. space 3. room
priestupný & *leap year* priestupný rok
priestupok delict, offence, wrong & *driving offence* dopravný priestupok
priesvitný transparent
prietrž cloudburst
prievan draught
priezvisko surname, family name, last name
prihlásenie registration
prihlásiť register

prihlásiť sa claim, apply, report
prihláška 1. application 2. registration
príhoda event, incident
prihodiť sa happen, occur
príhovor intercession
prihovoriť sa address, mediate
prihrať pass *šport.*
prichádzať come°
príchod arrival, coming
príchuť taste
prichystať sa prepare
prijať 1. accept 2. receive *hostí* 3. appoint *do zamestnania*
prijateľný acceptable, palatable
príjem 1. receipt *tovaru* 2. income *zárobok* & *gross income* hrubý príjem & *annual income* ročný príjem
príjemca receiver

príjemný pleasant, pleasing
prijímač receiver, set *techn.*
príkaz order, command, directions
prikázať order, command & *the Ten Commandments* Desatoro prikázaní
príklad 1. example, instance 2. problem *mat.* & *for instance* napríklad
prikloniť sa incline
priklopiť cover
príkorie injury, wrong
prikryť cover
prikrývka blanket, quilt *prešívaná*, cover
prikývnuť nod
priľahnúť lie° close
prilba helmet
prilepiť stick°, glue
priletieť come° flying

príležitosť 1. opportunity, occasion 2. chance & *job opening* pracovná príležitosť
príležitostný occasional, incidental, casual
priliať pour in
príliš too
príliv tide
príloha 1. supplement *novín* 2. enclosure *k listu* 3. side dish, garnish *k jedlu*
priložiť 1. put°on 2. affix, enclose
primár head physician
primátor mayor & *Lord Mayor* primátor Londýna
primeraný adequate, proportionate, appropriate *vhodný*
primitívny primitive
prímorský seaside
princ prince
princezná princess
princíp principle

priniesť 1. bring° 2. fetch

prínos 1. contribution 2. benefit & *economic proposition* ekonomický prínos

prinútiť force, compel

prípad case, occasion & *in case of* v prípade & *in no case* v žiadnom prípade

pripadnúť 1. devolve *dedičstvo* 2. fall° *časovo* 3. seem *zdať sa*

pripevniť fix, fasten

pripináčik drawing pin

pripiť drink° health

prípitok toast

pripnúť tack

pripočítať include

pripojiť 1. connect 2. enclose *k žiadosti*

pripojiť sa join

pripomenúť 1. commemorate, remember 2. remind *upozorniť*

pripomienka mention, comment

prípona suffix

príprava 1. preparation 2. arrangement

pripravený prepared, ready

pripraviť arrange, prepare, set°

pripraviť sa get° ready

prípravok preparation

pripustiť 1. allow, let° 2. admit, acknowledge *priznať*

pripútať fasten & *fasten your belts, please* pripútajte sa, prosím

prírastok increase

príroda nature, life

prírodný 1. natural 2. open-air

prírodopis zoology

prirodzene naturally

prirodzenie *pl.* private parts, privates *hovor.*

prirodzený familiar, natural, innate *vrodený*
prirovnať compare
príručka manual, handbook, guidebook *turistická*
prísada additive
prísaha oath, swear & *under oath* pod prísahou & *swear an oath* zložiť prísahu
prisahať swear°, take° an oath *na súde*
príslovka adverb
prísľub promise, undertaking
prisľúbiť promise
príslušník member, dependant *rodinný*, national, citizen *Am. národa*
príslušnosť competence, nationality *štátna*
prísne strictly
prísny strict, severe

príspevok 1. dues *členský* 2. benefit *sociálny* 3. contribution *finančný* 4. grant & *compensatory benefit* štátny vyrovnávací príspevok
prispieť contribute, help
prispôsobiť sa adapt, accommodate, adjust
prispôsobivý adaptable, flexible
prísť 1. come° 2. arrive *dopr. prostriedkom*
prisťahovalec immigrant, incomer
pristať 1. agree with *súhlasiť s* 2. suit, fit *svedčať*
pristáť land
prístav port, harbour
pristihnúť catch°
prístrešie shelter
prístroj apparatus°, instrument *presný*

prístup access, admittance *vstup*
prísudok predicate
príšera spectre, monster
prišiť sew° on
priťahovať attract
príťažlivosť attractiveness, gravitation *zemská*
príťažlivý attractive, appealing
prítmie dusk
prítok 1. flow 2. tributary *vodný*
prítomnosť presence, attendance *účasť*
prítomný contemporary, present, actual
pritúliť sa snuggle
prítulný affectionate, snuggling
príval flow, rush, torrent *vody*
prívarok side dish
privát *pl.* lodgings, digs *hovor.*
privážať carry

priveľa too much
príves trailer, caravan *obytný*
prívetivosť kindness
priviesť bring° *osobne*, lead°
priviezť convey, drive°
privilégium privilege
privinúť sa cling°
privítať welcome
prívod conduction, pipe *potrubie*
privolať call
prívrženec supporter, adherent
prízemie ground floor
príznak symptom, indication *náznak*
priznanie acknowledgement & *tax return* daňové priznanie
priznať admit, acknowledge
priznať sa 1. confess 2. plead°
prízrak phantom, phantasm

prízvuk accent
príživník parasite
problém problem, issue
problematický arguable, problematic
procedúra procedure
proces 1. trial, proceedings 2. process *priebeh*
producent producer
produkcia production
produkovať produce
produkt product
produktivita productivity
profesia occupation, profession
profesionál professional
profesor professor
profil profile
prognóza prognosis°
program programme, program *Am.* & *schedule* pracovný program

programátor programmer
programovanie programming
programovať programme
projekt draft, project, design *návrh*
projektant designer, draftsman°
proklamovať proclaim
prokurátor public prosecutor & *Attorney General* generálny prokurátor
prokurátorka procuratrix
prokuratúra prosecution
prológ prologue
promócia graduation
propagácia promotion, publicity, propagation
propaganda propaganda
propagátor propagandist

propagovať promote, propagate, publicize, plug *hovor.*
proroctvo prophecy
prorok prophet
prorokovať prophesy
prosba demand, request, entreaty *pokorná*
prosím please
prosiť 1. ask, request, beg 2. entreat *naliehavo*
proso millet
prospech 1. benefit, profit 2. marks *v škole*
prosperovať profit, progress
prospešný beneficial, profitable
prospieť benefit
prostitúcia prostitution
prostitútka prostitute
prostredie background, environment, surroundings & *social environment* spoločenské prostredie
prostredníctvom by means of, through, via
prostredný 1. middle 2. medium *stredný* 3. average *priemerný*
prostriedok 1. middle 2. means° *finančný, dopravný & means of transport* dopravný prostriedok & *contraceptive* antikoncepčný prostriedok
protekcia favour, influence, pull *hovor.*
protest protest, demur
protestovať protest, make°objection
protéza prosthesis
proti 1. opposite *oproti* 2. compared to *na rozdiel* 3. against *účel* 4. anti-, contra

protichodný contrary, antinomical
protiklad antinomy, contradiction, contrast
protiľahlý opposite
protipól antipole
protiprávny unlawful, illegal
protislužba consideration
protištátny treasonable, treasonous
protiústavný unconstitutional
protiviť sa disgust
protivník opponent, antagonist, adversary
protizákonný illegal, lawless
provincia province
provinčný provincial
províza commission
provizórny provisory, temporary
provokácia provocation
provokatér agent provocateur
provokovať provoke, incite
próza prose
prozaický prosaic
prsia breast, chest *hruď*
prskať sputter
prskavka cracker, sparkler
prsník breast
prsný chest
prst finger, toe *na nohe*
prsteň ring
prstenník ring finger
pršať rain, pour *silno*
prúd 1. flow, stream, current, torrent *silný* 2. current *elektrický*
prúdiť 1. flow, run° 2. rush, flock *ľudia*
prudkosť rashness
prudký 1. vehement 2. heavy, torrential 3. severe *bolesť* 4. steep *svah*
pruh stripe, band

prút 1. stick, osier *vŕbový* 2. rod *rybársky*
pružina spring
pružnosť elasticity, flexibility
pružný elastic, flexible
prv sooner
prvok element
prvopis original
prvorodený first-born
prvotný primary, original
prvotriedny first-class, prime
prvý best, first & *first aid* prvá pomoc
pseudonym pseudonym
pstruh trout *zool.*
psychiater psychiatrist
psychiatria psychiatry
psychika psychic
psychológ psychologist
psychológia psychology
pšenica wheat

pštros ostrich
puberta puberty, adolescence
publicista publicist, journalist
publicistika journalism
publicita publicity
publikácia publication
publikovať publish
publikum audience, public, spectators *diváci*
puč putsch
pud instinct
púder powder
puding pudding
puch bad smell
puchnúť swell° up
puk puck *v hokeji*, crease *na nohaviciach*, bud *kvetu*
puklina crack
pulóver pullover, jumper
pult counter, desk, bar *barový*
pulz pulse

pumpa pump & *filling station, petrol station* benzínová pumpa
pumpovať pump
punc stamp
punč punch
puntičkár nitpicker, pedant *pejor.*
púpava dandelion *bot.*
pupok navel
pustatina wasteland
pustiť 1. drop 2. release, free *na slobodu*
pustošiť devastate, lay° waste
pustý deserted, desolate *dom*
puška gun, rifle
púšť desert
púť pilgrimage
pútač boarding, billboard *Am.*

pútať attract attention *pozornosť*
pútec parting
pútnik pilgrim
puto *pl.* handcuffs *okovy,* shackles
puzdro case, box
pýcha pride
pykať regret, atone for *za*
pýr quitch
pyramída pyramid
pysk lip
pýšiť sa pride with
pyšný proud of
pytač suiter
pýtať ask for *žiadať čo*
pýtať sa 1. ask 2. inquire 3. question
pytliačiť poach
pytliak poacher
pyžamo pyjamas, jammies

R

rab slave
rabat discount, rebate
rabovať plunder *expr.*
racionalista rationalist
racionalizmus rationalism
racionálny rational
rád 1. like *mať rád* 2. be°glad *byť rád/potešený* 3. order *stav*
rad 1. line *za sebou*, row *vedľa seba* 2. series *skupina* 3. turn *poradie* 4. Order *vyznamenanie*
rada 1. advice° 2. board *predstavenstvo* & *editorial board* redakčná rada
radar radar
radca adviser, guide

radiátor radiator
radikalizmus radicalism
radikálny drastic *bezohľadný*, radical
rádio radio & *on the radio* v rádii
rádioaktivita radioactivity
radiť 1. advise, give°advice 2. recommend *odporúčať*
radiť sa consult *s kým*, consult together *spolu*
radnica town hall, city hall *Am.*
radosť pleasure *príjemnosť*, joy, delight *potešenie* & *with pleasure* s radosťou

radostný joyful, cheerful & *happy event* radostná udalosť
radovať sa rejoice
radšej rather, better, prefer *robiť radšej*
rafinéria refinery
rafinovaný cunning *človek*, crafty
ragbista rugby-player
rachot rattle, noise
raj paradise
rajón zone, district, sphere
rak crayfish *zool.*, lobster *morský* & *tropic of the Cancer* obratník Raka
raketa 1. rocket *voj.* 2. space rocket *kozmická* 3. racket *šport.*
raketoplán rocket-plane
raketový rocket, bomb, plane
rakovina cancer *lek.*
Rakúsko Austria

rakúsky Austrian
Rakúšan Austrian
rakva coffin, caket *Am.*
rám 1. frame 2. tambour *na vyšívanie*
rámec 1. frame, border *okraj* 2. scope *možností*
rameno shoulder, arm
ramienko coat hanger *vešiak*
rampa 1. ramp *prekladacia* 2. pad *odpaľovacia*
rana 1. injury, wound *úmyselná* 2. shot *výstrel* 3. stroke *úder*, punch *päsťou*
raňajkovať have°breakfast
raňajky breakfast
ranč ranch
rande appointment, date *Am.*
raniť injure *fyzicky*, hurt°*citovo*, wound *úmyselne*, inflict *smrteľne*

ranný morning & *in the small hours* v skorých ranných hodinách

ráno morning, in the morning *kedy* & *yesterday morning* včera ráno & *tomorrow morning* zajtra ráno

rapavý pock-marked

rapkáč rattle

rasa race, breed

rasca cumin, caraway

rasista racist

rasizmus rasism

rasový racial & *racial discrimination* rasová diskriminácia

rásť 1. grow° 2. rise° 3. increase

rast growth, increase & *economic growth* ekonomický rast

rastlina plant, herb

rašelina peat

rátať count, calculate

ratolesť spring, offspring *potomok*

raz once *jeden krát*, the first time *prvý krát*

rázcestie crossroads

raziť 1. coin, strike° *mince*, sink° 2. make° a way through *cestu*

rázny energetic, brisk *pohyb*.

rázporok slit, slash

raž rye

raždie dead twigs

razeň spit

reagovať react, respond

reakcia reaction, response

realista realist

realita reality

realizmus realism

realizovať implement, execute, realize

reálny 1. real 2. objective 3. actual *skutočný*

rebrík ladder

rebro rib *anat.*
recenzia review
recepcia reception
recepčný receptionist
recept prescription *lek.*, recipe *kuch.*
recidivista criminal, recidivist
recitátor reciter
recitovať recite
reč 1. address, speech *rečníka* 2. language, tongue *jazyk* 3. talk, conversation *rozhovor* & *closing speech* záverečná reč
rečník speaker, orator
rečniť make° a speech
redakcia 1. editing *redigovanie* 2. editorial staff, the editors *kolektív*
redaktor editor
redigovať edit
reďkovka radish
rednúť become° thinner
redukcia reduction

redukčný reduction & *slimming diet* redukčná diéta
redukovať reduce
referát paper *odborný*, report *správa*
referendum referendum°
referent officer *úradník*, official *odborný*
referovať 1. read°a paper *prednášať* 2. report *podávať referát*
reflektor reflector, headlight *na aute*
reflex reflex
reforma reform
reformátor reformer
reformovať reform
refrén refrain
regál rack, shelf°
regenerácia regeneration
regenerovať regenerate
región region
register calendar, file, register

registrácia registration, registry
registrovať register, record
regulácia 1. regulation 2. control
regulovať 1. control 2. regulate
rehabilitácia rehabilitation, restitution
rehabilitovať rehabilitate, restitute
rehoľa order
rehot guffaw
reklama publicity, advertisement *osobitná*
reklamácia 1. claim, reclamation 2. complaint *sťažnosť*
reklamný advertising & *advertising agency* reklamná agentúra
rekomando registered letter
rekonštrukcia reconstruction, restoration *do pôvodného stavu*
rekonštruovať reconstruct, restore
rekonvalescencia convalescence
rekord record & *hold °a record* držať rekord & *break°a record* prekonať rekord
rekreácia holiday, recreation
rekreačný & holiday inn *rekreačné stredisko*
rekreant holiday maker
rektor chancellor, rector *Am.*
relácia 1. reporting, broadcasting 2. relation *vzťah*
relativita relativity
relatívny relative
reliéf relief
remeň strap

remeselník

remeselník craftsman°
remeslo craft
remizovať draw° *šport.*
renesancia Renaissance
repa sugarbeet
reparát re-sit, make-up *Am.*
repertoár repertoire
reportáž report, reportage
reportér reporter
represálie *pl.* reprisals
reprezentant representative
reprezentovať represent
repríza night
reprodukcia reproduction
reprodukovať reproduce
reproduktor loudspeaker
republika republic
resumé summary
rešpekt respect, esteem *obdiv*

rešpektovať respect
reštaurácia
  1. restaurant
  2. restoration *obnova*
reštaurovať restore *obnoviť*
reštitúcia restitution
reťaz chain
retiazka chain & *a gold chain* zlatá retiazka
rétorika rhetoric
retušovať retouch
reuma rheumatism
rev roaring
réva vine, grape *hrozien*
revať roar
revír 1. hunting-ground 2. ward *policajný*
revízor inspector, controller, auditor *účtov*
revolúcia revolution
revolučný revolutionary
revolver revolver, gun

726

rez cut
rezačka cutter, chopper
rezanec *pl.* vermicelli
rezať cut°, chop
rezbár wood-carver
rezeň cutlet
rezerva 1. bank, reserve *zásoba* 2. spare *na aute*
rezervácia reservation, booking *hotela*
rezervovať reserve, book
rezidencia residence
rezignácia resignation
rezignovať resign
rezkosť briskness
rezký brisk
rezolúcia resolution
rezonovať resound
rezort sphere *oblasť*, industry *ministerský*
réžia 1. general expenses, overheads *náklady* 2. production *vo filme*
režim 1. regime *vládny* 2. routine *denný*

režisér producer, director *Am.*
riad *pl.* dishes, kitchen utensils
riadenie administration, control, management *podniku*
riadiť 1. direct, manage, run° 2. drive° *auto* 3. clean, tidy up, do° *upratovať*
riaditeľ boss, director, manager, headmaster *školy* & *general manager* generálny riaditeľ
riaditeľka manageress, directress
riadkovať drill
riadny ordinary
riadok line, row *poľn.*
riasa 1. eyelash *očná* 2. *pl.* algae, seaweed *morské*
ríbezľa currant & *redcurrants* červené ríbezle & *blackcurrants* čierne ríbezle

riecť say°
riediť thin
riedky thin
rieka river
riešenie solution
riešiť solve, resolve
rímsky Roman & *Roman law* rímske právo
rinčať clank *reťaz*
ringlota dog-plum
riskantný risky, hazardous, perilous *nebezpečný*
riskovať run°a risk, hazard
ríša empire, kingdom
rituál ritual
rival rival, competitor *konkurent*
rivalita rivalry
riziko risk, hazard, peril *nebezpečie*
rizoto risotto°
robiť 1. do°2. work *pracovať* & work hard *usilovne pracovať* 3. make° *vyrábať*

robot robot
robota work *práca*, toil *drina*
robotnícky labour
robotník worker, labourer *nekvalifikovaný*
ročne annually, yearly
ročný annual, yearly
rod 1. kin *kmeň* 2. family *pôvod* 3. gender *gram.*
rodák native
rodený born, native
rodič parent & parents *rodičia* & *adoptive parent* adoptívny rodič & *parentless* bez rodičov & *godparents* krstní rodičia
rodičovstvo parentage, parenthood
rodina family, relatives *príbuzní*
rodinný domestic, family
rodisko birthplace, native place

rodiť bear°, give°birth
rodiť sa be°born
rodný native & *citizen's card index number* rodné číslo
rodokmeň 1. family tree *názorný* 2. pedigree *zvierací*
roh 1. horn *zvieraťa* 2. corner *kút*
rohož doormat
roj swarm *včiel*
rok year & *leap year* priestupný rok & *New Year* Nový rok & *for a year and a day* do roka a do dňa
rokovanie discussion, debate, conference, trial *súdne*
rokovať discuss
rola 1. role 2. part *úloha*
roláda swiss roll, rolled meat *mäsová*
rolák polo neck *hovor.*, turtleneck *Am.*

roľa field *pole*
roleta blind, shade *Am.*
roľníctvo agriculture, farming
rolnička bell
roľník peasant, farmer
román novel, romance *milostný*
romantik romanticist
romantika romance, glamour *čarovná*
romantizmus romanticism
rontgen X-rays, X-ray machine *prístroj*
röntgenovať x-ray
ropa oil, crude oil
ropovod pipeline
ropucha toad *zool.*
rosa dew & *dew-drop* kvapka rosy
rošt grate, gridiron *na mäso*
roštenka roast-beef
rota company, troop *oddiel*
rovesník contemporary

rovina plain, lowland
rovinatý flat
rovnako 1. equally
2. alike *bez zmeny*
rovnaký 1. the same
ten istý 2. equal
množstvom
rovnať sa equal
rovník equator
rovno straight *smer*,
directly
rovnobežka parallel
rovnocenný equivalent
rovnodennosť equinox
rovnomerný equable
rovnoprávnosť
equality
rovnorodý
homogeneous
rovnosť equality
rovnošata uniform
rovnováha balance,
equilibrium
rovný 1. straight
2. upright *postava*
3. flat, plane *terén*
rozbaliť unwrap,
undo°, unpack
vybaliť

rozbeh start
rozbehnúť sa start
running, begin°to run
rozbiť break°,
break°up
rozbolieť get° sore
rozbor analysis°
rozbúrať demolish
rozcítiť sa become°
sentimental
rozčúliť sa fret,
lose°one's temper
rozdať give°away,
hand out, distribute,
deal°out
rozdelenie
distribution,
division, donation
rozdeliť divide, share,
distribute
rozdiel difference,
distinction *jemný* &
unlike na rozdiel od
rozdielnosť difference
rozdielny different,
distinct, separate
rozhádzať 1. distribute
2. disorder
neporiadok

3. scatter, waste *minúť*
rozhľad 1. view, outlook 2. scope of knowledge *vedomosti*
rozhlas broadcasting
rozhnevať sa get°angry
rozhodnúť decide, choose°, determine
rozhodnúť sa decide
rozhovor talk, conversation, interview
rozchod 1. parting *rozlúčenie* 2. break
rozchýriť spread°
rozísť sa 1. separate, part 2. differ *názorovo*
rozjasniť sa 1. clear up *obloha* 2. brighten up *tvár*
rozkaz order, command *voj.*
rozklad decomposition
rozkoš delight, pleasure
rozkošný charming
rozkročiť sa straddle
rozkrojiť cut° apart
rozkrok crotch
rozkvet 1. bloom 2. prosperity *rozmach*
rozkvitnúť 1. blossom 2. flourish *rozvinúť*
rozkývať swing°
rozľahlý extensive, broad
rozliať spill°
rozličný various, different *odlišný*
rozlíšiť distinguish
rozloha extent, area *územie*
rozlúčiť sa take°leave of, say°goodbye
rozlúsknuť crack
rozlúštiť solve
rozmanitosť variety
rozmanitý manifold, various
rozmarný humorous, moody
rozmarín rosemary
rozmaznať pamper, spoil°

rozmeniť

rozmeniť change
rozmer 1. dimension 2. measurement *miera*
rozmiestniť space *priestorovo*, deploy *voj.*
rozmontovať take°to pieces
rozmyslieť si think°over & *think it over* rozmysli si to
rozmýšľať think°about
roznášať hand out
rozobrať 1. take°to pieces 2. analyse
rozopnúť undo°, unbutton *gombík*
rozoznať distinguish, recognize *rozpoznať*
rozpačitý embarrassed, puzzled *neistý*
rozpadnúť sa break°up, disintegrate
rozpamätať sa recollect
rozpárať rip

rozpätie span *časové*, expanse
rozpínať sa expand
rozplynúť sa melt
rozpojiť disconnect
rozpoliť break°into halves
rozpoloženie disposition
rozpomenúť sa call to mind, recollect
rozposlať send° out
rozpoznať distinguish, identify
rozprášiť spray
rozprávať talk about
rozprávka fairy tale, story
rozpredať sell°off
rozpustiť 1. let°down *vlasy* 2. break°up *schôdzu*
rozpútať break°out *vojnu*
rozrásť sa grow°, spread°
rozriešiť solve
rozruch excitement, sensation

732

rozrušiť excite, bewilder, disorder
rozsah extent, range
rozsiahly extensive, widespread
rozsudok verdict, sentence *trest*
rozsvietiť switch on, turn on the light
rozštvrtiť quarter
roztať cut°
roztok solution
roztopiť melt
roztrhať tear°to pieces
roztrhnúť sa sever, break°*lano*
rozum 1. intellect, reason 2. brain *mozog* & *common sense* zdravý rozum
rozumieť 1. understand°, comprehend 2. catch° *zachytiť*
rozumný 1. rational, sensible 2. reasonable *správny*

rozvariť boil to pieces
rozvážny deliberate, considerate
rozvedený divorcee
rozveseliť cheer up, make°merry
rozviazať 1. untie, undo°*uzol* 2. sever, break°off *vzťahy*
rozviesť 1. distribute 2. divorce *manželstvo*
rozvíjať develop
rozvíriť whirl up
rozvod divorce, separation
rozvoj development, progress
rozvojový developing & *developing countries* rozvojové krajiny
rozvoz distribution, delivery *dodávka*
rozvrh plan, scheme, timetable *rozvrh hodín*
rožok roll, croissant *plnený*

rôzny 1. various 2. varied *pestrý* 3. different *odlišný*

rub reverse *opak*, lower side

rúbať hew, cut°, chop *polená*

rubrika column, section

rúcať demolish, pull down

ručička hand *na hodinách*, indicator, needle *na prístroji*

ručiť guarantee, warrant *za niekoho*

ručiteľ guarantor, warrantor

rúčka handle

ručník scarf°

ruda ore & *iron ore* železná ruda

rúhať sa blaspheme

ruch hustle and bustle

ruja rut

ruka hand *dlaň*, arm *horná časť* & *by hand* rukou

rukáv sleeve

rukavica glove, mitten *palčiak*

rukopis manuscript, handwriting *písmo*

rukovať join up

ruksak rucksack

ruleta roulette

rum rum

rumanček camomile

Rumun Rumanian

rumunčina Rumanian

Rumunsko Rumania

rúra 1. pipe 2. oven *na pečenie*

Rus Russian

Rusko Russia

ruský Russian

rušeň locomotive, engine

rušiť abolish, disturb, break° *slovo*

rušný busy

ruština Russian

rutina routine, skill *zručnosť*

rúž rouge, lipstick *na pery*

ruža rose *bot.*

ruženec rosary

ružový rosy, pink
ryba fish° & *go*°*fishing* ísť na ryby
rybár fisherman°
rybárčiť fish *hovor.*, go°fishing
rybník pond, lake *veľký*
rybolov fishing
rýdzi 1. pure 2. genuine *pravý*
ryha slot
rýchlodráha elevated railroad *Am.*
rýchlik fast/express train
rýchlosť speed *veličina*
rýchly quick, speedy, fast
rýľ spade
rým rhyme
rys lynx° *šelma*
rysovať draw°
ryšavec redhead
ryšavý red-haired
ryť 1. dig° *v zemi* 2. engrave *do kovu*
rytec engraver
rytier knight
rytmus rhythm
ryža rice
ryžovať pan *zlato*

S

s, so with, and, by, together with *spolu s*
sa 1. oneself 2. each other *vzájomnosť*
sáčok sachet
sad 1. orchard *ovocný* 2. park, public garden *park*
sada set
sadať seat
sadista sadist
sadiť plant
sadizmus sadism
sadlo grease, lard *bravčové*, fat *na človeku*
sadnúť si sit°down, take°a seat
sadra plaster
sadza soot
sádzať set°
safaládka sausage
sacharín saccharine

sako jacket, coat
sála auditorium, hall *sieň*, operating room *operačná*, ballroom *tanečná*
saláma salami
salaš chalet, sheep-farm
sálať radiate
salón 1. beauty parlour *kozmetický*, hairdresser's *kaderícky* 2. car show *autosalón*
salto somersault *šport.*
salutovať salute
salva volley *výstražná*
sám 1. alone *jediný* 2. oneself *samostatne* 3. lonely *opustený*
samec male
samica female

samohláska vowel
samoobsluha self-service shop, supermarket
samopal machinegun, submachine gun
samopašný roguish
samooplodnenie self-fertilization
samospráva autonomy
samostatnosť independence
samostatný independent *nezávislý*, separate *oddelený*
samota loneliness, solitude, wilderness *pustatina*
samotár solitary man, loner *hovor.*
samouk self-educated person
samovoľný spontaneous
samovrah suicide
samovražda suicide & *commit suicide* spáchať samovraždu

samozrejme of course
samozrejmý evident, obvious, apparent *zjavný*
sanatórium sanatorium
sandál sandal
sane sledge, toboggan
sangvinik sanguine person
sanitka ambulance *hovor.*
sánka lower jaw, jawbone
sánkovať sa sledge, toboggan
sardela anchovy
sardinka sardine & *sardine tin* krabička sardiniek
sarkastický sarcastic
sarkazmus sarcasm
sať suck, absorb, take°up
satelit 1. satellite *družica* 2. satellite dish *anténa*
satén satin
satira satire
satirický satiric

satirik satirist
sauna sauna
saxofón saxophone, sax *hovor.*
sazka pools
scéna scene & *make°a scene* urobiť scénu
scenár script, scenario
scenéria scenery
scvrknúť sa shrivel *suchom,* shrink°zmenšiť sa
sčervenieť redden
sebadisciplína self-discipline
sebadôvera self-confidence
sebaistý self-assured
sebaklam self-delusion
sebakritický self-critical
sebakritika self-criticism
sebaobrana self-defence
sebaovládanie self-control
sebapoznanie self-knowledge
sebaúcta self-respect
sebaurčenie self-determination
sebavedomie self-confidence
sebavedomý self-confident
sebec egoist
sebeckosť egoism, selfishness
sebecký selfish, egoistic
sebestačný self-sufficient
sedačka 1. settee, sofa, couch 2. stool
sedadlo seat
sedatívum sedative
sedem seven
sedemdesiat seventy
sedemdesiatnik septuagenarian
sedemnásť seventeen
sedieť sit°
sediment sediment
sedimentácia sedimentation

sedlať saddle *koňa*
sedliak peasant, farmer
sedlo saddle
sedmokráska daisy
segment segment
sejačka drill
sejba sowing
sekáč chopper, cutter
sekať cut°, chop, hack *sekerou*
sekcia section, division *Am. oddelenie*
sekera axe, hatchet *sekerka*
sekretár 1. secretary *tajomník*, 2. cupboard *skriňa*
sekretariát secretariat
sekretárka secretary, assistent
sekta sect
sektor sector
sekunda second
sekundárny secondary
sem here & *to and fro* sem a tam & *here and there* sem a tam

semafor 1. signal 2. traffic lights *pre chodcov*
sémantika semantics
semenník seed-vessel
semeno seed
semester semester, term
semifinále semifinal
seminár seminar, workshop *pracovný*, course *kurz*
sen dream
sendvič sandwich
senilita senility
senilný senile
senior senior
senník hayloft
senný hay & *hay fever* senná nádcha
seno hay
sentimentálny sentimental
senzácia sensation
senzitívny sensitive
separovať separate
september September
séria series, set
seriál serial

seriózny serious
serpentína winding road
sérum serum°
servis service *služba*
servítka napkin
sesternica cousin
sestra sister, nurse *opatrovateľka* & *stepsister* nevlastná sestra
sever north
Severná Amerika North America
severovýchod northeast
severozápad northwest
sex sex
sexualita sexuality
sexuálny sexual
sezóna season, campaign
sezónny seasonal
sfalšovať falsify, forge *podpis*
sféra sphere
sfinga sphinx
sfúknuť blow °off, blow°out

schádzať sa meet°
schéma draft, schema°
schod step, stair *v budove* & *downstairs* dolu po schodoch & *upstairs* hore po schodoch
schodisko staircase, stairway
schopnosť ability, capability *predpoklady*
schopný able *telesne*, capable, competent
schovať hide°, put°away
schovávačka hide-and-seek
schôdza conference, meeting, session
schôdzka appointment, engagement
schránka box & *safe* bezpečnostná schránka & *letter box* poštová schránka
schudnúť lose°weight, become°thin

schudobnieť become° poor
schúliť sa cower, cringe
schváliť approve, endorse, agree, confirm
schválne on purpose, deliberately, intentionally *úmyselne*
siahať reach
siakať blow°o.'s nose
siať sow°, seed
síce no doubt, quite
sídlisko housing estate
sídlo 1. seat 2. headquarters, place of business *firmy* 3. residence *súkromné*
sieň auditorium, hall, room & *court* súdna sieň
sieť 1. net *pletivo* 2. network
signál signal, light *dopravný*

signalizovať signalize
sila 1. strength *telesná* 2. force *prírodná* 3. power *fyzikálna* 4. intensity *intenzita* 5. energy *nahromadená*
silák strong man°
siláž silage, ensilage
silný strong, powerful *mocný*
silón nylon & *nylons* silónky
silueta outline, silhouette *osoby*
silvester New Year's Eve
simulácia simulation
simulant malingerer
simulovať 1. feign 2. simulate *napodobniť* 3. malinger *chorobu*
sipieť hiss
sipot hissing
síra sulphur *chem.*
siréna siren
sirota orphan
sirotinec orphanage

sirup syrup
sitko strainer
sito sieve
situácia situation, position *ekon.*, set-up *momentálna* & *circumstances* finančná situácia
situovať situate, locate *umiestniť*
sivovlasý grey-haired
sivý grey
skafander diving suit, space suit *kozmonautov*
skákať jump, hop
skala rock, stone, cliff *útes*
skalka cobble
skalnatý rocky
skalpel scalpel
skamenelina fossil
skandovať scan
skanzen open-air-museum, outdoor historical museum
skaut scout
skaza destruction, ruin

skaziť corrupt, demoralize
skepsa scepticism
skeptický sceptical
skeptik sceptic
skica sketch, draft
sklad storehouse, stores
skladačka jigsaw
skladať sa be°composed of, consist of
skladateľ composer, author
skladba composition, structure, pattern *štruktúra*
skládka rubbish dump *odpadkov*
skladník stockman°
skladovať store
sklamanie disappointment, frustration
sklamaný disappointed, frustrated
sklamať disappoint
skláňať bend° down

sklár glassworker
skláreň glassworks
sklenár glazier
skleník greenhouse
sklený glass
skleróza sclerosis *lek.*
skleslý depressed
sklo glass
sklon 1. slope *spád* 2. inclination, disposition & *bias* sklony
skloniť incline, bend°
sklopiť sink°, lower
sklúčený dejected
skoba cramp, hook
skočiť jump, leap°, spring° *svižne*, jump over *cez čo*
skok jump, spring & *long jump* skok do diaľky & *high jump* skok do výšky
skokan 1. jumper 2. green frog *žaba*
skomponovať compose
skoncovať abolish, break°, make° an end

skončiť finish, end, close
skonfiškovať confiscate, take°
skontrolovať check up, revise, control
skóre score
skoro 1. early 2. soon, shortly *čoskoro* 3. almost *takmer*
skórovať score
skorý early, speedy *rýchly*
skôr 1. sooner, earlier 2. before *predtým*
skrachovať go° bankrupt, go° bust
skrat short circuit
skrátiť abbreviate
skratka 1. abbreviation *slova* 2. short cut *cesta*
skriňa 1. wardrobe *na šaty* 2. showcase *výkladná*
skrinka 1. cabinet, case *na bielizeň* 2. locker *v úschovni*

skriviť

skriviť curve
skrížiť cross
skromnosť modesty
skromný modest
skrotený domestic, tamed
skrotiť tame
skrutka screw
skrutkovač screwdriver
skrutkovať screw
skrýša hide-out, hiding-place
skryť sa hide°
skrz through
skúmať study, examine, investigate, observe
skúmavka test tube
skupina group, category
skúpy mean, stingy
skúsenosť experience
skúsený experienced, skilled
skúsiť try, attempt *pokúsiť sa*
skúšať 1. examine *učiteľ* 2. try *pokúšať sa*

skúška 1. trial *akosti* 2. examination *vedomostná* 3. driving test *vodičská* 4. blood test *krvná*
skúšobný experimental, trial
skutočnosť reality, fact, truth & *de facto* v skutočnosti
skutočný real, actual
skutok deed, fact
skvelý splendid, excellent *vynikajúci*, superlative
skvost jewel
skysnúť turn sour
slabika syllable
slabikovať spell
slabina 1. groin 2. weak point *slabá stránka*
slabnúť become°weak
slabosť weakness, feebleness

slabý 1. weak *zdravie*, feeble *chabý*, frail *krehký* 2. weak, poor *výkon*
sláčik bow
sladidlo sweetener
sladiť sweeten, sugar *cukrom*
sladkosť sweet, candy *Am.*
sladkovodný freshwater
sladký sweet
slalom slalom & *slalom course* slalomová dráha
slama straw
slamený straw & *a grass widower* slamený vdovec
slamka straw
slanina bacon
slaný salty, salted
sláva glory, fame *povesť*, publicity, pomp *pompa*
slávik nightingale
sláviť celebrate

slávnosť celebration, festival, ceremony
slávny 1. glorious 2. famous, honourable
slečna young lady, Miss *pred menom*
sled sequence, string
sledovať 1. follow, spy *špehovať* 2. watch *televíziu* 3. observe
slepota blindness
slepúch blind-worm
slepý blind, blank *náboj* & *blind love* slepá láska
sliediť search, follow
sliepka hen
Sliezsko Silesia
slimák snail
slina spittle
sliniť slaver, salivate
slivka plum
slivovica plum-brandy
slizký slimy, mucous
slnečnica sunflower
slnečník sunshade, parasol
slnečný sunny

slniť sa sunbathe
slnko sun
sloboda freedom, liberty & *freedom of speech* sloboda slova & *freedom of press* sloboda tlače
slobodáreň hostel
slobodný 1. free 2. independent *nezávislý* 3. single *nie ženatý/vydatá*
sloh 1. style 2. composition *predmet* 3. style *štýl*
slon elephant & ivory *slonovina*
Slovák Slovak
Slovan Slav
slovanský Slavonic
slovenčina Slovak
Slovensko Slovakia
slovenský Slovak
sloveso verb *gram.*
slovníček vocabulary
slovník dictionary
slovný of words, verbal & *vocabulary* slovná zásoba

slovo word & *honestly* čestné slovo & *word by word* slovo za slovom
sľub promise, undertaking
sľúbiť promise, vow
slučka noose, loop
sluha servant
sluch hearing
slucha temple
slúchadlo receiver
slušnosť decency, propriety
slušný 1. polite, well-mannered 2. decent, proper, becoming *vhodný*
služba service, duty *vojenská*, consultancy *poradenská* & *secret service* tajná & *be on duty* byť v službe & *duty* vojenská služba
slúžiť serve, attend
slúžka maidservant
služobne on business

slza tear
slziť water
smažiť fry, roast
smäd thirst
smädiť be°thirsty
smädný thirsty
smeč smash *šport.*
smelý courageous, daring
smer 1. direction *cesty* 2. course *kurz* 3. trend 4. tendency & *postcode* smerové číslo
smerovať 1. aim, direct 2. tend *mať sklon*
smeti sweepings, rubbish *odpad*
smetiar dustman°
smetisko rubbish-heap
smiať sa laugh at na, ridicule *posmievať sa*
smiech laughter, laugh
smiešny funny
smieť may°, be°allowed to

smilstvo adultery
smog smog
smola 1. resin *živica* 2. pitch *čierna hmota* 3. bad luck *nešťastie*
smotana cream
smrad stench, stink *silný*
smradľavý stinking
smrdieť stink°, pong
smrek pine
smrkať sniff
smršť whirlwind
smrť death, decease & *hereafter* po smrti
smrteľný mortal, deadly
smútiť grieve for *za*
smutný sad, grieved
smútočný 1. mourning 2. funeral *pohrebný* & *funeral rites* smútočný obrad & *funeral service* smútočná bohoslužba & *mass for the dead* smútočná omša

smútok sorrow, grief
snáď perhaps
snaha effort *úsilie*, endeavour, struggle *usilovná*, tendency
snár dream-book
snažiť sa try one's best, do°one's best, make°an effort
snaživý diligent, keen, sedulous *vytrvalý*
sneh snow
snehuliak snowman°
snemovňa the house, parliament & *the House of Lords* horná snemovňa & *the House of Commons* dolná snemovňa
snežienka snowdrop *bot.*
snežiť snow
snímka photo *fotografia*, snap *momentka*
snívať dream°
snop sheaf°, stook

snovať warp *tkať*
snúbenec fiancé
snúbenica fiancée
snubný wedding & *wedding ring* snubný prsteň
sob reindeer°
sobáš wedding, marriage & *church marriage* cirkevný sobáš & *civil marriage* civilný sobáš
sobota Saturday
socialistický socialist
socializmus socialism
sociálny social & *social worker* sociálny pracovník & *social welfare* sociálna starostlivosť
sociológ sociologist
sóda soda
socha statue, sculpture *dielo*
sochár sculptor
sója soya

spisovateľ

sok rival, competitor
sokol falcon *zool.*
soľ salt
solidarita solidarity, fellowship
solidárny solidary
sólista soloist
soliť take°salt
soľnička saltcellar
sólo solo
somár donkey, ass *osol*
sonáta sonata
sonda sound, probe
sondovať sound
sonet sonnet
sopeľ snot *expr.*
sopka volcano
soprán soprano
sosna pine
sotiť shove
sotva hardly, scarcely, barely *s námahou*
sova owl
spáč sleeper
spád slant, slope
spadnúť fall°down
spájať connect, join, unite

spáliť burn°
spálňa bedroom
spamäti by heart
spánky temples *sluchy*
spánok sleep, sound *hlboký*
spariť scald
Spasiteľ Redeemer
spať sleep° & *go to bed* ísť spať
späť back, backwards
spečatiť seal
spermia sperm°
spev singing, chorus *zborový*
spevák singer
spevník songbook, hymn book *náb.*
spevniť harden, strengthen
spiatočný return, back & *return ticket* spiatočný lístok
spievať sing°
spinka clip *na spisy*
spis document, file
spisovateľ writer, author

splácať repay
spláchnuť wash down, flush out *záchod*
splasnúť flatten
splatiť pay°, meet°*dlh*, pay°back
splátka instalment, payment
splatnosť expiration, maturity
splesnieť become° moudly
spliesť sa make° a mistake
spln full moon
splniť complete, keep°, fulfil *vyhovieť*
splodiť beget°, breed°
splynúť blend
spodky underpants
spodnička petticoat, slip
spodný bottom, lower & *underwear* spodná bielizeň
spochybniť doubt, infirm

spoj 1. joint, join 2. connection *dopravný* & *communications* spoje
Spojené štáty americké the United States of America
spojenectvo alliance
spojiť 1. join, put°together, connect *pripojiť tech.* 2. put°through *telefonicky*
spojiť sa 1. unite, merge *zlúčiť sa* 2. contact
spojka coupling, conjunction *gram.*, clutch, contact man° *osoba*
spokojnosť satisfaction
spokojný satisfied
spoľahlivý reliable, responsible, solid
spoliehať sa rely on, trust
spoločenský 1. social 2. sociable *družný*

spoločenstvo association, society, union & *Commonwealth* Spoločenstvo národov

spoločník
1. companion
2. partner, associate *v obchode*

spoločnosť 1. society 2. company *organizácia*, society, association, corporation *združenie*

spoločný collective, common

spolok alliance, association, club & *Humane Society* spolok na ochranu zvierat

spolu together, in common

spoluhláska consonant

spolunažívanie common life, coexistence

spolupráca cooperation, collaboration

spolupracovať cooperate, collaborate

spoluúčasť partnership, participation

spolužiak schoolmate, school-fellow

spomenúť si recall, recollect

spomienka memory, recollection

spontánny spontaneous

spor conflict, dispute, quarrel *hádka*, case *právny*

sporák cooker, stove *Am.*

sporiť save

sporný controversial, disputable

spotiť sa sweat, perspire

spotreba consumption, usage

spotrebiteľ consumer
spoveď confession
spoznať 1. get°to know 2. recognize *totožnosť* 3. realize *zistiť*
spozorovať 1. notice *zbadať* 2. perceive *postrehnúť*
spôsob 1. way *postup* 2. *pl.* manners *správanie* & *in this way* týmto spôsobom & *course* spôsob života
spôsobiť cause, harm *škodu*
spracovať process, treat *upraviť*, cultivate *pôdu*
správa 1. news, message *odkaz*, report *informácia* 2. management *riadenie* 3. administration *administratíva*
sprava from the right

správanie behaviour, manners *spôsoby*
správať sa 1. behave, conduct *počínať si* 2. react *reagovať*
spraviť do°, make°& *make°a mistake* spraviť chybu
správne right
správny 1. correct *presný* 2. right *náležitý*
spravodlivosť justice
spravodlivý just
spresniť specify, exact
sprevádzať accompany, guide *ako sprievodca*
sprcha shower, douche *prúd*
sprchovať sa have°a shower
spriateliť sa make°friends
sprievod procession *ľudí*, parade
sprievodca 1. companion *spoločník*

2. conductor *vo vlaku* 3. guide *turistov*
sprisahanie conspiracy, plot
sprostý stupid
spúšť trigger *na zbrani*
spútať shackle *putami*
spyšnieť become° proud
spýtať sa ask
Srb Serbian
Srbsko Serbia
srdce heart
srdečný hearty
sŕňa roe-calf°
srna red-deer hind, roe
srnec roebuck°
srsť coat, hair, fur *hustá*
sršeň hornet
stabilita stability
stabilný stable
stačiť 1. suffice, do°*postačovať* 2. keep°up *nezaostávať* 3. manage *stihnúť*

stádo herd *dobytka*, flock *oviec*
stagnácia stagnation
stagnovať stagnate
sťahovák the wheelbrace *auto*
sťahovať sa move, migrate
stajňa stable
stále for ever, all the time, constantly, permanently
stály continual *neprerušený*, stable *nemenný*, regular *pravidelný*, constant *vlastnosťami*, permanent
stan tent
stanica station & *bus station* autobusová stanica & *railway station* železničná stanica & *police station* policajná stanica
stánok stall, stand, kiosk, boutique *menší*

753

stanovať camp
stanovisko 1. position, attitude *postoj*, view *názor* 2. taxi rank *taxíkov*
stanoviť appoint, determine *určiť*, fix *pevne*
starať sa 1. look°after, take°care of *o koho* 2. care about *starieť sa* 3. be concerned *mať starosť*
starec old man°
starena old woman°
starnúť grow°old
staroba 1. old age 2. senility
starobinec almshouse, old people's home
starobylý ancient, antique
staromódny old-fashioned, out-of-date
starosť anxiety, care for, trouble, worry
starostlivosť carefullness & *medical care* lekárska starostlivosť & *due diligence* povinná starostlivosť & *social welfare* sociálna starostlivosť
starostlivý careful, worried
starovek antiquity
starožitníctvo antique shop
starožitnosť antiquity *predmet*
starožitný antique
starý 1. old, aged *vekom* 2. stale *nie čerstvý* 3. second-hand *obnosený* & *grandmother* stará mama & *grandfather* starý otec & *grandparents* starí rodičia & *bachelor* starý mládenec
Starý zákon the Old Testament

stiesnený

stáť 1. stand°*na nohách* 2. be°*situated* 3. stop *nefungovať* 4. cost°*mať cenu* & *how much does it cost?* koľko to stojí?

stať sa 1. become°*kým/čím* 2. happen *prihodiť sa*

statkár landowner, farmer

statočnosť bravery, courage

statočný brave, courageous

statok estate, farm, cattle *dobytok*

stav 1. condition *trvalý*, state *celkový* 2. marital status *rodinný* 3. level *hladina*

stavať build°, construct

stavba building *budova*, construction, structure *zloženie*

stavbár builder

stavebnica lego, *pl.* bricks

stavenisko building-site

staviť sa make°*a bet*

stávka bet, stake

sťažnosť complaint, claim, protest

sťažovať sa complain of *na*, protest

steblo stalk, stem

steh stich

stelesňovať abstract, impersonate

stemnieť become° darker

stena wall, partition *priečka*, screen *ochranná*

stenať groan

sterilizácia sterilization

sterilizovať sterilize

sterilný sterile

stiahnuť 1. pull off 2. skin *kožu*

stiecť flow down

stiesnený cramped, distressed *skľúčený*

755

stíhačka

stíhačka fighter
stíhať pursue, prosecute *súdne*
stihnúť come°in time, manage, catch°*vlak*
stíchnuť become° quiet
stimulácia stimulation
stimulovať stimulate
stisk pressure, grip *ruky*
stisnúť clasp
stíšiť calm
stlačiť clasp, grip, press *tlačidlo*, compress *vzduch*, press down *tlakom*
stĺp column, pillar, post
stĺporadie colonnade
stmievať sa grow°dark
sto hundred
stodola barn
stoh rick
stojan stand, rack
stojatý standing, stationary *nepohyblivý*
stojka handstand

stoka sink, sewer *kanál*
stolár joiner
stolica 1. stool, seat 2. stool *výkaly* & high chair detská vysoká stolička
stolička chair
stolovať sit° at the table
stonať groan
stopa 1. track, trail *odtlačok* 2. footprint 3. foot°*miera*
stopka stem, stalk *kvetu*
stopovať hitchhike *auto*
storočie century
stotožniť sa identify
stožiar mast, pole
stôl table, desk *pracovný* & *lay°the table* prestrieť stôl
strácať lose°
strach fear, fright *zdesenie*
strachovať sa fear for *o*, be°afraid
straka magpie

756

stráň hillside
strana 1. side 2. page *v knihe* 3. party *polit.* & *the four cardinal points* svetové strany & *contracting party* zmluvná strana
strániť sa avoid *koho*
strapatý uncombed, dishevelled
strašidelný ghostly
strašidlo 1. ghost, bogey *mátoha* 2. scarecrow *v poli*
strašiť 1. haunt *o duchoch* 2. frighten *naháňať strach*
strašný horrible, terrible, awful *hrozný hovor.*
strata loss, waste, damage
stratégia strategy
strategický strategic
stratiť lose°& *waste time* stratiť čas & *expire* stratiť platnosť

stratiť sa 1. lose°o's way *zablúdiť* 2. disappear *zmiznúť*
strava food *jedlo*, meals, board *stravovanie* & *luncheon voucher* stravný lístok
stráviť spend°, digest *jedlo*
stravník boarder
stravovať sa be°boarded
stráž guard, duty *povinnosť* & *bodyguard* telesná stráž
strážca guard, keeper & *body guard* osobný strážca
strážiť guard, watch
strážnik policeman°, watchman°, constable *policajný*
strčiť thrust°, shove into *vopchať do*, insert *kľúč*, shove *sotiť*

757

stred centre
streda Wednesday
stredisko centre, center *Am.*
stredný central, middle *prostredný*, medium *priemerný* & *secondary school* stredná škola
stredovek the Middle Ages
stredoveký medieval
strecha roof
strela shot, bullet *náboj*
streľba shooting, firing
strelec shooter, marksman°
streliť fire *zo zbrane*, shoot° *aj šport.*
strelnica shooting-grounds
stres stress
stretnúť sa meet°
stretnutie meeting, appointment *schôdzka*
strhnúť pull down
striasť shake°down
striebro silver

striedať 1. change *šport.* 2. alternate *pravidelne*
striedať sa take°turns, alternate *pravidelne*
striedavý alternating, alternate
striedka crumb
striehnuť look°out for, watch, spy
striekačka fire-engine *požiarnická*, syringe *injekčná*
striekať spray *vodou*
strieľať shoot°
striga witch
strigôň wizard
strih cut, fashion
strihať cut°, shear° *ovce*
striptérka stripper
strmý sheer, steep
strohý reserved, dour *odmeraný*
stroj machine, engine & *typewriter* písací stroj
strojárstvo engineering industry

strojopis typewriting
strom tree & *Christmas tree* vianočný stromček
strop ceiling
stroskotať be°wrecked *loď* & *wreckage* stroskotanci
strpieť put°up with, bear°*zniesť*
stŕpnuť become°numb
stručný brief *krátky*
strúhadlo grater
strúhanka *pl.* breadcrumbs
strúhať 1. grate *syr* 2. sharpen *ceruzku*
strukoviny podders
struna string
stružliny shavings
strýko uncle
studený cold, chilly
studňa well, spring *prameň*
stuha ribbon, bow *mašľa*
stuhnúť stiffen

súbor

stúpať tread°, climb *hore*, rise°*ceny*
stupeň 1. step *schod* 2. stage *fáza* 3. degree *v stupnici* 4. grade *vzdelania*
stupnica scale
stupňovanie gradation
stužka ribbon
stvárniť form, depict *zobraziť*
Stvoriteľ Creator *Boh*
styk contact, touch, *pl.* relations *vzťah* & *diplomatic relations* diplomatické styky & *public relations* styk s verejnosťou & *intercourse* pohlavný styk
stýkať sa contact, associate with, meet°, join each other *navzájom*
subjektívny subjective
súboj duel
súbor 1. set, collection 2. group, ensemble *umelecký*

subtropický
  subtropical
súci capable
súcit pity, sympathy,
  compassion
súčasne actually,
  instantly
súčasnosť the present
súčasný actual,
  current, present
súčasť part, component,
  element *zložka*
súčiastka part,
  component
sud barrel *drevený*,
  drum *plechový*
súd court, trial *súdne
  konanie* & *military
  tribunal* vojenský súd
sudca arbiter, judge
súdiť 1. try
  obžalovaného
  2. judge *posudzovať*
súdny court, judicial
  & *lawsuit* súdny
  proces & *court
  room* súdna sieň
súdržnosť solidarity,
  fellowship

sugerovať suggest
sugescia suggestion
sugestívny suggestive
súhlas agreement,
  approval *úradný*
súhlasiť agree, accept
  & *I agree with you*
  súhlasím s tebou
súhrn contents,
  summary
súhrnný
  comprehensive,
  summary
suchár biscuit, cracker
  Am.
suchý dry, arid *pôda*
suka bitch
sukňa skirt
súkromie privacy
súkromný private,
  privy, personal
  osobný
súlad harmony,
  conformity *zhoda*
súlož coitus, sexual
  connection
suma amount, sum &
  all together suma
  sumárum

súmerný symmetrical, proportionate
súmrak twilight, dusk
súostrovie archipelago, group of islands
súper rival, opponent *protivník*
súperiť compete with, oppose, rival
suplovať substitute, stand°in *zaskočiť*
súprava set, tea set *čajová*, tracksuit *tepláková*, unit *nábytková*
súrny urgent, pressing
súrodenec sibling & *brothers and sisters* súrodenci & *half blood* nevlastný súrodenec
surovina raw material
surový 1. raw, crude *nespracovaný* 2. cruel, rough *brutálny* 3. severe *počasie*
sused neighbour
susediť border on, neighbour
susedný neighbouring
susedstvo neighbourhood
súsošie statuary
sústava system
sústrasť sympathy & *accept my condolences* prijmite moju sústrasť
sústrastný condoling
sústredenie concentration
sústrediť sa concentrate, centre
súš dry land, mainland *pevnina*
sušička dryer
sušienka biscuit, snap
sušiť dry
súťaž competition, rivalry *súperenie*
súťažiť compete with
suterén basement
suvenír souvenir
suverén sovereign
suverenita sovereignty

súvisieť be°connected with *s*

súvislosť coherence, continuity, connection

súvislý connected, coherent

sužovať trouble, plague

svadba wedding, marriage

svadobný of wedding & *honeymoon* svadobná cesta & *a wedding present* svadobný dar

svah slope, hillside

sval muscle *anat.*

svalstvo musculature

svár quarrel

svat father of the bride

svätec saint

svätožiara aureole

svätý saint, sainted, holy *náb.* & *Holy Father* Svätý otec

svedčať suit, fit *komu*

svedectvo testimony, witness, evidence *dôkaz*

svedok witness & *eye witness* očitý svedok

svedomie conscience

svedomitosť conscientiousness

svedomitý thorough *dôkladný*, painstaking *usilovný*

svet 1. universe *vesmír* 2. world *Zem* & *all over the world* na celom svete

svetadiel continent

sveter jumper, sweater

svetlo 1. light 2. lamp *zdroj* & *switch on/off* rozsvietiť/zhasnúť

svetlý clear *obloha*, fair *vlasy*, light *farba*

svetonázor world outlook

svetový 1. universal 2. world, global *rozšírený* & *World War* svetová vojna

svetoznámy world-known

svetský 1. wordly, mundane 2. profane *nie náboženský*

sviatok holiday, saint's day, feast *cirk.* & *bank holiday* štátom uznávaný sviatok

sviatosť Host, sacrament

svieca candle, taper *tenká*

svietiť shine°, glow *rozpálením*

svietnik candlestick

svieži brisk *vietor*, crisp *vzduch*, fresh *čerstvý*

sviňa pig, sow *prasnica*, boar *kanec*

svišť marmot

svit shine & *moonlight* mesačný svit & *sunshine* slnečný svit

svitať dawn

svoj 1. one's, my, your, his, her, its, our, their 2. mine, yours, his, hers, its, ours, theirs *samostatne* & *in a way* svojím spôsobom

svojský 1. specific, special 2. peculiar *zvláštny*

svojvoľný irresponsible

svojvôľa irresponsibility, high hand

svokor father-in-law°

svokra mother-in-law°

svokrovci people-in-law

svorka clasp, pack *kŕdeľ*

svorný harmonious

svrab scab

svrček cricket *zool.*

syčať hiss, sizzle *pri smažení*, fizzle *para*

sychravý raw, damp and cold

sýkorka tit, titmouse° *zool.*
sykot hissing
symbol symbol, emblem, sign *znak*
symbolický symbolic
symetria symmetry
symetrický symmetrical
symfónia symphony
symfonický symphonic
sympatický likeable *milý*, pleasant, sympathetic *to komu*
sympózium symposium
syn son & *godson* krstný syn & *stepson* nevlastný syn & *little son* synček
synagóga synagogue
syndikát syndicate, trust
syndróm syndrome
synonymum synonym
synovec nephew
syntax syntax
syntéza synthesis°
sypať pour, strew
sypať sa spill *trúsiť*, drop *padať*, fall°down *sneh*
sýpka granary, barn
syr cheese
systém system, scheme *plán* & *legal system* právny systém & *control system* riadiaci systém
systematický systematic
sýty sate, full *najedený*

Š

šabľa sabre
šablóna stencil
  maliarska, pattern
  vzor, model
šach *pl.*chess *hra*,
  check *ťah*
šachista chessplayer
šachovnica chess-
  board
šachta shaft, pit
šakal jackal
šál shawl, scarf *šátok*
šalát lettuce *druh*
  zeleniny, salad
šalieť be° crazy
šálka cup
šampión champion
šampionát
  championship
šampón shampoo
šanca chance
šarkan dragon, kite
  detský

šarlatán charlatan
šarm charm
šarvátka skirmish *voj.*,
  squabble *nepatrná*
šarža rank *voj.*
šašo clown, jester
  dvorný
šatiť clothe, dress
šatka scarf°
šatňa cloakroom,
  dressing-room *šport.*
šatník wardrobe
šaty 1. clothes, wear
  2. dress *dámske*
  3. suit *oblek*
šedivieť become° grey
šedivý grey
šedý grey & *eminence*
  grise šedá
  eminencia
šéf chief, head,
  principal, boss
  hovor.

šéfovať boss
šéfredaktor editor-in-chief
šek cheque, check *Am.*
šelma beast of prey
šepkať whisper, prompt *napovedať*
šepot whisper
šerm fencing, swordsmanship *mečom*
šermovať fence
šero gloom, dusk *súmrak*
šesť six, half°a dozen
šesťdesiat sixty
šestina sixth
šestnásť sixteen
šestonedieľka woman in childbed
šetriť 1. economize, spare *neplytvať* 2. save for *sporiť na*
šetrný sparing, economical, considerate *ohľaduplný*
šev seam *látky*

šialenec madman°, lunatic
šialený mad, crazy, insane, lunatic
šibačka Easter whipping
šibal rascal, wag
šibať whip
šibenica gallows
šifra cipher, initials
šichta shift
šija neck, nape
šijací sewing°& *sewing machine* šijací stroj
šík file, array *voj.*
šikanovať chicane
šikmooký squinting
šikmý 1. oblique 2. leaning *naklonený*
šikovný skilful, competent, dexterous *obratný*, handy *zručný*
šimpanz chimpanzee
šíp arrow
šípka 1. hip *plod* 2. brier *ker* 3. dart *papierová* 4. arrow *smer*

šíriť 1. broaden, widen 2. spread° *reči*
šíriť sa expand, broaden, widen *rozpínať sa*, spread° *prenikať*
šírka 1. breadth, width, span *rozpätie* 2. latitude *zemepisná*
široko & *far and wide* široko-ďaleko
široký 1. wide *rozpätie* 2. spacious *priestranný*
šírošíry far and wide
šiška cone *bot.*
šiť sew°, do° sewing, make° dress *šaty*
škála scale *stupnica*, range
škandál scandal
škára slot *štrbina*, cranny *praslina*
škaredý ugly, hideous
škatuľa box, case
škeriť sa grin
šklbať pluck, tear° *trhať*, pull *mykať*

škoda damage *poškodenie*, loss *znehodnotenie*, injury, harm *ublíženie* & *what a pity !* aká škoda!
škodiť harm *komu*, damage *ničiť*
škodlivosť harmfulness
škodlivý harmful, injurious
škodoradosť malicious joy
škodoradostný feeling of malicious joy
škola 1. school, institute *večerná* 2. school builing *budova* & *primary school* prvý stupeň & *secondary school* druhý stupeň & *secondary school* stredná škola & *university* vysoká škola
školáčka schoolgirl
školák schoolboy

školiť

školiť train, teach°, instruct
školné school-fee
školník caretaker
školopovinný schoolgoing
škorec starling
škorica cinnamon *bot.*
škorpión scorpion
Škót Scot, Scotsman°
Škótsko Scotland
škótsky Scottish, Scots, Scotch
škovránok skylark, lark
škôlka kindergarten
škrabať 1. scratchy *nechtami* 2. scrape *šúpať*, peel *lúpať*
škrečať squeak, screech
škrečok hamster *zool.*
škriatok sprite, elf°, goblin *zlý*
škriepiť sa 1. dispute, argue 2. quarrel *haštěriť*
škriepka quarrelling

škrobiť starch
škrtať
1. strike° *zápalkou*
2. cross out *zrušiť*
škrtiť strangle *tesný*, throttle
škrupina shell
škuľavý cock-eyed
škúliť squint
škvrna stain, spot
škvrnitý spotted
šľahačka whipped cream
šľahať whip
šľachetnosť generosity
šľachetný noble, high-minded
šľachta nobility, aristocracy
šľachtic nobleman°, aristrocrat
šľachtický aristocratic, noble
šľapa sole *chodidlo*, footprint *stopa*
šmyk skid
šmýkať sa slide°, slip *klzať sa*
šmykľavý slippery

šnúra lace, string *povrázok*, lead *vedenia*, flex *spotrebiča*
šnurovať tie up, lace up
šofér driver, lorry man°*závozník*
šok shock
šomrať grumble
šopa shed
šošovica lentil
šošovka *pl.* lens
šovinista chauvinist
šovinizmus chauvinism
špagát string, cord
špageta *pl.* spaghetti
špajza pantry, storeroom
Španiel Spaniard
španielčina Spanish
Španielsko Spain
španielsky Spanish
špáradlo toothpick *hovor.*
špargľa asparagus
špecialista expert, specialist
špecialita speciality

špeciálny peculiar, special
špecifický several, specific
špecifikovať specify
špehovať spy on *koho*
špehúň sneak
špekulácia speculation
špekulant speculator
špekulovať speculate
špenát spinach
špendlík pin & *pinhead* špendlíková hlavička
šperk gem, jewel
špička point *hrot*, tip toe *chodidla*
špina dirt, filth *usadená*, grime *zažratá*
špinavý black, dirty, filthy
špiniť dirty, foul, grime
špión spy
špionáž espionage
špirála spiral & *inflation spiral* inflačná špirála

šplachot

šplachot splashing
šplhať sa climb up, shin *po lane*
špongia sponge
šport sport, sports *činnosť*
športovať go°in for sports
športovec sportsman°
športovkyňa sportswoman°
šprintér sprinter
šramotiť rustle, rattle
šrot *pl.* groats, scrap *kovový odpad*
štáb staff, *pl.* headquarters *hlavný*
štadión stadium
štádium stage, phase, period
štafeta relay *pretek*, baton & *relay race* štafetový beh
štart start, launch *rakety*
štartovať start, take°off *lietadlo*

šťastie happiness, bliss *dokonalé* & *have°a good luck* mať šťastie
šťastný 1. happy 2. favourable *priaznivý* 3. lucky 4. cheerful *radostný*
štát state, country *krajina*
štátnik statesman°, politician
štátny state, public *verejný*, national *národný*
štatút statute
šťava juice, squash *prírodná*, gravy *mäsová*
šťavnatý 1. juicy 2. succulent *mäkký*
štebotať chirp, warble
štedrý generous, liberal & *Christmas Eve* Štedrý večer
štekať bark, bay *silný*
štekliť tickle
šteňa pup, puppy *psa*
štetec brush

770

štetka brush
štica tuft
šticovať pull by the hair
štiepiť sa split°
štíhly slender, slim
štípať bite° *mucha*, sting° *osa*
štipec *pl.* pincers, nippers
štipendium scholarship, fellowship
štipka pinch of *čoho*
štipľavý sharp, biting *ostrý*
štít 1. shield, buckler *okrúhly* 2. peak *horský*
štítok label *nálepka*
štopkať darn
štrajk strike & general strike generálny štrajk & blackleg štrajkokaz
štrajkovať strike° for *za*
štrbavý toothless
štrbina crack *škára*
štrk gravel

štrkáč rattlesnake *zool.*
štrnásť fourteen
štruktúra structure
študent student & *university student* univerzitný študent
štúdio studio
štúdium study, reading
študovať study at *na*, read° *odbor*
študovňa study, reading-room
šťuka pike *zool.*
štvorcový square
štvorec square
štvorhlas quartet
štvorlístok quarterfoil
štvoruholník square
štvrť fourth, quarter, district *mestská*
štvrtina fourth, quarter
štvrtok Thursday
štvrťročie quarter of the year
štýl style

štylizovať

štylizovať stylize, word
štýlový stylish
štyri four
štyridsať forty
štyridsiatnik a man of forty years
šúchať rub, grate
šúľok roll
šum hum, gurgle *vody*
šumieť hum, gurgle *zurčať*, fizzle *nápoj*
šunka ham, gammon *údená* & *ham and eggs* šunka s vajcom
šúpať strip, bark *kôru*, peel *zeleninu*

šupina scale
šuškať whisper
šušlať lisp
šušťať rustle, swish
švagor brother-in-law°
švagriná sister-in-law°
Švajčiarsko Switzerland
Švédsko Sweden
švih lash
švihadlo skipping rope
švihák dandy
švihať swish, lash
švindľovať swindle
švitoriť twitter

š

T

tá *p.* **ten**
ta there
tabak tabacco, snuff
tabatierka tobacco-box, snuff-box
tabletka pill, tablet *odb.*
tábor camp & *prison camp* zajatecký tábor & *concentration camp* koncentračný tábor
táborák camp-fire
táborisko camping-site
táboriť camp
tabuľa 1. blackboard *školská* 2. table *vývesná* 3. board *doska*
tabuľka tablet, plate *firemná*, bar *čokolády*
tackať sa stagger
tácňa tray

tade that way
ťah 1. pull, tug 2. stroke *štetcom* 3. draw *žrebovanie*
ťahák crib *hovor.*
ťahať pull, draw°, drag *vliecť*
tachometer speedometer
tajfún typhoon
tajga taiga
tajiť conceal, keep° close about, hold°back, hide°from *pred*
tajný secret, hidden, covert *skrytý* & *Secret Service* tajná polícia
tajomník secretary
tajomný mysterious
tajomstvo mystery, secret

tak 1. so, thus *mieru* 2. in this/that way *spôsob* & *one way or other* tak či onak
takisto in the same way, just so
takmer almost, nearly
takt bar *hud.*, measure *rytmus*, tact *spoločenský*
taktik tactician
taktika tactic
taktnosť tactfulness
taktný tactful
takto in this/that way, like this
taký such, like this/that *prirovnanie*, kind/sort of *vlastnosť*, of this/that size *veľkosť* & *as ... as* aký ... taký
takzvaný so-called
takže so that, so as
talent gift, talent for *na*
talentovaný talented
Taliansko Italy

talizman talisman, amulet
tam there, at that place, in that place, outdoors *vonku*
tamojší local *miestny*, native *domorodý*
tampón tampax *menštruačný*
tamten that one, the ... over there
tancovať dance
tanec dance
tanečník dancer
tanier plate
tanierik saucer
tank tank *voj.*
tankista tank-driver
tankovať fill up, tank
tápať grope, fumble *hľadať*
tapeta wallpaper
tapetovať paper
táranina prattle *expr.*
tárať prattle, say°nonsense
tárať sa roam
ťarbavý clumsy, awkward, sluggish

tarcha weight, burden *bremeno*, load *náklad*
tarchavosť pregnancy
tarifa tariff *dopravná*, rate
taška bag, schoolbag *školská*, handbag *dámska*
tať hew, cut°
táto this
tava camel
taviť melt, fuse
taxík taxi
taxikár taxi-driver
taxislužba taxi service
ťažba extraction, mining
ťažiť extract, exploit, mine
ťažkať si complain of *hovor.*
ťažkopádny heavy, weighty
ťažkosť difficulty *obťažnosť*, trouble *nepríjemnosť*, complaint *zdravotná*
ťažký weighty, heavy, difficult *obťažný*

teda then, therefore *dôsledok*
tehelňa brickyard
tehla brick
tehotenstvo gravidity *odb.*, pregnancy
tehotná pregnant, gravid *odb.*
technický technical & *Technical University* Vysoká škola Technická
technik techniciant *odborník*, engineer
technológ technologist
technológia technology
tekutina liquid *kvapalina*, fluid
tekutý liquid, fluid
tekvica pumpkin
teľa calf°, little calf° *teliatko*
teľacina veal
telefón telephone, phone *hovor.* & *be°on the phone* mať telefón

telefonát telephone message, telephone call *hovor* & *trunk call* medzimestský
telefónny telephone, phone & *call box* telefónna búdka & *telephone directory* telefónny zoznam
telefonovať phone, telephone, call up, ring°up
telegraf telegraph
telegram telegram, wire
telepatia telepathy
telepatický telepathic
teleskop telescope
telesný 1. body *orgán*, physical *námaha* 2. manual *práca* & *bodyguard* telesná stráž
teleso body, solid *geom.*
televízia television, T.V. & *on TV* v televízii
televízor television set, T.V. set

telo body, corpse *mŕtvola*
telocvičňa gymnasium, gym *hovor.*
telocvik gymnastics, physical training
telovýchova physical education
téma theme, subject
tematický thematic, subject
temeno top of the head, crown
temný dark, obscure *záhadný*, gloomy *chmúrny*
temperament disposition, temperament
tempo rate, tempo *hud.*
ten, tá, to this°, that°, the
tendencia tendency
tendenčný tendentious
tenis tennis, lawn tennis *na trávniku*
teniska tennis shoe

tenista tennis-player
tenký thin, slender *postava*, slim *štíhly*
tenor tenor
tento, táto, toto this°, that° & *this time* tento raz
teológ theologian
teológia theology
teologický theological
teoretický theoretical
teoretik theoretician, theorist
teoretizovať theorize
teória theory
tep pulse, pulsation *pren.*
tepláky track-suit
teplo warmth, heat & *warm weather* teplé počasie
teplomer thermometer
teplota temperature, fever *horúčka*
teplý warm
tepna artery *anat.*, arterial road *dopravná*

terajší present, actual
terapia therapy
terárium vivarium
terasa terrace, sun roof *na streche*
teraz now, nowadays, at present time
terč target, mark
terén ground
teritórium territory
termálny thermal
termín term, date, time, limit & *deadline* posledný termín
terminál terminal
terminológia terminology
termofor hot-water bottle
termoska thermos
teror terror
terorista terrorist
teroristický terrorist
terorizovať terrorize
tesár carpenter
tesný tight, close, narrow *úzky*
test proof, test

testament last will, testament
testovať testify
tešiť 1. please, give°a pleasure, make° happy, delight *obšťastniť* 2. comfort *utešovať*
tešiť sa 1. be°glad 2. feel°delight 3. look°forward
teta aunt
tetovať tattoo
text text, reading
textár text-writer
textil textile
textový textual
tchor polecat
tí *p.* ten
tie *p.* ten, tá, to
tiecť run°, flow *plynúť*, pour *liať sa*
tieň shade, shadow
tienidlo screen, lampshade
tieniť shadow, cast°a shadow
tieseň pressure, depression

tieto these
tiež also, too, as well
tiger tiger *zool.*
tigrica tigress
ticho silence, quiet
tichý silent, soft *slabý*, calm, quiet *pokojný*
tikať tick
tinktúra tincture & *tincture of iodine* jódová tinktúra
tisíc thousand
tisícročie millennium
tisícročný millenial
tíšiť calm down, quiet down
títo these
titul title, heading *kapitoly*
tkáč weaver
tkácsky weaving
tkanina texture, fabric
tkanivo tissue
tkať weave°
tlač printing, press *noviny*
tlačený printed, published *vydaný*

tlačiareň printing house
tlačiť press, push *tisnúť*, print *noviny*
tlačivo blank, form
tlačový press & *press agency* tlačová agentúra & *press conference* tlačová konferencia
tlak pressure & *under pressure* pod tlakom
tlakový pressure & *pressure cooker* tlakový hrniec
tĺcť hit°, slap, beat°*srdce*
tlieskať applaud, clap
tlieť rot°, decay
tlkot beating
tlmiť deaden, muffle *zvuk*
tlmočiť interpret
tlmočníčka interpretress
tlmočník interpreter
tlstý thick, fat *tučný*, bulky *objemný*

tma darkness, dusk *súmrak*
tmavý dark, obscure *nejasný*
tmel putty
tmoliť sa reel
to p. ten
toaleta toilet, robe *šaty*, lavatory *záchod*
tobogan toboggan
točiť sa revolve, circle
točiť turn, roll, whirl, spin° *vírit*, shoot° *film*
tok flow, stream *rieky*
tolerancia tolerance
tolerantný tolerant
tolerovať permit, tolerate
toľko so much/many *prirovnanie*
tón tone hud., signal
tona ton°
topánka shoe, boot *vysoká*
topiť sa 1. drown, go°down 2. melt *roztápať sa*

topoľ poplar *bot.*
torta cake
totalita totality
totiž namely, viz. *skr.*
toto this
totožnosť identity
totožný identical, the same
tovar article, goods & *consumer goods* spotrebný tovar
továreň factory, works°
tradícia tradition
tradičný traditional
trafika tobacconist's
trafikant tobacconist
trafiť 1. score a hit *cieľ*, go°home, hit°with *zasiahnuť*
tragédia tragedy
tragický tragic
tragikomédia tragicomedy
trajekt car-ferry, ferry-boat
traktor tractor
traktorista tractor-driver

traky *pl.* traces
trampoty worries, troubles
transformácia transformation
transformovať transform
transfúzia transfusion
transplantácia transplantation
transplantát transplant
trápenie bother, trouble, worry
trápiť annoy *znepokojovať*, trouble, vex, worry *sužovať*
trápiť sa worry, grieve
trápny distressing
traslavý trembling
trať track *koľaje*
traumatizovať traumatize
tráva grass
tráviť pass *čas*, spend° *účelne*, digest *zažívať*
trávnatý grassy
trávnik lawn

trčať stick°out, tower *týčiť sa*
treba it is necessary
tréma stage fever
trémista neurotic
trenažér trainer
tréner coach, trainer
tréning training
trenírky *pl.* shorts
trénovať practice, train *cvičiť*
trepotať sa flutter
treska codfish° *zool.*
trest punishment, penalty *pokuta*, sentence *práv.* & *capital punishment* trest smrti
trestanec convict, prisoner
trestať punish, chastise *telesne*, penalize
trestný criminal, punishable & *complaint* trestné oznámenie & *bad mark* trestný bod
tretí third
tretina third

trezor depository, safe
trh market, fair *pravidelný* & *black market* čierny trh & *domestic market* domáci trh
trhať pull, claw *driapať*, pick *plod*, extract *zub*
trhovisko market, market-place
tri three
triangel triangle
triasť sa shake° *ruky*, shiver *telo*, quake *od strachu*
tričko T-shirt
tridsať thirty
trieda category, class, classroom *učebňa* & *working class* robotnícka trieda & *social class* spoločenská
triediť sort
trieska chip
trieskať strike°
triezvy sober
trilógia trilogy

trinásť

trinásť thirteen
trio trio
triptych triptych
triumf triumph
triumfálny triumphal
triviálny trivial
tŕň thorn, prickle *pichliač*
trnka blackthorn *bot.*
trofej trophy
trocha a bit, a little, a drop
trojboj triathlon
trojčatá triplets
trojhlavý three-headed
trojica trio, Trinity *náb.*
trojkolka tricycle
trojlístok trefoil
trojnožka tripod
trojskok triple jump
trojuholník triangle
trolejbus trolley-bus
trón throne
tróp trope
tropický tropical
troska wreck
trovy *pl.* costs

trpaslík dwarf°, pygmy
trpezlivosť patience
trpezlivý patient
trpieť be°in pain *bolesťou,* suffer *ujmou,* want *nedostatkom*
trpký acrid, bitter *zatrpknutý*
trstenica cane
trstina cane, reed & sugarcane cukrová trstina
trúba horn *hud.*, pipe *rúra*
trubač trumpeter
trubica tube, pipe, windpipe *dýchacia*
trúbiť blow°
trúbka trumpet
trucovať be°wilful
trúfať si be°cheeky, dare, have°the courage
truhla chest *nábytok*, coffin *rakva*
truhlár joiner

782

trúchliť lament, grieve for *smútiť*
trup trunk *anat.*, body *stroja*
trvalý lasting, continued, permanent *definitívny* & *permanent address* trvalé bydlisko
trvanlivý durable
trvať last, go°on, keep°on, take°time *zaberať čas*
trvať na abide°, maintain
tržnica market, market hall
tu here
tuba tube
tuberkulóza tuberculosis *lek.*
tucet dozen
tučniak penguin
tučnieť become° fat
tučný fat, thick *hrubý*
tuha graphite, lead *náplň*
tuhnúť become°stiff

tuhý stiff, rigid *neohybný*
tuk oil, fat *živočíšny*
ťukať tap
tulák vagabond, tramp
túlať sa wander, roam, tramp
tuleň seal *zool.*
tunel tunnel
tuniak tunny°
tupý blunt, pointless *zaoblený*
túra walk, hike, tour *okružná*
turbína turbine
Turecko Turkey
turecký Turkish & *Turkish coffee* turecká káva & *Turkish nougat* turecký med
Turek Turk
turista tourist
turistika tourism, hiking *pešia*
turnaj championship *šport.*
turnus turn-taking

tušiť forebode, suspect, sense, anticipate *predvídať*
túžba longing, craving, lust *pohlavná*
túžiť long, yearn
tvár face, visage, air *výraz*
tvar form, shape *stvárnenie*
tváriť sa put°on, pretend *predstierať*
tvaroslovie morphology
tvarovať shape
tvoj your, yours *samostatne*
tvor creature, being
tvorba creation, production *výroba*, formation *tvorenie*
tvorca originator, author, creator *umel.*
tvoriť form, make°, create, produce
tvorivý active, creative, productive *plodný*

tvrdiť affirm, declare, assert, claim
tvrdnúť become° hard
tvrdohlavosť wilfulness
tvrdohlavý wilful, wrong-headed
tvrdý hard, heartless *bezcitný*, strict *prísny*
ty you
tyč bar, rod, stick
týčiť sa rise°, tower *kniž.*
tykadlo feeler
tykať address
typ type, class *druh*, character *človek*
typický typical, characteristic of *pre*
typológia typology
tyran tyrant
týrať maltreat, manhandle
týždeň week & *fortnight* dva týždne
týždenník weekly

U

u at, by & *at the doctor's* u lekára
ubezpečiť assure of
ubezpečiť sa make°sure
ubiedený miserable
ubiť beat° to death
ublížiť injure, hurt°*citovo*, wrong
úbočie slope, hillside
úbohosť misery, wretchedness
úbohý pitiable, poor, miserable *biedny*
úbor clothes, dress & *evening dress* večerné šaty
úbožiak poor wretch
ubrať take°away from, reduce *zmenšiť*
úbytok decline, fall *pokles*

ubytovanie accomodation
ubytovať accommodate, put°up *hovor.*, lodge *v podnájme*
úcta regard *ohľaduplnosť*, respect, reverence *hlboká*
uctiť si 1. honour 2. treat to *pohostiť čím*
úctivý respectful
úctyhodný 1. respectable, honorable *ctihodný*, venerable *dôstojný* 2. remarkable *pozoruhodný*
učarovať bewitch *komu*

785

účasť 1. participation, share in *podiel na* 2. attendance at *prítomnosť na*
učebňa classroom & *curriculum* učebný plán
učebnica textbook
účel 1. aim, end *cieľ* 2. purpose *zámer*
účelný suitable *vhodný*, useful
učeň apprentice
účes hair-do, hairstyle, haircut *pánsky*
učesať comb
účet 1. invoice *faktúra*, bill 2. account *konto* & *current account* bežný účet & *budget account* sporožírový účet
účinkovať 1. work *pôsobiť* 2. take°part in *v programe* 3. perform
účinný effective, influential *vplyvný*

účinok influence, effect, result *výsledok*
učiť sa learn°, study
učiť teach°*koho*, instruct in *čo*, lecture *prednášať*
učiteľ instructor, teacher, master of *čoho*
účtovník accountant, bookkeeper
úd limb *končatina*, member *pohlavný*
údaj *pl.* facts, data°
udalosť affair, event, occurrence, happening *spoločenská*
udatný brave, valiant
udavač informer, sneak *v škole*
udeliť grant, give°& *grant pardon* udeliť milosť & *call* udeliť slovo
údený smoked
úder blow, punch *päsťou*

udiareň smoking-chamber
udica fishing-rod
údiť smoke, cure
údiv surprise, wonder
udiviť astonish, amaze *užasnúť*
údolie valley, glen *pusté*
udrieť blow°, punch *päsťou*, strike° *blesk*
udrieť sa knock, bump
udržať hold°, keep° *zachovať*
udržať sa hold° out
udupať trample down
udusiť stifle
ufúľať sa soil
uhádnuť guess
uhasiť put° out *oheň*, quench *smäd*
uhlie coal & *brown coal* hnedé uhlie
uhnúť sa turn° off, give° way
uhol angle
uhorka cucumber
uhradiť cover, pay°, refund

uhryznúť bite°, nibble off
uchádzač applicant, candidate
uchádzať sa solicit, try & *apply for a job* uchádzať sa o prácu
ucho ear *anat.*, eye *ihly*
uchopiť catch°, grip, hold°
uchovať keep°, save
uchýliť sa shelter *do úkrytu*
úchylka deviation
uchytiť sa find° a position
uistiť assure, make° sure
ujať sa take° care of *koho*
ujsť get° away, run° away, escape *uniknúť*
úkaz sight
ukázať 1. point to *na* 2. show°, produce *vytiahnuť*
ukazovák forefinger

ukazovateľ index°
ukážka 1. exhibit, exhibition 2. illustration *vzor*
úklon bend
ukloniť sa bow
úkon act, function, operation
ukončiť close
ukradnúť steal°
ukrižovať crucify
ukrutnosť brutality, cruelty
ukrutný cruel, brutal
ukryť conceal, hide°, keep°secret *utajiť*
úkryt hiding place, shelter
ukryť sa hide°, find°shelter
úľ beehive
uletieť fly°
ulica street & *on the street* na ulici
ulička 1. lane *malá, alley medzi budovami* 2. passage *priechod*, corridor *vo vlaku*
úlisný fulsome, greasy

ulita shell
úloha 1. commission, problem *mat.*, task *poslanie* 2. homework *školská* 3. exercise *cvičenie*
ulomiť break°off
úlomok fragment, splinter
uloviť hunt down, catch°
uložiť bank *v banke*, box *do krabice*, put°, set°, lay°
ulúpiť kidnap, rob·
um mind, intellect, brains, skill *zručnosť*
umelec artist, craftsman°
umelecký artistic, art
umelkyňa woman° artist
umelý artificial, synthetic *chem.* & *artificial respiration* umelé dýchanie
umenie art, arts *výtvory* & *the fine arts* výtvarné umenie

umieráčik deathbell, knell
umierať 1. die 2. be°starving *hladom*
umiestnený set°, situated, be°placed *šport.*
umiestniť place, situate *rozvrhnúť*, locate, fix *pevne*
umlčať silence, mute, shut° up *hovor.*
umožniť allow, make°possible
umrieť die
úmrtie death, decease
úmrtný of death & *obituary* úmrtné oznámenie & *death certificate* úmrtný list
úmysel intention, plan & *intend* mať v úmysle
úmyselný intentional, deliberate, purposeful *zámerný*
umyť wash, wash up *riad*
umývadlo washbasin

unáhliť sa be°hasty
unášať carry away, drift *vodou*, waft *vzduchom*
únava fatigue, exhaustion
unavený tired
unaviť sa become°tired, exhaust o.s.
únia union & *customs union* colná únia
uniesť carry away, bear° *udržať*, kidnap *odvliecť*
uniforma uniform
únik escape *útek*, evasion *nelegálny*
unikať escape, make°an escape
univerzálny universal, general
univerzita university, college *Am.*
únos kidnapping, abduction
únosca kidnapper
upadnúť fall°off, drop, become°weak *zoslabnúť*

úpal sunstroke, heatstroke *lek.*
upáliť burn°off, burn°to death
úpätie foot°
upečený baked, roast
upevniť establish, strengthen, reinforce *posilniť*, fix *pripevniť*
upiecť bake, roast
upír vampire, vamp *žena*
uplakaný tearful
uplatniť apply, assert
uplatniť sa do°well
úplatok bribe, graft *Am.*
úplný complete, whole, full, total
uplynúť flow away *voda*, elapse *čas*
upodozrievať suspect
upokojiť calm, appease *vzťahy*, salve *svedomie*
upokojiť sa calm down

upratať clean, tidy up
upratovačka charwoman°
úprava modification, normalization, regulation
upraviť arrange, order, settle *vzťahy*, adapt *prispôsobiť*
uprieť deprive komu čo
úprimnosť sincerity
úprimný sincere, frank, honest
uprostred in the middle of *čoho*
úrad office, board, *pl.* authorities & *employment agency* úrad práce & *Office of the Presidium* úrad vlády
úradník clerk, official *vyšší*
úradný authorized, legal, official
úraz injury, accident *pracovný*, casualty *smrteľný*

uraziť offend, insult
uraziť sa take°offence, be°offended
urážka injury, insult, offence
určiť determine, assign, appoint
určite certainly
určitý definite, precise *presný*
urgovať urge
urna urn & *ballot box* volebná urna
urobiť do°, make°
úroda crop, harvest
úrodnosť fertility
úrodný fertile, productive
úroveň 1. level 2. štandard
urovnať accomodate, settle
urýchliť speed up, hasten, hurry
úryvok fragment, passage, extract *vybraný*
usadenina sediment, deposit

usadiť settle *usídliť*
usadiť sa settle down
usadlík settler
úsek section, sector *oblasť*, length *cesty*
úsilie effort, endeavour
usilovať sa try hard
usilovný diligent, industrious
uskladniť store, house
úskok wile, trick
uskromniť sa become° modest
uskutočniť realize, carry out
usmerniť 1. direct 2. control
úsmev smile & *keep smiling* vždy s úsmevom
usmievať sa smile at *nad*
usmrtiť kill
uspávanka lullaby
úspech success & *make°good* dosiahnuť úspech
úspešný successful

uspokojenie
satisfaction
uspokojiť sa
be°satisfied, abide°
uspokojiť satisfy,
accommodate
vyhovieť, content
upokojiť
úspora cut°, saving
usporiadať arrange,
set° in order *zoradiť*,
run°*organizovať*
úsporný saving
ústa mouth & *vulg.*
shut up! zavri hubu!
ustáliť establish,
stabilize
ustanovenie
appointment,
constitution, statute
ustanoviť
1. determine, fix
určiť 2. set°up,
establish *založiť*
3. appoint *menovať*
ustať get°tired
ústav institution,
institute *výskumný*
ústava constitution

ustavične constantly,
continually
ustavičný continual,
incessant
ústie mouth°*rieky*,
estuary *do mora*
ústiť flow°in *do*,
empty into *do*
ustlať make° the bed
ústny oral, verbal
ústredie centre, head
office
ústredňa central office,
exchange *telef.*
ústredný central &
central heating
ústredné kúrenie
ústroj organ
ustúpiť step back &
make°concession
urobiť ústupok
úsudok opinion,
conclusion
usudzovať conclude
usušiť dry
úsvit dawn, daybreak
ušetriť save
ušiť sew°, make°dress
šaty

úškľabok grimace
uškrnúť sa smirk *expr.*
ušľachtilý
 1. nobleminded
 2. graceful *krásny*
utajovať keep°close
uťať cut°off
utečenec escapee, escaper
útecha comfort, consolation for *pre*
útek 1. flight from *od*, run°from *pred*
 2. escape *únik*, breakout *z väzenia*
uterák towel
útes cliff, rock
utiahnuť sa retire
utiecť run°away, break°out *z väzenia*
utierať mop, dry
utíchnuť calm down
utláčať press down
útlm damping
útly slim, slender
útočiť charge, attack at *na*
útočník attacker, forward *šport.*

útočný aggressive
útok attack, charge
utópia utopia
utopiť sa get°drowned
utorok Tuesday
utrpenie suffering, distress *duševné*
utrpieť suffer, sustain *prehru*
útulný snug, cosy
útulok asylum, shelter
utužiť strengthen
útvar formation
utvrdiť confirm
utýrať torment to death
uvádzač attendant
uvádzať show° into
úvaha consideration, reflection, essay *článok*
uvažovať consider, speculate
uvädnúť wither
uväzniť jail, put°in prison
uvedomiť si realize, understand°, be°aware of *čo*
uverejniť publish

uveriť believe
uviazať tie
uvidieť see°
uviesť take°, show° into *do*, bring°out *do spoločnosti*, intro-duce to *do rodiny*
uvítať welcome
uviverzálny general, universal
úvod introduction, preface *predhovor*
uvoľniť release, untie *povoliť*
uvoľniť sa relax
uzákoniť constitute, legalize
uzáver close, end
uzavretý close
uzavrieť conclude, close, bargain *obchod*
uzda bridle, bit
uzdraviť cure
uzdraviť sa recover from
územie area, territory, region *kraj*

územný areal, regional, territorial
úzkosť anxiety
úzkostlivý anxious
úzky narrow, tight *tesný*
uznanie recognition
uznať accredit, approve, admit *pripustiť*
uznesenie decision, resolution
uzniesť sa pass a resolution
uzol knot
už already, well *teda*, even *dokonca*
užasnúť be°amazed
úžasný amazing, astonishing
úžina *pl.* narrows, straits *morská*
užiť take° *liek*, experience *okúsiť*
užitočnosť usefulness
užitočný useful
úžitok benefit, gain, profit *zisk*

valorizácia

V

v 1. in *miesto* & *in the school* v škole *budove*, at, inside *vnútri* 2. in *časovo* & *in winter* v zime, on & *on Sunday* v nedeľu
vábiť lure
vada defect, flaw *kaz* &*physical defect* telesná vada
vadiť sa quarrel
vagón carriage, coach & *dining car* jedálenský vozeň & *sleeping car* spací vozeň
váha weight, scale *prístroj*
váhanie hesitation
váhať hesitate, dither, hang°back, linger *otáľať*

vajce egg & *soft-boiled egg* vajíčko na mäkko & *hard-boiled egg* vajco na tvrdo
vak bag, sack, wallet *na nástroje*
vakcína vaccine
vákuum vacuum
val moundline, line, vallum *rímsky*
valčík waltz
valcovať roll, steam-roll *parným valcom*
valec roller *stroj*, steam-roller *parný*
váľanda French bed, couch
váľať roll out, roll down, lie°about *povaľovať sa*,
válok rolling pin
valorizácia valorization

valorizovať monetize
vaňa bath, tub *Am.*, tank *tech.*
vandalizmus vandalism
vandrák vagabond, hobo, sponge *príživník*
vandrovať wander, roam
vanilka vanilla
vánok breeze
vanúť blow°, waft
vápencový limestone
vápenec limestone, calcite *odb.*
vápnik calcium
vápno lime
var boil *stav*, boiling *dej*
varecha ladle, dipper, spoon
varhan organ
vari perhaps, maybe
variácia variation
varič stove, cooker & gas-cooker plynový varič, oven *am.*
variť cook, boil

varovanie caution, warning
varovať warn, caution
varovný cautionary, warning, monitory *napomínajúci*
vartovať be°on guard, watch over
váš your, yours *samostatne*
vášeň passion, fancy *záľuba*
vášnivosť vehemence *prudkosť*, passionateness
vášnivý passionate
vata cotton wool, candy floss *cukrová*
vatra campfire
váza vase, bowl, urn *antická*
vazelína petroleum jelly
vážiť si respect, esteem *vysoko*, prize
vážiť weigh, balance *porovnávať*
vážnosť estimation, respect, dignity *dôstojnosť*

vážny grave, serious *dôležitý*, sad *smutný*, weighty *závažný*
väčšina majority
väčšmi more
vädnúť wither
väzeň prisoner, convict
väzenie gaol, prison, jail *Am.*
väzenský captive, prison & *warder* väzenský dozorca
väznica prison house°, jailhouse°
väzniť keep°in prison
väzy nape, back of the neck & *break your neck* ! zlom väz !
vbehnúť run° in
včas on time, in due time, early *zavčasu*
včela honeybee, bee,
včelár bee-keeper
včelárstvo bee-keeping
včelí bee- & *queen-bee* kráľovná & *beebread* kašička

včera yesterday, yesterday evening *večer*
vďačnosť gratefulness, gratitude, thankfulness
vďačný grateful, thankful
vďaka thanks
vdova widow & *grass widow* slamená vdova
vdovec widower
vdýchnuť take°in breath, inhale *odb.*
vec thing, matter, affair *záležitosť*, issue *problém, otázka*
vecnosť reality
vecný real, material *hmotný*, factual *faktický*
večer evening & *Christmas Eve* Štedrý večer & *prísl. in the evening/tonight* dnes večer

večera supper, dinner, evening meal
večerať have°/take° dinner/supper, dine
večernica evening star
večerníček "Good Night Children" programme
večierok party
večnosť eternity, perpetuity
večný eternal, everlasting, unending *nekonečný*, perpetual
ved indeed, yes
veda science, learning, scholarship
vedec scientist, scholar
vedecký 1. scientific 2. science-fiction, sci-fi *vedeckofantastický*
vedenie 1. management *admin.* 2. main *elektr.* 3. leadership

vedieť know°, be°aware *byť si vedomý*
vedľa 1. close to/by, next to *pri*, by the side, beside, along side *blízko* 2. out *mimo* 3. side by side *vedľa seba*
vedľajší 1. next, additional 2. secondary *menej dôležitý* 3. unimportant, irrelevant, inessential *nedôležitý* 4. supplementary *doplnkový*
vedný disciplinary & *discipline* vedný odbor
vedomie consciousness
vedomosť knowledge°, *pl.* achievements
vedomý knowing, aware of *si čoho*

798

vedro bucket, pail, kit *drevené*
vedúci 1. *príd. m.* leading, commanding 2. head, chief, boss, leader, director
vegetácia vegetation
vegetarián vegetarian
vejár fan
vek 1. ages *úsek* 2. era, epoch *obdobie* 3. age *ľudský* 4. old age *vysoký* 5. middle-age *stredný* 6. century *storočie*
vekový age & *age limit* veková hranica
veľa much°*nepočítateľné*, many°*počítateľné*, a lot of
velebiť glorify
velenie command
veličenstvo Majesty
velikán giant, colossus
veliť command, order
veliteľ commander

veliteľstvo commandership, headquarters
Veľká noc Easter
veľkoleposť magnificence
veľkolepý grand, magnificent
veľkomesto large town, big city
veľkoobchod wholesale trade, warehouse
veľkoobchodník wholesaler
veľkorysosť broad-mindedness, tolerance
veľkorysý large-scale
veľkosť greatness, size
veľkostatok great estate
veľkostatkár landowner, farmer
veľký 1. big, large *plochou* 2. tall, high *vysoký* 3. great *významný, slávny, vznešený*

Veľký piatok Good Friday
veľmi very, much, very much
veľryba whale *zool.*
veľtok mighty stream, big river
veľtrh fair, trade fair
veľvyslanec ambassador
veľvyslanectvo embassy
veľvyslankyňa ambassadress
vemeno udder
veniec wreath°
veno marriage portion
venovať present, devote *poskytnúť* & pay°attention venovať pozornosť
ventil valve
ventilácia ventilation
ventilátor ventilator, fan
veranda veranda, piazza *am.*
verbovať recruit

verejnosť the public & *general public* široká verejnosť
verejný open, public & *public order* verejný poriadok & *public service* verejné služby
veriaci believer, worshipper *uctievajúci*
veriť believe, trust *dôverovať*
vernisáž private view, opening
vernosť faithfulness, loyalty, constancy
verný faitful, truthful, loyal to *komu*
verš verse, & *in verse* vo veršoch
veršovať versify, write°verse
verzia version
veselo joyfully
veselohra comedy
veselý merry, jolly *zábavný*, cheerful, delighted, lively *čulý*

veslo oar
veslovať row
vesmír space, universe
vesmírny cosmic, space *tech.*
vesta waistcoat *pánska*, cardigan *dámska*, life-jacket *záchranná*
vestibul vestibule
vešať hang°, hang°up *bielizeň*, hook on *na hák*, put°up
vešiak rack, clothes hook *háčik*, hanger
veštba prophecy
veštec soothsayer
veštica prophetess
veštiť prophesy
veta sentence
veterinár vet
veterný windy
vetranie ventilation
vetrať air, ventilate
vetroň glider
vetrovka windjacket, anorak
vetva branch, twig *tenká*
vetviť sa branch, ramify
veverica squirrel
veža tower, keep *hradu*, castle *šach.*
vhodný suitable, fit for *na*, appropriate *primeraný*
vchádzať walk in
vchod 1. entrance *miesto* 2. entry *vstup* & *no entry* vstup zakázaný
viac more
viackrát several times
viac-menej more or less
viacnásobný manifold
viacročný of several years
Vianoce Christmas, Xmas *skr.*
vianočný Christmas & *Christmas tree* vianočný stromček & *Christmas present* vianočný darček

viať

viať blow° *vietor*, wave *zástava*, flutter *povievať*

viazanka neck-tie *Am.*, tie, cravat *široká*

viazať 1. tie *uzol* 2. bunch *kyticu* 3. sheaf, sheave *snopy* 4. bind° *knihu* 5. knit up *spájať*

viaznuť 1. stick° in 2. hitch, stagnate *zaostávať* 3. falter *v reči* 4. stagnate *obchod*

vibrácia vibration

vidiečan countryman°

vidiek the country, countryside

vidieť see° *pozerať*, watch *sledovať*, visualize *predstavovať si*

vidina vision *predstava*, illusion *ilúzia*, chimera *fantazírovať*

viditeľný visible

vidlička fork

vidly pitch-fork

viečko eyelid

viecha wine-vault *predajňa*

viera faith *presvedčenie*, belief *náb.*

vierohodnosť veracity, credibility, reliability

vierohodný credible, trustworthy, reliable, authentic

vierovyznanie profession *náb.*, religion *príslušnosť*

viesť lead°, drive° *vozidlo*, run° *podnik*, guide *usmerňovať*, show° *vyprevádzať*, conduct *organizovať*, keep° *udržiavať*, pursue *sprevádzať*, make° for *smerovať k*, make° wage war *vojnu* /against

802

proti/, be° in conflict with *sporským*
vietor wind, breeze *slabý*
viezť sa carry
víchor strong wind, storm *prudký*
víchrica windstorm, snowstorm *snehová*
vila villa
víla nymph *morská*, fairy *rozprávková*
vina 1. blame *zodpovednosť* 2. fault *priestupok*
vináreň wine bar
vinič vine
viniť blame, accuse
vinník culprit, offender
víno wine & *white wine* biele víno & *red wine* červené víno
vinohrad vineyard
vinúť sa wind°, snuggle up to *nežne*
violončelo cello

vír whirl, whirlpool *vodný*, whirlwind *vzduchový*
vírit whirl
vírus virus
visieť hang°, hang°down *ovísať*
višňa black cherry *plod*
viť wreathe
vitalita vitality
vitamín vitamin
vítať salute, welcome
víťaz 1. victor 2. winner *šport.*
víťaziť win°, gain a victory
víťazstvo victory, win *šport.*, triumph *obrovské*
vitrína showcase
vízia vision
vizita visit
vízum visa, entry visa *vstupné*
vkus 1. taste 2. style *štýl*
vkusný tasteful, stylish

803

vláčny lithe, ductile *tvárny*
vláda government, dominance *nadvláda*
vládca ruler, dominator
vládnuť 1. reign *panovať* 2. govern *politicky*, rule *panovať* 3. dominate
vlaha humidity
vlajka flag, ensign *vojenská*, standard *kráľovská*
vlak train & *goods train* nákladný vlak & *express train* rýchlik
vlákno fiber, harl *ľanové*
vlámať sa break°into *do*
vlani last year
vlas *pl.* hair
vlasť native country *rodná*, home *domovina*
vlastenec patriot, nationalist
vlastenectvo nationalism, patriotism
vlastizrada high treason
vlastníctvo property, possessions *majetok*, ownership
vlastník owner, proprietor
vlastniť own, possess, hold°, be°the owner
vlastnoručný autographical
vlastnosť 1. quality *znak* 2. attribute, feature *črta*
vlastný own, private, real *skutočný*
vľavo to the left *smer*, on the left *miesto*
vlažný modist, indifferent *nezúčastnený*
vlečka trailer *príves*
vlek tow
vletieť fly° in
vlhkosť humidity
vlhký moisty *podnebie*, damp
vlhnúť moisten, become°damp

vliecť drag *ťahať*, carry *namáhavo*
vlievať sa fall° into
vlk wolf°
vlna 1. wave, billow *mohutná*, surge *príval* 2. wool *ovčia*
vlniť sa ripple, wave *zástava*
vločka flake, snowflake *snehová*, cornflakes *ovsené*
vložiť put° into *do*, place, deposit *peniaze*
vložka filter *výplň*, sanitary towel *hygienická*
vľúdny charitable
vmestiť sa get° into
vmiešať sa interfere
vnem perception, sensation
vnikať penetrate
vnímať take° in, perceive, feel° *cítiť*, sense
vnímavý sensitive *citlivý*, perceptive

vnúča grandchild° & *grandson* vnuk & *granddaughter* vnučka
vnútri inside, within, in, indoors
vnútro inside, interior
vnútrozemie inland
vnútrozemský continental
voči towards, to
voda water, wash *roztok*
vodáreň waterworks
vodca leader, chief *voj.*
vodič driver *šofér*, conductor *električky*
vodiť lead°, guide *ako sprievodca*, take° *sprevádzať*
vodopád waterfall, fall
vodorovný horizontal, level
vodotesný waterproof
vodovod 1. water main, waterpipes 2. water-tap *v byte*

vodstvo waters
vojak soldier, airman° *letectva*
vojenský army-, military
vojna war & *civil war* občianska vojna & *military service* vojenská služba
vojnový war-
vojsko army *armáda*, troops *vojaci*, the forces *jednotky*, navy *námorné*
vojsť enter *vstúpiť*, go°, come°, step into, get° into *autom*
voľačo something
voľakde somewhere
voľakto somebody
volanie calling
volant steering wheel
volať cry *kričať*, shout, call *telefonovať*, call for *dožadovať sa*
volavka heron
voľba choice, selection

volebný election, voting & *polling station* volebná miestnosť
volejbal volleyball
volič voter, elector
voliť choose°, select, elect *koho*, vote *hlasovať*
voľno holiday
voľnosť freedom, liberty
voľný 1. unattached *pohyblivý*, loose *odev* 2. vacant, empty *nezaplnený*, free *voľný*
von out, outside, outward, abroad
voňať smell°, scent
voňavka perfume
vonkajší outside, external
vonkajšok exterior
vonkoncom cut and out, throughout, on the whole
vonku out, outside, exterior, out of

doors, outdoors, in the open air *v prírode*
vopred beforehand, in advance *časovo*
vosk wax, beeswax *včelí*
voš louse°
votrelec intruder, invader *nepriateľ*
voz waggon, car *nákladný*
vozeň carriage, coach & *dining car* jedálny vozeň & *sleeping-car* spací vozeň
vozidlo vehicle, motor-car
voziť sa drive°, ride°on, travel *dopravným prostriedkom*
voziť take°by *na*, drive°, perambulate *dieťa v kočíku*
vozovka carriageway, roadway
vôbec after all, on the whole, absolutely
vôkol round about
vôl ox°
vôľa will & *last will* posledná vôľa & *goodwill* dobrá vôľa
vôňa smell, scent *pach*, perfume *kvetov*, aroma *kávy*
vpád invasion
vpísať enter
vpisovať enter, fill in
vplyv influence *pôsobenie*
vplývať influence
vplyvný 1. influential 2. powerful *mocný*
vpravo to the right *smer*, on the right *miesto*
vpredu in the front
vpustiť let° in
vrabec sparrow
vracať sa return
vracať 1. vomit, puke *dáviť hovor.* 2. give°back *odovzdávať*
vrah murderer, killer
vrahyňa murderess

vraj it is said, one says
vrak wreck
vrana crow
vráska wrinkle
vrátiť 1. put°back *na miesto*, send°back *zásielku* 2. give°back *niekomu* 3. return *odplatiť*
vrátiť sa return, come° back
vrátnik door-keeper, porter *hotelový*
vravieť say°, tell°
vraziť run°, knock *do koho*
vražda murder, killing
vraždiť murder, kill *zabíjať*, massacre
vražedný murderous
vŕba willow
vrčať growl, grumble, grunt *ľudia*
vrece sack *zemiakov*, bag
vreckár pick-pocket
vrecko pocket *odevu*

vreckové pocket money
vreckovka handkerchief°
vrh throw *hod*, cast
vrch hill, top *plocha*
vrchnák lid
vrchný upper, top, chief *hlavný*
vrchol 1. summit, top *kopca* 2. top, height *stupeň*
vrcholiť culminate
vrchovina hill country
vrieť boil, simmer *slabo*
vrkoč plait of hair
vrodený inborn, habitual
vrstva layer, stratum *zemská* & social class *spoločenská vrstva*
vŕtať bore, drill for *čo*
vrtoch caprice
vrtuľa propeller, screw, rotor
vŕzgať creak
vrzgot creaking

808

výbava

vstať rise°, stand°up *na nohy*, get°up *z postele*, wake°up *zobudiť sa*

vstup admission, entry, entrance & *no admittance* vstup zakázaný & *free admission* vstup voľný

vstupenka admission ticket, season ticket *predplatená*, free *voľná*

vstúpiť enter, come°in *vojsť*, join *stať sa členom* & *come in !* vstúpte !

vstupné admission charge, entrance fee

všade everywhere, anywhere

však but

všedný everyday, ordinary *obyčajný*, working

Všechsvätých All Saint's Day

všeličo anything, this and that

všeobecný universal, general

všestranný universal, all-sided

všetko all, everything, anything

všímavý attentive, perceptive *bystrý*

všimnúť si notice, mark, perceive & *pay° attention* venovať pozornosť

vták bird

vtedy then, at that time

vtieravý intruding

vtip joke, joke *žart*

vtipkár joker

vtipný witty

vulgárnosť grossness, vulgarity

vulgárny gross, vulgar

vy you, yourself *sami*

vybaliť unwrap

výbava trousseau *nevesty*, outfit *na cestu*

vybaviť execute *vykonať*, arrange *zariadiť*, fix up, settle for *komu*

vybehnúť run° out

výber choice, selection & *natural selection* prirodzený výber

výbojný aggressive *útočný*, offensive

výbor board, committee, commission *komisia*

výborný excellent, good for you, well done

vybrať si choose°, select, take°out *vytiahnuť*

výbuch explosion, detonation, eruption *geol.*

vybuchnúť 1. explode 2. burst°out *od zlosti*

výbušnina explosive

vycítiť feel°

výcvik exercise, practice, training

výčap bar pult, tap-room *miestnosť*

vyčasiť sa clear up

vyčerpať exhaust *spotrebovať*, draw° *odčerpať*

vyčiarknuť strike° out, cross

vyčistiť clean, brush *zuby*,

vyčítať read°*čítaním*, reproach *výčitky*

výčitka reproach, reprimand, rebuke

vydaj marriage

vydanie publication, edition *úprava*, reprint *nové*

vydať publish, spend°*peniaze*, utter *zvuk*, draw°out *vystaviť*

vydať sa marry *za koho*, get°married, set°off *odísť*

výdatný productive, rich

vydavateľ publisher, editor *redaktor*
vydavateľstvo publishing firm, publishing company
vydierať blackmail
vydláždiť pave
vydra otter, sea-otter *morská*
vydržať stay *zostať*, stand°, bear°*zniesť*, keep°fine *počasie*
výdych expiration
výfuk exhaust
vyháňať drive out
výherca winner
výhľad view, outlook
vyhľadať look up
vyhladnúť get° hungry
vyhlásenie declaration *politické*, proclamation *verejné*
vyhlásiť announce, proclaim *úradne*, declare *vojnu*, advertise *súťaž*
vyhláška notification, proclamation, regulations *predpisy*
vyhliadka 1. view, lookout 2. prospect, chance *nádeje*
vyhnať drive°out, turn out *z domu*
vyhnúť sa get°out of the way *z cesty*, go°out
výhoda advantage, privilege
vyhodiť 1. throw°away 2. blow°up *do vzduchu*
výhodný advantageous, beneficial, profitable
výhonok sprig, shoot
vyhovárať sa make°excuses
vyhovieť comply, satisfy
výhovorka excuse, plea
výhra win *v súťaži*, prize *cena*

vyhrabať dig° out
vyhrať win°, get° *získať*, be° awarded *cenu*
vyhrážať sa threaten
vyhriať warm, heat
vyhynúť die out *rodina*, die off *zaniknúť*, become° extinct *druh*
vychádzka trip, walk, excursion
vychladnúť cool
východ 1. exit *miesto*, opening, outlet 2. sunrise *slnka* 3. the east *svetová strana*
východisko base, starting point
východný east, eastern, oriental
východoeurópsky East-European
výchova upbringing *dieťaťa*, cultivation, education *vzdelávanie*

vychovávať bring° up, raise, educate & *civics* občianska výchova
vyjadrenie expression
vyjadriť sa express, frame *slovami*
vyjasniť clear up
výjav scene
vyjsť 1. go° out, come° out *von* 2. go° up, come° up, climb *hore* 3. appear *na povrch* 4. be° published *tlačou*
výkal excrement
výklad 1. shop-window *obchodu* 2. interpretation *vysvetlenie*
vykladať explain *vysvetľovať*, tell° fortune *karty*
vykloniť sa lean° out
vykoľajiť derail
výkon performance
vykonať execute *rozkaz*, perform, do°, make° *uskutočniť*

výkonnosť efficiency
výkonný effective, executive & *executive power* výkonná moc
vykopávka excavation
vykradnúť rob, steal°
výkres drawing, design *technický*, sketch *náčrt*
výkričník exclamation-mark
výkrik cry, shout *silný*, yell *prenikavý*
vykŕmiť fatten
vykročiť step out
vykrvácať bleed° to death
vykúpiť buy°out, purchase, ransom *oslobodiť*
Vykupiteľ Saviour
vykvitnúť be° in flower
vyleštiť polish
výlet trip, excursion, picnic

vyletieť fly°out, leave° *z hniezda*
výletník tripper, tourist, holiday-maker
vyliahnuť sa hatch out
vyliať pour out, spill° *rozliať*
vyliečiť heal, cure
vyliezť climb
vyložiť unload *tovar*, let°off *cestujúcich*
vylúčiť exclude from *z*, send°off *šport.*, disqualify *šport.*
vylúštiť solve
vymáhať claim, demand
vymazať cancel, delete
výmena exchange, interchange *vzájomná*, barter *obchodná*
vymerať measure
vymrieť die out, die off, become°extinct
výmysel fancy, invention

vynájsť

vynájsť invent, discover *objaviť*
vynález invention, patent
vynálezca inventor
vyniesť bring° out *von*, carry out, take°out *von*, carry up *hore*, take°up *hore*
vynikajúci excellent, extraordinary, prominent *osobnosť*.
vyniknúť excel, be°prominent
výnimka exception
výnimočný exceptional, extraordinary
vypadnúť fall°out, drop out, be°out of *z tempa*, slip out *z rúk*
vypáliť burn°out, fire *vystreliť*
vypátrať search out
vypätie strain
vypestovať cultivate
vypínač switch

vypínať switch off
vypísať write°out
vypiť drink°up
výplata payment, wages *mzda*
vyplatiť pay°out *mzdu*, pay°off *dlh* & *pay in cash* vyplatiť v hotovosti
vyplávať swim°up
vyplieť weed
vyplniť complete, fill in
vypľuť spit° out
vypnúť switch off *vypínačom*, turn off *kohútikom*
vypočítať calculate, do° sums
vypočítavosť self-interest
vypočítavý calculating, selfish
vypočuť listen to, examine *výsluch*
vypočúvanie examination, hearing, trial *súdne*

814

výpomoc aid, help
výpoveď statement *tvrdenie*, deposition *na súde* & *notice* dať výpoveď & *written statement* písomná výpoveď & *verbal statement* ústna výpoveď
vypožičať si borrow
vypracovať elaborate, work up
vyprášiť dust
výprava tour, expedition *vedecká*, crusade *voj.*
výpravca guard
vyprázdniť empty, clear
vyprážať roast, fry
výpredaj clearance sale, sell°out
vypredať sell°out
vypuknúť break°out
vypustiť drop, let°off, set°off *von*, launch *družicu*
vypytovať sa inquire
výr eagle-owl

vyrábať manufacture, product
výraz expression, look *vzhľad*
výrazný expressive, striking *nápadný*
vyrezať cut°out
vyriešiť clear up, solve
výroba work, production, manufacture *továrenská* & *domestic production* domáca výroba
výrobca producer, manufacturer
vyrobiť produce, make°, manufacture, work *opracovať*
výrobok product, manufacture, article, goods
výročie anniversary, jubilee
výrok saying *veta*, statement, declaration *tvrdenie*

vyrovnať

vyrovnať level, equalize
vyrovnať sa straighten up *vystrieť sa*, cope *zúčtovať*
vyrušiť disturb
výsada privilege
výsadba planting
vysadiť plant, set°up *v tlačiarni*
vysávač vacuum cleaner
vysedieť hatch *vajce*
vysielať broadcast°
vyskočiť jump
výskum research, examination *skúmanie*, inquiry *prieskum* & *public opinion výskum verejnej mienky*
vyskúmať do°research on, study, find°out *zistiť*
výskumník researcher
vyskúšať try out, test, examine *žiaka*
výskyt existence, deposit *nálezisko*

vyslať delegate, send°out *poslať*
výsledok result, outcome, poll *prieskumu*, score *šport.*
vyslobodiť liberate, free
vysloviť pronounce, articulate, speak°*slovami*
výslovnosť pronunciation
výsluch examination, hearing, trial & *cross-examination krížový výsluch*
vysmädnúť get°thirsty
vysmiať make°fun, sneer
vysokoškolák undergraduate, university student
vysoký high, tall *človek*
vyspať sa sleep°
vyspovedať sa confess
vysťahovalec emigrant

816

výška

vysťahovalectvo emigration
vysťahovať sa move out, emigrate *do cudziny*
vystatovať sa boast
výstava exhibition, exposition, show *umelecká*
výstavba construction
vystavovateľ exhibitor
výstižný truthful, lifelike
výstraha caution, warning *upozornenie*
vystrájať make° a mess
výstražný cautionary, warning
výstredný eccentric
výstrel shot
vystreliť shoot°
vystriedať sa alternate
výstrih neck
výstroj equipment, outfit
výstup 1. ascent *hore*, climb *na vrch* 2. scandal *škandál*

vystúpiť climb, mount *na horu*, get°out *z vlaku*
vysvätiť consecrate, hallow
vysvedčenie certificate, attestation, report *školské*
vysvetlenie explanation, understanding
vysvetliť explain, explicate *zdôvodniť*, make°clear *urovnať*
vysvetlivka annotation, note
vysvetľovať explain, interpret
vysypať pour
vyšetrenie examination, inquiry, trial *súdne*
vyšetriť examine, find°out
vyšívať embroider
výška height, altitude *nadmorská*, level *úroveň*

817

vyť howl, bay at *na*
výťah 1. lift, elevator *Am.* 2. abstract
výťažok extract, essence
výtlačok copy, print
vytopiť drown
vytriezvieť become°sober
vytrvalý persevering *neúnavný*, persisting
vytvárať create, make°
výtvarný plastic, creative
výtvor creation, product, composition *literárny*
vytvoriť achieve, create
vyučovanie teaching, instruction, lessons *hodiny*
vyučovať teach°
využiť take°advantage, make°use of
vyvesiť hang°out
vyvetrať air
vyvierať spring°

vyvinúť exert *úsilie*, develop *odb.*
vyvinúť sa grow° *vzniknúť*, form *formovať sa*, develop *v procese vývoja*
vývoj development, trend *smer*
vyvolať call out of *z*, call up *žiaka*, cause *podnietiť*
vývoz export
vyvrcholiť culminate
vyvrieť boil over
vývrtka corkscrew
vyzbrojiť arm, weapon
výzdoba adornment
vyzerať look
vyzliecť sa take°off, undress, strip *do naha*
vyznačiť mark out
význam signification, meaning, sense, importance *dôležitosť*
vyznamenanie honour *pocta*, decoration *ocenenie*, medal *medaila*

významný important, significant
vyznať sa be°good at *v niečom*
výzor appearance, looks *podoba*
vyzuť sa take°off, shirk *hovor.*
výzva call, appeal
vyzvať call, appeal, challenge *súpera*
vyzvedať spy
vyžadovať ask, claim, demand
výživa nourishment, food *potrava*
výživné aliment, alimony *Am.*
vzácny precious, rare *zriedkavý*, costly *cenný*, nobble *významný*
vzadu at the back, behind
vzájomný mutual, reciprocal, bilateral *obojstranný*
vzbura revolt, riot
vzbúrenec rebel

vzdať sa abandon, give°up, resign *nároku*
vzdelanie education, schooling *školské*
vzdelaný well-educated, erudite, learned
vzdialenosť distance
vzdialený distant *v priestore*, faraway *v čase*, remote *odľahlý*
vzdialiť sa depart, go°back, leave° *odísť*
vzdor resistance
vzduch air, fresh air, open air *príroda*
vzducholoď airship
vzduchotesný hermetic
vzdušný airy, aerial
vzdychať sigh
vzchopiť sa recover
vziať si 1. take°*do rúk* 2. take°away *odňať*
vzkriesiť bring°round, revive *oživiť*

vzlyk sobbing
vznešenosť magnificence
vznešený noble, grand, majestic
vzniknúť come°into existence, arise°*objaviť sa*, originate *mať pôvod*
vzor pattern, model *predloha*, example *príklad*
vzorec formula
vzorka sample°, pattern *obrazec*, specimen

vzorný exemplary
vzpriamiť sa straighten o.s., get°up, stand°up *vstať*
vzrušenie excitement
vzrušiť excite, disturb *rozrušiť*
vzrušujúci thrilling
vzťah relation between *medzi*, attitude *postoj* & close relationship *blízky vzťah*
vždy always, constantly *stále* & for ever *navždy*

Z

z, zo 1. from, out of, of *miestne* 2. from, of *časovo* 3. for, on, in *dôvod*

za 1. behind, beyond *miestne* 2. during, in *počas* 3. for, of, about 4. *pád*

zábal wrapping

zábava 1. amusement 2. play *hra* 3. entertainment *podujatie*

zabaviť amuse, divert *rozptýliť*, entertain *koho*

zabehnúť 1. run° in *stroj* 2. go°and fetch *po čo*

zabezpečiť provide *obstarať*, ensure *zaistiť*, secure *zaručiť*

zabezpečiť sa make°sure

zabíjačka pig-slaughtering

zabiť kill, slaughter *dobytok*

záblesk flash, twinkle *v očiach*

zablúdiť lose°o.'s way, go°astray

zabočiť turn off

zábradlie railing, banisters *na schodoch*

zabrániť prevent, stop, restrain *zamedziť*

zabudnúť forget°

záclona curtain

začať begin°, start

začiatočník beginner, cadet, novice *nováčik*

začiatočný

začiatočný initial, opening
začiatok beginning, start, opening *otvorenie*
zadarmo free of charge, gratis
zadĺžiť sa get°into debts
zadný back, hinder
zadok back, bottom
zadostučinenie satisfaction
zadovážiť procure
zadriemať take°a nap
zadržať stop, hold°, keep°*zabrániť*
zadusiť sa stifle with *čím*
zadychčať sa be°upset
záhada mystery, puzzle *problém*, enigma, riddle *hádanka*
záhadný enigmatic, mysterious, puzzling
zaháľať be°idle
zahaliť cover
zahanbiť shame

zahasiť blow°out *sviečku*, put° out *oheň*, switch off *svetlo*
zahnať drive°away
zahodiť throw°away
zahojiť sa heal up
záhon flower-bed, patch *zeleniny*
zahrabať hide° in the earth, bury *pochovať*, fill up *zasypať*
záhrada garden
záhradník gardener
zahraničie foreign country & *abroad* do zahraničia
zahraničný alien, foreign & *foreign trade* zahraničný obchod
zahrmieť thunder
záhrobie the beyond
záhuba destruction, confusion, ruin
záhyb fold *látky*
zahynúť perish, die *zomrieť*

822

záchod lavatory, toilet, privy, closet
zachovalý well°-preserved
zachovať keep° *udržať*, hold°, preserve
záchrana rescue, refuge, deliverance
záchranca rescuer, deliverer, saver
zachrániť rescue, save
zachrípnuť become°hoarse
záchvat attack, fit
záchvev trembling, vibration
zachytiť °1. catch° 2. stop, hold°up *zadržať* 3. clip on *pripevniť*
zaiste certainly, surely
zajac hare, rabbit *králik*
zajakať sa stammer *rečová vada*
zajatie captivity, capture
zájazd excursion, sightseeing, tour, trip

zajtra tomorrow
zakašľať cough
zákaz prohibition & *no smoking* zákaz fajčiť
zakázať prohibit, forbid°, ban *úradne*
zákazka order
zákazník customer, client *v banke*, consumer
zákerný treacherous, malicious, mean
zakiaľ while, as long as
základ foundation, ground, base *ekon.*
zakladať base, establish, found
zakladateľ founder, establisher
základňa base *voj.*, basis *ekonomická*
základný basic, constitutional, fundamental
zákon law, act, code *mravný & ruleless* bez zákona

zakončiť close, conclude, end
zákonitý legal, legitimate *oprávnený*
zákonník code & *civil code* občiansky zákonník & *penal code* trestný zákonník
zákonný lawful, legal, legitimate
zákonodarný legislative & *legislature* zákonodarný zbor
zákonodarstvo legislation
zákop trench, ditch
zakopať dig°in , bury in *do zeme*
zakoreniť sa root *strom*
zakotviť anchor
zakrádať sa slink°
zakričať shout
zákrok intervention, treatment *lek.*, abortion *potrat*
zákruta bend, curve, turn
zakrútiť turn round, twist
zakryť cover, cover up *utajiť*
zákulisie backstage
zakúriť make°fire
záležať depend upon *na čom*
záležitosť matter *vec*, affair *dej*, business *obchodná*
zaliať water
záliv bay, gulf
založiť base, establish, found
záľuba hobby, liking, pleasure *potešenie*, fancy
zaľúbený in love with *do*, fond of
zaľúbiť sa fall°in love
zamat velvet
zamdlieť faint
zamedziť prevent *zabrániť*
zameniť replace, substitute

zámeno pronoun
zámer intention *úmysel*, aim, intent, purpose *cieľ*
zámerne deliberately
zámerný intentional, considered, deliberate, purposeful
zamestnanec employee & *civil servant* štátny zamestnanec
zamestnanie employment, job, work, occupation & *out of work* bez zamestnania
zamestnať employ, engage *najať*
zamestnávateľ employer, principal *šéf*, boss *Am.*
zameškať come°late, miss *zmeškať*
zametať sweep°
zamieriť aim, direct, point
zamiešať stir

zamietnuť reject, refuse
zamilovaný in love with *do*
zamilovať sa fall°/be°in love
zámka lock, padlock *visiaca*
zamknúť lock, lock up *byt*
zámočník locksmith
zámok castle, country-house°, manor *panské sídlo*
zámožný well°-to-do, rich
zamračiť sa become°cloudy, gloom *zachmúriť sa*
zamraziť freeze°, chill
zamrznúť freeze°, freeze°over *na povrchu*
zamykať lock up
zamyslieť sa think°about
zamýšľať intend, plan
zanedbaný neglectful, uncared for

zanedbať

zanedbať uncare, neglect *povinnosti*
zanedbateľný neglectable
zanedlho in a short time
zanechať leave°, drop, give°up *prestať*, withdraw°
zaneprázdnený busy, occupied with *čím*
zaniesť take°, carry, silt up *nánosom*
zánik extinction, destruction, end *koniec*
zaniknúť become°extinct, disappear, fade out *zmiznúť*, pass away
zaoberať sa occupy, concern, deal°, handle
zaobchádzať treat, handle *rukami*
zaobísť sa do°, make°without *bez*
zaobstarať provide, obtain

zaopatriť find°, provide, set°up, board *postarať sa*
zaostalý backward, dull *aj duševne*
západ 1. sunset *slnka* 2. west *svetová strana*
zapadnúť set°*slnko*, be°covered with *pokryť sa*
západný western, west
západoeurópsky West European
zápach bad smell, odour
zapáchať smell°, stink°
zapáliť light°, start the fire, set°on fire *podpáliť*, switch on *svetlo*
zápalka match
zapaľovač lighter
zapamätať si bear° in mind, keep°in mind *v pamäti*, remember
zápas struggle, fight, match *šport*

826

zápasiť struggle, fight°, wrestle *šport.*
zápästie wrist
zapečatiť seal up
zapínať button up g*ombík*
zápis registration, entry, minutes *protokol*
zapísať 1. put°down *si* 2. register *úradne*
zapísať sa sign on, book in *ako hosť*
zápisník notebook, memo pad *hovor.*
zapisovať write°down, register
záplata patch
zaplatiť pay° & *pay in cash* zaplatiť v hotovosti
záplava flood
zaplaviť inundate *rieka,* overflow°
zápletka complication, incident
zapliesť sa get°caught at *do,* get°mixed up *do nepríjemností*
zaplniť fill up

zaplombovať seal
zapnúť button up *na gombíky,* zip up *zips,* switch on *vypínačom*
započítať include
zapojiť sa connect to *do,* engage zaangažovať *sa*
zápor negation
záporný negative
zapríčiniť cause, bring°about
zaprieť deny *poprieť,* conceal *zatajiť*
zaprisahať adjure, obtest
zarábať earn
zaradiť arrange, class, classify, enlist *začleniť*
zarámovať frame
zaraz at once
zarezať butcher *dobytok,* cut°*hydinu*
zariadenie arrangement, device *prístroj,* equipment *technika*

zariadiť arrange *vybaviť*, furnish *nábytkom*, settle *záležitosti*
zarmútiť grieve, fill with sorrow
zármutok grief, sorrow
zarobiť earn, make°money, gain *mať zisk*
zárobok gains, profit, earnings *pravidelný*
zárodok germ, embryo
zároveň at the same time
zaručiť warrant, guarantee
záruka guarantee, warrant, security *peňažná*, caution & *under guarantee* v záruke
zasa again
zásada principle, rule *pravidlo*
zasadanie meeting, session, conference, sitting

zasadať be° in session, be°/sit° on
zasadiť plant
zásadne on principle
zásadný basic, essential, principal
zásadový consistent
zasiahnuť hit°, strike° *blesk*, take°action *úradne*
zasielať post, forward
zásielka mail *list*, parcel *balík*
zaskliť glaze
zásluha merit
zaslúžiť deserve
zaslúžiť si earn, deserve
zasnežený snowy
zasnúbiť sa become°engaged
zásnuby engagement
zásoba stock, store, provisions *potravín*, reserve
zásobiť provide, supply *plynule*, provision *potravinami*

zaspať fall°asleep
zastaraný old-fashioned, out-of-date, out-dated, obsolete
zastať stop, stand° *brániť*
zástava flag, ensign, standard
zastavať build°up
zastávať sa advocate
zastaviť sa stop, pause, call *autobus*
zastaviť stop, turn off *vypnúť*, close down
zastávka 1. stop, stopping, break *prestávka* 2. stop *autobusu*, station *vlaku*
zástera apron
zastrašovať intimidate
zástrčka plug *elektrická*
zastreliť shoot°dead, gun down, gun to death
zastrúhať whet
zástup crowd *rad*, queue *čakajúcich*

zástupca representative, delegate *vyslaný*
zastúpiť take°the place of s.o.
zastupiteľstvo agency, board of representatives
zastupovať represent, stand°for
zásuvka drawer *v skrini*, plug socket *elektr.*
zasvätený sacred, well-informed *informovaný*
zasvätiť consecrate to *komu*
zásyp powder
zasypať fill up, bury *zavaliť*, powder *zásypom*
zašiť mend, overcast°*roztrhnuté*, sew°up *zošiť*
zaškoliť instruct
zaškrtiť strangle to death
zašliapnuť squash

zašpiniť

zašpiniť soil, dirty
zať son-in-law°
zatáčka curve
zatajiť conceal, keep°, hide°from *pred*
zatarasiť block, close up
záťaž weight, load *náklad*
zaťažiť weigh down, debit *finančne*
zatiaľ 1. so far, by now *doteraz*, by then *dovtedy*
2. for the present *nateraz*
3. meanwhile
zatiaľ čo whereas
zátka stopper, plug, cork *korková*
zatlačiť press, push in *do*, get°press down *pritisnúť*
zatĺcť drive°in
zatmenie eclipse
zátoka bay, gulf
zatopiť flood, overflow°*rieka*
zatriasť shake°

zatvoriť 1. shut°close
2. turn°off *prívod*
3. enclose *do ohrady*
4. lock up *zamknúť*
zátvorka bracket, round bracket *okrúhla*
zatykač warrant
zátylok nape, back of the neck
zaucho slap, smack
záujem attention, interest, care, concern, favour
zaujímať attract attention, interest
zaujímať sa be°interested in
zaujímavý interesting, attractive
zauzliť knot
závada defect
zavalitý stout, blocky
zaváranina bottled fruit
zavárať preserve, bottle, pickle
závažie weight

záväzný effectual, obligatory
záväzok obligation, bond *zmluvný*
zavčasu early
závej snowdrift, wreath
záver end, close *ukončenie*, inference *domnienka*, conclusion *myšlienkový*
záves curtain, drapes
zavesiť hang°up, hang°out *prádlo*
závet testament, last will
zaviať snow up *zasypať*, blow° *zaduť*
zaviazať sa pledge
závidieť envy
zaviesť 1. bring°, take°, lead° 2. apply, establish
zaviezť drive°, carry
zavíjať wrap up
zaviniť become°guilty, bring°about, cause *spôsobiť*

závisieť depend on
závislý dependent, conditional
závisť envy, jealousy
závod establishment, factory, concern
závoj veil
závora bar, bolt
zavraždiť kill, murder
zavrieť close, close out, shut°
zavŕšiť crown
zavýjať howl
zázemie hinterland, background
zazlievať blame
zaznačiť write°down
záznam record, notice, mention *zmienka*
zaznamenať record *nahrať*, write°down, make°a note
zaznieť resound
zázračný miraculous, magical, prodigious
zázrak miracle, marvel, wonder

831

zazrieť catch°a glimpse, notice *všimnúť si*
zažalovať prosecute
zažať switch the light on
zažiť experience, live through, digest *stráviť*
zážitok experience, incident *príhoda*
zažmurkať twinkle
zbabelec coward, recreant *zradca*
zbabelosť cravenness
zbabelý cowardly
zbadať perceive, notice *všimnúť si*
zbaliť roll up
zbaviť deprive, release, take°off *odstrániť*
zbaviť sa get°rid of *odstrániť*, do°away with
zber collection, picking *plodov*
zberať harvest, gather *úrodu*
zberateľ collector

zbierať take°up, pick up, gather, collect *predmety*
zbierka collection
zbiť thresh, beat°, nail *klincami*
zblázniť sa get°frantic, go°mad
zblednúť become°pale, turn pale
zblízka from a short distance
zblížiť sa get°nearer, become°friends
zbohatnúť grow°/become°rich
zbohom goodbye
zboku from aside
zbor group, body, committee *výbor*
zbožňovať adore
zbožný religious
zbraň weapon, arms, gun *strelná*
zbrojiť arm
zbúrať pull down, break°down
zbystriť sharpen
zbytočný needless

zdaleka from afar
zdanlivý apparent, seeming
zdarma without charge, gratis, free of charge
zdať sa appear, seem & *it seems* zdá sa
zdediť inherit
zdokonaliť perfect, improve, make°better
zdokonaliť sa improve
zdola from below
zdomácnieť become° domesticated
zdôrazniť emphasize, accent
zdôveriť sa confide
zdôvodniť justify, reason
zdráhať sa refuse
zdravie health, well-being, sanity *duševné*
zdravotníctvo health service
zdravotný hygienic, sanitary

zdravý healthy
zdražieť increase in prices, go°up, rise°
zdrevenieť grow°numb
zdriemnuť si take°a nap
zdrobnenina diminutive
zdroj source, fountain, spring *vodný*
združenie association, union
združiť associate, unite
zdržanlivý moderate *odmeraný*, temperate
zdržať sa stay, be°delayed *oneskoriť sa*
zdvihnúť sa raise
zdvojený double
zdvorilý polite, well-mannered
zebra zebra & *zebra crossing* priechod
zelenina vegetables, root crop *koreňová*
zeleninár greengrocer

zeleninárstvo
greengrocer's
zelený green, unripe *nezrelý*
zeler celery *bot.*
zelina herb, plant
zem earth, world, land *pevnina*, ground *pôda*
zemeguľa earth, globe *glóbus*
zemepis geography
zemetrasenie earthquake
zemiak potato
zemina earth, soil
zemný terrestrial
zháčiť sa be°startled
zhasiť blow°out *sfúknuť*, switch off *svetlo, rádio*
zhlboka from out the deep
zhltnúť swallow
zhniť rot
zhoda agreement, accordance & *by chance* zhodou okolností

zhodiť throw°down, drop *bombu*
zhodnúť sa agree with s, get°on *znášať sa*
zhon bustle, stir
zhora from above
zhorieť burn°
zhoršiť make°worse
zhovárať sa speak°to s, talk to, have°a chat
zhovorčivý talkative
zhrešiť sin
zhrnutie summarization, summary
zhromaždenie meeting *schôdza*, assembly *výboru*
zhromaždiť sa gather, congregate, get°together
zhroziť sa be°shocked
zhudobniť put°to music
zima winter *ročné obdobie*, cold *chlad*
zimnica fever *lek.*
zimomriavky shivers, creeps

zisk benefit, profit *výnos*
získať obtain, get°, win° *vyhrať*
zísť go°down, come°down
zísť sa 1. meet°, come°together 2. suit, be°fit *byť potrebný*
zistiť find°out
zívať yawn
zjav phenomenon°
zjavný apparent, clear
zjazd congress
zjednodušiť simplify
zjednotenie unification
zjednotiť consolidate, unite, unify
zjednotiť sa become°united
zjesť eat° up
zježiť bristle
zlacnieť become°cheaper
zladiť tune
zľaknúť sa be°/get°frightened, get°scared

zlatník goldsmith
zlato gold
zlatý gold, gilt *pozlátený* & *gold-mine* zlatá baňa
zľava reduction, discount
zlenivieť become°lazy
zlepiť glue together, stick°together, paste *lepidlom*
zlepšenie improvement, innovation, reform
zlepšiť make°better, improve, innovate, reform
zlepšiť sa grow°better, improve
zlepšovateľ innovator
zletieť fly°down
zliezť climb down
zlo evil, ill, wrong *krivda*
zločin crime, villainy
zločinec criminal, offender
zlodej thief°, robber
zlomenina fracture

zlomiť

zlomiť break°, fracture
zlomok fragment
zlomyseľný malicious
zlosť anger, wrath
zlostný angry
zlozvyk bad habit
zloženie composition, structure
zložiť hang°up *slúchadlo*, put°down, take°off *odev*, unload *náklad*, set°up *zostaviť*
zložitý complex *komplikovaný*, complicate, compound
zložka element, ingredient, part, component
zľutovať sa have°pity on s.o.
zlý bad°, evil° *úmysel*, grim *krutý*
zlyhať fail, break°down
zmariť defeat
zmazať wipe out, delete *záznam*

zmätený confused, puzzled
zmätok fuss, confusion, disorder
zmena alternation, modification, transformation *premena*, change *výmena*
zmenáreň exchange office
zmeniť alter, modify *upraviť*, change *premeniť*
zmenšiť reduce, make°smaller, minimize
zmes mixture, blend
zmestiť sa place, get°into
zmeškať miss, lose°
zmeták sweeper
zmieniť sa mention, allude *naznačiť*
zmienka mention, reference
zmierniť mitigate, relax *napätie*
zmija viper

znemožniť

zmilovať sa have°mercy
zmiznúť disappear, vanish, be°gone *odísť*
zmiznutie disappearance
zmĺknuť become°silent
zmluva act, treaty *medzinárodná*, agreement, contract & *lease* nájomná zmluva
zmocnieť strengthen
zmrazený frozen
zmraziť freeze°
zmrzlina ice cream
zmrznúť freeze°up
zmúdrieť grow°wise
zmýliť sa make°a mistake
zmysel meaning *význam*, sense
zmyselnosť sensuality
zmyslový sensory
značka mark, road sign *dopravná*, trademark *výrobná*

znak sign, mark
znalec specialist, expert
znamienko little sign, mark & *birth mark* materské znamienko
známka stamp, mark *školská*
známkovať give°marks, classify
známosť acquaintance, friendship *priateľstvo*
známy known, famous
znásilniť rape, violation
znásobiť multiply
znášanlivosť toleration
znášanlivý tolerant
znázornenie illustration
znázorniť illustrate, demonstrate
znehodnotiť reduce the value
znemožniť make°impossible, wreck *prekaziť*

znepokojiť

znepokojiť make°uneasy, disquiet
znervózniť make°nervous
zneuctiť dishonour
zneužiť abuse, interfere *ženu*
zničiť annihilate, destroy, demolish
znieť sound
znížiť lower, bring° down
znova again, once more & *time after time* znova a znova
znovuzrodenie revival, rebirth
zobák bill, beak
zobať peck
zobliecť si take° off
zobraziť picture, map *na mape*
zobudiť wake°up
zoči-voči face to face
zodpovedať sa answer for, be°responsible for
zodpovedný responsible
zodrať wear°off
zohnúť bend°down, bow *úklonom*
zohriať sa warm
zomlieť grind° up
zomrieť decease, die
zóna zone
zoológ zoologist
zoradiť 1.line up, range 2. order, arrange
zosilniť strenghten
zoslabiť weaken
zosmiešniť make°ridiculous
zosobášiť sa marry
zosobnenie personification
zostať stay
zostaviť arrange
zostreliť shoot°down
zostrojiť construct
zostup descent, fall *pokles*
zosuv slide, slip, downfall
zošalieť go°mad

838

zošedivieť become° grey
zošit notebook, exercise-book *školský*
zošiť sew° together
zotaviť sa convalesce
zotmieť sa get°dark
zotrieť wipe out
zovrieť press *v ruke*, clench *päsť*
zovšeobecniť generalize
zoznam directory *telefónny*, list, register, roll *menoslov*
zoznámiť introduce to *s*
zoznámiť sa meet°
zôkol-vôkol all around
zrada betrayal
zradca traitor
zradiť betray, give°away
zrak sight
zrakový visual, optic
zranenie injury, wound *úmyselné*
zraniť injure, wound, hurt° *duševne*
zrastať grow° together
zraziť knock down *vozidlom*, knock out *úderom*
zraziť sa collide with *s*, run°, crash
zrazu all of a sudden, suddenly
zrážka 1. crash *náraz*, collision, accident *dopravná* 2. conflict *bojová*
zrednúť become° thin
zrejme apparently, evidently
zrejmý evident, obvious
zrelosť maturity, ripeness
zrelý ripe, mature
zreteľ consideration, regard, respect
zreteľný distinct, clear
zrezať cut° down
zriadenie organization, system

zriadiť constitute, establish
zriecť sa give°up
zriedka rarely, seldom
zriedkavý rare
zrieť ripen, mature
zrkadliť sa reflect
zrkadlo mirror
zrnitý grained, granular
zrno corn, grain *obilie*
zrúcanina ruin
zrúcať pull down, demolish, ruin
zručný handy
zrušiť abolish, cancel *zmluvu*
zrútiť sa break°down, collapse
zrýchliť speed°up, accelerate
zub tooth°& *wisdom tooth°* zub múdrosti
zubný tooth, dental *lek.*
zúčastniť sa take°part in, participate in, share in *mať podiel*
zúfalstvo despair

zúfalý desperate
zúriť rage
zúrivý raging, furious
zúrodniť fertilize
zúženie narrowing
zvábiť entice
zvádzanie seduction
zvaliť pull down, demolish, knock off *zhodiť*
zvážiť weigh up *posúdiť*
zväčša mostly, largely, for the most part
zväčšenina enlargement
zväčšiť enlarge, extend *predĺžením*, add *pridať*, increase *zvýšiť*
zväz federation, league & *Trade Union* odborový zväz
zväzok 1. alliance 2. bunch *kľúčov*, bundle *slamy*
zväzovať bind°together

840

zvečeriť sa become°dusky
zvedavý curious
zver wild animals *divá*, beasts *dravá*, game *lovná*
zverinec zoo
zveriť deliver, charge *poveriť úlohou*
zverolekár vet *hovor.*
zvesť news, message
zviazať tie together, knot together *uzlami*
zviera animal, cattle *dobytok*
zvierať compress
zvislý vertical
zvitok roll
zvládnuť master
zvlášť especially, particularly
zvláštny particular, strange, special *osobitný*
zvlhnúť become°moist
zvodný tempting, seductive

zvolať exclaim, call out, cry out *zavolať*
zvon bell
zvonár bell-founder *výrobca*, bell-ringer
zvonica belfry
zvoniť ring°, toll *umieráčik*, jingle *zvonček*
zvonka from the outside, from without
zvrchovanosť sovereignity
zvrchu from above, from the top
zvučný sounding
zvuk sound, tone *melodický*, noise *rušivý*
zvyčajne usually
zvyčajný usual
zvyk habit, custom, manner *spôsob*
zvyknúť si accustom, get°used to *na*
zvýrazniť express
zvýšiť lift, raise *plat*
zvyšok surplus, rest

Ž

žaba frog
žabí frog's & *frogs legs* žabie stehienka
žabiak he-frog
žabinec chickweed
žal grief *zármutok*
žalár prison, gaol, jail *Am.*
žalárnik jailer
žalm psalm
žaloba suit, action *súdna* & *sue* podať žalobu
žalospev dirge, elegy *lit.*
žalostný grievous, heart-aching *sklamaný*
žaluď acorn, *pl.* clubs *kart.*
žalúdok stomach & *indigestion* pokazený žalúdok
žalúzia jalousie

žáner genre *odbor*
žart fun, joke vtip & *crack a joke* urobiť žart
žartovať joke
žať harvest, mow° *trávu*
žatva harvest, crop
žblnkať ripple, splash
že that & *I know that...* Viem, že...
žehlička iron
žehliť press, iron
žehnať bless
želať si wish
železiareň *pl.* ironworks
železiarstvo ironmonger's
železnica railway, railroad *Am.* & *on the railway* na železnici
železničný railway & *railway-ticket* železničný lístok

železný iron & *iron ore* železná ruda
železo iron, cast iron *liate*
žemľa roll, bun
žena female, woman°, wife° *manželka* & *maiden* slobodná žena & *divorcée* rozvedená
ženatý married
ženích bridegroom
ženiť sa marry
žeravý red-hot
žeriav crane, derrick
žezlo sceptre
žiabre gill
žiačka school-girl
žiadať apply, demand, want, require
žiadateľ applicant, petitioner
žiadny not a one, no one, no
žiadosť wish, request, application
žiak pupil, school-boy
žiaľ sorrow, grief & *alas* žiaľbohu

žialiť mourn
žiara light, glare
žiarenie radiation
žiariť shine°, blaze
žiarliť be°jealous
žiarlivosť jealousy
žiarlivý jealous
žiarovka bulb
žičiť allow
žid Jew
židovský Jewish
žihadlo sting
žihľava nettle
žila vein & *hemorrhoids* zlatá žila
žiletka blade, razor blade
žinenka horsehair mattress
žirafa giraffe *zool.*
žiť live, be°living, be°alive, exist
žito rye
živel element
živelný elemental
živica resin
živiť feed°, keep°, nourish
živiť sa feed°on, live on

843

živiteľka

živiteľ/ka nourisher
živnosť trade, business
živnostník tradesman°, trader
živobytie livelihood
živočích animal
živočíšny carnal
život life°, existence & *for life* po celý život & *busy life* rušný život
životaschopný able to live, vital, viable
životopis biography, curriculum vitae
životopisný biographical
životospráva way of living
živý alive, live, living *žijúci*
žížala earthworm
žlč bile, gall *zloba*
žltok yolk
žltý yellow
žmúriť blink, twinkle, wink
žmýkať wring°
žnec, žnica mower

žobrák beggar
žobrať beg for
žold pay, hire *Am.*
žoldnier mercenary
žolík joker *kart.*
žonglér juggler
žoviálny genial, jovial *veselý*
žralok shark *zool.*
žrať eat°, feed° *požierať*
žrď pole
žreb lottery ticket
žrebčinec stud farm
žrebec stallion
žrebovať draw°lots
žriebä foal
žriedlo source, spring
žubrienka tadpole
žula granite
žumpa cesspool, septic
župa county, region, province
žurnalista journalist
žurnalistika journalism
žuť chew

poznámky

poznámky

poznámky

Mária Gryczová

Anglicko-slovenský a slovensko-anglický vreckový slovník

Vydalo: Jazykové vydavateľstvo Mikula s.r.o., Belinského 18,
851 01 Bratislava
e-mail.: knihy-mikula@knihy-mikula.sk
Tlač: Kasico, a.s., Bratislava

www.knihy-mikula.sk